The Bridge
天然气桥

重塑欧洲能源新格局
Natural Gas in a Redivided Europe

〔美〕塞恩·古斯塔夫森（Thane Gustafson）/ 著

富景筠　王晓光　冯玉军 / 译

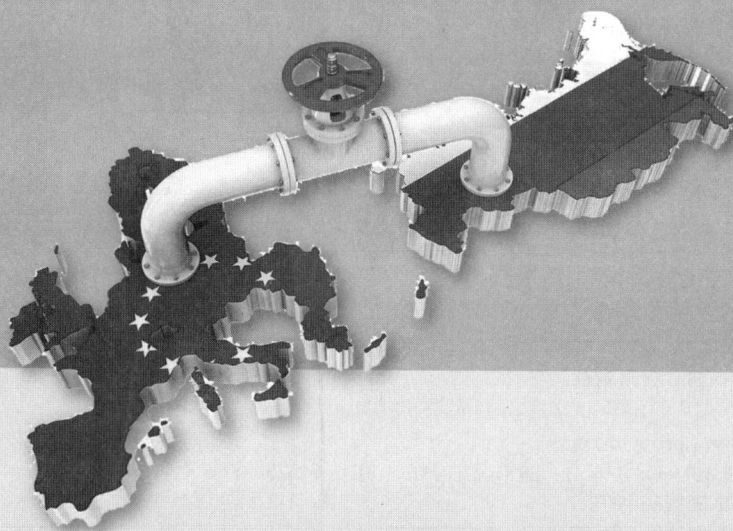

鼎力推荐	全球著名能源研究专家 丹尼尔·耶金	乔治城大学俄罗斯东欧中心主任 安琪拉·斯登特
	欧盟委员会前能源总监 菲利普·洛威	全球著名天然气研究专家、英国牛津能源研究所高级分析师 乔纳森·斯特恩

石油工业出版社

内 容 提 要

本书全景式地展现了天然气——这座能源之桥是如何在冷战年代将分属两个对立阵营的欧洲和苏联联系在一起的，苏联解体之后俄罗斯天然气工业经历了怎样的变化并如何延续甚至强化了与欧洲的天然气联系；深刻地揭示了俄欧之间既合作又斗争的复杂而现实的天然气关系，剖析了欧盟以新自由主义为核心的市场改革和日益严格的环保约束如何深刻地催生了欧洲内部能源规则的变化并给俄欧天然气合作带来新的压力；生动地描绘了俄罗斯人对欧洲天然气市场新商业环境的缓慢和不情愿的适应。本书适用于能源、经济类专家或学者，以及相关行业研究人员参考阅读。

图书在版编目（CIP）数据

天然气桥：重塑欧洲能源新格局 / [美]塞恩·古斯塔夫森（Thane Gustafson）著；富景筠，王晓光，冯玉军译. —北京：石油工业出版社，2021. 7
书名原文: The Bridge：Natural Gas in a Redivided Europe
ISBN 978-7-5183-4615-8

Ⅰ.①天… Ⅱ.①塞… ②富… ③王… ④冯… Ⅲ.①天然气工业－能源发展－研究－欧洲 Ⅳ.①F450.62

中国版本图书馆CIP数据核字（2021）第093516号

天然气桥：重塑欧洲能源新格局

[美]塞恩·古斯塔夫森（Thane Gustafson） 著　　富景筠　王晓光　冯玉军　译

出版发行：石油工业出版社
　　　　　（北京市朝阳区安华里二区 1 号楼 100011）
网　　址：www.petropub.com
编 辑 部：(010) 64523602　　图书营销中心：(010) 64523633
经　　销：全国新华书店
印　　刷：北京晨旭印刷厂

2021 年 7 月第 1 版　　2021 年 7 月第 1 次印刷
740 毫米 × 1060 毫米　开本：1/16　印张：28.25
字数：420 千字

定　价：128.00 元

本书献给东方和西方的天然气人。献给西蒙·布雷基（Simon Blakey），他激发了这本书的构想并将其引导到最后。

　　向中国读者介绍这本书是一种荣幸。这本书尝试从历史视角考察自 20 世纪 60 年代至今的俄罗斯和欧洲天然气的兴起，并以此来展望未来。它包括两段平行的历史：一是俄罗斯天然气的诞生和俄罗斯向欧洲天然气出口的发展。二是欧盟天然气和电力监管的发展，这正是其领导人创建统一欧洲市场的远景目标所在。本书以俄罗斯天然气在欧洲未来的两种可能情景作为结尾。

　　这段历史的"大图景"由两次强烈的浪潮组成，一次来自东方，另一次来自西方，二者都始于 20 世纪 90 年代。第一次是苏联解体后俄罗斯天然气工业股份公司向西扩张到欧洲。第二次是欧盟天然气和电力法规的兴起及其向东方的扩散。20 世纪 90 年代，在从波罗的海到巴尔干的广阔战线上，它们彼此相撞。结果产生了一系列冲突。德国是中心战场，在那里，欧盟法规的浪潮导致传统的德国天然气和电力公司倒闭，并彻底改变了天然气和电力的交易方式。整个欧洲或多或少都发生了类似的事情。在抵制这一趋势之后，俄罗斯天然气工业股份公司被迫遵守新秩序。欧盟一直是整个欧洲空间的赢家。

　　但是现在，新趋势正在挑战俄欧天然气贸易的基础。主要的问题是气候变化的威胁越来越严峻。欧盟已采取了一项激进的"脱碳化"政策，呼吁到2050 年实现"碳中和"。这对俄罗斯天然气工业股份公司输往欧洲的管道基础构成了威胁。实际上，到 2050 年，俄罗斯天然气工业股份公司在欧洲的业务可能会完全消失。

　　一个主要原因是可再生能源（主要是风能和太阳能）的显著增长。它们的成本已大大降低，以至于现在不仅在欧洲、甚至在全世界，它们都与天然气发电形成竞争关系。但是，仅仅可再生能源自身不足以为整个欧洲供给电力。因此，人们对产自太阳能并从日照充足地区（例如北非甚至澳大利亚）进口到欧洲的"绿氢"越来越感兴趣。但是氢是高度投机性的，目前还不清楚它的未来将会如何。

另一个主要发展方向是液化天然气，或者说液化气的出现。这正在改变全球的整个天然气行业。由于可以被运到任何地方并随时改变目的地，液化气将传统上的区域市场变成了全球市场，在该市场中，越来越多的天然气根据短期市场状况、以现货价格而不是长期合约进行买卖。俄罗斯通过一家名为诺瓦泰克（Novatek）的私营公司发展自己的液化气出口，以应对液化气的增长，这得到了俄罗斯领导层的大力支持。

因此，俄罗斯天然气具有两种完全不同的天然气出口战略，一种是通过管道出口（主要通过俄罗斯天然气工业股份公司），另一种是通过液化气出口（由诺瓦泰克公司生产）。俄罗斯向中国的天然气出口表现出这两种方式，每种方式都有自己的企业冠军。俄罗斯天然气工业股份公司通过西伯利亚力量管道（Power of Siberia），将重心转移到对中国的管道销售上。同时，诺瓦泰克公司正在通过液化气与中国建立联系。目前，它们位于不同地点。但是终有一天，俄罗斯输往中国的天然气——管道气与液化气——之间会彼此竞争，尽管俄罗斯领导层宣称这将不会发生。

同时，得益于页岩气的惊人增长，美国亦成为全球液化气市场的参与者，这使得美国天然气工业从潜在的进口国转变为强大的潜在出口国。但是，与卡塔尔这样的老牌液化气生产国以及莫桑比克等潜在的新生产国相比，美国能否具有竞争力，还有待观察。然而，有一点很明确：美国的液化气在欧洲没有竞争力，因为俄罗斯的管道天然气可以以更低的成本供应。

天然气行业的这些趋势将如何演变，首先取决于中国的发展趋势。关于煤炭是否及以何种速度被可再生能源所取代、天然气的未来角色又是什么，俄罗斯的天然气战略家们还不明就里。俄罗斯人希望建立更多通往中国的管道，但新协议尚未被签署。

中国本土的天然气工业发展迅速，2018年，消费量达到2800亿立方米，主要用于工业和居民供暖，而天然气电力仅占17%。尽管增长迅速，但2018年，天然气仅占中国一次能源需求的8%。增加份额是中国领导层的主要能源和环境目标之一。

但是需求已经超过了国内生产。由于向生产者支付低价的政策，国内生产被推迟了数十年。结果，上游投资没有吸引力，而且因缺乏适当的运输网络而进一步受到阻碍。到2018年，中国本土天然气产量仅为1600亿立方米（其中，页岩气只有110亿立方米）。因此，2006年，中国开始转向进口。它的首个液化气接收站建在南部的广东省，接近新兴的天然气需求市场。然后是一项重要的管道工程，将天然气从土库曼斯坦输送到人口稠密的东部沿海地区。2018年，中国进口超过9000万吨，占其消费量的三分之一。其中60%是管道天然气，40%是液化天然气，而且液化气份额正在快速增长。

这种快速增长是俄罗斯通过管道气以及越来越多地通过液化气向中国出口天然气的"两条腿"战略的基础。俄罗斯战略家们对未来俄罗斯向中国的出口高达1000亿立方米的目标持乐观态度，但这一目标假设了俄罗斯天然气工业股份公司的愿望清单中的所有项目都将实现，而且"西伯利亚力量"管道确实会迅速提高到其额定的380亿立方米。考虑到实现这一目标将花费30年的时间，到2050年的进展很可能无法达到俄罗斯设定的1000亿立方米的目标。因此，俄罗斯的天然气战略家们正在将重点转向亚洲其他地区，主要是东南亚市场。但是俄罗斯人在这里将面临激烈的竞争，主要是来自澳大利亚。重大的战略将会发生。

呈现在中国读者面前的，是塞恩·古斯塔夫森教授的全新力作《天然气桥：重塑欧洲能源新格局》。

对世界能源市场、国际能源地缘政治以及俄罗斯能源产业感兴趣的读者，对塞恩·古斯塔夫森这个名字应该不会太过陌生。2014 年，石油工业出版社曾经把他的著作《财富轮转：俄罗斯石油、经济和国家的重塑》引介到国内，让中国读者透过古斯塔夫森细腻的笔触，对苏联解体之后俄罗斯石油产业的变迁、俄罗斯各种势力围绕石油财富的争夺以及石油产业变迁对国家政治经济结构的影响有了全面、深入的了解。深刻地揭示出一个富有而问题丛生的能源行业、政治家和金融工业寡头相互矛盾的野心冲突以及俄罗斯式资本主义的畸形发展如何让俄罗斯陷入资源依赖的僵局。

塞恩·古斯塔夫森是美国乔治城大学政府系教授、剑桥能源研究协会俄罗斯和里海能源高级总监，曾任哈佛大学教授和兰德公司分析师。他毕业于伊利诺伊大学政治学和化学专业，拥有哈佛大学博士学位。古斯塔夫森教授从事苏联和俄罗斯油气问题研究长达 40 年之久，著有《俄罗斯式的资本主义、危机和富足：勃列日涅夫和戈尔巴乔夫时期的苏联能源政治》（与丹尼尔·耶金合著，曾获舒尔曼图书奖）、《俄罗斯 2010》（与丹尼尔·耶金合著）、《它对世界意味着什么》《奇迹》和《俄罗斯熊》等著作。跨学科的专业背景、理论与实践相结合的研究范式、高校与智库的多年磨炼、皓首穷经式的常年跟踪研究，使古斯塔夫森成为美国乃至全球研究俄罗斯能源问题的著名专家。

我和古斯塔夫森教授相识，是在 2014 年 8 月于北京举办的《财富轮转：

俄罗斯石油、经济和国家的重塑》新书首发式暨"乌克兰危机下俄罗斯能源政策走向及中俄油气合作新机遇与挑战"研讨会上。令我印象深刻的是，古斯塔夫森教授不仅是一位严谨而又文雅的学者，更是一位交游广泛、与对象国政界和商界精英有着密切接触的社会活动家。而正是由于细密严谨的学术分析与鲜活灵动的人物访谈的有机结合，才使读者能够透过他的著作知其然更知其所以然，在看到俄罗斯能源政治万花筒般不断变化的现象的同时，可以一窥平时难为人知的复杂背景，感受平静水面下的暗流涌动。

《天然气桥：重塑欧洲能源新格局》是古斯塔夫森教授研究俄罗斯天然气行业发展、俄罗斯与欧洲天然气合作、世界天然气市场以及天然气地缘政治变化的最新力作。在这部书里，他从回顾天然气工业在欧洲和苏联、俄罗斯不同的发展路径和行业特色入手，全景式地展现了天然气——这座能源之桥是如何在冷战年代将分属两个对立阵营的欧洲和苏联联系在一起的，苏联解体之后俄罗斯天然气工业经历了怎样的变化并如何延续甚至强化了与欧洲的天然气联系；深刻地揭示了俄欧之间既合作又斗争的复杂而现实的天然气关系，剖析了欧盟以新自由主义为核心的市场改革和日益严格的环保约束如何深刻地催生了欧洲内部能源规则的变化并给俄欧天然气合作带来新的压力；生动地描绘了俄罗斯人对欧洲天然气市场新商业环境的缓慢和不情愿的适应。

和以往的著作一样，古斯塔夫森在《天然气桥：重塑欧洲能源新格局》这部书里，很好地做到了三个结合：一是宏观与微观的结合。在给读者呈现大的时代背景特别是世界天然气市场和国际天然气地缘政治大趋势的同时，把欧洲、俄罗斯的各自处境、考虑甚至参与俄欧天然气合作进程具体人物的所思所想都描绘得淋漓尽致，让读者有了身临其境的现场感。二是历史、现实与未来的结合。在这部书中，古斯塔夫森生动地还原了过往的历史，准确地记述了当下的现实，富有洞见地预见了未来的趋势。他带领读者如同穿越时空隧道一样走过了这座横跨经济与政治鸿沟、把欧洲与苏联、俄罗斯接连起来的"天然气桥"，看到了路上的各种风景，有狂风呼啸，也有雨后彩虹。三是学术著作的严谨性和写作手法的趣味性的结合。天然气生产、天然气贸易以及天然气地缘政治是高度专业性的话题，但古斯塔夫森并未像大多数专家一样板起脸孔，用连篇累牍的专业术语故弄玄虚地刻意渲染高大上的"学术性"，而是化繁为简，把枯燥的概念、复杂的关系用平实生动的语言如数家珍般地娓娓道来，既保持了著作的专业性和严谨性，又增加了相应的故事性和趣味性，做到了雅俗共赏、引人入胜。

看到古斯塔夫森教授这部新著出版的消息，我就产生了把它译成中文的想法，并得到了石油工业出版社领导和编辑们的大力支持。恰逢中国社会科学院美国研究所富景筠博士在美国乔治城大学访学，她与古斯塔夫森教授经常进行面对面的学术交流并很快与他谈妥了翻译、版权等事宜。古斯塔夫森教授还专门撰写了中文版序言，以期向中国读者更提纲挈领地介绍全书的要义。

在2020年新冠肺炎疫情全球肆虐的艰难日子里，《天然气桥：重塑欧洲能源新格局》中文版的顺利翻译出版是团队精诚合作的结果。富景筠博士承担了前言、第1章、第2章、第5章、第9章至第13章以及结语和致谢的翻译，中国海油能源经济研究院资深研究员王晓光博士承担了第3章、第4章、第6章、第7章和第8章的翻译，我对全书进行了译校。石油工业出版社能源经济出版中心的刘文国主任和孟楚楚编辑高效地完成了复杂繁琐的所有技术工作。在此，我对古斯塔夫森先生欣然同意出让中文版权、对富景筠和王晓光博士的辛勤翻译工作、对石油工业出版社领导和编辑同志们给予的大力支持表示衷心的感谢。由于本书内容涉及广泛，翻译校对有不准确的地方，那应该是我的责任。

陈乐民先生曾有言，"我研究欧洲，实际上心里想的是中国。"这充分体现了陈先生学术研究的家国情怀。作为从事国际能源政治与外交、俄罗斯能源产业和中俄关系问题的研究者，我们把《天然气桥：重塑欧洲能源新格局》这部书引介到中国，最终的落脚点也是中国，我们的目的是让中国的能源决策者和广大读者能够深入洞察世界天然气市场、国际天然气地缘政治以及俄罗斯—欧盟天然气关系变化的大趋势及其背后的细节，为在国际大变局下更好地维护中国能源安全和中国能源消费者的权益、提升中国在国际能源市场的"结构性权力"提供知识与智力的支撑。

当前，国际天然气市场正在经历结构性变化，卖方市场变成了买方市场，地区性市场向全球性市场过渡，LNG对管道天然气构成强有力竞争，天然气定价模式更趋自由灵活，"碳中和"等环保约束进一步压缩了天然气需求的增长空间。在此背景下，俄罗斯在世界天然气市场的地位和影响面临多重挑战。

"页岩革命"是引发国际天然气市场变化的重要技术动因。借助这一技术进步，美国在短短十年之内就超越沙特阿拉伯和俄罗斯成为世界第一大石油和天然气生产国。而且，美国液化天然气（LNG）正在积极打入国际天然气市场，对既有市场格局形成了巨大冲击。与此同时，在2008年金融危机之后的一轮经济恢复与增长周期当中，许多生产商积极投资布局LNG生产，卡塔尔甚至退出OPEC专注天然气产业发展。而新冠肺炎疫情等因素导致的经济收缩和全球变暖等长期性因素又使世界天然气消费增速低于预期，导致出现大量产能过剩。更为重要的是，国际天然气市场的定价模式也更加独立灵活。目前美国的天然气市场已发展成为高度竞争的天然气市场，无论是当地的管道天然气还是进口LNG，交易价格都与市场交易中心的价格指数挂钩。欧洲目前由天然气交易中心交易和定价的天然气数量占其天然气销售总量的2/3。传统中"盯住油价、照付不议"的格罗宁根模式日益不受欢迎。

欧洲是俄罗斯天然气出口的传统市场，但近年来俄罗斯在欧洲市场遇到的难题越来越多。一是竞争日趋激烈。除中东、北非等地传统竞争者外，美国LNG也加大了对欧洲市场的蚕食力度，对俄罗斯的管道天然气形成压力。近来，土耳其与希腊就东地中海天然气开发剑拔弩张，而以色列、埃及等国也在紧锣密鼓地加速勘探开发。如果东地中海跨海天然气得以大规模开发并涌入欧洲市场，那将是对俄罗斯对欧天然气出口的致命一击。二是俄罗斯绕开乌克兰对欧出口的天然气管道布局遭遇强力阻击。美国的制裁导致即将竣工的北溪2号管道骑虎难下。2020年，俄罗斯反对派领袖纳瓦尔内中毒事件又让德俄关系骤然紧张，一贯力挺北溪2号的德国也开始对这一项目的合理性和可靠性表示出强烈质疑，甚至不排除制裁乃至中止项目的可能。与此同时，刚刚于2020年年初正式运行的"土耳其流"管道也出师不利。随着土耳其加大从阿塞拜疆、伊朗、卡塔尔、尼日利亚甚至美国的进口，俄罗斯对土耳其天然气出口量大幅度缩水。三是在市场竞争不断加剧的压力下，俄罗斯被迫逐渐放弃格罗宁根模式，开始对欧洲天然气买家打折销售。

国际天然气市场的变化使俄罗斯天然气工业股份公司 2019 年净利润下降 17%，降至 170 亿美元。2020 年上半年，该公司管道天然气出口 911 亿立方米，同比下降 17.8%。出口收入为 113 亿美元，同比下降 51.2%。对欧洲出口天然气 789 亿立方米，同比下降 18.14%，出口额下降 49.88%。

在重重压力面前，俄罗斯试图多点突围，走出困局。一是积极布局 LNG 生产和出口。2009 年投产的萨哈林 2 号 LNG 项目设计年产能为 960 万吨，实际产能为 1080 万吨；亚马尔 LNG 项目年产能 1650 万吨。借助亚马尔项目满负荷运行，2019 年俄罗斯 LNG 产量达到 2950 万吨，同比增长 47.4%；LNG 出口达 2900 万吨，同比增长 76.2%，一跃成为全球第四大 LNG 出口国。2019 年，俄罗斯向欧洲出口 1507 万吨 LNG，2018 年这一数量只有 440 万吨，这使俄罗斯 LNG 在欧洲进口市场的份额达到 20%。二是俄罗斯不得不放低身段与乌克兰达成妥协，试图以此换得美欧放松制裁。2019 年 12 月 30 日，俄乌签署新的天然气过境运输合同。未来 5 年，俄罗斯将确保经过乌克兰 2250 亿立方米的天然气过境运输量。俄罗斯天然气工业股份公司还按照斯德哥尔摩仲裁法庭裁定向乌克兰石油天然气公司支付包括滞纳金在内共 29 亿美元，双方撤回所有针对对方公司的仲裁要求和法律诉讼。三是俄罗斯把对其而言生死攸关的天然气出口希望转向中国市场。继中俄东线天然气管道投入运营后，近来俄罗斯天然气工业股份公司与蒙古国建立了一家合资企业，专门负责研究建设和运营通往中国的天然气管道的可行性，以便向中国供应天然气。四是加紧氢能发展。2020 年 6 月，俄罗斯联邦政府正式发布《2035 年能源战略》，提出将氢能作为"资源创新型发展"的重点方向，提出氢能出口 2024 年达 20 万吨、2035 年达 200 万吨的目标。

尽管俄罗斯确立了上述目标，但由于资金匮乏、技术落后、市场竞争激烈、环保约束上升等因素影响，俄罗斯在国际能源市场上的地位将呈现下降趋势。国际能源产业链由资源、资金、技术和市场四个要素共同组成，中国在这四个方面都拥有足够优势，而俄罗斯除了资源之外，其他三项都是短板。在中俄能源关系中，俄罗斯对中国的依赖要远大于中国对俄罗斯的依赖。

作为世界最大的油气进口国，中国长期以来始终对能源安全高度关注，担心被切断"能源命脉"，同时却忽视了自己所拥有的能源全产业链优势，一度在国际能源体系中处于被动地位。但随着国际油气市场的结构性变化，中国庞大的能源消费市场正在成为我们手中所掌握的重要"结构性权力"，可以成为对外能源合作至关重要的议价工具和保障能源安全的重要手段。而在实践中，我们还没有充分认识到这种"结构性权力"的重大战略价值，还没有形成以这种"结构性权力"维护自身能源安全和打造中国在国际能源战略格局中的影响力、塑造力的总体思路和可操作性工具。如何发挥这种"结构性权力"，是学术研究、政策制订和公司运营都应该着力加强的地方。

透过《天然气桥：重塑欧洲能源新格局》这部书，我们认识到，在世界天然气市场和国际天然气地缘政治发生历史性变化的背景下，中国对俄罗斯天然气合作需要从全球天然气市场的变化来加以看待，不能就中俄谈中俄。充分发挥中国能源体系的"结构性权力"，在对外天然气合作中获得切实的经济与战略利益，是应该也可以做到的事情。

冯玉军 [1]

2021 年 1 月 3 日于上海

---

[1] 冯玉军，二级教授，复旦大学国际问题研究院副院长、俄罗斯中亚研究中心主任。

　　柏林墙倒塌、苏联解体 30 年后，在西方面前展现的是它曾以为永远不会再现的情景——在一个再分裂的欧洲中，东西方紧张关系进入了新时代。一个现代化的俄罗斯，一个融入世界经济的俄罗斯，一个能够与重新统一的欧洲建立和平伙伴关系的俄罗斯，这曾激励 20 世纪 90 年代和 21 世纪初的愿景已经消失。与此相反，冲突的界限在地图上被勾画出来。然而，稳定而和平的欧洲将不会由坦克、铁丝网或者制裁重建，而是需要重新探求共同利益，尤其是共同的经济利益。这就是本书讨论的出发点。

　　在新的铁幕落下之前，关于共同经济基础的探求已经开始。这种探求很大程度上促使了缓和局面的出现以及俄罗斯变革的开始。20 世纪 90 年代，随着俄罗斯走出孤立状态，俄罗斯与欧洲的商业关系蓬勃发展。毫无疑问，正常的经济联系会促进正常的政治关系，反之亦然。而在一段时期内，事实似乎确实如此。

　　天然气是故事的中心。但是当下，天然气却成为问题本身的一部分。之所以如此，个中原因是冷战期间所无法预期的。

天然气：从桥梁到鸿沟？

　　20 世纪 60 年代，正值冷战中期，由苏联和奥地利玩家组成的联盟着手谈判首笔苏联—欧洲天然气管道协议。自那时至今，俄罗斯对欧洲的天然气出口（与北海天然气一起）在 50 多年内成为欧洲能源经济的基石之一。目前，由天然气气田、管道和压缩机编织而成的巨大网络，为成千上万的工厂和数千万消费者供应能源，并将他们捆绑在一个密集的网络之中。无论用怎样的标准来衡量，俄罗斯与欧洲天然气系统的建成，都可以进入半个世纪以来最重要的工程和商业成就之列。

至 20 世纪 80 年代，东西方关系已经形成了一种时而冻结、时而解冻的惯例，但是生意从未间断。在西欧，天然气成为一种优质燃料，需求激增，越来越多地由似乎取之不尽、用之不竭的西西伯利亚天然气储藏所满足。在铁幕的两侧，东西方天然气贸易由稳定的垄断关系所支配。这个垄断关系与各自政府关系密切。他们之间的合约长达 20 年至 25 年，一些甚至达到 30 年以上。这些合约是由职业专家谈判而成，这些职业专家彼此熟识、相互尊重，如同一个"天然气俱乐部"的成员一般，他们将商业利益放在首位，而意识形态则退居其次。

20 世纪 90 年代、21 世纪初相继发生了四大变革。一是苏联的解体。二是欧盟的强化和扩张，在它的积极支持下，市场导向的自由化和管制法规在统一的欧洲范围内扩散。三是在弗拉基米尔·普京领导下俄罗斯强大国家的重建，显示出其在"后苏联空间"重建俄罗斯势力范围的雄心。四是环保主义作为强大的政治力量在欧洲，尤其是德国登上舞台。上述四个事件已经并正在持续改变天然气在俄罗斯—欧洲关系中的角色。我们以往所熟悉的由国家支持的垄断经营和长期合约正在消失。天然气采购和销售的规则发生了根本性变化。[1] 而能源本身在政治和公众舆论中的地位正在发生转型。天然气在西欧的未来越来越取决于低碳化进程。

在这一转变的过程中，那些曾经在欧洲与俄罗斯之间充当共同利益和稳定因素的东西，现在却成为冲突的主题，不仅作为一种象征，而且还作为一种诱因。

---

[1] 几十年前，石油市场经历了一场类似革命。俄罗斯石油进入一个开放的全球市场，虽然欧洲对俄罗斯石油的依赖与对天然气的依赖同样严重，石油出口则被视为较小的安全威胁。此外，甚至没人提及俄罗斯对欧洲的煤炭出口构成安全威胁，至少在布鲁塞尔如此。

　　这一切是如何发生的呢？铁幕去除以及欧洲统一内部市场建立的最初影响，使欧洲能源部门暴露在双方参与者的渗透之下。西欧公司进入东欧，收购当地的燃气公用事业和运输系统，而这些燃气公用事业和运输系统又主要由俄罗斯供给天然气。俄罗斯公司，尤其是俄罗斯天然气垄断巨头俄罗斯天然气工业股份公司，向西、向南进入欧洲，建立了伙伴关系网络和新的合资公司。它们试图在欧洲构建一个从国家间边界一直延伸到家庭燃气灶的垂直一体化天然气价值链。起初，这被誉为一种积极的进步。在20世纪90年代初，高涨的乐观主义和企业家精神跨越了以往的鸿沟。

　　然而，这并未持续很久。在俄罗斯，到21世纪第一个十年中期，20世纪90年代关于建立市场经济的最初承诺已经让位于不断高涨的民族主义式的国家资本主义。能源成为克里姆林宫在俄罗斯和东欧地区重建俄罗斯势力范围的工具。在西欧，21世纪第一个十年初，建立统一欧洲空间的努力最终演化成以布鲁塞尔为总部的一个超国家法律和监管的机构。这一机构由激进的市场导向原则所驱动，被强大的执法权所武装。在俄罗斯国家资本主义向西挺进的时候，欧盟也在向东扩大，不断吸引新成员并于21世纪第一个十年中期抵达了独联体边境。

　　双方很快发生了冲突，尤其是在天然气领域。至21世纪第一个十年初，它们在从德国至波罗的海国家的漫长前线上发生冲突。最初支持合作和伙伴关系的经济联系成为失和与冲突的原因。而且，随着欧洲本土天然气来源开始减少及对进口依赖的增加，这种冲突不断加剧。在东欧，对俄罗斯天然气的依赖越来越具有危险性。在乌克兰，日益严重的天然气冲突破坏了昔日的友好氛围。与此同时，环保运动的不断高涨（尤其在德国）使得人们对于天然气本身的敌视与日俱增，这成为加剧有关俄罗斯天然气冲突的另一来源。

　　关于冲突根源的许多评论都集中在地缘政治层面。关于天然气存在两个相互矛盾的说法。一种是西方的，另一种是俄罗斯的。西方认为，欧洲对俄罗斯的天然气依赖是不安全的，俄罗斯操纵"天然气武器"用于政治目的，尤其是在东欧、波罗的海和乌克兰。但在俄罗斯看来，冲突的来源是反俄的敌对情绪激发欧盟法律和管制向东蔓延，完全无视商业先例和经济理性，尤其是在布鲁塞尔。每一方都谴责对方的论据是虚假的和只为自我着想的。

然而，把俄罗斯—欧洲天然气关系的主题归结为地缘政治，将遗漏故事的大部分内容。与竞争式的地缘政治学说并行的是，欧洲天然气买卖的商业结构和行业模式发生了天翻地覆的变革。欧洲的天然气革命具有深厚的渊源，其起源完全与俄罗斯无关，与地缘政治的关联度也不大。最后，欧洲环境问题不断出现，可再生能源走向繁荣，而在这一过程中，俄罗斯直至今日仍几乎未曾参与其中。本书的目的是弄清这些单独的故事情节，展示它们如何相互作用并塑造俄罗斯天然气在欧洲的未来。

经济的基本面仍然令人信服：欧洲需要天然气并将在未来的数十年仍然如此，而俄罗斯具有丰富的天然气资源。尽管地缘政治说愈演愈烈，天然气业务仍在继续。确实，天然气桥正在新的原则下被重建。而在本书撰写过程中，它正在走向繁荣。最近的天然气谈判显示出俄罗斯卖家与欧洲买家之间的灵活性和适应性，而且商业逻辑已经促成了重大的妥协——尤其是在俄罗斯方面，俄罗斯天然气工业股份公司已经对商业和监管压力做出了回应。在东欧，各国政府正在采取措施使能源资源多元化并管理风险。

此外，美国页岩气的兴起、液化天然气被广泛使用、中国天然气需求的蓬勃发展以及俄罗斯"转向东方"，上述这些欧洲之外的发展和变化正在兑现一个长期承诺，即降低天然气政治在欧洲的中心地位和敏感程度。

但是地缘政治风险是真实存在的。如果俄罗斯持续干涉乌克兰东部、东西方关系变得越来越差，建设性的商业对话空间将会缩小。未来的危险是，维系天然气桥的经济利益共同体，以及西方—俄罗斯经济关系的大部分网络，将被紧张局势、制裁和反制裁、代理人战争的升级和更糟糕的情况所削弱。此外，西欧环保主义的兴起将最终降低欧洲对俄罗斯天然气的需求。然后会怎样？

本书的结构

《天然气桥：重塑欧洲能源新格局》是关于俄罗斯和欧洲天然气工业以及俄罗斯—欧洲天然气贸易的历史。它首先讲述的是俄罗斯和欧洲天然气工业的兴起，以及过去半个世纪以来俄罗斯—欧洲天然气贸易的演变，随后是对当前趋势和未来前景的分析。本书将三个故事编织起来。

第一个故事是关于俄罗斯天然气政策的发展和演变，展示了天然气工业如何在苏联时期产生和发展。与挪威不同（本书也将谈及），苏联天然气部门的诞生是高位政治和国有企业家精神的一种独特的苏联式结合的结果。在这期间，外国公司完全不存在，但苏联天然气部门却严重依赖外国的技术和资本。为了对冲石油产量下降的威胁、拓展新的出口收入来源，西西伯利亚天然气被大量发现。这促使在与外界基本封闭的经济体中创建了天然气桥。尽管在西方存在诸多担心，但天然气桥未曾被苏联当作对西方施加地缘政治影响的工具，尽管它确实在苏联与其东欧卫星国之间的关系中扮演了这一角色。

苏联解体后，作为苏联遗产的天然气租金，通过出口和补贴国内分销的方式，在很大程度上维系着俄罗斯经济。在俄罗斯内部，这个过程具有高度的政治性：从一开始，俄罗斯能源政策就包括遗产租金的获取和分配以及将其转化为政治利益。与此相反，俄罗斯天然气工业股份公司在西欧却表现出令人吃惊的企业家精神和创新能力。它寻求在天然气运输和分配中占据一席之地。在乌克兰和波罗的海国家，俄罗斯天然气政策是一种政治和商业动机的复杂混合，但其核心目标仍是保持俄罗斯的主导地位。

第二个故事是关于自20世纪80年代初以来欧盟的演变和扩张，展示了当今的欧洲能源政策和竞争原则如何产生于统一欧洲市场的动机，这些政策和原则随后又如何被应用到各个成员国，尤其是德国。在德国，既得利益公司对新思维的抵制尤其强烈。奠定统一欧洲市场的市场理念起源于英国。英国和德国专员及政府官员共同将市场理念转化为欧盟法律。其结果是在过去的20年中，市场导向的竞争原则一直是欧洲能源政策中最重要的组成部分。欧盟能源政策的其他两个关键目标，即安全和环境保护，只是最近才得到与竞争原则相等的地位。但是，即使现在这三个目标仍难以共存，它们被彼此独立的欧盟机构所捍卫。其后果是经常性的不稳定和彼此矛盾的政策。

第三个故事是关于危机的轴心：德国和乌克兰。当今，尽管大量的俄罗斯天然气出口来自西西伯利亚，但近一半的天然气仍通过苏联时期天然气工业的历史发源地乌克兰运输（尽管未来究竟有多少份额通过乌克兰运输正是俄乌关系中最困难的节点之一）。苏联解体后管理乌克兰天然气运输网络的长期困难，以及双方冲突和合作的结合，导致了近几十年来俄罗斯—欧洲天然气关系的不稳定。

为什么天然气是特殊的？

传统上，天然气从根本上讲不同于石油。石油是一种"一臂之遥"的商品：一旦生产，便将被销往全球市场，生产者和消费者之间没有发展进一步关系的必要。与此相反，天然气是一种关系型商品。生产者和消费者是由管线连接起来的，这自然而然地创造了一种双边依赖关系。如果在二者之间存在过境国，那么这就会是一个复杂的三角关系。只是随着新技术的出现（主要是液化天然气，而且也包括计算机化的天然气交易所），天然气才开始具有石油的某些商业特性，并迅速成为一种全球性商品。

传统上讲，天然气商业关系会持续很长时间。天然气气田和管道需要长达 20 年的时间来筹划、融资和建设。而一旦建成，它们将运行半个世纪或者更久。石油领域的复杂性主要集中在油田，而天然气领域的复杂性则集中在网络。合约的条款不断地被协商修改，根据天气和竞争性燃料的价格变化进行调整。其结果是，天然气领域的从业人员逐渐彼此熟识、亲近，建立了友谊，结成了持久的伙伴关系。然而，如果双方在手段和政治权力上不对等、动机不对称或者因不信任而分裂，那么，最终产生的关系将是敌对的或者竞相腐败。俄罗斯与乌克兰的天然气商业关系正是如此。

然而，当今的技术变革正在改变天然气商业关系的性质。管道天然气仅限于地区性市场。而由液化天然气船运输的液化天然气已不再局限于单一目的地。传统的管道天然气贸易正在遭遇挑战，同时遭遇挑战的还有与之相伴的商业、政治以及个人关系。但是技术变革采取了多种形式。例如，如果没有先进的计算机和计算公式，在线天然气交易将是不可能的。已经可以预见到，未来大部分天然气贸易将由彼此不认识的买卖双方进行，他们由中间商联系起来，而这些中间商对于长期稳定的商业关系不存在个人或情感上的利害关系。

天然气对于欧洲和俄罗斯经济以及它们的能源政策都很重要，但是在这两个地区，它发挥着非常不同的作用。

在俄罗斯，天然气是俄罗斯依赖碳氢化合物的一个重要方面。天然气是苏联计划经济的最后一项重大成就。面对石油行业即将来临的危机，苏联领导层对天然气领域投入巨大。在非常短的时间内，天然气成为苏联经济增长最快的部门和最重要的一次性能源。欧洲公司扮演了关键角色，它们提供管道和资金，在20年内成就了世界上最大的天然气工业。当苏联解体的时候，在使俄罗斯经济度过20世纪90年代困难阶段的过程中，天然气工业甚至比石油工业发挥了更大作用。

如今，俄罗斯生产的天然气与石油一样多，但是它利用二者的方式明显不同：石油主要用于出口，而天然气主要用于国内消费，天然气出口收入仅为石油出口收入的1/5。然而，从广义上讲，来自二者的租金对于俄罗斯国家来说却同等重要。2000年后，在普京的领导下，天然气工业被迅速地再次集中化。

在俄罗斯国内，俄罗斯天然气工业股份公司的基本角色保持不变：以补贴价格向俄罗斯效率低下的国内经济供给天然气。然而，俄罗斯天然气工业股份公司面对着所谓独立生产商日益激烈的竞争，这导致了具有讽刺意味的结果——国内天然气市场竞争日趋激烈，而俄罗斯天然气工业股份公司却扮演着一个机动生产者的费力不讨好的角色，处于价值链中的利润最低端。在俄罗斯以外，情况更为复杂：俄罗斯天然气工业股份公司迅速演变成最具企业家精神的俄罗斯公司之一，在整个西欧的天然气运输和配售领域持有股权，与欧洲主要公司建立伙伴关系，并开拓新业务。这种商业活力与高度保守的商业模式相结合，而且俄罗斯天然气工业股份公司为了应对席卷欧洲天然气部门的变革采取了稳健的防御性行动。直到最近，俄罗斯天然气工业股份公司才开始调整其在欧洲的业务战略以适应不断变化的时代。俄罗斯天然气政策和俄罗斯天然气工业股份公司本身的双面性，解释了在20世纪中期以及此后日益严重的冲突中俄罗斯天然气在欧洲取得最初成功的主要原因。俄罗斯天然气工业股份公司对内和对外之间的紧张关系是本书的主题之一。

在欧洲，天然气是通向低碳未来的最重要的过渡性燃料。自第二次世界大战以来，天然气在欧洲的兴起一直是欧洲寻求能源安全、效率和环境质量的重要部分。随着欧洲迈向基于可再生能源（主要是风能和太阳能）的低碳经济，天然气是合理的过渡性燃料——目前能够实现低碳经济的最清洁、最经济的手段。这表明，在欧洲自产尤其是荷兰产天然气持续下降的背景下，俄罗斯天然气将在欧洲继续发挥强有力的作用。

然而，天然气在欧洲正面临挑战。环保主义者不欢迎它，他们支持可再生能源。这使得俄罗斯天然气在欧洲的未来遭受质疑。

20世纪60年代和70年代的初始天然气桥是不同世界的产物。它诞生于中央计划和国家式技术官僚在欧洲和苏联均处于威望和成功的巅峰。但那个世界已经一去不复返了。取而代之的是一个更加开放、灵活和透明的世界，但同时，这个世界也具有不稳定性和不可预测的缺点。天然气在欧洲的长期角色是不确定的，天然气桥的角色也是如此。这取决于哪种学说至上，未来存在两种可能。

地缘政治派认为，跨境天然气贸易最终受制于俄罗斯与欧洲之间政治关系的整体状况。中欧地区的新分裂正在加剧。只要俄罗斯坚持19世纪式的强权政治复兴，欧洲的边界将是不安全的。根据这个说法，天然气桥意味着可被俄罗斯加以利用的令人担忧的依赖来源，而其结果将是进一步的冲突。

与此相反，经济学派认为，天然气终归是一种行业，和所有行业一样，天然气的未来取决于经济和技术以及决定它们如何被配置的监管制度。天然气业务结构的革命性变化将带来一种毁坏，因为那是变革的结果。但结果最终将由经济利益决定，正如其半个世纪以来展示出来的卓越可靠性。

然而，共同的经济利益在未来的十年将有多大？它是否可能因天然气和天然气商业结构的深层变化而非地缘政治因素而消失？显然，俄罗斯天然气在欧洲的未来存在两个彼此对立的前景。天然气桥处于这两个前景的中心。哪种前景将在未来的几十年内占据主导地位？抑或出现另外一种前景——环境主义？这就是本书的主题。

目　录
Contents

德国在欧洲天然气工业中的中心角色是其在欧洲经济中处于核心地位的一个反映。德国是欧洲最大的天然气消费国，同时在地理上也占据了欧洲进口天然气通道的中心位置。由于欧洲天然气运输和交易系统的不断一体化，如何治理与经德国运输天然气的相关商业和管制关系，不仅影响到欧洲能源行业的其他成员，也影响到像挪威和俄罗斯这样重要的对欧天然气供应国。

苏联解体后第一个十年的最大故事是俄罗斯变得越来越以天然气为燃料，还有它的巨型天然气公司——俄罗斯天然气工业股份公司因出口而成为俄罗斯最富有、最强大的公司。而切尔诺梅尔金则是俄罗斯天然气工业股份公司得以创建和生存的关键。在波谲云诡的发展历程中，俄罗斯天然气工业股份公司又如何在动荡中存活下来并逃脱厄运？

21 世纪的前 20 年，俄罗斯天然气工业股份公司和俄罗斯整个天然气行业都面临三个新的压力。一是由于苏联时代气田开始不可避免地衰退，俄罗斯天然气工业股份公司面临天然气供应的威胁。二是在西欧市场自由化进程中产生的挑战和机遇。三是国内新竞争对手的兴起削弱了俄罗斯天然气工业股份公司的传统垄断地位。在这 20 年中，俄罗斯天然气工业股份公司成功地应对了前两个挑战。但是第三个挑战仍然隐约可见，而且还在不断加剧。

过去 30 年来，俄罗斯与乌克兰的天然气关系一直是冲突与合作并存。事实上，这是一体两面的事情：一场在俄罗斯和乌克兰之间围绕苏联时代天然气利益分配的持续斗争。但问题的根源更深。这是以前作为一个整体被分解为两个部分的结果，一方控制天然气，另一方控制过境运输。

第 1 章

天然气的两个世界

由一个碳原子和四个氢原子构成以碳原子为中心、四个氢原子位于四个顶点的正四面体、立体结构的甲烷分子，这就是本故事发生的主题。甲烷的纯净而低调的优雅让人着迷。当与氧气结合时，可以干净地燃烧，释放出明亮的蓝色火焰，然后消失，只留下水和二氧化碳，类似苏打水之类的东西。冷却后，它又会凝结成透明而闪亮的液体，仅为其原始体积的六分之一，准备必要时再次变为气体。相形之下，石油则是由不同链条和六边形组成的污秽之物，在被提炼和分类之前一无是处。煤炭的境况更糟。和它们相比，天然气是公主。

最近很少能听到对天然气的这些赞美之词了。如今，在欧洲，天然气越来越被指责为导致气候变化的罪魁祸首，与它的化石燃料表亲们同病相怜。当把思绪追溯至 20 世纪 60 年代，我们便会回想起当时天然气成为新鲜事物的那个时代。作为一种优质燃料，它是厨房和快乐主妇们备受欢迎的救星；只需轻轻按下电钮，即可获得热水浴的神奇来源，更不用说它对工业的种种好处。天然气的来临汇集了整个战后繁荣的乐观主义。从 20 世纪 40 年代中期到 70 年代中期的 30 年间（法语为"光荣的 30 年"——Les Trente Glorieuses），也被称为"天然气 30 年"，这是天然气被作为"进步"之同义词的泡沫式乐观主义时代。当时在苏联，对天然气的热情同样高涨。

在美国，天然气时代开始得很早。19世纪后期，所有必要的条件均已齐备：石油开采时伴生出的一种丰富资源，先进的冶金业和工程学，由市场驱动的充满活力的公司以及（至少最初）监管的空白。在美国石油工业早期，天然气被看成是废品并被白白烧掉。但从19世纪80年代开始，宾夕法尼亚州的石油大亨皮尤家族（Pews）开始采集天然气并以油田作业的燃料出售。到了1883年，它们建成了通往匹兹堡的管道，这是首条向主要城市供给天然气的管道（比西欧建成类似管道早了半个世纪）。由于这些早期努力，标准石油公司（Standard Oil）开始产生兴趣并成立了天然气信托基金（Natural Gas Trust）。这个基金获得被石油工业废弃的大量天然气，并开始在美国东部通过管道运输。[1]1940年，第二次世界大战爆发前夕，美国天然气工业生产了3.162千兆英热单位（quadrillion Btu），相当于全国整个化石燃料生产的12.1%。[2]

相比之下，在欧洲和苏联，直至第二次世界大战之后，天然气时代才真正开启。从一开始，天然气就分属于铁幕两侧的两个世界。尽管天然气的物理及化学性质和开发技术在各地基本相同，但在欧洲和苏联，天然气的发现、开采、生产、定价和销售方式却源于两种完全不同的思维方式和政治模式以及与之相应的截然不同的结构和人群，由此产生了完全不同的两类行业。东西方之间的这些初始差异在数十年来一直存在，并很大程度上解释了我们当今所观察到的俄罗斯—欧洲天然气贸易中合作与冲突彼此混合的现象，而这反过来又是导致欧洲新时期诸多麻烦的重要原因。

两个世界的天然气

即使是现在，在苏联解体已过了一代人的时间之后，西欧和俄罗斯之间天然气体系的差异，仍可以在夜晚从太空中观察到：东西方之间红外线光亮

---

[1] Daniel Yergin, *The Prize: The Epic Quest for Oil, Money, and Power* (New York: Simon and Schuster, 1991), p. 92.

[2] *Historical Statistics of the United States (Millennial Edition Online)* , http: //hsus .cambridge.org.proxy. library.georgetown.edu/HSUSWeb/toc/tableToc.do?id =Db155-163 (accessed May 7, 2019) . 该来源通过乔治城大学图书馆仅对乔治城大学成员在线开放。

（热成像）对比明显。俄罗斯看起来像一个巨大的动脉系统，将西伯利亚天然气火焰的明亮光斑与俄罗斯西部大城市和工业中心连接起来。西欧看起来更像一张网，供给分布紧密的城市和乡镇的毛细血管网络，而动脉则来自外围。而在两者之间，东欧和俄罗斯以西国家仍然是煤炭的领地，其间形成了一片漆黑的无人区，俄罗斯天然气管道从此穿过。

这种鲜明对比源于二者在距离和人口密度上的差异。俄罗斯90%的天然气储量位于乌拉尔山以东，从地理上讲是亚洲，而其消费的80%则位于该国领土三分之一的西部。俄罗斯天然气从气田到灶眼要平均穿越近2500千米。如同仅能从空中观察到古代定居点的遗迹一样，这一图案见证了天然气在欧洲两个部分中成长的不同政治和经济环境。就如同俄罗斯是欧洲之外的平行世界一样，天然气行业亦概莫能外。❶

这些差异从一开始便是根本性的。在西欧，天然气的前身是所谓的城镇煤气（在大型煤气厂中，通过燃烧煤炭产生）和焦炭气（coke gas）（钢铁行业的副产品）。因此，当20世纪50年代天然气首次出现时，百年之久的基础设施已经存在，包括众多的公共和私人参与者——市政、工会、小型家族企业、钢铁和焦炭生产商，等等。它是本地的或最多是地区性的产物，并且随着市场的出现，在现有基础上，自下而上有机地建立起来。在第二次世界大战后的十年或更长时间里，当西欧及其周边地区首次发现天然气资源后，政府才开始作为主要参与者介入，随后才进入地区或国家层面。欧盟，当时是欧洲共同体，几乎没有发挥任何作用。

在苏联，天然气几乎是从一张白板开始的。由于显而易见的原因，这一过程没有私人参与者，天然气工业的发展完全由国家行动驱动，特别是由获得强大政治支持的单一专门官僚机构驱动。从早期开始，它被认为是一种全国范围内的垂直一体化网络（尽管最初仅限于占该国国土三分之一的西部）。

---

❶ 关于苏联经济体中苏联发展方式的持续影响，参见Clifford Gaddy, "Room for Error: The Economic Legacy of Soviet Spatial Misallocation," in Mark R. Beissinger and Stephen Kotkin, eds., *Historical Legacies of Communism in Russia and Eastern Europe*（Cambridge: Cambridge University Press, 2014）, pp. 52-67。

苏联天然气工业全部与中央计划有关，但具有俄罗斯的风格，即兼具随机性和偶然协调之间的融合以及国家机构和个人野心之间的激烈竞争。❶

其结果是，苏联和欧洲采取了两种完全不同的方式来处理天然气行业的根本性问题——资源分配，定价和估价，尤其是风险管理。这两个系统也产生出两类完全不同的领导者。在苏联，他们是富有传奇色彩的官僚企业家，强大到足以管理官僚机构。数十年来，他们一直统治着自己的部门，仅服从于政治上司的命令。在欧洲，天然气行业的早期先行者多是无名小卒和公务员。随着事业达到顶峰，他们在天然气与其他行业之间来来回回转换。他们常常在幕后扮演关键角色，只能在公司历史和晦涩的专著中被人们铭记。但也存在一些重要的例外——维利·勃兰特（Willy Brandt）、雅克·德洛尔（Jacques Delors）和玛格丽特·撒切尔（Margaret Thatcher），作为政治领袖留下了历史印记。他们对欧洲天然气工业的影响深远，是因为其他附带原因。20世纪50—60年代，唯一谙熟苏联模式的欧洲油气企业家是恩里科·马泰（Enrico Mattei）。他是意大利国家碳氢化合物垄断企业埃尼公司的神气活现的负责人。1962年，他在空难中不幸离世，职业生涯戛然而止。

因此，欧洲是各种独特情况组成的马赛克：各国是不同的，各国天然气的发展路径也不一样，无论在物质层面还是在政策层面，它们之间的最初联系很少。相比之下，苏联是一个整体（或者至少从外部看是这样的）。直至20世纪90年代，这种情况依然如此，并塑造了苏联与欧洲之间的关系。

大发现前夕的欧洲天然气工业

20世纪50年代末，天然气大发现前夕，在荷兰和北海，欧洲天然气工业实际上仍是煤炭和钢铁工业的衍生品。一个多世纪以来，欧洲城市照明使用城镇煤气。耶尔·齐杰斯特拉（Jelle Zijlstra），一位亲眼见证从城镇煤气向天然气转变的荷兰财政部长，曾回忆说："无数地区，都有自己的小煤气厂！即

---

❶ 关于苏联计划体制中的这一方面，参见Peter Rutland，*The Myth of the Plan*：*Lessons of Soviet Planning Experience*（La Salle，IL：Open Court，1985）。

使一个人口不足八千居民的小城镇。想象一下！它很脏，很昂贵，而且效率低。"❶ 在法国，这种小型工厂的数量超过七百家，其中多数是原始的，而且效率低下。即使在今天，"une épouvantable usine à gaz"（一个可怕的城镇煤气厂）在法语中的意思仍是指过于复杂和低效的系统。

煤气厂和为其提供燃料的煤炭通常位于城市中心附近，以难看的集群方式破坏了城市景观并加剧了城市空气的污染。直到 20 世纪 50 年代，巴黎——这座因"灯光之城"（La Ville Lumière）而闻名的城市——仍然依赖从 19 世纪早期开始采用的城镇煤气作为公共照明，并且仍然用煤炭取暖。大量煤炭通过铁路从东部运至城市，并存放在火车站附近的仓库里。早在 1886 年，经管道从法国东部向巴黎输送焦炭气的计划便被提出。但由于铁路部门和工会的强烈抵制——更不必说两次世界大战造成的破坏——直到 70 年后，这条管道才最终被重新修建，最后在 1954 年将气通过管道运至首都。即使到了那时，它仍然是焦炭气，而不是天然气。❷

但是那时的巴黎是一个极端的例子。在第二次世界大战之前，随着从炼焦厂产生的焦炭气（有时通过绵延一百多千米的管道系统运输）开始替代来自老煤气厂的城镇煤气，当地煤气厂的陈旧系统开始衰落。19 世纪不雅观的煤气厂街道逐渐消失。关键是钢铁行业和支持钢铁冶炼的炼焦厂，它们生产出作为副产品的大量焦炭气。

钢铁生产的快速增长刺激了地区性管道网络的发展。到了这时，比利时和荷兰在全国范围内建成了焦炭气管道网络。在瑞士各地，区域性网络已经开始出现。一些著名的公司名称在这个时候出现，例如比利时的 Distrigaz，该公司成立于 1929 年，由一群英国投资者建立，通过管道向安特卫普市供应焦炭气。❸ 在德国，也是在 20 世纪 20 年代，第一次世界大战后巨头德国鲁尔燃

❶ 转引自 Wolf Kielich, *Subterranean Commonwealth: 25 Years of Gasunie and Natural Gas*（Amsterdam: Uniepers B.V., 1988）, p. 18。

❷ Alain Beltran and Jean-Pierre Williot, *Les routes du gaz: Histoire du transport de gaz naturel en France* (Paris: Le Cherche Midi, 2012), p. 24。

❸ Alain Beltran and Jean-Pierre Williot, *Les routes du gaz: Histoire du transport de gaz naturel en France* (Paris: Le Cherche Midi, 2012), pp. 17-21。

气公司（Ruhrgas）的前身由钢铁行业建立,向周边城镇供应剩余焦炭气。[1]1929年,新公司签约供应科隆市,该文件由市长康拉德·阿登纳（Konrad Adenauer）签署。[2]第二次世界大战前夕,每年约120亿立方米的焦炭气（占德国消费的三分之一）通过管道输送,大部分输送给鲁尔煤炭和钢铁区的市政当局。

在欧洲大部分地区,天然气的分配由众多小型天然气公司所控制。这些公司往往全部或部分地由当地市政当局拥有。在法国和意大利,第二次世界大战后,由于国有化和合并使得这些公司变为国有垄断企业,上述结构不复存在。但在德国,市政公用事业公司（被称为 Stadtwerke,或城市设施）仍是一个永久性的景观,这反映出战后德国政治的高度去中心化特征。正如我们下面将会看到的,20 世纪 70 年代,随着德国环保运动的兴起以及随后可再生能源的发展,市政当局在德国能源政策中的角色至今仍至关重要。

最初向天然气的转型是缓慢进行的,主要原因是在欧洲土地上未曾有过大量气田被发现的先例,而且煤炭行业处于垄断地位。在碳氢化合物公司活跃的地方,它们通常更喜欢聚焦在石油上,而不是天然气上。直至 20 世纪 50 年代末,仅在荷兰等存在天然气本地便利来源的为数不多的地方,天然气才被开采出来并连接到附近城镇。[3]意大利是早期的一个例外。在那里,第二次世界大战后,波河河谷（Po Valley）地区的主要天然气发现开始迅速扩张,到 1956 年,达到 36 亿立方米。意大利两家国有公司 Agip 和国家天然气公司 Snam 建造和运营用于支撑新意大利生产活动的管道。[4]在为恩里科·马泰雄心勃勃计划提供融资方面,天然气收入发挥了重要作用。他努力使自己的公司（即今天的意大利埃尼集团）成为世界石油巨头之一。另一个例外是法国。在第二次世界大战中期,法国开采了第一批天然气,其中一个小规模发现使得天然气被运至图卢兹和波尔多。但是仅仅在 1957 年,天然气时代才真正开始。当时

[1] Alain Beltran and Jean-Pierre Williot, *Les routes du gaz: Histoire du transport de gaz naturel en France* (Paris: Le Cherche Midi, 2012), pp. 17-21.

[2] Nadja Daniela Klag, *Die Liberalisierung des Gasmarktes in Deutschland* (Marburg, Germany: Tectum Verlag, 2003), p. 159.

[3] Kielich, *Subterranean Commonwealth*, p. 15.

[4] Beltran and Williot, *Les routes du gaz*, p. 21.

在该国西南部的拉克（Lacq）发现了一个主要油田。但在所有这些案例中，天然气发现的规模都不足以供给跨地区层面的系统，并且尚未有跨境出口的激励。

天然气在英国

第二次世界大战后，英国的天然气和经营天然气的人们，体现出 19 世纪的痕迹。由于来自进口石油的竞争不断加剧，天然气生产大幅下降。正如英国天然气委员会（British Gas Council）肯尼斯·哈钦森（Kenneth Hutchinson）在其饶有兴趣的自传中所言，石油同样是"无烟的，不需要司炉，而且一直都比较便宜。"[1] 在英国，寻找重要天然气来源的所有努力都以失败告终。到 20 世纪 50 年代中期，英国的天然气工业正在输掉这场战斗。[2] 正如迪特·赫尔姆（Dieter Helm）所描述的城镇燃气时代末期的英国天然气行业，"这是一个市场非常有限的行业，而且未来前景更加有限。"[3]

1954 年，一位名叫威廉·伍德·普林斯（William Wood Prince）的芝加哥商人出现在英国天然气委员会的门口。他带来了用冷藏油轮将天然气以液态形式运到英国的想法。伍德·普林斯在芝加哥拥有最大的牧场，并已经尝试通过驳船从美国墨西哥湾沿岸的天然气田运输液化甲烷，不仅用于冷却肉食，而且也为他的肉类包装工厂提供燃料。当时，关于液化甲烷的经验仍十分有限。的确，当时世界上唯一运营的甲烷液化和储存工厂位于莫斯科附近。它是在 1947 年由美国得克萨斯州达拉斯的德莱赛工业公司为俄国人建造的。

尽管从未运输过液态甲烷，但英国人并非完全没有使用液态天然气的经验。在战争期间，英国天然气委员会的肯尼斯·哈钦森曾在空军部服役。为了使部队通过欧洲挺进德国，他的工作是穿越海峡到法国为公路油罐车添加液氧（这对于战斗机和轰炸机的飞行员来说必不可少）。当最初向天然气理

---

[1] Kenneth Hutchinson, *High Speed Gas: An Autobiography* (London: Duckworth, 1987), p. 152.
[2] Kenneth Hutchinson, *High Speed Gas: An Autobiography* (London: Duckworth, 1987), p. 178.
[3] Dieter Helm, *Energy, the State, and the Market: British Energy Policy since 1979* (Oxford: Oxford University Press, 2003), p. 109.

事会提出从美国进口液化天然气的想法时，他想起了为了准备应对日本侵略，美国空军发明了用大型驳船横跨太平洋运输液氧的技术。正如哈钦森在回忆录中写道："我看不出横跨大西洋运送液态甲烷的计划有什么不可克服的困难。"❶

天然气委员会对此深信不疑，并与伍德·普林斯合作组建了一家公司，将这一想法变为现实。在随后的五年里，它们设计和测试油轮，一路走来克服了诸多困难。例如，钢在液态甲烷的低温下变脆（–161.6° F），铝被用于代替油箱。❷最后，一艘被改建的自由号船舰，现在被重新装备成油轮并被改名为"甲烷先锋号"。1959 年 1 月，它首次装载着液化天然气离开路易斯安那州的查尔斯湖。在路上，它遭遇了 10 级强风，发生了 20 度的滚动和 7 度的俯仰。但是"1959 年 2 月 20 日，一个寒冷的早晨，当驶出薄雾并停靠坎维岛时"，它开启了英国天然气工业的天然气时代。❸

由于壳牌公司的兴趣增长，开始了从美国向英国运输液化气的实验性运输。法国人在阿尔及利亚的哈西梅尔（Hassi R'Mel）发现了重大气田，但似乎没有切实可行的方法将其运至欧洲市场。尽管讨论了各种方案，包括跨越撒哈拉沙漠和在地中海海底铺设管道至西班牙或法国，但这些方案既不经济也不安全——当时阿尔及利亚独立战争正在进行，而且阿尔及利亚的海岸线并不安全。一个理想的方式是通过油轮将液体天然气运往法国和英国。很快，一家名为 Conch 的联合公司成立，它是壳牌和康菲的联盟；建造了两艘新的甲烷油轮；英国和法国准备了存储和再气化设施。1964 年，第一批阿尔及利亚液化天然气到达英国，第二年，另一批货物到达法国。20 世纪 60 年代中期的短暂时间内，阿尔及利亚液化天然气（天然气和城市煤气合计）占英国天然气供应总量的十分之一。

但是，在第一批阿尔及利亚液化天然气到达欧洲时，北欧正在酝酿着一

---

❶ Hutchinson, *High Speed Gas*, p. 177.
❷ 英国天然气公司的未来主席丹尼斯·罗克（Denis Rooke）是从路易斯安那州运送液态甲烷的第一任领导者。参见Hutchinson, *High Speed Gas*, pp. 183-186。
❸ Hutchinson, *High Speed Gas*, p. 184.

场革命。1959 年，"甲烷先锋号"到达英国的那年，在荷兰北部的格罗宁根省斯洛赫特伦（Slochteren）首次发现了天然气。1965 年，北海首次离岸重大发现——由 BP 在英国的北海西索尔（West Sole）完成。因此，对于英国来说，20 世纪 60 年代和 70 年代初的液化天然气是短暂的插曲；北海管道天然气时代即将破晓。在随后的几十年，因与阿尔及利亚长久以来的麻烦关系，只有法国液化天然气进口仍是整个供应的主要来源。

斯洛赫特伦改变一切

像往常一样，上游勘探者一直在寻找石油。回到内政部时，任何关于天然气的消息显然都不受欢迎。然而，他们发现的偏偏却是天然气。斯洛赫特伦村庄周围地区的地震研究，已经显示出有一些东西在厚重的盐层壁下，但是，它可能是石油、天然气或水，或者什么也没有。1955 年，第一口探井从斯洛赫特伦钻了 10 千米，提供了第一个线索，那就是答案可能是天然气。但是，油井几乎失控，并停止了进一步作业。在苏伊士运河危机期间，埃克森美孚和壳牌公司（它们在战后主导了荷兰的勘探活动❶）的合资企业荷兰天然气公司（NAM），将重点转向最大限度地提高石油产量。荷兰天然气公司直到 1959 年 5 月才返回斯洛赫特伦。两个月后，天然气开始涌动，这一次的涌动速度如此惊人，可以毫无疑问地确定，下面存在着一个大气田。第一口井喷射的火焰可以在 20 千米以外的格罗宁根市看到。

在首次发现气田后的一年多时间内，荷兰天然气公司对斯洛赫特伦的所有新闻实施了全面的封锁。荷兰天然气公司不拥有专有钻探权，它担心其他石油公司为开采天然气蜂拥而至，由此导致该气田可能被政府接管或国有化。但是在此期间，荷兰天然气公司进行了细致的研究，甚至即使其早期的谨慎评估，也强烈认为荷兰的生活将经历一场壮观的变革。而且事实确实如此。当 20 世

---

❶ 荷兰天然气公司（NAM）成立于1947年，是新泽西州标准石油公司（当时埃克森被称为埃索（Esso）和巴塔夫斯石油公司（Bataafse Petroleum）（荷兰皇家壳牌子公司）之间的"50-50"合资企业，在荷兰勘探石油和天然气。

纪 70 年代初格罗宁根的产量达到峰值时，它每年可以创造 20% 的政府收入。

为什么荷兰模式是关键的？

20 世纪 50 年代后期，天然气对荷兰人来说并不完全陌生。主要位于荷兰东部的小规模天然气储备已经被开发出来。1951 年，第一个荷兰城镇开始供应天然气。到 1960 年，荷兰四分之一的消费者已经使用天然气。但是格罗宁根的发现几乎在一夜之间改变了状况。短短几年内，欧洲已探明天然气储量从几十亿立方米增长到数万亿立方米。荷兰并非一个例外，1965 年，英国人在北海收获了首个大发现，不久之后便是挪威人。苏联在西西伯利亚的大发现大约在同一时间发生，阿尔及利亚在撒哈拉沙漠南部地区的发现也是如此。

但是在欧洲大陆，荷兰的发现至关重要。荷兰天然气基本上创造了当今的欧洲大陆天然气工业。欧洲第一次拥有了世界级天然气田，其规模足以支持出口，而低廉的价格堪与煤炭竞争。这对荷兰的能源产业和荷兰政府构成了前所未有的挑战。稍后我们将看到，他们成功的打交道方式，不仅为天然气在欧洲开辟了道路，而且也创造了整个概念性框架，以及随后 40 年欧洲用于定价和销售天然气的词汇——包括时机到来时从俄罗斯的天然气进口。只是在过去十年之后，到了 20 世纪 60 年代初期，在荷兰发展出的务实安排才逐渐转变为一种新的商业和监管模式。这一模式建立在不同前提的基础上，而且具有深刻的经济和政治后果。但是，这已经超出了我们的故事范围。

在发现格罗宁根之后，首先不得不解决一个基本问题：国家和私营部门之间的相互关系是什么？正如我们所说，天然气成长为一种商业关系。勘探者、生产者、销售者、投资者和消费者很快通过单一的价值链联系在一起。但是谁拥有并控制这条价值链呢？由此产生的一系列问题必须得到解决：谁来投资，谁来承担风险并获得回报？什么是市场？天然气如何对不同用户定价？首先在荷兰发展出来的答案提供了商业和监管模式——俄罗斯人仍称其为"格罗宁根模式"。这是整个西欧天然气工业的基础。仅仅在最近 20 年，随着计算机化交易技术以及有关竞争和公司结构的新欧盟法规的出现，传统模式才被淘汰。

在美国，这些问题已经被辩论了半个世纪之久。但是美国人的经验对欧洲而言几乎无关紧要，在欧洲，传统上讲，国家的作用和特权要强大得多。❶例如，自 1810 年《拿破仑矿业法》被颁布以来，在欧洲，私营部门生产者就不再拥有对地下矿产资源的权利；与美国不同，公司是在国家授予的特许经营权下运营的。第二次世界大战以后，各国本已强大的政府立场进一步增强了人们对国家计划的热情。这并非由于苏联的例子，对多数欧洲人而言，苏联仍然遥远而陌生。而是，重塑对国家权力的信仰，借鉴了欧洲本土的早期改革传统，同时结合了有关战前资本主义和政治失败论的盛行观点。借用历史学家托尼·朱特（Tony Judt）的话，"两次世界大战之间的数十年灾难……所有这一切似乎都与未能更好地组织社会有关。如果民主奏效，如果是为了恢复民主的吸引力，那么，就必须进行规划。"❷由于天然气是在欧洲长期能源短缺的情况下出现的，这似乎是采取计划方法的最佳领域。

正如计划在实践上的含义因国而异，在英国，它主要包括国有化；❸在德国，国家在公司和工会之间建立了精心设计的社团组织；但是，在法国，计划采用了最为详尽的形式。"制高点"（列宁的名言）涵盖了从公用事业到汽车的广泛领域。公共投资由国家指导。1946 年，戴高乐总统批准由让·莫奈（Jean Monnet）（未来欧洲共同体的创始人之一）制定粮食总计划（Commissariat Général du）的提案。1947 年 1 月，第一个国家计划获得法国内阁的一致通过。但在天然气方面，结果证明是有争议的，这导致天然气的发展被推迟了几年。

因此，在欧洲大陆，一次真正的重大天然气发现碰巧发生在这样一个国家，即盛行的政治文化和政治结盟（alignments）具备独一无二的优越条件，这使

---

❶ 关于美国经验，参见Christopher J. Castaneda and Clarence M. Smith，*Gas Pipelines and the Emergence of America's Regulatory State*（Cambridge：Cambridge University Press，1996）；and Jeff D. Makholm，*The Political Economy of Pipelines*：*A Century of Comparative Institutional Development*（Chicago：University of Chicago Press，2012）。

❷ Tony Judt, Postwar: *A History of Europe since 1945* (New York: Penguin, 2005), p. 67.

❸ Daniel Yergin and Joseph Stanislaw, *The Commanding Heights: The Battle between Government and the Marketplace That Is Remaking the Modern World* (New York: Simon and Schuster, 1998).

得新资源快速发展并尽早变为出口。那个国家就是荷兰。

"扬妥协"

在荷兰，冲突被避免。取而代之的是，发现斯洛赫特伦的私营石油公司与拥有资源的国家协商达成了巧妙而务实的合作关系。这一切之所以变得如此迅速和顺利，归结于 1959 年至 1963 年间担任荷兰经济部长的扬·威廉·德普斯（Jan Willem de Pous）。在 1961 年 8 月至 1962 年 10 月的短短 15 个月内，德普斯主持了谈判，并召集在荷兰拥有并经营天然气新业务的参与者加入联盟。他的角色至关重要：他制定了业务计划和定价原则，抵制了本党派关于将天然气国有化的意见，把整个计划提交至荷兰议会并获得一致通过。实现这个壮举之后，德普斯从历史上消失了。

德普斯是荷兰体系中一致同意政治原则的经典产物，这一原则自第二次世界大战结束至 20 世纪 60 年代中期一直盛行。[1] 他是荷兰花卉种植者的儿子，来自基督教历史联盟（CHU）。作为两个加尔文主义政党之一，它与忏悔党（confessional parties）一道代表着荷兰社会的传统主流，并自第二次世界大战结束以来一直占据着政治中心。由于任何政党都无法获得绝对多数，它们不得不合作共事，以务实心态组成中左翼和中右翼联盟政府。具有少数议席的基督教历史联盟欣然加入了两者。这是一个非常重视谈判和妥协的体制，德普斯已经高度掌握了这些技能（他作为谈判者的技巧使其得到了"扬妥协"的绰号）。

德普斯的贡献成为天然气行业的传奇，令人并不为奇。半个世纪后，也就是 2013 年，在荷兰天然气垄断巨头荷兰能源气体联合公司（Gasunie）成立 50

---

[1] 肯·格拉迪什（Ken Gladdish）写道，荷兰的比例代表制会"通过选举后政党领导人的助产士有时痛苦地输出意想不到的政府"（*Governing from the Center：Politics and Policy-Making in the Netherlands*［De Kalb：Northern Illinois University Press，1991］，p. 47。同时参见 K. R. Gladdish，"The Primacy of the Particular，" in Larry Diamond and Mark F. Plattner，eds.，*Electoral Systems and Democracy*（Baltimore：Johns Hopkins University Press，2006），pp. 105-120; and K. R. Gladdish，"Governing the Dutch，" *Acta Politica* 25（October 1990）：389-402。

周年之际，一位比德普斯年轻两代的后任经济部长，向德普斯作为"荷兰天然气合作设计师"的独特角色表示敬意："德普斯用一份十页的政策文件搞定了所有工作，经过仅仅半天的辩论，他使得这份文件在议会获得通过。"这位部长感慨地说："想想我在国会讨论能源政策上所花费的所有小时和日子！"❶

然而实际上，德普斯从来都不是后来神话所描绘的发号施令者。经过仔细研究后，1962 年荷兰《天然气法》的顺利通过，更多归功于议会中的政党领袖，而不是他的个人努力。直至 20 世纪 60 年代后期，荷兰政治体系建立在严格的比例代表制基础之上。体系中的实际权力不属于内阁部长，甚至也不由总理掌握，而是集中在议会中的集团领导人手中，它们控制着党的议程并聚集在一起任命总理及其内阁。部长通常是二等党员甚至是局外人，议会管理者更将他们看成是代表而不是决策者。因此，他们实际上是一次性的人选。事实证明，德普斯就是这种情况：在 1963 年他所加入的中右翼联盟败北后，他再未担任过部长，实际上也就有效地离开了政治。❷

1966 年，整个体系崩溃了。在那年的议会选举中，工党和忏悔党都以史无前例的失败而败下阵来，这被称为"现代荷兰政治中最戏剧性的事件"。❸这终结了德普斯参与其中的传统议会平衡体系。从那时起，荷兰政治变得更加两极化，反映出荷兰社会的日益富裕和新一代选民时代的到来。新的小型政党相继出现，提出了反正统的议程。在 20 世纪 60 年代后期的新氛围中，一致同意政治的整个模式遭到攻击：一个新政党"民主 – 66"谴责旧制度是"无原则、不负责任和有关节炎。"❹妥协已成为一个肮脏的词。

因此，在斯洛赫特伦的发现是一个偶然的时刻。在 1967 年之后，"nota de Pous"中体现出的共识以及荷兰能源气体联合公司的顺利创建（仅仅经

---

❶ Henk Kamp, "The Bright Past and Challenging Future of Natural Gas," speech at the symposium "The Bright Past and Challenging Future of Natural Gas," October 3, 2013, http: //www.government.nl/documents-and-publications/speeches/2013/10/03/the-bright-past-and-challenging-future-of-natural-gas.html.

❷ 相反，德普斯在接下来的20年中担任荷兰经济与社会理事会主席，随着从具有共识意识的20世纪60年代进入更具争议的70年代，他的绰号"扬妥协"（Jan Compromise）听起来越来越具有贬义。

❸ Gladdish, *Governing from the Center*, p. 47.

❹ Gladdish, *Governing from the Center*, p. 51.

过象征性辩论之后便在议会中获得一致投票）也许将不会成为现实。仅仅三年后，第一批离岸气田被发现，荷兰政府正对一项新的天然气法案进行辩论，共识变得难以达成。工党中弥漫着将石油和天然气工业进行国有化的情绪。1965 年至 1966 年间，由工党领导的联盟上台，其中包括准备力争国有化的少数部长。但是选举政治再次干涉其中：1966 年，工党被击败，激进的财政部部长被赶走，由此便再没有关于国有化的进一步谈论了。

荷兰天然气市场的挑战

荷兰人面临的第一个挑战是决定如何使用天然气。直到那时，除了得出天然气是一个代价高昂的麻烦之结论外，石油公司对天然气的考虑并不多。壳牌公司前任董事长曾记得，20 世纪 50 年代后期海牙一位资深同事在大发现的前夕给他的建议：“远离天然气，它没有任何利润。国家将把其视为公用事业。”当时，天然气无论对卖方还是买方而言确实无利可图。❶

在从斯洛赫特伦得知第一条消息后，位于新泽西总部的标准石油公司向海牙派出两名年轻的经济学家，他们与两名荷兰同事合作研究了这种情况。❷他们一起提出了一项革命性计划。高级管理层，特别是壳牌公司的高级管理人员则倾向于将行业和电力作为主要市场。经过详尽论证，“四人组合”反对这一观点。根据他们的数据，到目前为止，欧洲最赚钱的天然气市场是民用市场，尤其是家庭取暖。经过最初的怀疑后，他们的建议才被接受，但后来被证明对大陆欧洲的天然气发展至关重要。它为天然气的快速发展提供了强大的动力，并催生出对连接数百万消费者的天然气管道的大量投资。

民用天然气改变了荷兰人的生活方式。在斯洛赫特伦大发现前夕，只有10% 的荷兰家庭拥有集中供热系统（典型的荷兰家庭仅在一个房间内用煤炉

---

❶ Kielich, *Subterranean Commonwealth*, p. 20.

❷ 道格拉斯·斯图尔特（Douglass Stewart）和伊莱恩·马德森（Elaine Madsen）在回忆录中讲述了这个故事，参见*The Texan and Dutch Gas：Kicking Off the European Gas Revolution*（Victoria，BC：Trafford Publishing，2006）。

取暖），但在十年之内，天然气已经将煤炭赶出家门。其他国家也遵循着聚焦民用的策略，这赋予西欧天然气版图与俄罗斯和苏联完全不同的标志性模式——一些大型动脉和庞大的毛细血管系统。这个基本差异可以追溯到初期的荷兰模式和而今几乎已被遗忘的四位年轻经济学家，他们首先意识到市场的所在之处。

谁承担风险？

第二个主要挑战与风险管理有关。消费者对天然气的需求随着天气变化而变化——从字面上讲，寒冷的冬季增加需求——而且还随着经济状况而变化。但这给生产者和消费者都带来了风险。生产者需要得到保护以防止需求波动，而消费者也同样如此，他需要在寒冷的天气里仍会有天然气供给。自20世纪60年代以来，体现在天然气合同中的经典方案被称为"照付不议"（take or pay）。如果买方实际上没有"拿走"（take）合同规定的数量，他无论如何也要付款。未使用的天然气可以以后取走，但基本原则很明确：买方传统上承担数量风险。

首例照付不议早在1954年就出现在荷兰天然气公司与荷兰政府之间的基础性协议中。在这种安排下，政府显然承担了风险。荷兰天然气公司承诺将其生产的少量天然气出售给荷兰政府，价格如此之低，几乎是象征性的。政府对天然气的用处不大，因此，最终支付了仍在地下有待开采的天然气的气款。这很尴尬，但是随着斯洛赫特伦天然气田的发现，政府每年用于采购天然气的花费从数百万荷兰盾很快变成数十亿荷兰盾。一位壳牌公司资深的董事长后来回忆说："我们本可以一口气使荷兰政府破产。我们曾一起开过这个玩笑。"❶ 经过一番讨论，这个结果成为现代版的照付不议协议，其中规定了买方承担的购买限额，以免造成不必要的损失。

---

❶ Kielich, *Subterranean Commonwealth*, p. 20.

如何定价？

围绕"nota de Pous"神话的一部分是，它在一夜之间创造了一种定价理论，实际上直到今天，所有欧洲天然气合同仍沿用这种定价方法。它的基本思想是，天然气应根据其对用户的价值而不是对生产者的成本进行定价。[1] 实际上，这意味着天然气的价格在消费时不能超过竞争性燃料的价格。这一原则在天然气行业是以一个德语名字（Anlegbarkeit）为大家所知的。[2] 当被用于天然气出口时，从逻辑上产生这样的想法：井口的价格应为"净价"，即消费者价格减去运输和分配成本。实际上，这意味着荷兰边境的天然气价格取决于天然气要被运至哪里。

这些定价原则并未从荷兰基本立法中得到充分体现，而是随着市场的发展和经验的积累，经过反复试验不断发展。荷兰国内民用天然气价格是一个特别敏感的问题。经过数年的辩论，生产者与当地市政分销商之间达成妥协。最终决定根据浮动比例定价：用量越多，价格越低。这对于随后勃兴的家用供暖变成一件划算的事情；而对于小型企业，尤其是温室种植企业而言亦是如此，这些温室很快成为点缀荷兰的一道风景。一旦确定对消费者的价格，它们就很难被改变。其结果是荷兰民用天然气价格直至20世纪70年代一直保持不变。

出口定价也逐渐发展。最初的出口价格是固定的，并主要取决于成本。因此，对德国（1965年）和对法国（1966年）的首批荷兰天然气出口，在荷兰边境收取相同的固定价格。[3] 直到1971年，随着能源价格呈上升趋势，荷兰人才开始敦促外国买家修订合同，以便将天然气出口价格与石油产品价格挂钩。可以想见，买主打了退堂鼓。直到1974年，即第一次油价冲击之后，石油产品基

---

[1] 关于天然气定价有益的介绍性回顾是Anthony J. Melling, *Natural Gas Pricing and Its Future：Europe as the Battleground*（Washington，DC：Carnegie Endowment for International Peace，2010）。

[2] Peter Neuhaus, RWE, "Herausforderung an die Erdgasvermarktung: Vertrieb in Spannungsfeld liberalisierter Energiemärkte," 2007, http://www.rwe.com/web/cms/contentblob/157880/data/12255/Down4.pdf.

[3] Kielich, *Subterranean Commonwealth*, p. 52.

准才被纳入天然气出口合同，即便如此，这种情况也是逐渐发生的。❶

意大利是一个特殊的问题。由于担心意大利人即将与苏联签订巨额天然气合约，美国通过北约和荷兰外交部迫使荷兰人同意对意大利的出口价格低于其他进口国。由于最初的合同未包含任何修订条款，随后提升价格被证明是很难的。直到 1975 年，才与意大利人签订了新合同，其中包含修订条款和价格与石油产品挂钩，以及从荷兰到意大利的长距离运输使更低进口价格变得合理（简言之，净价原则）等理念。因此，制定出口定价的核心概念耗费了十年的时间。

合约的重要性

使天然气关系得以正常运行的是将共识基础纳入合同中。买卖双方面临的多重风险和不确定性——由天气、市场和地质条件产生的未知数——由标准式安排进行管理。在荷兰首次重大天然气发现之后，这些安排率先被制定出来。作为天然气业务的基础，合同的重要性不可被高估。该合同创造了某种程度的统一性，从而抵消了该行业早期的去中心化。在欧洲天然气工业通过管道相连之前很久，它就通过共同的合同知识结构相互连接，从而使不同参与者能够管理风险并达成协议。毫无疑问，这些冗长而笨拙的文本，用外人无法理解的技术语言编写而成，随着时间的流逝变得具有深远的情感意义。正如能源专家西蒙·布雷基所言，"刻板、商业驱动的人会迷茫地回想起，他们亲眼见证合同几乎以不可思议的方式成功弥合了不可能跨越的鸿沟并驾驭难以管理的风险。"❷

由于荷兰达成了有利的安排，天然气蓬勃发展。随之而来的是管道建设的爆炸式增长。20 世纪 60 年代后半叶，随着主要动脉建设挺进法国和意大利，管道建设达到顶峰。但最重要的是，在欧洲北部，来自格罗宁根的天然气贯

---

❶ Kielich, *Subterranean Commonwealth*, p. 121.
❷ Simon Blakey, personal communication, August 2014.

穿荷兰然后到达比利时和德国。在创立之初的 1963 年，荷兰能源气体联合公司每年的运输量不到 5 亿立方米天然气，到 70 年代中期，接近 950 亿立方米，其中一半以上用于出口。❶

这些工程将钢管生产商的能力扩展到了极限。为了支持不断发展的网络，天然气行业需要的钢管不仅数量越来越多、直径越来越大，而且要能够在更高压力下运行。结果是欧洲钢铁业出现大批创新成果，这使得随后 20 世纪 70 年代天然气换管道的交易成为可能。

"Nota de Pous" 中定位国际市场的决定，使荷兰的出口增长甚至快于国内销售。1964 年，荷兰首批天然气到达德国，1965 年到达比利时和 1966 年到达法国。十年之内，荷兰的出口量已扩大到每年近 500 亿立方米的峰值，其中三分之二流向了德国和比利时。然而，这条道路并不完全畅通。荷兰天然气最初在德国面临强大的抵抗。关于"外国渗透"（Überfremdung）的喃喃自语开始出现；一些德国媒体还发起了反对侵略者的宣传；德国经济部担心对煤炭行业的威胁。

随后的繁荣主要是由市场需求驱动的。事实证明，天然气非常受欢迎，产业几乎跟不上它的步伐。天然气遵循市场；增长是自下而上的，而不是自上而下的。国家和地方政府充当了促进者（特别是通过保持较低的民用价格，这在荷兰则有利于出口），但不是驱动因素。这一行动全部在国家或地区层面进行。在西欧，并不存在关于天然气网络在大陆范围内实现整合的总体愿景，也不存在对可能实施这一愿景的权力结构。不过，欧洲天然气的发展是由引导其增长的无形概念性结构编织起来——买卖双方的合同制度，根据天然气被出售和贸易的新兴法律结构支撑。

在所有这些方面，苏联的差异之大如同白昼与黑夜一般。从 20 世纪 50 年代起，苏联天然气工业开始与欧洲并行发展，但由不同力量推动，受不同原则指导。20 世纪 60 年代中期，当这两个世界接触时，如同两个不同的文明彼此交汇。

---

❶ Kielich, *Subterranean Commonwealth*, pp. 72 and 161.

苏联的案例

城市照明被引入俄罗斯首都圣彼得堡，经历了反对沙皇的宫廷政变。1825 年 12 月，年轻军官反对"欧洲宪兵"——尼古拉一世的政变失败。尼古拉一世对此感到震惊，抱怨这是黑暗街道造成的安全问题。一家英国公司被雇用来建造首都的第一个煤气厂和管道系统——所有一切都从英国进口，工厂里燃烧的煤炭也一样。[1] 但是进展缓慢。第一次世界大战前夕，只有大约3000 个公寓装有煤气。用苏联时代的枯燥表述就是，煤气"仅适用于特权家庭"。[2]

莫斯科的情况大致相同。到 1867 年，外国投资者已经安装了 6000 盏路灯，但在随后的 25 年中，仅仅增加了 3000 盏。整个国家缺乏进一步推进的兴趣。沙皇政府漠不关心，建筑业主又不愿对向其物业输送煤气进行投资。第一次世界大战前夕，莫斯科远远落后于欧洲主要城市：伦敦的煤气人均使用量为176 立方米，布鲁塞尔为 116 立方米，而莫斯科则仅为 10 立方米。[3] 在布尔什维克时期，即使 1918 年将首都迁至莫斯科，这一状况仍未改善。到 1945年第二次世界大战结束时，莫斯科仍然只有一家煤气工厂。从某种意义上说，这是一个优势。与欧洲人不同，苏联人不必适应现有的煤气体系；他们或多或少可以直接使用天然气。

鉴于后来发生的事件，颇具讽刺意味的是，现代苏联天然气工业起源于乌克兰——或更确切地说，在当时波兰统治的加利西亚时期。20 世纪初，奥匈帝国的最后几年，在加利西亚村庄达沙瓦（Dashava）附近发现了天然气。但是直到第一次世界大战之后，这个发现才得以开发，而那时俄国和奥匈帝国均已消失。1921 年钻第一口气井时，达沙瓦是新组建的波兰的一部分，这

---

[1] Iulii M. Bokserman, *Razvitie gazovoi promyshlennosti SSSR* (Moscow: "Gostoptekhizdat," 1958), p. 47.

[2] Iulii M. Bokserman, *Razvitie gazovoi promyshlennosti SSSR* (Moscow: "Gostoptekhizdat," 1958), p. 46; 又见 pp. 47-48。

[3] Iulii M. Bokserman, *Razvitie gazovoi promyshlennosti SSSR* (Moscow: "Gostoptekhizdat," 1958), p. 46.

是凡尔赛制图师的一份礼物。1929 年，波兰和德国工程师建造了东欧最早的天然气管道之一（全长 68 千米），用于将天然气从达沙瓦输送到当时波兰加利西亚的首都——直到 1939 年和《莫洛托夫—里宾特洛甫协定》都因其波兰名利沃夫而闻名。在第二次世界大战期间，达沙瓦被两次易手。纳粹占领期间，德国工程师向西两百千米处修建了另一条通往斯塔洛瓦·沃拉（Stalowa Wola）冶金厂的管道。苏军在战后继续使用这条管道。因此，从某种意义上说，就像佩尔·赫格塞柳斯（Per Högselius）在《红色天然气》一书中描述天然气桥起源的历史时写道，苏联是"天生的天然气出口国"——这归功于乌克兰。❶

当时，苏联经济仍以煤炭为主。❷ 约瑟夫·斯大林（Joseph Stalin）尽管是巴库油田的年轻革命家，但直到生命的尽头，他还是偏爱煤炭而不是碳氢化合物。苏联能源部门中的重要组成也是如此。❸ 但是，煤炭面临着日益严峻的问题：可用的供给质量差，数量下降或距离太远。❹ 因此，来自煤炭的天然气很稀少。煤制天然气仅能供应少数几个主要城市。列宁格勒用于城市照明的天然气，甚至来自爱沙尼亚一种劣质来源的油页岩（oil shale），而莫斯科的城镇天然气依赖周围省份的褐煤。只有在乌克兰顿巴斯的煤钢联合企业中，才有作为钢铁工业副产品的足够焦炭气。

但是苏联占领加利西亚带来了一个让人欢迎的奖杯——达沙瓦气田，该气田于 1944 年重归苏联控制。甚至在红军到达柏林之前，通往基辅的 500 千米管道建设就已经开始。1948 年，天然气到达那里。三年后，又有一条 800千米管道通往莫斯科。又过若干年，另一条从达沙瓦的管道将乌克兰天然气输送到邻国白俄罗斯和波罗的海共和国。随着加利西亚的产量接近峰值，乌

---

❶ Per Högselius, *Red Gas: Russia and the Origins of European Energy Dependence* (New York: Palgrave Macmillan, 2013), p. 14.

❷ 斯大林去世时，煤炭仍占苏联能源供应的三分之二。1955年，煤炭占64.8%，而天然气占2.2%。参见Per Högselius, *Red Gas: Russia and the Origins of European Energy Dependence* (New York: Palgrave Macmillan, 2013), p. 23。

❸ 关于苏联时期油气的经典著作是Robert W. Campbell, *The Economics of Soviet Oil and Gas* （Baltimore：Published for Resources for the Future by the Johns Hopkins Press, 1968）。

❹ 关于苏联煤炭部门的概览，参见Leslie Dienes and Theodore Shabad, *The Soviet Energy System： Resource Use and Policies*（New York：John Wiley and Sons, 1979），chapter 4。

克兰东部发现的新气田，尤其是舍布林卡气田（Shebelinka）开始接替老气田的作用。俄罗斯南部、高加索和中亚其他地方开发的新资源使得供应很快多样化。然而，尽管如此，乌克兰气田在其第一个四分之一世纪一直是苏联天然气工业的主力军。[1] 如果说乌克兰今天需要依赖进口的天然气，那是因为其天然气资源早已被用来供应苏联经济——以及我们将在第2章看到的苏联首次天然气出口。

为贝利亚工作

早期的天然气工业从石油工业中产生，从20世纪30年代末到斯大林时代末期，石油工业与苏联工业的所有其他战略部门一样，都属于克格勃［当时被称为内务人民委员会（NKVD）］极其可怕头目拉夫连季·贝利亚（Lavrentii Beria）。第一次世界大战后，当美国分析人员对被俘获的苏联档案进行检查时，战争前夕苏联将近一半的工业产出由内务人民委员会控制并由贝利亚监督的事实，才昭然于世。[2] 在1936年至1938年间的"大清洗"中，成千上万的苏联人成为斯大林偏执狂和秘密警察屠刀下的受害者，这清除了苏联军界、政界和行政界中的精英。代替他们的是新一代年轻的——有时甚至惊人的年轻的——工程师和专业人员，他们一路飙升至更高的职位。可以说，他们是踏着被清洗者的尸体上位的。他们以1939年的一代人而闻名，在许多情况下，他们一直掌权至20世纪80年代中期和米哈伊尔·戈尔巴乔夫（Mikhail Gorbachev）的出现。

其中一位就是尼古拉·巴伊巴科夫（Nikolai Baibakov），他在1965年至1985年间担任国家计划委员会的常任负责人。1938年，在"大清洗运动"进入最血腥的阶段时，他被任命领导伏尔加—乌拉尔盆地苏联新一代石油的开发。这位来自巴库的27岁石油工程师斩获了他的首个重大突破。到1940年，

---

[1] 直至20世纪70年代中期，乌克兰天然气在苏联天然气总产量中所占的比例从未超过三分之一，但到那时，乌克兰是最大的单一产气区，而舍布林卡在苏联的欧洲部分是最大的单一气田。这些特点以及其与欧洲和苏联西部的毗邻，使得乌克兰天然气在20世纪70年代中期一直处于中心地位。关于详细的产量数字，参见ibid., table 18, pp. 70-71。

[2] Merle Fainsod, *Smolensk under Soviet Rule* (Cambridge, MA: Harvard University Press, 1958), passim.

他担任石油部副部长（当时的称呼是"人民委员"），并在 1944 年年满 33 岁时，成为整个行业的负责人。在这样平步青云的生涯中，一两年的差异就会变得与众不同：巴伊巴科夫的朋友、阿塞拜疆石油学院的同时代人萨比特·奥鲁杰夫（Sabit Orudzhev）比巴伊巴科夫晚毕业两年，结果在巴库落后了十年。

巴伊巴科夫的主要门生是阿列克谢·科尔图诺夫（Aleksey Kortunov），他是一位颇具才华的工程师和组织者，他成为苏联天然气工业的首任负责人，并且正如在第 2 章中将看到的那样，在许多方面都是天然气桥的建筑师。科尔图诺夫是苏联体系的稀缺人才，他在广泛的工程领域中受过训练（多数苏联时期乃至当今俄罗斯工程师都是典型的狭窄专业背景）。当被派往巴什基尔（当时是苏联石油的心脏地带）工作时，这种训练对他很有帮助。他作为石油项目和管道建设者的才能，引起了巴伊巴科夫的注意。1950 年，巴伊巴科夫将他选拔到莫斯科担任建设部副部长。几年后，巴伊巴科夫赢得了建立独立天然气组织的政治支持，他将科尔图诺夫安排为负责人。作为新产业发展的主要推动力，科尔图诺夫在接下来的 20 年里一直处在那里。❶

作为石油部长，巴伊巴科夫可以直接向贝里亚报告。这是令人恐怖的工作，但也是结果的保证。在 1946 年首次投入运营后，从萨拉托夫（耶尔山卡—库尔秋姆）（Yelshanka-Kurdyum）附近的伏尔加河气田到该市的第一条天然气管道遭遇中断。斯大林从莫斯科市长那里得知此事后，把问题交给了贝里亚。在很短的时间内，管道恢复正常工作。诸如此类的故事发生了很多。借用亚历山大·索尔仁尼琴（Alexander Solzhenitsyn）的著名表述，如果斯大林"让整个国家失眠"，那是因为有贝里亚这样残酷的刽子手。1953 年 3 月斯大林去世时，贝里亚似乎即将接任他——直到他的竞争对手之一，尼基塔·赫鲁晓夫（Nikita Khrushchev）将他逮捕并枪杀，这令政治局的同僚感到极大的欣慰。从那时起，直到 1964 年被推翻，赫鲁晓夫一直作为共产党第一书记。

---

❶ 关于科尔图诺夫生活和职业的详细描述，参见 Högselius，*Red Gas. A Russian biography of Kortunov is Viktor Andrianov，Kortunov*（Moscow："Molodaia Gvardiia，" 2007）。

尼基塔·赫鲁晓夫与天然气工业艰难的诞生

在莫斯科新圣女修道院的赫鲁晓夫墓上方，矗立着由现代雕刻家恩斯特·内兹维斯特尼（Ernst Neizvestnyi）雕刻的已故苏联领导人的半身像。这是一件了不起的作品，它由两块大理石组成，一块是白色，另一块是黑色，在赫鲁晓夫面部的中线垂直连接。对于俄罗斯人来说，它捕捉到这个男人的双重人格和混合遗产。❶作为斯大林的主要幕僚，赫鲁晓夫在大清洗时期曾是乌克兰的党魁，但他也是企图通过谴责斯大林罪行而试图驱散斯大林幽灵的人。

一个矮胖、秃头的小个子，穿上西服，看上去比本人大了两号。赫鲁晓夫看上去像20世纪30年代苏联集体农场主席或工厂经理。追溯到第一个五年计划的时代，在很多方面，他都如此。我们回忆他的诸多特征来自他对布尔什维克式虔诚的热爱：❷他滔滔不绝的高谈阔论和刺耳责骂，对豪赌的热爱，他搞的抽风般运动和旋风式巡视，以及他无休止而疯狂的"改革"。然而，他是一个非常聪明的人，尽管忠实地为斯大林服务，但他意识到必须改革体制。但是除了自己一生践行的方式外，他别无他法，而结果常常是灾难性的。这个体制在很大程度上依赖良好的意愿和高层领导人的支持，这既有优点也有缺点。赫鲁晓夫用极端的方式证明了二者，而他在天然气工业早期的作用就是一个典型的例子。

与斯大林不同，赫鲁晓夫对天然气的未来深信不疑。1956年是具有里程碑意义的一年。在苏共二十大上，赫鲁晓夫谴责斯大林的罪行（包括20世纪30年代的大饥荒），同时他也提出了天然气工业的宏伟目标。同年，乌克兰东部的巨大气田舍布林卡生产了第一批天然气。来自伏尔加河地区的长输管道很快将天然气运至莫斯科。在20世纪50年代后期，又相继建成了其他新的长输天然气管道，其中包括将北高加索天然气运至莫斯科和列宁格勒的四线

---

❶ 内兹维斯特尼在2016年高龄去世，参见其讣告Economist，August 20，2016，https：//www.economist.com/obituary/2016/08/20/obituary-ernst-neizvestny-died-on-august-9th。

❷ 一个苏维埃时代的表达，意指"为达到计划目标而奋斗"。

管道中的第一条。从伏尔加河地区还修建了更多的管道，包括通往下诺夫哥罗德（当时的高尔基市）和切列波韦茨的管道。关于修建从达沙瓦通过白俄罗斯到波罗的海共和国管道的决定已经做出。苏联的天然气产量从1955年的90亿立方米攀升到1970年的1980亿立方米。❶

对于赫鲁晓夫而言，天然气的迅速崛起是显示出苏联追赶而且确实很快将超越美国的最明显迹象之一。在1959年的美国之行中，他用天然气作为未来苏联优势的典型例子："我们的地质学家发现了巨大的天然气资源，足以满足数十年的需求。这使我们有可能进一步增加天然气的生产和消耗，并在这方面也超越您。" ❷

但是赫鲁晓夫的热情好坏参半。他是冲动、多变、完全不可预测的。一旦一个想法进入他的脑海，它就完全控制了他，而且他准备赌上整个体制的资源来实现它。1957年，他确信斯大林主义式经济过于僵化和集权化（的确如此），并因偏重重工业而失衡。他的解决方案是重塑整个经济。他突然解散了中央各部，并以地区经济委员会（Sovnarkhoz）取而代之，该委员会将在当地协调经济并更加关注轻工业、消费品和住房。

在由此造成的混乱中，新兴的天然气行业几乎崩溃。巴伊巴科夫在十年的前半部分下令增加勘探支出，这恰好发生在探明天然气储量激增的那一刻。巴伊巴科夫的愿景，以及由科尔图诺夫领导的石油行业中的天然气爱好者的愿景，是建立一个完整的管道系统，即将天然气从乌克兰、俄罗斯南部和中亚的新发现气田（尽管尚未到达西西伯利亚，那里将有大发现）带到工业的中心地带。天然气生产正在迅速增长，而且现在似乎可以肯定，苏联不久将成为天然气超级大国。

但是这种天然气愿景是苏联式集权的典型本质，而且在1957年赫鲁晓夫统治下集权突然过时。巴伊巴科夫坚决反对整个地区经济委员会的思想：他相信强大的中央部门对保持经济正常运转至关重要。作为一个脾气暴躁、直

---

❶ Dienes and Shabad, *The Soviet Energy System*.
❷ *Gazovaia promyshlennost'*, no. 1（January 1962），p. 2，转引自Högselius，*Red Gas*，pp. 18-19。

言不讳的人，巴伊巴科夫毫不犹豫地批评赫鲁晓夫的计划。1957 年，作为中央政府解体的一部分，天然气管理总局［石油部内负责天然气的专门部门（Glavgaz）］被废除了。只有通过向赫鲁晓夫本人发出强烈呼吁，巴伊巴科夫才得以恢复天然气部并安置他的门生科尔图诺夫担任天然气部长。然而，巴伊巴科夫越是抗拒党的路线，他就越失去支持，他的势力也就越弱。赫鲁晓夫越来越把他视为不忠诚的干部，于是，在 1958 年将巴伊巴科夫下放到南部各省——具有讽刺意味的是，他领导了巴伊巴科夫如此鄙视的两个国民经济委员会。科尔图诺夫留在莫斯科（天然气管理总局并非正式的部委，所以没有解体），并且能够以最经典的苏联方式获得巴伊巴科夫的支持，为此他保留了巴伊巴科夫在莫斯科的公寓直至他流亡归来。❶ 事实证明，巴伊巴科夫能够比预期更快地收复失地。在幕后，赫鲁晓夫最亲近的同伙列昂尼德·勃列日涅夫（Leonid Brezhnev）正在筹划对他发动政变。1964 年 10 月，陷阱机关关闭，赫鲁晓夫被推翻。❷

赫鲁晓夫对国民经济委员会的灾难性实验，对石油和天然气行业造成了破坏性影响——尤其是对石油而言，那时石油远比天然气重要。巴伊巴科夫在退休后的几年里写道："隶属国民经济委员会的石油建设组织，一直在错过完成石油基础设施的目标。结果，石油生产目标也没有实现。"巴伊巴科夫继续说："我觉得将更多的资源转移到西西伯利亚是不够的，而且要认真地加强其能力。但首先必须将它们归为一个整体或者说得更简单一点儿，就是将它们转移到可以在这一重要问题上值得依靠的代理机构。"

但是，可以"真正依靠"谁呢？巴伊巴科夫已经准备好了答案——科尔图诺夫和他的天然气管理总局，后者已经在科尔图诺夫的有力领导下建立了能够胜任的声誉。事实上，天然气管理总局一直在整个苏联从事石油项目，与天然气项目平行进行。例如，通往东欧的友谊石油出口管道主要是天然气管理总局的项目，该项目与中亚的布哈拉—乌拉尔天然气管道同时建造。

---

❶ Mariia Vladimirovna Slavkina, *Triumf i tragediia: Razvitie neftegazovogo kompleksa SSSR v 1960-80-e gody* (Moscow: "Nauka," 2002), pp. 80-82 and 88ff.

❷ William Taubman, *Khrushchev: The Man and His Era* (New York: Norton, 2003).

　　1965 年 10 月，巴伊巴科夫成为国家计划委员会（Gosplan）主任后写道："我认为与科尔图诺夫对话的时机已经到来。为了向他表示适当的敬意，他不需要太多的劝说。"毕竟，巴伊巴科夫是副总理。科尔图诺夫知道，对西西伯利亚天然气工业计划来说，巴伊巴科夫的支持至关重要。因此，两个人达成了巴伊巴科夫所说的"君子协定"。巴伊巴科夫同意创建西西伯利亚的一家专门建筑机构——秋明石油天然气建设总局（Glavtiumenneftegazstroi），由科尔图诺夫控制。作为交换，科尔图诺夫负责建设该地区所有的碳氢化合物基础设施，包括石油和天然气。这一安排随后持续了八年，直到 1973 年。到那时，科尔图诺夫在当时天然气工业部（Mingazprom）的建筑帝国雇用了 30000 多名员工，并建设了年产超过 2 亿吨（每天 400 万桶）的西西伯利亚石油基础设施。这是为巴伊巴科夫支持西西伯利亚天然气付出的代价，❶ 但他没有保证这笔交易的自己那一部分。

　　同时，赫鲁晓夫并没有完成他的"千篇一律的计划"（后来他的前同事们给他起的绰号）。1963 年，在大规模农作物歉收后，赫鲁晓夫得出结论，改善苏联粮食供应的关键在于提高化肥产量。与以往一样，赫鲁晓夫的最新观点变成了单线思维的一场运动。突然之间，肥料变成了重中之重——而且天然气行业被指望发挥主导作用。此外，赫鲁晓夫还说服自己，需要为子孙后代保留苏联的天然气储备。让科尔图诺夫和支持者感到恐惧的是，随着天然气工业的发展，赫鲁晓夫发布命令，在即将到来 20 世纪 60 年代下半期的五年计划中，削减对天然气勘探和管道建设的投资。现有的天然气生产将被转移到化学工业。科尔图诺夫，一个从不在战斗中退后的人，设置了路障防护以捍卫他的产业。值得注意的是，他居然能够在与总书记公开对抗中占据上风。但显然，他得到了帮助。到这个时候，赫鲁晓夫的许多同事已经得出结论，他的计划严重损害了经济，科尔图诺夫在幕后找到了同情式的支持。最后，

---

❶ 这个故事与前两段转述来自Nikolai Baibakov，"V cherede velikikh svershenii，" in O. I. Lobov, ed.，*Neftegazostroiteli Zapadnoi Sibiri*，vol. 1（Moscow："Rossiiskii Soiuz Neftegazostroitelei，" 2004），pp. 10-16。

天然气行业的投资计划得以被挽救。❶

因此，苏联天然气工业的早期历史与欧洲完全不同。它是政治的而非商业的，是由高层推动的，从一开始由技术官僚企业家领导，他们将天然气视为将整个苏联经济捆绑起来的单一一体化体系。此外，它从一开始就受益于石油工业的强大平台。苏联经济的巨大优势是，当存在这些因素时，它可以产生令人印象深刻的结果。

苏联天然气技术专家与欧洲人的共同之处，在于对天然气作为未来燃料的优越性充满热情。尤利·博克塞尔曼（Iulii Bokserman）是科尔图诺夫在天然气管理总局负责技术政策的得力助手，他对天然气的美德大为赞誉：天然气是一种"无烟燃料，它可以完全燃烧，不会向大气释放任何污染性气体。"❷苏联人和荷兰人都从最早的时候就对未来天然气网络具有远见卓识。对双方而言，天然气是事业。不同之处在于，中央计划体制能够在全国范围内实施这一愿景，而荷兰模式是自发地扩展到欧洲——换言之，自下而上——而且该体系融入整个欧洲网络，在一代甚至两代人的时间里都没有完成。

对于苏联能源部门来说，最大的问题是该体系的垂直性（它的垂直权力体系）主要为国防目的而服务。苏联的指令式经济与其说是经济泵，不如说是政治泵（political pump），引导资源和人才优先向军工综合体发展。民用部门一直与军事和军工部门竞争。从20世纪60年代中期开始，随着苏联经济的增长速度开始放缓，对稀缺资源和人才的竞争变得越来越激烈，而军方始终是赢家。❸从20世纪50年代到80年代，国内生产总值中用于军工的份额

---

❶ Mariia V. Slavkina, *Baibakov*（Moscow："Molodaia Gvardiia，" 2010），pp. 113ff. 这个故事还在另外两个方面具有启示意义，这表明赫鲁晓夫实际上对这个行业知之甚少。首先，至此，苏联发现的天然气储量已接近成为世界最大的天然气储量。其次，化学工业的许多原料都来自伴生气，这是石油工业的副产品，因此，天然气对赫鲁晓夫的化学品运动仅具有次要意义。

❷ Bokserman, *Razvitie gazovoi promyshlennosti SSSR*, p. 7.

❸ 关于20世纪60年代至80年代军事工业综合体在投资和研发资源竞争中的主导地位，详见Robert Campbell，"Resource Stringency and Civil-Military Resource Allocation，"pp. 126-163；Julian Cooper，"The Defense Industry and Civil-Military Relations，"pp. 164-191；and Thane Gustafson，"The Response to Technological Challenge，"pp. 192-238，all in Timothy J. Colton and Thane Gustafson，eds.，*Soldiers and the Soviet State：Civil-Military Relations from Brezhnev to Gorbachev* (Princeton, NJ: Princeton University Press, 1990)。

稳步增长。机械制造和钢管等基本工业产品领域中的竞争尤为激烈。在这些部门中，用于民用的机械投资长期落后于军事目的的机械投资。

这就是为什么自20世纪50年代起，随着天然气行业的需求不断增长，工业支持性体系无法跟进的根本原因。中亚和西西伯利亚的新天然气发现，要求具有更大直径和承受更高压力的更长管道。这些都需要更好的钢材和压缩机——但是在一个最优秀冶金学家和工程师为军工综合体服务的体制中，他们的数量或质量不足以支持天然气行业迅速增长的需求。在苏联分配体系中，导弹和潜艇优先于管道和压缩机。

没有人比尼古拉·巴伊巴科夫更了解这一点。作为石油部长，他曾是天然气工业的首席爱国者。但是作为国家计划委员会的负责人，他不得不考虑国防（oboronka）（在苏联体制中处于最高优先地位的九个强大军工部门）以及对其进行监督的强大的军事工业委员会，所有这些都处在由执政的苏共中央政治局高级成员领导的苏共中央委员会的一个特别部门的监督之下。甚至在国家计划委员会内，军事工业计划也由一个特殊部门管理，这个部门由国防工业的高级人物领导，而后者在很大程度上不受巴伊巴科夫的控制。运行这个强大权力系统的是20世纪30年代后期上台的一群高级技术官僚。可以说，委员会主席是列昂尼德·勃列日涅夫本人，他在50年代后期曾担任中央委员会书记，负责重工业、军事和太空计划。

在如此紧密组织的垂直体系中，水平协调是它的长期的弱点。每个部委和每个地区都通过尽可能自治来争取实现自己的目标。政党机构的主要职能是试图通过强迫各部委通力合作来弥补这种分歧，但它的努力仅取得了部分成功。各个官僚机构都有自己的权力结构、目标和文化。针对这一长期问题，该体制的回应是由高级管理人员负责——用美国的说法，"沙皇"——他们被赋予对该部门的全部指挥权和全部责任。阿列克谢·科尔图诺夫，苏联早期天然气工业之父，就是其中之一。

然而，科尔图诺夫和天然气部门为与石油行业的伙伴关系付出了代价。直到20世纪50年代中期，天然气储量的发现仅是石油勘探的副产品，因此，已探明的天然气储量增长缓慢。事实证明，这在西西伯利亚非常重要，那里石油资源丰富的地区位于鄂毕河盆地中部，而天然气资源丰富的地区位于北部，那里气候和后勤方面的困难是完全不同的。在 1958 年出版的关于天然气工业的书中，博克塞尔曼甚至没有将西西伯利亚北部列入十个最具天然气开发潜力的地区。❶

也许是这个原因，当苏联地质学家终于发现西西伯利亚北部的大量天然气储藏时，巴伊巴科夫变得谨慎。在对该地区的几次访问过程中，巴伊巴科夫盘点了所涉及的巨大挑战，而且他犹豫了。反过来，这又导致他与他的门生科尔图诺夫之间的关系变得越来越冷漠。科尔图诺夫为争取西西伯利亚天然气的早期开发大声疾呼，他们之间的"君子协定"也因此受到压力。但是让科尔图诺夫沮丧的是，无法说服巴伊巴科夫转向西西伯利亚天然气。

巴伊巴科夫的警告——与许多苏联人的警告相一致——导致西西伯利亚天然气的开发被推迟了十年。这产生了两个深远的影响。一是过度使用乌克兰天然气。二是在组织出口方面长期止步不前，尽管天然气行业急需进口管材和技术。在第 2 章中，我们将探讨这些因素如何影响苏联对西方的第一次天然气交易。

---

❶ Bokserman, *Razvitie gazovoi promyshlennosti SSSR*.

天然气桥的开端

　　维也纳西南约 30 千米处，在阿尔卑斯山第一个标志性起伏的丘陵中，坐落着一座小城堡，以奥地利人称为英国哥特式的风格建造而成。曾作为哈布斯堡王朝的狩猎小屋，施洛斯·赫恩斯坦·伯格多夫（Schloss Hernstein Bergdorf）是一个浪漫之所：茂密的树林环绕着一湖碧水，这个地方如今经常是婚礼和商务会议的举办地。1967 年夏末，奥地利人在这里接待了由 11 名苏联官员组成的代表团，他们进行了关于天然气合同的第一次务实讨论。经过两周的会谈和散步，双方敲定了主导性概念，并在两年后促成苏联向西方的首次天然气出口。从那时起，天然气合同倍增，销量迅速增长。回想起来，在施洛斯·赫恩斯坦·伯格多夫举行的会议标志着俄罗斯与欧洲之间天然气桥的历史性开端。

　　这次会议是应苏联要求而匆忙安排的。在夏季的间歇之后（部分与当年春天中东六日战争造成的外交浪潮有关），苏联出人意料地表现出对话的意向。那时，苏联与德国的关系变得前所未有的冷淡。相对于与苏联人做生意而言，法国似乎对与阿尔及利亚人和荷兰人做生意更感兴趣。而与意大利人之间的早期探索性对话仍无从落实。奥地利人嗅到了机会，他们有了计划。

　　聚集在施洛斯山的谈判小组包括许多重要参与者和人物，他们将在未来十年的苏欧天然气谈判中占据重要地位。奥地利石油天然气集团（OMV）和维斯特公司（VÖEST）的代表以及德国两家最大钢铁公司曼内斯曼公司（Mannesmann）和蒂森公司（Thyssen）的代表出席。苏联方面由对外贸易部副部长尼古拉·奥西波夫（Nikolay Osipov）和天然气工业部副部长安纳托利·索罗金（Anatoliy Sorokin）领导。在未来的 20 年中，这两位将迅速为欧洲天然气界所熟识并领导苏联方面进行谈判。当年春天，索罗金刚刚当选为国际天然气联盟（International Gas Union）主席，据称他是天然气工业部部长阿列克谢·科尔图诺夫（Aleksey Kortunov）的知己。

每个合适的城堡都需要一个幽灵。而在施洛斯·赫恩斯坦·伯格多夫上空盘旋的，如果不是鬼魂，至少是维斯特公司（VÖEST）业务总监鲁道夫·卢克施（Rudolf Lukesch）的精神。他首先在脑海里形成了将天然气和钢铁工业联合起来的想法，获得融资得以穿越铁幕达成交易，并说服奥地利和德国参与者一起支持他的计划。四个月前，卢克施死于一场车祸。然而，正是他的远见促使各方参与者团结起来，并推动了会议取得进展。

但在这里，我们的叙事已经先于我们的故事。五年前，也就是 1962 年，从苏联向西欧的天然气出口仍只是一个模糊的想法。从那时起，通往施洛斯·赫恩斯坦·伯格多夫的道路蜿蜒穿过罗马、布拉迪斯拉发和慕尼黑，以及莫斯科和西西伯利亚，然后再返回维也纳。本章的主题是在政府和公司的联合下，这个想法如何得以传播并发展成为一个可行的商业计划——在此过程中克服了许多障碍。在前半部分，我们将研究苏联向西方出口天然气的起源。在后半部分，我们将转向苏联对自己所控制集团的出口，以此显示二者的相同与差异。

从 20 世纪 60 年代中期到 70 年代初，苏联和欧洲之间建立天然气桥尚不足十年。这是铁幕两边都出现转型的一段岁月。随着一个又一个重大天然气储藏被发现——尤其是在西西伯利亚，东西方都开启了天然气时代。在这一时期，天然气储量增长了 100 倍，而从钢铁到压缩机再到计算机的十多个技术领域的发展，使制造高压下运行的大口径管道成为可能。这样，天然气可以被非常划算地运输数千千米到达工业用户和家庭，取代欧洲城市中的石油，尤其是煤炭。经济和环境效益是立竿见影的——而且大受欢迎。从莱顿（Leyden）到列宁格勒，空气开始变得清新，而伦敦标志性的"豌豆汤"（pea-soup）浓雾天已成为过去。❶

20世纪60年代上半期，随着苏联储量的增加和欧洲对天然气需求的激增，双方的天然气人士（gas men）不久就找到了这一潜力的契合点。西欧需要更多的天然气来源，而仍处于萌芽状态的苏联天然气行业需要管道、压缩机和融资。但是，如何将潜力变成现实远非唾手可得。苏联储备的程度甚至对于苏联人自己仍是非常不确定的，而欧洲人也不确定他们实际需要多少天然气。但是根本性障碍是铁幕。卖天然气不像卖石油；它传统上是一种关系性商业，而在20世纪60年代初期，这种关系较弱且充满争议。沟通很差，信任度很小。

但是，铁幕出现了一个小漏洞。到20世纪50年代后期，奥地利——仅在几年前被视为中立国——已经开始从捷克斯洛伐克小规模地进口天然气，主要是用钢管交换。通过这种适度的交流，奥地利人和捷克斯洛伐克人开始相互了解和建立信任，双方开始考虑扩大交易规模。几年后，这直接促成苏联向西欧出口天然气的第一份合同。因此，天然气桥的第一个桥拱出现在双方的两个最小国家之间。最初的交易量微不足道。但是，奥地利—捷克斯洛伐克边境的成功案例表明，跨越铁幕进行天然气贸易是可行的。这对于随后的进展至关重要，因为双方开始彼此了解并共同学会了天然气贸易。

但是苏联天然气人士正在进行更大的游戏。到这个时候，在西西伯利亚已经发现了天然气，他们急于开发。为此，他们需要管道、压缩机和钱。但是苏联领导层还远没有被说服。我们在回到施洛斯·赫恩斯坦·伯格多夫之前首先来讲讲西西伯利亚天然气的故事。

---

❶ 最后一次由煤炭引起的"豌豆汤"发生在1962年的英国，四天内影响了整个国家。此后不久就发现了天然气，1967年开始将城镇燃气转换为天然气。

争夺西西伯利亚

西伯利亚人喜欢说："一旦他们将你发配到西伯利亚，他们无法把你发配得更远。"但实际上可以——到秋明州。[1] 那个时候，即使在西伯利亚，它也是最后的一潭死水：其他西伯利亚地区和资源，例如库兹涅茨克煤田，东西伯利亚东部河流上强大的水电站大坝以及俄罗斯远东地区造船厂都已得到了发展，而秋明州则远远落后，电力极为匮乏，以至于该州首府的居民被禁止使用电暖器，而且城市的大部分街道都没有照明。[2]

在苏联，20 世纪 60 年代的决定性事件是发现了西西伯利亚的巨大油气储藏。它们中的大多数恰好位于秋明州，鄂毕河的广阔盆地里。鄂毕河在通往北冰洋的途中贯穿了该州的中心。苏联地质学家冒险向北进入冰原地带，他们发现了一个又一个超级气田，其中，在该州北部发现的主要天然气储量位于由小塔兹河（Taz）和纳德姆河（Nadym）流淌经过的多产砂岩的厚积层中。它们接近巨大结构中的表层附近，几百万年来基本上不受干扰。然而，由于它们地处遥远，这些发现在莫斯科引发了就如何处理而展开的激烈政治斗争。究竟应给予西西伯利亚，尤其是天然气多少优先权？在这些冲突中，欧洲谈判者起初对内幕基本无从知晓，而苏联同行们则小心翼翼地不让他们知道。

最初，这些发现的重要性被忽视。各地油气行业的计划者和决策者都谨慎地对待地质学家的乐观态度。在第二次世界大战后的几年中，人们以生动的想象力相信，在西伯利亚永久冻土带——这片北极荒原的面积与法国相当——可能蕴藏着与中东同级别的碳氢化合物宝库。莫斯科的地质机构也只是一个怀疑者：自 20 世纪 50 年代开始在西西伯利亚西部探索鄂毕河盆地的

---

[1] 在本书中，我通常遵守国会图书馆关于音译斯拉夫名字的规则。其中的例外是西方媒体经常以不同的拼写方式提及这些名称，例如，Tyumen而非Tiumen。

[2] 以下说明主要来自M. V. Komgort and G. Iu. Koleva，"Problema povysheniia urovnia industrial'nogo razvitiia Zapadnoi Sibiri i proekt stroitel'stva Nizhneobskoi GES，" *Vestnik Tomskogo gosudarstvennogo universiteta*，no. 308（March 2008），pp.85-90，http：//cyberleninka.ru/article/n/problema-povysheniya-urovnya-industrialnogo-razvitiya-zapadnoy-sibiri-i-proekt-stroitelstva-nizhneobskoy-ges。早期的苏联文献曾暗示有关拟议的水电项目争端，但只在后苏联时期才讲述了完整的故事。

当地地质学家，被莫斯科指控为"浪费人民的钱"。❶

西西伯利亚的天然气人士喜欢强调，1953年，在别列佐沃，西西伯利亚的第一批主要碳氢化合物不是石油，而是天然气。直到20世纪60年代才获得了对西西伯利亚石油的首次重大发现。但是，由于尚未有天然气管道，石油首先通过油轮和驳船从鄂毕河运到北冰洋。当时尚无类似的天然气出口。1966年，第一条小型管道开始运行，将天然气穿越乌拉尔山输送到乌拉尔地区的工业用户。但是直到六年后的1972年，第一个真正的突破才得以出现。当时长达800千米来自梅德韦日（Medvezh's）油田的管道，通过世界首条使用56英寸（1420毫米）钢管的管道，经纳德姆和蓬加（Punga）输往乌拉尔。

随着苏联地质学家继续向北沿河而下进入北冰洋以及俄罗斯人称为亚马尔的广袤土地，伟大的发现不断继续——但在地下，石油逐渐被天然气取代。至少，这可以说是好坏参半。西西伯利亚天然气面临的挑战，与石油相比在数量级别上完全不同。在拥有巨大气田的秋明州北部，任何事情不得不以一种艰苦的方式被领会和学习。冬天已经够糟糕了，温度骤降到零下40摄氏度或更低，但最艰难的考验是夏天，冰雪变成了无法逾越的沼泽，而蚊子和蠓虫则团团笼罩着施工人员。蠓虫（当地人称其为"gnusy"）是最糟糕的。用20世纪60年代初期的一位西方旅行者的话来说，"西伯利亚蠓虫像烟一样飞出针叶林，刺痛，咬人……是可怕的事情。而莫斯科竟忘记向工人提供蚊帐！工作停滞了。"❷但是偶尔会有补偿。一位来自乌克兰的工程师在西伯利亚度过了他的第一个夏天。他生动地回忆起一位高级官员从莫斯科乘直升机降落在其工作地点旁进行检查的情况。这位官员跳到地上，除白衬衫外什么都没穿，嘲笑乘客胆小。几分钟内，他的白衬衫就被鲜血染红，莫斯科的"大嘴巴"二话没说就回到直升机里，然后起飞了。在管道施工现场，除非至少捱过一个冬天和一个夏天，否则没人可以自称为"西伯利亚人"，这在工人中成了一个代名词。❸

---

❶ V. N. Tiurin, "Iamal'skii potentsial," *Oktiabr'*, no. 4 (1976), p. 138.

❷ Laurens van der Post, *Journey into Russia* (New York: Vintage, 1964), passim.

❸ Viktor Andrianov, *Kortunov* (Moscow: "Molodaia Gvardiia," 2007), pp. 376-377.

亲水性：西西伯利亚油气如何几乎被水淹没

在发现油气之前，秋明州似乎就已经拥有一种巨大的资源——鄂毕河。对于 20 世纪 50 年代的苏联计划者来说，利用鄂毕河进行水力发电，将能源供应到秋明州、南部和西部乌拉尔工业区，是非常有意义的。政治上有实力的苏联水利设计研究所（Gidroproekt）（在贝里亚时代，它是克格勃工业帝国的分支机构，至今仍保留与安全机构的非正式关系）构想出一项计划，即在整个鄂毕河流域建造十个水力发电厂。最大的一个是"下鄂毕水电站"（Nizhneobskaya Gidroelektricheskaia Stantsiia 或 GES），永久位于水下，流域面积超过 130000 平方千米，相当于波罗的海的三分之一。在那些日子里，几乎无人注意到这种"巨无霸"项目对环境的影响。到 1961 年，下鄂毕水电站规划已经取得很大进展，莫斯科的苏共领导层任命曾成功监督东西伯利亚首个大型水电项目的鲍里斯·谢尔比纳（Boris Shcherbina）为秋明州州委第一书记。

但是，当地地质学家已经开始相信鄂毕河盆地可能蕴藏着大量的石油和天然气。鄂毕河下游的首个重大发现使他们向党中央申请推迟大坝建设。最初，他们对根深蒂固的水电游说无能为力。但是到了 20 世纪 60 年代初，第一批大规模石油发现的消息开始传开，地质学家更加努力地推动这一过程。争论的关键性转折点是新任州委第一书记谢尔比纳成为他们的支持者，并从那时起领导了西西伯利亚的油气产业。❶ 然而，苏联水利设计研究所是不能被否决

---

❶ 谢尔比纳拒绝下鄂毕水电站以及对西西伯利亚油气事业的转变，标志着苏联时代最杰出从业者之一的关键转折点。1973 年，阿列克谢·科西图诺夫去世后，谢尔比纳接任他担任石油和天然气建设部部长。从 1980 年开始，他就在勃列日涅夫的天然气运动中发挥了关键作用。1983 年，他被任命为负责能源的副总理。有关详细信息和来源，参见 Thane Gustafson, *Crisis amid Plenty：The Politics of Soviet Energy under Brezhnev and Gorbachev*（Princeton, NJ：Princeton University Press, 1989），pp. 83, 106, 145。在这一职位上，他在防止切尔诺贝利核事故的斗争中发挥了关键作用，这一事故给整个苏联西部和东欧带来灾难性后果。谢尔比纳于 1990 年 8 月去世，享年 70 岁，死于在切尔诺贝利被暴露的辐射后遗症。他没有亲眼见证苏联的结束。他是苏联体系上层的众多乌克兰人之一。他在喀尔巴阡地区土生土长，崛起于乌克兰共青团，在转入伊尔库茨克之前，曾短暂担任哈尔科夫的市委员会秘书。在伊尔库茨克，作为该州党委会第二书记，他监督了该州所有重大水电项目。

的。它坚持这一项目，并认为水坝造成的巨大洪水实际上将使油气开采更为经济，因为乘船前往油气田比穿越沼泽更容易。

对于当时负责油气行业规划的尼古拉·巴伊巴科夫来说，这意味着太多的东西。作为巴库人，他曾领导过里海的首个海上油田，而且他知道油田的艰辛和昂贵（即使他们不过是进入浅水区的栈桥而已）。因此，他也反对修建水坝。苏联水利设计研究所一步步地被迫转向防卫。之后，政府于1963年底发布的一项法令裁定更有利于使油气、而不是水电成为西伯利亚的发展重点。即便如此，苏联水利设计研究所仍在幕后奋战，利用其与国家建设委员会（Gosstroi）的历史性紧密联系来阻止秋明州的油气开发和资金供应。

这是在所谓极权主义和中央计划的苏联体系中争夺资源的典型事件。❶下鄂毕河地区的十年冲突在两个方面对我们的故事产生了持久影响。首先，它发生的背景是，莫斯科的中央决策者对西西伯利亚天然气的前景和优先权长期犹豫不决，最终导致通往欧洲的天然气桥建设出现重大延误。其次，它说明西西伯利亚领导层在促进秋明州油气事业方面非同一般的企业家能量——实际上是一种激情。20世纪60年代初期在与水电成功斗争中开启事业的那些人，在未来三十年成为苏联油气机构的领导者。谢尔比纳最终成为副总理。接替他出任秋明州委第一书记的地质学家根纳季·博戈米亚科夫（Gennadii Bogomiakov）在之后的25年成为西西伯利亚油气工业的强力人物，直到20世纪80年代后期在米哈伊尔·戈尔巴乔夫改革中下台。❷

像谢尔比纳和博戈米亚科夫这样的人——其他地区的移民在整个荒野上度过早期职业生涯——成为新兴的西西伯利亚权力结构的核心，以及科尔图诺夫在西西伯利亚天然气工业发展初期不可或缺的盟友。他们自豪地回顾了自己与莫斯科的早期战斗。博戈米亚科夫回忆说，他职业生涯的关键时刻是作为一个默默无闻的地质学家前往莫斯科游说反对下鄂毕河水电站项目，他

---

❶ 关于苏维埃系统中关于自然资源的激烈斗争，参见 *Thane Gustafson, Reform in Soviet Politics：Lessons of Recent Policies on Land and Water*（Cambridge：Cambridge University Press，1981）。

❷ 更多关于博戈米亚科夫的资料，参见 Thane Gustafson, *Crisis amid Plenty* and *Wheel of Fortune：The Battle for Oil and Power in Russia*（Cambridge，MA：Belknap Press of Harvard University Press，2012）。

认为这会造成数十亿卢布的损失："您不会在任何研究所找到这些数字。我们有一天夜晚在莫斯科的酒店里想到了它们。方法源于我们的良心。我们知道我们的事业是正义的。"❶ 实际上，战斗才刚刚开始。必须说服莫斯科相信开发西西伯利亚天然气的唯一方式是出口。

科尔图诺夫的西西伯利亚出口战略：
勘测、先斩后奏和主动出击

西伯利亚北部的许多挑战最终归结为一件事：管道。正是科尔图诺夫和他在天然气管理总局❷的小团队首先了解到，西西伯利亚天然气潜力不断增长同美国天然气技术和工程技术进步以及天然气使用在西欧日益普及之间的重要联系。挑战归结为一个简单的三角逻辑：没有管道，就不会有天然气；没有钱，就没有管道；没有天然气，就没有钱。环环相扣，彼此依赖。结论很简单：开发西西伯利亚天然气的关键在于西欧。否则，只能是纸上谈兵。这是科尔图诺夫展示给苏联领导层的战略构想。即便是在今天，这也仍是俄罗斯天然气工业股份公司的基础。

作为当时的一位苏联高官，科尔图诺夫对西方天然气工业的发展非常了解，这在当时是不同寻常的。1958年，他在加拿大进行了一次长途旅行，考察当时正在建设中的跨加拿大（Trans Canada）管道。1962年，他又深入考察了美国的天然气工业。作为一名经验丰富的工程师，尤其是一名管理者，他能够理解北美管道行业的成就以及它们对苏联的影响。关于这两次旅行，他各出版了一本书，其中包含他对自己所见过的技术（包括管理和工程）的详细观察。作为科尔图诺夫针对新兴天然气工业和刚刚成立机构的广泛宣传活动的一部分，这些书籍随后在苏联决策者中被广泛散发。20世纪60年代后

---

❶ Gennadii Bogomiakov, "Lomaia led nedoveriia," in O. I. Lobov, ed., *Neftegazostroiteli Zapadnoi Sibiri*, vol. 2 (Moscow: "Rossiiskii Soiuz Neftegazostroitelei,"2004), passim.

❷ 第1章介绍了科尔图诺夫和天然气总局的起源，在西方文献中，必不可少的来源是Per Högselius，*Red Gas*：*Russia and the Origins of European Energy Dependence*（New York：Palgrave Macmillan，2013）。

期，在访问法国之后，他赞助出版了有关法国天然气工业的一本书。在此期间，他与法国官员和公司探讨了购买法国液化技术许可证以支持建设波罗的海和黑海液化天然气出口联合体的可能性。❶ 俄罗斯天然气工业股份公司直到30 多年后才回归到这一想法。

科尔图诺夫还是一位经验丰富的军事指挥官。1944 年，他指挥部队成功地穿越维斯杜拉河（Vistula），因此获得"苏联英雄"勋章。（在战地现场授予奖章需要举行一种仪式，将勋章放置在装满伏特加酒的大玻璃杯底部。授勋者喝掉满满一大杯酒才能得到勋章，并尽可能高呼，"为苏联服务！"）战争结束后，科尔图诺夫被派到魏玛（Weimar）担任苏联占领军的军事负责人。他的工作是打着"消除德国战争潜力"的旗号拆除德国工业设备并将其运回苏联，以重建在战争中被摧毁的苏联工业。四分之一个世纪后，剧情反转，他的任务变成了通过向德国和欧洲其他地区供应天然气来协助在德国（东部和西部）建立现代经济。

几乎在西伯利亚重大天然气发现的第一条新闻传到莫斯科后——特别是1966 年发现乌连戈伊超级气田的新闻，在科尔图诺夫的脑海里就形成了发展西西伯利亚的愿景。❷ 对他而言，西伯利亚是天然气工业的未来，他几乎立即开始组织这项工作，将整个天然气工业部的重心转向秋明州。❸ 但是修建天然气管道的要求比石油管道更为苛刻，在西西伯利亚尤其如此。将西西伯利亚的天然气运输数千千米，如果想有经济性的话，需要使用比苏联天然气工业用过的直径更大的管道和更高的压力——因此管壁要更厚。更高的压力意味着更坚固的钢材和功率更大的压缩机。这些管道更加沉重，因此更难被输送到施工现场。但是挑战还不止于此。大部分地面都是由冻结的沙子组成（英语中称为"多年冻土"，而俄语中则更形象地称为"永久冻土"），但管道内部的气体很热。因此，必须将管道冷却并架在支柱上——这样会增加重量并带

---

❶ Andrianov, *Kortunov*, pp. 267-281 and 331-333.

❷ 梅德韦日尽管比乌连戈伊发展得较早，但直到1967年才被发现。

❸ 1965年，科尔图诺夫成立了一个专门的设计局，以规划秋明州的天然气生产和运输。1966年，他成立了一个专门的业务部门，名为秋明天然气工业（Tiumengazprom），负责监督该业务。

来更多的后勤负担。

然而，苏联在这方面是有缺陷的——至少在民用部门如此。军工联合体占用了最好的国产合金，从一开始，缺乏建设管道的特种钢材便限制了天然气行业的发展。❶ 涡轮机主要用于喷气式轰炸机和海军舰艇，而军方抢占了先机。十年前，当石油工业面临类似问题时，苏联领导人转向西方，以石油交换管道和钻井技术。但是在将这个先例扩展到西西伯利亚天然气的时候，那些对科尔图诺夫和当地推动者的热情表示怀疑的苏联领导人和计划者却畏首畏尾，不敢越雷池一步。正如前一章所言，甚至连国家计划委员会主任巴伊巴科夫（在过去的 20 年中，一直是科尔图诺夫的支持者，对天然气有所青睐）也反对优先考虑西西伯利亚天然气。

办法只有一个：先斩后奏。1966 年年初，科尔图诺夫主动采取行动，派遣了一个团队前往意大利，与埃尼集团（ENI）探讨一个开创性的设想——建设从西西伯利亚到匈牙利和南斯拉夫的出口管道。科尔图诺夫选择了一位名叫斯蒂潘·杰列佐夫（Stepan Derezhov）的 34 岁管道专家带队。杰列佐夫没有国际贸易或对外关系的背景，科尔图诺夫仅仅在几个月前才提拔他领导一个专门负责天然气生产、储存和运输技术的新部门。❷ 意大利人最初像苏联官僚们一样持怀疑态度。正如杰列佐夫 30 年后回忆所言："起初，意大利人大为怀疑。只是琢磨——他们说——秋明州在哪儿？罗马又在哪儿？这可是 4500 ~ 5000 千米的距离啊，没有管道！"❸ 杰列佐夫继续说：

> 当代表团返回俄罗斯时，科尔图诺夫意外地把我叫到办公室私下讨论。一旦确定我同意他的想法后，他提议由我负责在保密的基础上进行

---

❶ 例如，尤里·博克斯曼（Iulii M. Bokserman）在《苏联天然气工业发展》（Moscow："Gostoptekhizdat"，1958）的整个一章中描述了20世纪50年代末（即西西伯利亚气田被发现之前）苏联压缩机行业的状况。对于这个行业的落后状况，他是天然地谨慎。

❷ 杰列佐夫在俄罗斯天然气工业股份公司网站上的官方传记中说他于1966年发迹于苏联天然气工业部（Mingazprom）。见"Stepan Romanovich Derezhov，"http://www.gazprom.ru/press/news/reports/2012/oruzhev/memories/derezhov/（accessed May 8，2019）。遗憾的是，这个来源已不在网页上。

❸ 引自Andrianov，*Kortunov*，p. 333。

论证并为政府备忘录提供数据，以此论证从秋明州到西欧的长距离天然气管道是绝对必要的。❶

杰列佐夫单枪匹马从事这项"秘密工作"。多年后，他称其为"阴谋"。❷"这是一项艰巨的工作"，杰列佐夫说，"我部分在单位、部分在家里利用自己的时间完成了这项工作。"然后，他将备忘录草稿交给科尔图诺夫，后者将其转发给总理阿列克谢·柯西金（Aleksey Kosygin）和其他政府成员。

科尔图诺夫的备忘录遭到反对，尤其是国家计划委员会和巴伊巴科夫的反对。科尔图诺夫的传记作者写道："科尔图诺夫的论点难以渗透到政府高官的脑海中。"❸ 天然气部的备忘录和计算结果多次被退回，要求进行修订和进一步的同行评审。科尔图诺夫花了数月时间进行坚定游说，终于慢慢取得了进展。当柯西金（实际上是苏联第二号人物，负责经济事务）最终被说服时，突破的时刻到来了。1966 年 6 月，他发布了一项法令，认同西西伯利亚天然气的出口管道理念。这是一次决定性的转变，是随后发生的一切的关键。在接下来的 15 年中，柯西金是科尔图诺夫最强大、最可靠的支持者。

从苏联利益的广泛角度看，科尔图诺夫的计划是完美的并带来了双赢局面：它服务于西西伯利亚边疆的发展需求；引进西方资金、设备和技术；为国内工业和消费者提供方便、清洁的燃料，尤其是在苏联能源匮乏的西部地区；巩固了东欧的苏联掌控力；并促进了苏联在中南欧的外交利益。在被说服并提供支持的首位领导人中，首屈一指的是柯西金总理，他是继尼基塔·赫鲁晓夫之后整个执政联盟中改革思想最强、意识形态最薄弱的人，也是最务实的经济管理者。但与赫鲁晓夫形成鲜明对比的是：赫鲁晓夫立即对天然气的宣传效应感到着迷——甚至在苏联天然气工业尚未存在之前，就将其吹嘘为苏联对美国具有优势的证据——而柯西金则是务实和谨慎的。

柯西金对欧洲快速发展的天然气行业已经熟悉。1962 年 6 月，作为副总理，

---

❶ 引自 Andrianov，*Kortunov*，p. 333。
❷ Interview with Iurii Baranovskii and Stepan Derezhov, 2003.
❸ Andrianov, *Kortunov*, p. 334.

他对意大利进行了半官方性质的访问，并被包括埃尼集团具有很强企业家精神的领导恩里科·马泰在内的一帮首席执行官带到意大利北部进行考察。那时，马泰和埃尼集团每年进口的苏联石油已经超过 200 万吨，其中很大部分用来换取意大利的石油管道钢管。但贸易失衡严重不利于苏联。正如柯西金对他的东道主所言，意大利人面临的挑战是找到苏联想要购买的东西并用信用进行支付。[1] 尽管苏联官方立场（反映在那时科尔图诺夫发表的声明中）是，苏联还没有任何向资本主义出售天然气的计划，但如果管道换天然气的主题在此次访问中未被提出，这是非常令人惊讶的。[2] 但这个想法已经产生，而马泰在四个月后的一次米兰空难中不幸去世，但这并没有抑制埃尼集团日益增长的兴趣。

天然气人士和外部世界

在苏联天然气工业初期，第一批苏联天然气人士对外界了解多少？ 我们已经对科尔图诺夫和柯西金进行了评论，但他们是相对的例外。在 20 世纪 30 年代后期掌权、带领苏联度过第二次世界大战和战后重建工作的苏联精英，首先是由技术官僚组成的——训练有素的工程师和专项技术部门的专家，[3] 这些专家后来依赖行政技能和强力保护人的关键支持得以崛起。他们没有经济学、金融或法律背景，其实也不需要。直到 20 世纪 50 年代后期，苏联才开始对外开放。他们对外界几乎没有接触，这反映出斯大林时代苏联体制的极端孤立。有些人可能还依稀记得些小学水平的德语；几乎没有人学过英语。

所有与外界的密切接触都被监视，对外贸易被严格控制。到 20 世纪 70 年代，随着油气出口资金开始流入，该体制有所放松。到 1971 年，一位前途远大的地方官员米哈伊尔·戈尔巴乔夫（当时是俄罗斯南部斯塔夫罗波尔边

---

[1] Bruna Bagnato, *Prove di ostpolitik* (Firenze: Olschki, 2003).

[2] *Oil and Gas Journal*, June 1962, cited Högselius, *Red Gas*, 28.

[3] 科尔图诺夫是这种模式的一个有趣的例外：不同寻常的是，他曾在许多工业部门工作过（Högselius, *Red Gas*, pp. 16-17）。但在其他方面，他是一个典型的技术官僚。

疆区的党委书记）携妻子赖莎到意大利进行私人度假，在此期间，他们租用车辆并像私人人士一样游览风景名胜——尽管这一切都由党买单。但这是非常少见的：戈尔巴乔夫当时已被高层看中，并且正处于通向高层的快速通道上。

对于普通人，即使是职位较高的人来说，外国旅行和外币使用都受到严格控制，只有最高层的介入才可能使该制度稍有放松。有一个情景很具有说服力。戈尔巴乔夫在意大利度假后仅一两年后，为出口天然气管道提供动力的一台劳斯莱斯压缩机发生了大火。时任天然气部长的巴伊巴科夫的朋友萨比特·奥鲁杰夫决定派遣他最重要的外交关系专家（当时正好是杰列佐夫）到英国紧急购买新压缩机。但为在短时间内授权旅行——甚至要获得护照和谈判外国购买权的批准——奥鲁杰夫必须亲自在克里姆林宫的保密线路上致电柯西金总理，以寻求批准。然后，柯西金亲自致电外交部部长安德烈·葛罗米柯（Andrey Gromyko），要求他签发护照和必要的旅行令。被烧掉的压缩机才最终被更换掉。❶

对这种一般模式的唯一例外是专家——那些在外国工作与外国人打交道的人们。这群人是完全不同的类型：间谍和反间谍、外交官、国际银行家、外贸专家以及让人生疑的记者。他们在同类特殊学校一起接受教育，专业经常重叠。例如，一个克格勃的特工可能有银行家或外贸代表的背景作为掩护，而他的日常工作可能和夜间工作一样真实。这些人通常都很老练，具有丰富的国外经验，对官方领域了解深刻，并且通常讲一口流利的英语。戈尔巴乔夫时代，随着苏联体制的进一步放松，他们处于将自己的技能转化为私人财富的有利地位。

但在苏联体制中，这些人没有决定权，他们只是干活儿而已，但不在权力的最顶层。20 世纪 50 年代末西方公司开始与苏联人讨论能源贸易协定时发现了一个普遍的规律，谈判桌对面的苏联人级别越高，他们对外界、对外贸易或者经济学的了解就越少——尽管他对科学和工程学的掌握可能超过他们

---

❶ Valentin A. Runov and Aleksandr D. Sedykh, *Orudzhev* (Moscow: "Molodaia Gvardiia," 2012), pp. 254-255. 传记中的来源是与杰列佐夫的访谈。

的西方同行。结果，西方人有时低估了与他们打交道的人。正如荷兰能源气体联合公司历史所述，壳牌公司的员工与俄罗斯天然气人士之间的首次接触是这样的：

> 当俄罗斯人进入天然气博弈并需要得到经其卫星国的运输权时，他们［向位于海牙的壳牌国际天然气运输公司］寻求关于建立费率结构的建议……俄罗斯人对西方商业经济学和金融学完全一无所知，当一位美国经济学家讲授有关费率和关税的课程时，他们呆呆地坐在那里。❶

但俄罗斯人学得很快。石油贸易是专业知识和经验的早期来源，然后直接延续到天然气贸易中。早在20世纪50年代，对外贸易部就建立了专门的石油贸易机构——"苏联石油出口联盟"（Soiuznefteksport）。当苏联与奥地利之间首次讨论天然气时，事情变得顺利，因为奥地利人已从苏联进口石油并且熟悉苏联石油出口联盟及其董事长尤里·巴拉诺夫斯基（Iurii Baranovskii）（有关此人的更多情况见下文）。当该联盟在1973年创建了独立天然气出口机构时，巴拉诺夫斯基担任董事长一职，一干就是30年。❷ 多年来，这一代人物对整个西方商人都很熟悉：当即将完成一笔交易时，天然气部长——首先是科尔图诺夫，而后是奥鲁杰夫——坐在椅子上并主持最后的会谈，巴拉诺夫斯基和他的外贸同事坐在旁边，他们已经完成了这项家庭作业。❸

这就是苏联官员那时来到施洛斯·赫恩斯坦的背景。西欧人不了解西西伯利亚天然气的故事及其背后的政治。确实，苏联代表中有多少人了解也不确定。但令欧洲人震惊的是，苏联天然气人士坚信自己已经走上了一条重要的道路。

---

❶ Wolf Kielich, *Subterranean Commonwealth: 25 Years of Gasunie and Natural Gas* (Amsterdam: Uniepers B.V., 1988), 72.

❷ Runov and Sedykh, *Orudzhev*, p. 201.

❸ 关于奥鲁杰夫作为谈判者的详细描述，参见Runov and Sedykh, *Orudzhev*，pp. 203-208，这些描述的大部分是圣徒传记式（hagiographic），但它们传达了奥鲁杰夫插手其中的关键点。

奥地利的意义：小开端的逻辑

数量虽小，但意义重大。奥地利作为突破者的角色至关重要，因为它首次展示了——作为一种传统建立的原型——尽管存在意识形态分歧和反复出现的外交紧张局势，仍可以根据直接的商业原则，跨越铁幕并实现天然气的可靠出口。重要的成果是建立了天然气生产商和运输商、外贸官员、钢铁制造商、银行家之间的非正式共同体。随着接下来的几十年里天然气桥的扩展，他们彼此加深了解并相互信任。

但是为什么是奥地利呢？奥地利汇集了有利特征的独特组合。❶ 首先，奥地利是中立的，因此它已经成为东西方之间近20年的桥梁。在与铁幕另一侧打交道方面，奥地利比其他任何欧洲国家都更有经验。奥地利石油天然气集团是奥地利国有垄断性石油和天然气公司，在1938年奥地利被纳粹吞并后由纳粹创建，并于1945年被苏联接管，直到1955年《奥地利国家条约》缔结之年。此时，苏联人已经回家，公司被奥地利政府收归国有。然而，这一时期，奥地利人比当时的任何其他西方人都更熟悉东方阵营，并乐于与之打交道。奥地利石油天然气集团与邻国捷克斯洛伐克的同行有着特别紧密的联系。一个名为茨韦恩多夫（Zwerndorf）的数量可观的天然气田恰好位于两国共同边界。两国公司组建了一家合资公司共同运营，通过巧妙的互换安排，捷克斯洛伐克的部分产品出口到奥地利。

因此，奥地利石油天然气集团非常了解苏联，并密切关注那里的事态发展。随着奥地利自身的有限天然气储量下降，国内产量明显无法满足其不断增长的需求。在天然气需求方面，奥地利人兴致勃勃地跟随苏联建造通往东欧的管道计划，即所谓的"兄弟管道"。布拉迪斯拉发铁路线的捷克斯洛伐克终点站，距离维也纳只有55千米，两国很快就建立跨境连接进行了讨论。此外，奥地利石油天然气集团还怀有向东看的强大动机：奥地利境内的天然气分销商以

---

❶ 瑞典历史学家佩尔·赫格塞柳斯在详尽的档案研究基础上对此进行了出色的研究（*Red Gas*，chapter 4）。

前一直是奥地利石油天然气集团的客户，但长期以来对其垄断感到不满，现在开始寻找替代性气源——尤其是荷兰天然气当时已经抵达德国北部。奥地利石油天然气集团担心，如若不迅速采取行动，它将失去对国内天然气的控制。

商业就是商业，但是冷战政治从来都并非遥不可及。商业动机与外交考虑相互影响，使奥地利处于中心地位。《奥地利国家条约》要求奥地利保持中立，而苏联人则希望维持这种状态。在 20 世纪 60 年代中期，他们不安地关注着奥地利逐渐转向新兴的欧洲共同体。克里姆林宫看到向奥地利出口天然气是对抗欧洲共同体日益增长的吸引力的一种方式；随着对意大利和法国出口计划的制定，奥地利的中立地位使其在成为运输枢纽上具有巨大的潜在吸引力。1966 年 11 月，苏联领导人尼古拉·波德戈尔内（Nikolai Podgorny）率领代表团前往奥地利并宣布苏联计划以奥地利为过境国向意大利出口天然气，这一事实显示苏联高层领导一直在关注地缘战略事务。❶

但是，像波德戈尔内或苏联外贸部部长尼古拉·帕托利切夫（Nikolay Patolichev）❷ 这样的高级人物可能代表着苏维埃政策的官方一面，但谈判和达成实际交易则需要专家团队。在 20 世纪 60 年代中期，天然气行业对所有参与者，尤其是对苏联人而言仍是新生事物。但是，当苏联代表团和奥地利代表团聚集在施洛斯·赫恩斯坦时，苏联专家团队的核心人物（苏联人会称其为"干部"）已经开始出现。谁是来到施洛斯·赫恩斯坦的苏联专家？他们把什么带到了谈判桌上？

组织天然气出口：建立团队，学会天然气语言

在苏联对外经济政策史上，一个长期主题是两个完全不同人群——外贸部外贸专家和工业部技术专家——之间的紧张关系。外贸部拥有谈判外贸合同的特权，但外国商品订单最终来自工业部和企业。因此，这两组人像连体

---

❶ Runov and Sedykh, *Orudzhev*, p. 53.
❷ 帕托利切夫出生于白俄罗斯，从1958年到1985年担任苏联外贸部部长，几乎涵盖了从赫鲁晓夫到勃列日涅夫的整个时期，并一直到戈尔巴乔夫时代初期。

婴儿一样被束缚在一起。但是他们代表着两种截然不同的文化——一种是商业和国际文化，另一种关注技术问题和内部生产计划——两者常常彼此矛盾。

在天然气方面，还出现了其他问题。天然气部不仅对出口天然气，而且还对进口各种机械和技术感兴趣，但它们由几个不同的专门工业部门和外贸组织负责，每个部门都有自己的人员和亚文化，如进口机械的"机械进口商会"。如果涉及信贷，又会出现另一种官僚机构——苏联国家银行的分支对外经济银行。最后，在苏联，规则和玩家风格迥异，例如，东德被视为苏联的延伸。从某种意义上说，贸易关系是由苏联计划部门、而不是外贸部推进的。其结果是，在对外贸易方面，正如欧洲人很快意识到的那样，苏联方面通常存在的协调问题变得更加复杂，有时甚至变得混乱。

苏联天然气工业只是新近才从石油工业中成长出来，而具有相关专业知识的唯一的外贸集团，就是负责石油出口的苏联石油出口联盟。显然，与欧洲人进行的最初会谈很快就促成了实际合同，这意味着需要更多的专业型天然气专家。在苏联石油出口联盟里设立了"天然气办公室"，并任命了经验丰富的石油贸易官员巴拉诺夫斯基担任该办公室负责人。像多数早期苏联谈判代表一样，巴拉诺夫斯基最初是一名石油工程师。他毕业于久负盛名的古布金石油天然气学院，这是苏联在该领域位于领先地位的技术大学，专长是炼油专业。当苏联在1958年恢复石油出口后，巴拉诺夫斯基被招募从事石油贸易。在接下来的几年中，他被派往英国和日本并谈下了几个重要石油出口合同。在第一次天然气谈判时，巴拉诺夫斯基才30多岁，已经在西方和外国石油交易方面拥有近十年的丰富经验，但他没有天然气背景。

在随后的几十年中，天然气人士（天然气部的天然气专业人士）与外贸专家之间的竞争少了一些。前者由杰列佐夫领导，后者由巴拉诺夫斯基领导。第一组主要由工程师组成，大部分是管道建设专家。第二组由贸易专家组成，具有石油贸易的背景。尽管这两组成员经常是同一研究所的校友——尤其是被毕业生称为"煤油炉"（Kerosinka）的古布金石油天然气学院，他们随后的职业生涯随着加入两个平行官僚机构而分化。

双方之间不断争夺权力。在过去的30年中，天然气部逐渐占据上风，但斗争直到 20 世纪 80 年代末才结束，当时戈尔巴乔夫拆分了外贸部并废除了该部的垄断地位，而天然气部（此时作为"国家康采恩"被改名为"俄罗斯天然气工业股份公司"）俯冲而下，吞噬了其竞争对手。天然气出口部（Gazeksport）作为苏联天然气出口部（Gazexport）的继承者，现在已经成为俄罗斯天然气工业股份公司的一部分。迄今为止，二者在文化和内部竞争方面还存在着明显的差异。

但所有这些都是后来出现的。一旦柯西金于 1966 年 6 月颁布的法令批准了以西西伯利亚天然气为基础的天然气出口构想，对于苏联人来说，当时的挑战就是找到合适的人选去实施。在 1966 年 6 月法令颁布后，立即成立了一个跨部门小组（苏联人称其为 Brigada），以便与潜在的欧洲伙伴进行接触。这个小组由外贸部副部长奥西波夫领导，成员来自外贸部、计划委员会、对外贸易银行和天然气部。天然气部部长科尔图诺夫的回应是努力创建可以处理各方面业务的垂直一体化结构，特别是建立自己的外事外贸部门，与外贸部的石油贸易部门相平行。科尔图诺夫让杰列佐夫负责，杰列佐夫招募了一批年轻工程师，这些工程师成为未来的俄罗斯天然气工业股份公司在外贸和对外关系方面专业技能的核心。

有趣的是，尽管科尔图诺夫首先向意大利抛出橄榄枝，但苏联代表团还是通过接近德国鲁尔燃气公司开启了其首次欧洲之行。当时苏德关系仍然冷淡。尽管有所好奇，鲁尔燃气公司的反应是相当谨慎。正如杰列佐夫所言：

> 起初，他们的代表不信任地看着我们。他们甚至都不愿在德国会见我们。因此，我们建议他们在奥地利首都维也纳的苏联贸易代表办公室会面。鲁尔燃气公司董事长赫伯特·席尔伯格（Herbert Schelberger）先生与助手们一道而来。苏方表示愿意每年出售 50 亿立方米天然气，但谨慎的德国人最终只同意 30 亿立方米。❶

---

❶ 引自 Andrianov，*Kortunov*，p. 334。

在施洛斯·赫恩斯坦，有两个关键人物：外贸部副部长尼古拉·奥西波夫和天然气部部长科尔图诺夫的亲密伙伴——天然气部副部长阿列克谢·索罗金（Aleksey Sorokin）。奥西波夫是对外贸易专家；索罗金代表科尔图诺夫。奥西波夫已经是苏联对外贸易体系的老手，在石油出口谈判方面经验丰富。前一年刚刚升任副部长，奥西波夫继续负责谈判石油出口协议并在接下来的 20 年中领导所有苏联天然气的对外谈判团队，直到 1987 年外贸部被最后解散。❶

索罗金的角色有所不同。他是一个圆胖而开朗的人。自 20 世纪 50 年代后期以来，他一直扮演着苏联天然气非官方亲善大使的角色。1957 年后，在天然气管理总局加入国际天然气联盟后不久，他首次出现在国际舞台上，经常领导天然气管理总局的国际代表团。1961 年，索罗金当选为国际天然气联盟主席。

无论两个部门之间存在何种紧张关系，奥西波夫和索罗金都相处融洽，而且组建了一支平稳的团队。但随着 20 世纪 70 年代初谈判规模和复杂性的上升，索罗金逐渐淡出人们的视野，由杰列佐夫领导的新一代天然气人士出现。❷同时，苏联方面做出更大努力来协调不同的组建——天然气、管道、压缩机和融资。协调来自最高层，特别是来自由奥西波夫、巴拉诺夫斯基（Baranovskii）、机械进口部和对外经济银行代表斯坦尼斯拉夫·沃尔奇科夫，以及对外贸易银行代表伊万诺夫的四重组合。❸他们处于奥西波夫的领导之下，后者直接向外贸部部长帕托利切夫汇报。❹这个团队在超过 25 年的时间里管

---

❶ 奥西波夫在20世纪70年代中期成为与美国谈判代表的知名人物，就美国可能出售开发远东油气资源的设备以及从秋明州北向向美国出口液化天然气和甲醇，曾领导谈判。但是，这些交易都未被通过。

❷ 与科尔图诺夫有联系的索罗金紧随后者，当时他从天然气部被撤职并负责新的石油和天然气建设部。这标志着天然气行业的痛苦分裂。在联邦情报局1981年的国家官员目录中，阿列克西·伊万诺维奇·索罗金出任石油和天然气建设部副部长，于1972年10月任命。他出生于1909年10月28日，此时已72岁。在这个时候，他的功能并未被显示出来。在1983年版的目录中，他仍在那里。然而，到了1986年版，在弗拉基米尔·奇尔斯科夫（Vladimir Chirskov）于1984年取代巴塔林出任石油和天然气建设部部长之后，索罗金不再担任副部长。参见1981年版、1983年版和1986 版的the *Directory of Soviet Officials*：*National Organizations*（Washington，DC：Central Intelligence Agency）。

❸ 斯坦尼斯拉夫·沃尔奇科夫（Stanislav Volchkov）是在科隆的苏联贸易代表和机械专家。

❹ 1985年，因健康状况不佳，帕托利切夫下台；他四年后去世。但是他所组建的团队，尤其是奥西波夫，一直延续到1987年。

理着整个进程。

施洛斯·赫恩斯坦的会议并未达成交易。苏联人和奥地利人在价格上相差甚远，谈判持续到 1967 年秋冬。其中的一个困难是他们还未对关键的商业概念形成共识。基于奥地利竞争燃料成本的净回值（netback price）概念，当时尚未完善。相反，他们根据当时已知的其他交易——例如"荷兰价格加上至奥地利的运费"——作为基准价格。"基于目的地的替代燃料价格"（Anlegbarkeit 原则）尚未被双方认可为可行惯例。最后，迫于达成交易的压力，奥地利人最终接受了超出他们预期的更高价格，并且可能远高于几年后获得的石油参考净价。❶ 但是，一旦取得共识，该交易于 1968 年 6 月正式签署，并于 1968 年 9 月 1 日按计划开始交货，由科尔图诺夫和奥地利运输部部长路德维希·魏斯（Ludwig Weiss）喜气洋洋地主持了交付仪式。令人惊讶的是，就在十天前，华约部队刚刚占领了捷克斯洛伐克。无论冷战与否，东西方天然气桥就这样诞生了。❷

两个德国的新兴角色

在这个时候，德国在做什么？西德钢铁公司作为观察员饶有兴致地出席了施洛斯·赫恩斯坦会议，而这笔交易中用于交换管道的钢材主要来自他们。因此可以说，西德人从一开始就参与其中。但最早与苏联签订实际天然气合同的德国人不是西德人，而是东德人。

控制傀儡总是一个挑战。莫斯科与德意志民主共和国（GDR）之间的关系尤为困难。在苏联人看来，东德自大并对经济援助提出不合理要求。赫鲁晓夫与东德党魁瓦尔特·乌布利希（Walter Ulbricht）之间的关系尤为糟糕。

乌布利希不断要求苏联提供大规模帮助。他说，德意志联邦共和国（FRG）与德意志民主共和国之间的差距正在扩大。1960 年，德意志联邦共和国的国

---

❶ 但是，该合同几乎肯定包含一个审查或重新开放条款，这意味着价格可以每三年被调整一次。

❷ Högselius, *Red Gas*, pp. 60-62, 92.

内生产总值增长了 12% ~ 13%，而德意志民主共和国则仅为 8%。德意志民主共和国需要原材料、半成品和基本食品，并开始从德意志联邦共和国进口。赫鲁晓夫似乎还没有意识到东德对西德的依赖程度。他告诉乌布利希："我们不知道东德对西德的依赖如此之大。"❶ 苏联人对东德人的愤怒已经显而易见。正如赫鲁晓夫在同一次谈话中对乌布利希所言："你应该学会用自己的两只脚走路，而不是一直依靠我们。"❷

乌布利希不断提醒苏联人，东德经济落后的一个重要原因是苏联在 1945 年至 1954 年采取的惩罚性赔偿政策。在 1961 年 1 月致赫鲁晓夫的信中，乌布利希写道："战后的头十年里，我们通过取消现有的工厂和生产来向你们支付赔偿，而西德……从美国获得大笔信贷以挽救垄断资本主义制度和德国军国主义……这是我们在劳动生产率和生活标准上仍远远落后于西德的主要原因。"❸

东德不断提高对苏联援助的要求，特别是原材料和石油，而苏联人则对此进行抵制。乌布利希不断用信件和备忘录刺激赫鲁晓夫，而且内容变得越来越挖苦和讽刺。从一开始，天然气就是焦点所在：1964 年，乌布利希要求赫鲁晓夫承诺修建一条通向德意志民主共和国的管道，并于 1969 年开始输送天然气。在与苏联经济官员气氛紧张的会议上，乌布利希指责苏联，既然已经在建造通往波兰和捷克斯洛伐克的天然气管道，为什么不建一条通向东德的管道？苏联人回答说，那只是德国公司在战前建造的管道的扩展。乌布利希半开玩笑地反驳说："您所说的是纳粹建的旧管道。这里说的是通往西里西亚的"你们的新"管道。我们能闻到边境的天然气；我们将从气味中感知它。我们唯一感兴趣的是对以下问题的答案：'苏联在供应天然气吗？'"❹

---

❶ 赫鲁晓夫和乌布利希之间的对话发生在1960年11月30日。引自Hope M. Harrison, *Driving the Soviets up the Wall*：*Soviet-East German Relations*，*1953-1961*（Princeton, NJ：Princeton University Press, 2005）, p. 152。

❷ 引自Hope M. Harrison, *Driving the Soviets up the Wall*：*Soviet-East German Relations*，*1953-1961*（Princeton, NJ：Princeton University Press, 2005）, p. 153。

❸ 引自Hope M. Harrison, *Driving the Soviets up the Wall*：*Soviet-East German Relations*，*1953-1961*（Princeton, NJ：Princeton University Press, 2005）, p. 164。

❹ 引自Rainer Karlsch, *Vom Licht zur Wärme*：*Geschichte der ostdeutschen Gaswirtschaft 1855-2008*（Leipzig：Verbundnetz Gas AG, 2008）, p. 133。

尽管他们之间的关系不睦，但赫鲁晓夫最终还是准备迎合乌布利希的要求，因为他相信社会主义事业的声望取决于帮助东德复兴。正如赫鲁晓夫在给中央政治局的备忘录中写道：

> 德意志民主共和国的需求也是我们的需求。我们不能允许他们来求助时已经奄奄一息而我们却无计可施。让我们停止关于这一问题的游戏吧……我们不能锱铢必较，每次都围绕着是否再白送 1000 吨货物来构建我们的贸易关系。马林科夫（Malenkov）和贝利亚想要清算东德，但我们把他们清除了一个，枪毙了一个，我们说我们要支持社会主义德国。❶

但赫鲁晓夫的慷慨是有限度的。在一次对话中，当乌布利希索要黄金时，赫鲁晓夫暴跳如雷："您要 68 吨黄金。这是不可想象的。我们不能在您购买货物时必须为它们买单。我们没有很多黄金，而且我们要保留黄金以备紧急之需。"❷

在 1961 年 6 月访问柏林时，苏联副总理阿纳斯塔斯·米高扬（Anastas Mikoyan）与东德国家计划委员会负责人布鲁诺·勒希内尔（Bruno Leuschner）私下对话，透露出苏联对东德重要性的实质看法。

> 在德意志民主共和国，必须要证明马克思列宁主义是正确的，共产主义对于工业化国家来说也是更高、更好的社会秩序。马克思主义诞生于德国，它必须在高度发达的工业化国家中证明其正确性和价值。我们必须尽一切努力，使贵国不断稳定地向前发展。您无法独自做到这一点。苏联为此必须并且将会提供帮助……如果社会主义没有在德意志民主共和国获胜，如果共产主义没有在这里证明自己是优越和至关重要的，那么，我们就没有取得胜利。❸

正如赫鲁晓夫在回忆录中所写："我的梦想是在德国创造条件，使德意志民主共和国成为道德、政治和物质成就领域的榜样——它将让西方世界惊羡

---

❶ 引自 Harrison，*Driving the Soviets up the Wall*，p. 154。
❷ 引自 Harrison，*Driving the Soviets up the Wall*，p. 154。
❸ 引自 Harrison，*Driving the Soviets up the Wall*，p. 178。

不已。"❶

但赫鲁晓夫过度偏爱东德激怒了其他卫星国，这并不令人惊讶。让赫鲁晓夫明显沮丧的是，东欧社会主义领导人以本国经济问题为由，进行了一系列礼貌但坚定而具体的抗议。

赫鲁晓夫的倒台标志着一个转折点。到 20 世纪 60 年代中期，他的继任者不仅对乌布利希，更在总体上对东德人变得不耐烦。1971 年，列昂尼德·勃列日涅夫与埃里希·昂纳克（Erich Honecker）策划让乌布利希下台之前不久，勃列日涅夫对昂纳克说："在其他社会主义国家、资历和领导方式等方面，"东德人"具有一种优越感。这也指向我们。这令我们沮丧，必须加以改变。德国社会党（SED）政治局，您，必须改变这个状况。"❷

但这并没有改变，即使是在昂纳克取代乌布利希之后。而且，在 20 世纪 60 年代中后期，日益愤怒的苏联领导人在向德意志民主共和国提供经济援助的问题上变得更加强硬。从 1964 年掌权时起，勃列日涅夫和他的团队越来越不宽容，特别是柯西金和巴伊巴科夫倾向于强硬路线。赫鲁晓夫仍希望东德能够成为两大阵营较量过程中的展示，而他的继任者则越来越默认于东德相对于西方表现不佳而且也许将永远如此的事实。

到 20 世纪 60 年代后期，对于苏联而言，西德逐渐成为管道、压缩机、金融和一般贸易的关键。社会主义国家被鼓励以补贴价格购买天然气，但仅在它们参与的情况下。然而，让东德人进行合作变得很困难。他们不喜欢用天然气替代石油，不喜欢为此建造管道，最重要的是，他们不喜欢西德人接收苏联天然气。

东德序曲

从 1968 年开始，苏联就提议向东欧出口天然气以部分替代石油。东欧人并未很好地接招：他们想要的是石油，而不是天然气。但是苏联人越来越坚

---

❶ 引自 Harrison，*Driving the Soviets up the Wall*，p. 22。

❷ 勃列日涅夫与昂纳克之间的对话协议，1970 年 7 月 28 日，引自 Harrison，*Driving the Soviets up the Wall*，p. 232。

持这一点。1968 年初——在与西德之间正式讨论天然气合作的前一年，但与奥地利人进行会谈期间——苏联开始与东德人与波兰人商讨，建设经波兰至东德、与"友谊"石油管道平行的天然气管道。苏联最初提出了直径只有 600毫米的小型管线，每年仅仅能够供给 30 亿立方米的天然气。但随着会谈的推进，转向一条直径 900 毫米的管线，足够运输每年高达 70 亿立方米的天然气。苏联人很快批准了较大直径的想法，这表明他们已经预想可被用于向西德（包括西柏林）出口苏联天然气。❶

向西德（更不用说西柏林）供气的想法引起了东德人，特别是乌布利希的强烈反对。这时，两个德国之间的关系仍处于深度冻结之中。最后，苏联和东德的谈判代表只能同意推迟这一议题。因此，苏联与东德之间的首份天然气合同于 1968 年 5 月签署，每年仅提供 30 亿立方米的天然气（苏联人坚持使用更大直径的管道，这表明他们心目中仍把西德作为最终市场）。由于该协议是对苏联未能运输东德所希望的石油数量的"一定补偿"，苏联放弃了最初的要求，即东德人要为该管道提供资金，转而同意接受等值的工业和消费品。❷

这个早期情节表明，苏联已经具有更大的目标——将天然气通过卫星国运输到西欧。这一点变得显而易见。1968 年晚些时候，国家计划委员会负责人巴伊巴科夫会见其东德同行格哈德·舒勒（Gerhard Schürer），并明确坚持，在任何未来的天然气合同中，德意志民主共和国都必须为天然气开发成本做出贡献。但是，巴伊巴科夫继续说道，西德的管道供应商将发挥重要作用。他向舒勒保证，未来向西德和法国的天然气出口可以将部分天然气分流到东德。至少可以说，东德人仍不热心。舒勒表示，他与巴伊巴科夫在这个问题上没有走得更远，只是重申了东德的立场，即他们不能用天然气代替石油，或者至少只能数量有限地替代。❸

---

❶ Karlsch, *Vom Licht zur Wärme*, pp. 139ff.

❷ Karlsch, *Vom Licht zur Wärme*, p. 140.

❸ Karlsch, *Vom Licht zur Wärme*, pp. 140-141.

　　东德人与波兰人之间几乎立即出现了嫌隙。根据最初的协议，德意志民主共和国将给予波兰人用于波兰一段管道建设的贷款。东德人承诺提供725千米的管道、压缩机以及价值不超过10亿外汇马克（valutamarken）（硬通货）的辅助设备。实际的施工工作将由波兰企业完成。❶波兰—德国经济委员会领导人于1969年5月签署了总体框架。即使尚未签署实际合同，东德人最初也交付了价值1000万转账卢布的管道和机械。

　　但是，关于信用额度尤其是过境关税等条款从一开始就存在分歧。乌布利希和弗拉迪斯劳·哥穆尔卡（Wladyslaw Gomulka）这两位东欧国家领导人口头上同意过境关税将根据"全球市场标准"制定，但双方对此并未真正达成共识。波兰人想索要每千立方米3.65卢布，而德国人的开价拒绝多于2.02卢布。❷这导致了该项目在1969年年底流产。

　　1970年7月，东德人和波兰人取消了他们的计划。东德为波兰人已经完成的工作支付了一次性的补偿，并收回了已经交付给波兰的管道和设备。直到20世纪90年代，也就是一代人之后，经过波兰的天然气管道才最终到达德国。这一管道是由俄罗斯天然气工业股份公司和统一后德国的一家主要私营企业温特沙尔公司（Wintershall）共同组建的合资企业完成的，而这在20世纪60年代末是不可想象的。

　　但是还是让我们回到1970年。随着东德—波兰项目的停止，苏联方面明确表示，他们不会让挫折阻止近期目标——向西方出售天然气，而且现在他们在捷克斯洛伐克已经有了一条替代路线。1970年2月，苏联人告诉东德人欢迎他们加入经捷克斯洛伐克的管道建设，并建议他们不要同意波兰人的要求。东德人急忙开始与捷克斯洛伐克进行对话。他们得到了友好的接待，通过捷克斯洛伐克的过境关税仅为波兰人要求的一半。1971年7月，东德和捷克斯洛伐克政府签署了一项政府间协议，合作建设长达1000千米从苏联—捷克斯洛伐克边界到东德边界的管线。德国人同意提供管道和设备，以

---

❶ 卡尔施没有提到波兰人是否应该得到一些天然气。假定他们应该得到。

❷ Karlsch, *Vom Licht zur Wärme*, p. 142.

及 1.15 亿转账卢布的贸易信贷。1972 年 9 月开始施工，1973 年 5 月第一批苏联天然气流入。因此，捷克斯洛伐克成为苏联天然气向东德和西德出口的主要途径。[1] 但此时，西德市场显然是苏联人追逐的市场，而东德人不得不退居其次。

维利·勃兰特和通向西德的苏联天然气

与此同时，西德正在发生重大变化。1966 年，具有超凡魅力的政治家维利·勃兰特（Willy Brandt）成为德意志联邦共和国的外交部部长。他对苏联发起了一项积极的新政策，被称为"东方政策"（Ostpolitik）。其中心是天然气贸易。

从 1957 年至 1966 年的近十年间，维利·勃兰特担任西柏林市长，这段任期是他担任首相任期的两倍。[2] 他曾作为"东方政策"的设计师被载入史册。但在此之前，作为西柏林市长，他是铁幕背后的西方前哨基地成功保卫这座城市的象征。1958 年 11 月，勃兰特被任命为市长一个月后，赫鲁晓夫发出最后通牒：他给盟军六个月的时间终止占领并离开这座城市。在接下来的四年里，到 1961 年柏林墙的修建以及随后的紧张局势，勃兰特是西方对抗赫鲁晓夫冒险政策的急先锋。

勃兰特迅速成为一个国际性人物。他完美地演绎了这一角色：高大而健壮的体格，下巴结实，脸庞宽大，意志坚定。那些年里，他被称为强硬派，虽然尽可能地向右走，但仍是社会民主党（SPD）代表。勃兰特是《德国世界报》（Die Welt）和流行小报《图片报》（Bild Zeitung）的强势保守派出版商阿克塞尔·施普林格的最爱。1959 年 5 月，勃兰特与施普林格合影，地点位于库赫大街（Kochstrasse）施普林格集团新柏林总部的动工之地，这是一个故意挑衅苏占区的边缘地带。施普林格控制了西柏林 80% 的媒体，并

---

[1] Karlsch, *Vom Licht zur Wärme*, p. 143.

[2] 勃兰特的外貌摘自他的回忆录：Willy Brandt, *Erinnerungen*（Frankfurt am Main：Fischer Taschenbuch，1997）。

大力宣传勃兰特作为未来总理的形象。❶ 因此，1963 年，当西柏林市长开始私下谈论与苏联缓和关系时，这让人们尤其是施普林格颇感惊讶，后者随后开始痛斥勃兰特。

西柏林在勃兰特市长的领导下繁荣昌盛。1958 年以后，西柏林的经济增速超过西德其他地区（可以肯定，主要是因为它是从较低的起点开始的）。它成为西德优势和东德劣势的明显标志。1964 年，在勃兰特任市长期间，89%的西柏林人表示对他本人和他的政策满意。勃兰特在回忆录中评论说，西柏林是他作为政治家"学会做交易"的地方。❷ 然而，这座城市的大部分经济成就与勃兰特的管理无关。显而易见，勃兰特在回忆录中几乎没有谈及他的任何城市日常管理。勃兰特是一位后起之秀，在国家和国际舞台上花费的时间越来越多，而在柏林却越来越少。早在 1959 年 5 月，勃兰特就已成为《时代》周刊的封面人物，而之后还有好几次这样的经历。

他对这座城市的收入几乎没有控制权，其中大部分来自波恩的补贴，❸ 并用于支持急需的住房和基本服务（例如水和污水）建设。勃兰特任职市长期间，每年有 2 万套新住宅竣工；出现了新的酒店和办公大楼。然而，西柏林直到勃兰特离开多年后才得到天然气。西伯林仍然依赖战前的煤气，越来越多地依赖通过盟军修建的管道输送的进口石油。这个城市长期缺乏能源。一位居民回忆说，在她的童年时代，"在战争期间和战争结束后，提尔加滕和其他地方的树都被砍成了柴火；即使到了 20 世纪 60 年代，取暖的燃料也很短缺。在柏林空投期间，盟军飞机货舱中最多的物品居然是煤。"❹

但就在那时，勃兰特以外交部部长身份于 1966 年进入了国家舞台。他对"缓和"表现出积极的兴趣，天然气很快发挥了重要作用。具有讽刺意味的是，西德政策的关键转折点是苏联在 1968 年 8 月出兵捷克斯洛伐克，这刺激了双方政府寻求缓和的新途径。正如安琪拉·斯登特（Angela Stent）在研究苏德

---

❶ Hans Peter Schwarz, *Axel Springer: Die Biografie* (Berlin: Propyläen Verlag, 2008), p. 379.

❷ Brandt, *Erinnerungen*, p.17.

❸ 根据1952年的《第三过渡法》，联邦政府对西柏林负有"财务责任"（Brandt, *Erinnerungen*, p. 17）。

❹ 我要感谢柏林本地人约瑟芬·摩尔（Josephine Moore）的这个观察。

关系史的著作中所写的那样：“占领强调了勃列日涅夫有必要与西方达成一项协议，承认苏联在东欧影响力的合法性，从而减少出现另一个捷克斯洛伐克的可能。”西德方面的兴趣同样强烈。正如斯登特评论所言：

> 勃兰特的“东方政策”主要是防御性的，“以保持国家的内核”，即两个德国之间存在共同的纽带。决定这一政治因素的关键是改善德国内部关系……波恩从苏联占领捷克斯洛伐克的事件中汲取了教训，即未来解决德国问题的关键在于莫斯科，没有其他人。❶

天然气是双方的理想选择，因为这显然是对双方都有利的经济商品，并且是“缓和政策”的象征。兴趣最初来自苏联，干涉捷克斯洛伐克后不久，在国际天然气联盟的年度会议上，科尔图诺夫的副手索罗金与德国代表团接触。德国人最初是谨慎地做出回应，但很快就变得热情高涨。此后，进展非常迅速。会谈的关键突破发生在 1969 年 11 月，距第一次非正式对话仅过了一年半。

回想起来，谈判有两点值得注意。第一，随着会谈的进行，西德政府的作用越来越强。1969 年 9 月的议会选举是转折点，第一次出现了由社会民主党领导的联合政府，而没有基督教民主联盟的参与。在过去，基督教民主联盟一直是每个联合政府的高级成员。勃兰特一成为总理，就开始探索与苏联签订政府间条约的前景，其中天然气将发挥核心作用。随着两国政府谈判的进展，西德经济和外交部对天然气谈判代表施加了越来越大的压力，要求他们达成协议。

第二，多数分歧与价格差异，而不是政治差异有关。这些分歧不断使谈判面临脱轨的风险。苏联人和西德人提出了几个不同的概念，他们共同探索，在这个对双方相对较新的行业中共同学习。至少包括五个概念：（1）其他合同的价格和其他正在进行的谈判，以及天然气行业的广泛价格趋势，都可以

---

❶ Angela Stent, *From Embargo to Ostpolitik: The Political Economy of West German-Soviet Relations, 1955-1980* (Cambridge: Cambridge University Press, 1981), p. 156.

通过汇率的变化加以过滤；（2）竞争性燃料的边际成本概念；（3）运输和管道施工成本；（4）预期的未来天然气需求水平；（5）影响成本的细微因素，例如化学成分、可靠性和季节波动。尤其是西德人导致对买方照付不议承诺灵活性的各类讨论。❶换句话说，价格是所有问题的焦点。

在此期间，随着新储量被发现，荷兰天然气价格开始下跌，西德谈判代表希望抓住这个机会。双方努力达成气价共识的基础，两个人——德国鲁尔燃气公司董事长赫伯特·席尔伯格和苏联外贸部副部长奥西波夫——发挥了核心作用。在这个过程中，"基于目的地的替代燃料价格"首次出现，因为席尔伯格成功地声称，德国北部市场的竞争性燃料价格将决定鲁尔燃气公司出售苏联天然气的价格。最后，在经历将近一年的僵持后，当奥西波夫最终接受荷兰边境价格作为基准价格，这一僵局才被最终打破。此后，两国的政治当局呼吁加紧结束天然气谈判，从而继续推进更全面条约的最终协议。❷

像以前的苏联—奥地利交易一样，第一个苏联—西德天然气交易因关键人物的作用受到关注。如果没有苏联和西德谈判者的专业知识和技能，天然气交易本身就不会发生。尤其是席尔伯格只是鲁尔燃气公司几个董事长中的一位。鲁尔燃气公司多年来一直扮演着俄德天然气关系的领军者角色。❸政府官员也发挥了关键作用。联邦经济部的天然气专家诺伯特·普莱瑟（Norbert Plesser）的正式身份只是观察员，但他在双方陷入价格僵局的关键时刻发声。他敦促苏联人接受荷兰天然气价格正在下跌的事实，而且如果苏联人希望他们的天然气在德国具有竞争力，他们需要为自己的天然气定价。该论点被证明对奥西波夫具有决定性影响，让谈判取得了最终的突破性进展。❹其他德国经济和外交部的主要官员也扮演了重要角色。在1969年夏

---

❶ 荷兰人之所以提供灵活性，是因为他们可以增加或减少格罗宁根产量，并且靠近他们的市场。由于冬季和夏季之间的变化，这在欧洲非常重要。苏联人改变产量或交付水平的机会要少得多。

❷ 关于苏联—西德谈判的生动细节，参见Högselius, *Red Gas*, chapter 7。

❸ 关于席尔伯格的简要传记，参见Dietmar Bleidick，"Schelberger, Herbert，" *Neue Deutsche Biographie 22*（2005），https：//www.deutsche-biographie.de/pnd140465448.html#ndbcontent。

❹ Högselius, *Red Gas*, pp. 117-118.

季和秋季的会谈中，各类官员在不同渠道和场合会面，并强调双方对达成协议的浓厚兴趣。官方和非官方活动和信息越来越多。商业和外交努力的进展步调一致。

但是如果没有勃兰特和他的主要外交政策顾问埃贡·巴尔（Egon Bahr），天然气交易就不会发生。在接下来的几十年中，"东方政策"仍然是西德政策的基础（自那时起，这一政策的不同版本就是统一后德国的指导政策），并且它为天然气桥提供了最重要的政治框架。签署天然气合同是勃兰特"东方政策"的第一个重大事件，这并非偶然，这是巴尔及其苏联同行安德烈·葛罗米柯之间关于放弃武力问题谈判的关键起点。正如斯登特在她里程碑式的研究中所观察到的："对于苏联人而言，在有利的经济条件下达成交易……是改善苏德政治关系的一个因素。"❶

"东方政策"扮演催化剂角色

这是充满戏剧性和仪式感的时刻。1970年2月1日，星期日，苏联与西德签订了第一份天然气出口合同，签约地点被安排在历史悠久的凯泽霍夫酒店，以前是艾森的卡普辛修道院，鲁尔燃气公司的发家之地。❷这一天充满节日气氛，大批苏联和德国政府官员及公司高管前来庆祝九个月紧张谈判所达成的成果。主持签约仪式的是西德经济部部长卡尔·席勒（Karl Schiller）——新任总理勃兰特的亲密盟友——和苏联资深外贸部部长帕托利切夫。然而，那天的明星是主持多轮谈判的三个人：苏联方面是奥西波夫和索罗金二人组，自20世纪60年代中期，他们曾领导苏联天然气运动，在欧洲天然气市场上，他们是令人熟知的人物，被称为"卡斯托"（Castor）和

---

❶ Stent, *From Embargo to Ostpolitik*, p. 169.
❷ 这将是老凯泽霍夫的最后一次欢呼，后者在四年后被拆除。现在，在它以前的位置上是银行大楼Linden中心的所在地。

"波利克斯"（Pollux）。❶ 德国方面是鲁尔燃气公司董事长席尔伯格。席尔伯格在自己的家乡享受这一高光时刻，发表了欢迎致辞。但是，还是奥西波夫抓住了当时的象征意义，突出强调了更广泛的经济含义以及最为重要的政治意义：

> 这个签署的协议……是欧洲国家之间经济合作的范例。它也表明，在欧洲，在所有欧洲国家表现出善意的条件下，其他经济问题可以被成功解决……先生们，我可以补充一点，我所说的话也完全涉及欧洲所有政治问题的解决。我们正是从这个角度看待已签署的合同。❷

1970 年 2 月，苏联—西德天然气协议标志着一个里程碑，以及创建天然气桥的最重要时刻。1968 年的苏联—奥地利合同显示，东西方天然气交易是可行的，但使之成为可能的是奥地利—捷克斯洛伐克关系的特殊情况——实际上是一个漏洞。但是，如果苏联—奥地利协议是一个漏洞，那么，苏联与西德的合同就是一项突破，这是铁幕被打破的开端，而且它在未来几十年会日益扩大。至今，德国仍是俄罗斯天然气在欧洲的最大买家（表 2.1）和俄罗斯最重要的贸易伙伴之一。在多维度的商业和政治关系中，天然气仍然是基石。

德国方面对这笔交易高度重视的一个证明是，政府提供了慷慨的信贷条款，这也体现了该交易中钢铁部分的关键重要性：85% 的德国管道和一半的出口设备由联邦政府担保。这遭受到其他欧洲共同体成员国政府的批评。❸ 德国反对派也认为这笔交易对苏联人来说过于慷慨，并"要求苏联人将为如此慷慨的经济协议付出什么样的政治代价。"❹

---

❶ 在凯泽霍夫举行的仪式也是索罗金在国际天然气谈判中的最后一次主要露面。1972年，随着科尔图诺夫团队的核心成员离开天然气部、前往新成立的石油和天然气建设部，他跟随他的朋友科尔图诺夫被"流放"。

❷ 引自Högselius，*Red Gas*，p. 129。这个叙述主要基于该著作的第7章和Stent，*From Embargo to Ostpolitik*，chapter 7。

❸ Högselius, *Red Gas*, p. 122.

❹ Stent, *From Embargo to Ostpolitik*, p. 169.

表 2.1　按国别计算的苏联天然气出口（1970—1990 年）

单位：10 亿立方米

年　份	1970	1975	1980	1985	1990
整个苏联	3.3	19.4	55.0	69.8	109.0
经互会或前经互会国	2.4	11.4	31.4	38.3	46.1
捷克	1.4	3.8	8.3	10.8	12.6
波兰	1.0	2.5	5.3	5.9	8.4
罗马尼亚	—ᵃ	—ᵃ	1.6	1.8	7.3
保加利亚	—ᵃ	1.2	3.8	5.5	6.8
匈牙利	—ᵃ	0.6	3.8	4.0	6.5
南斯拉夫	—ᵃ	—ᵃ	2.0	4.1	4.5
东德	—ᵃ	3.3	6.4	6.2	—ᵃ
其他	1.0	8.0	23.6	31.6	63.0
西德ᵇ（和 1990 年统一的德国）	—ᵃ	3.1	9.3	13.4	26.6
意大利	—ᵃ	2.3	6.5	6.0	14.3
法国	—ᵃ	—ᵃ	3.8	6.8	10.6
奥地利	1.0	1.9	2.7	4.5	5.1
土耳其	—ᵃ	—ᵃ	—ᵃ	—ᵃ	3.3
芬兰	—ᵃ	0.7	1.2	0.8	2.7
瑞士	—ᵃ	—ᵃ	—ᵃ	—ᵃ	0.3

数据来源：Matthew J. Sagers et al. 1988. "Prospects for Soviet Gas Exports：Opportunities and Constraints." *Soviet Geography*，Vol. XXIX，No. 10，p. 885（for 1970—1985）; "News Notes," *Soviet Geography*，November 1987，p. 697; *Vneshnyaya torgovlya* SSSR 1987 和其他年份; Soviet and *East European Energy Databank*（PlanEcon，Inc.，1987）; *Vneshniye ekonomicheskiye svyazi SSSR v* 1990 g。
注：由于四舍五入，数字加总可能不等于总和。该表使用俄罗斯每立方米 8850 千卡的测量单位（总热量值）。经互会是经济互助委员会（Comecon）。
a 可忽略不计或者无。
b 包括西德。

　　从 20 世纪 60 年代中期开始，从苏联进口天然气到德国（至少在德国一方看来）的商业理由似乎并不那么令人信服。天然气在西德经济中的作用仍然有限，其未来需求似乎已被荷兰天然气所充分满足。只有德国南部，特别是巴伐利亚省，迫切需要额外的天然气供应，但似乎存在其他来源，比如阿尔及利亚。而且，强大的商业利益集团——特别是德国北部的煤炭工业和主要石油公司埃索（Esso）和壳牌（荷兰天然气的主要生产者）强烈反对从苏联进口天然气。最后，鲁尔燃气公司最初亦不情愿。正如佩尔·赫格塞柳斯所说，只有巴伐利亚省单独达成协议的威胁和政府的强烈敦促才使得鲁尔燃气公司采取行动。❶

　　然而，由于20世纪60年代后期德国天然气需求的激增，即使随着谈判的进行，能源平衡也迅速被打破了。蒂森燃气（Thyssengas）和鲁尔燃气公司已经签订了购买荷兰天然气的合同，并铺设了从荷兰到德国的布鲁默管道（Brummer）。但它们现在不得不将天然气卖给德国居民。他们进行了大规模的宣传运动。聘请了一家广告公司来创建可爱的广告吉祥物——"特里希阳光"（"Trixie Sunshine"），它成为天然气这种新燃料的象征。❷这场运动出现了可笑的一刻：一个口号说到，"很快亲吻你妻子的就不是煤气人（gas man），而是天然气人。"❸但是，即使不对德国家庭主妇，至少对当地天然气分销商来说，这个口号奏效了。到1968年年底，蒂森燃气供应的35家当地天然气公司中，有一半以上已经转为天然气。甚至炼焦气的主要供应商莱茵集团（RWE）也发现自己被迅速挤出了鲁尔地区的传统市场。❹在这个时刻——德国—苏联天然气谈判的前夕，德国天然气需求每年以30%～60%的速度增长。❺

　　在1970年合同签订后，作为推动者和促进者，德国政府的直接介入基本结束。（在总理赫尔穆特·施密特的回忆录中，只有一次提及他与勃列日涅夫之间关于德国—苏联能源贸易和管道运输的问题。）❻这有几个原因。首先，德苏关系进入相对平静期，因为双方都从"东方政策"中获得了各自想要的东西。其次，在1974年勃兰特总理大选结束之前，发挥关键作用的政府团队解散了。

❶ Högselius, *Red Gas*, pp. 111-112.

❷ "Mehr Licht," in *Capital* 10 (1970), cited in Sophie Gerber, *Küche, Kühlschrank, Kilowatt: Zur Geschichte des privaten Energiekonsums in Deutschland, 1945-1990* (Bielefeld: Transcript Verlag, 2015), p. 166.

❸ *Rheinische Post*, October 11, 1967, cited in ibid., p. 166.

❹ *Rheinische Post*, October 11, 1967, cited in ibid., p. 166.

❺ Högselius, *Red Gas*, p. 124.

❻ Helmut Schmidt, *Menschen und Mächte* (Berlin: Siedler, 1987), p. 61.

最后，1973 年至 1974 年的石油危机突然改变了整个能源政策。很明显，不管石油冲击的其他后果是什么，苏联天然气现在在欧洲能源消费中起着至关重要的作用。❶

至于西柏林，直到 20 世纪 80 年代中期，它才接收到天然气——同样是通过苏联的天然气桥。鲁尔燃气公司决定直接与苏联天然气出口联盟进行交易，这标志着其对向西柏林进口苏联天然气表现出极大兴趣。根据鲁尔燃气公司董事长克劳斯·利森（Klaus Liesen）的说法，东德当局不情愿这样做，是苏联人把决定强加给他们的，而鲁尔燃气公司则充当了调解人。该交易最终由东德方面通过外贸部商业协调司负责，由亚历山大·沙尔克·戈洛德科夫斯基（Alexander Schalck Golodkowski）领导，他负责许多秘密安排，包括西德资助东德的出口（包括交换间谍和难民）以换取硬通货和禁运商品。

东德天然气公司 VEB 天然气综合体（Gaskombinat）修建了一条从捷克斯洛伐克边界到西柏林市区的新管道，但在此出现了该项目最困难的部分——进入西柏林时的穿越，这需要拆掉一段 20 米长的柏林墙。这部分工作被交给特别工作团队——即拥有所谓"一级旅行卡"、被授权可以国外旅行的最可靠的工人。管道终于在 1985 年 10 月得以运行。苏联和东德双方都审慎地缺席了开通仪式，因为这是非国家层面的两家公司之间的交易。这是德国—德国的交易，当时西方三个占领国原则上仍必须批准经苏联占领区（德意志民主共和国）过境西柏林。天然气到达了飞机和火车无法到达的地方。对于战后的德国人来说，这是一件大事。从那一刻起，苏联天然气供应保证了西柏林用气量的 90%。❷

当 1990 年德国统一和柏林再次成为一个城市时，它发现自己处于荒谬的境地，即拥有两个完全独立的天然气网络——它们都供应着苏联天然气。就

---

❶ 作为一种预兆的是，乌尔夫·兰茨克（Ulf Lantzke）在被借调到煤钢共同体时曾接受过法学家的培训，是竞争问题方面的专家。他于1974年成为国际能源机构的第一任负责人，其主要任务是能源安全。

❷ Karlsch, *Vom Licht zur Wärme*, pp. 170-173. 又见 Hilmar Bärthel, *Die Geschichte der Gasversorgung in Berlin: Eine Chronik* (Berlin: Nicolai Publishers on behalf of GASAG Berliner Gaswerke Aktiengesellschaft, 1997)。

西柏林天然气公司 GasAG 而言，整合两个系统是一个刻不容缓的工程，并且它立即着手制定技术计划。但对于东柏林的天然气人士而言，事情更加复杂。工作、福利及最重要的独立性都受到威胁。❶ 东柏林人努力保持独立，建造了一堵相当于新柏林墙的墙，这堵墙由法律文件和公司的防卫构成。在很短的一段时间里，东柏林的天然气供应是由一家名为柏林天然气公司（Berliner Erdgas AG）提供的，这家公司有一个全新的标识，但有着相同的旧管理方式。又过了三年，在柏林政府的大力干预下，东柏林人的抵抗被制服，柏林的天然气供应被统一到一家公司的管理之下。❷

俄罗斯—欧洲天然气桥的第一拱桥是在与今天完全不同的条件下建造的。这是一项易货协议，双方的主要目标是货物贸易、而不是金钱。苏联人需要钢铁、技术和融资；东欧人需要能源；西欧人需要出口市场。对各方而言，天然气是货币，是金钱的替代品。这有一个重要的副作用：由于所交换商品的定价趋向于随心所欲，各方都不知晓天然气的真正价格。可以肯定的是，合同中包含定价公式，但是，如果天然气账单由随意定价的商品和政治定价的信贷结算，这些合同具有的意义就不大了。这实际上是整个 20 世纪 80 年代苏德天然气贸易的核心特征。

在定义价值和风险方面，苏联天然气带来了全新的挑战，原因有多种。第一，长途跋涉和沉重的资本成本（因此支付期也很长）。第二，它们本质上是易货交易——用钢铁和设备换天然气。第三，缺乏风险信息，尤其是苏联方面。 例如，德国人没有意识到苏联人在遵守与奥地利人商定的出口时间表方面遇到的问题；只有在第一次与苏联谈判进展顺利后，他们才从奥地利石油和天然气集团了解到这些信息。德国人还基本上没有意识到围绕西西伯利亚天然气的复杂政治内幕。如果他们知道更多的话，他们可能会更加努力地讨价还价。

---

❶ Bärthel, *Die Geschichte der Gasversorgung in Berlin*, pp. 155ff.

❷ Bärthel, *Die Geschichte der Gasversorgung in Berlin*, pp. 162-163. 柏林政府向西德公司（鲁尔燃气公司、莱茵集团和VEBA公司）出售了在统一的西柏林天然气公司中的少数股份，同时保留大部分股份。小部分股份分配给了公司的员工。

谈判的背景是，在20世纪60年代，经济学在后斯大林时代的苏联刚刚作为一门合法的科学得到复兴，而在斯大林时代，经济学基本上被边缘化了。[1]因为接触世界经济，苏联外贸官员应该比天然气部同行更加精通此项业务。但正如我们所看到的，他们中的多数是不久前才从石油出口业务转入天然气业务，而且教育背景多数为工程师。

华盛顿和欧洲各国首都对苏联在冷战中是否会使用天然气作为武器存在很多担忧。但是早期历史的关键点是，对苏联人而言，易货贸易是西西伯利亚整个天然气储备开发的关键：没有西方管道、设备和融资，就不会有西西伯利亚天然气。它是如此简单。而且只要易货贸易仍处于苏联动机的中心，苏联人就会坚持做生意。在接下来的30年中，直到苏联解体，事实一直如此——我们将会看到，到那时整个背景都将彻底改变。

---

[1] Gustafson, *Reform in Soviet Politics*, chapter 4.

第 3 章

从乐观到焦虑

20 世纪 70 年代到 80 年代末标志着这一个乐观时代的结束，而这个时代可以追溯到第二次世界大战之后。但是结束的理由在铁幕两边却不尽相同。在西欧，1973—1974 年的第一次石油危机和接踵而来的 1979 年的第二次石油危机结束了之前西欧最富裕的 30 年所带来的阳光和乐观。突然间，增长让位于停滞，高企的失业率伴随着通货膨胀很快造成了滞涨，而这在之前的经济理论中是不可想象的。总体来说，这不是个历史学家青睐的时期。托尼·朱特在他的《战后欧洲史》中，将有关 20 世纪 70 年代到 80 年代初的这一章命名为"消逝的期望"。❶ 那本极具启发性的《黑暗大陆》的作者马克·马佐尔（Mark Mazower）把这一时期称为"危机中的社会契约"，❷ 而丹尼尔·耶金（Daniel Yergin）的石油行业史描述了 70 年代末到 80 年代初期的"大恐慌"情绪。❸ 就像耶金所总结的，"对于石油人和整个工业界来说，20 世纪 70 年代是一个

---

❶ Tony Judt, *Postwar: A History of Europe since 1945* (New York: Penguin, 2005), p. 453.

❷ Mark Mazower, *Dark Continent: Europe'sTwentiethCentury* (NewYork: Vintage, 2000), chapter 10, pp. 327.

❸ Daniel Yergin, *The Prize: The Epic Quest for Oil, Money, and Power* (New York: Simon and Schuster, 1991), 674-699.

充满怨恨、紧张、焦躁和真正悲观的时代。"[1]80年代的前半段基本情况也一样。那个时期的关键词就是"焦虑"。

而在铁幕之后，苏联在60年代和70年代早期就达到的巅峰的权力和自信也没有受到动摇。[2]作为事后诸葛亮，我们现在可以知道苏联必然走向失败，但是这种观点在20世纪60年代并不常见，至少对全体苏联人来说是这样的。当赫鲁晓夫开始在50年代末修补经济结构的时候，他的目标并非快速增长（苏联当时是世界上增长最快的经济体），而是提高质量，特别是在农产品和消费品上面。他激进的分权试验（所谓的sovnakhozy）遭遇大挫败，这当然可以被他的继任者忽略成一个小小的离经叛道，就像是赫鲁晓夫众多草率的计划一样。他的继任者也在寻求解决农业和轻工业的问题，这一时期，柯西金总理制定了更为周全的改革，他希望能够给企业经理人更多的物质激励来提高效率。

20世纪60年代后期到70年代初期，当柯西金的改革陷于失败而且GDP增长乏力的时候，那些富有洞察力的苏联经济学家和经济规划师开始担忧苏联模式长期的竞争力，甚至是生命力。但是在第一次石油危机前夕，以柯西金为首的大部分苏联领导人仍然对指令经济深信不疑，尽管这种模式有着诸多的问题，他们仍然认为这是通向未来的唯一道路。在70年代初期，苏联经济仍然是一个封闭的体系，与斯大林在1953年留下的那套自给自足和外界隔绝的体系没什么本质区别。像国家计划委员会主任尼古拉·巴伊巴科夫这种人战前建立了这套体系，战后又重建了它，而在当时仍然喜欢这套体制，从来没有觉得有什么需要改变。勃列日涅夫并不认同，面对石油危机，他提高了石油出口。石油危机对莫斯科来说是一个天上掉的馅饼：由于高企的油价，苏联从石油出口中获得的资金大大提升，从60年代每年几亿美元提升到1975年的100亿美元，到80年代则达到250亿美元。[3]

---

[1] Daniel Yergin, *The Prize: The Epic Quest for Oil, Money, and Power* (New York: Simon and Schuster, 1991), 653.

[2] 关于苏联60年代经济复苏，见Thane Gustafson, *Reform in Soviet Politics：Lessons of Recent Policies on Land and Water* （Cambridge：Cambridge University Press，1981），chapter 4。

[3] Mariia V. Slavkina, *Triumf i tragediia: Razvitie neftegazovogo kompleksa SSSR v1960-80-e gody* (Moscow: "Nauka," 2002), pp. 113ff.

因此，20世纪70年代的石油危机不仅给苏联带来了丰厚的石油收益，同时也无可避免地开启了苏联对石油出口的依附，而这种依附在几十年内越来越深。吊诡的是，除了给衰败涂脂抹粉之外，这并没有挽救整个经济体系。频繁的农业歉收使得荒年食品供应紧张。虽然之前对农业和轻工业的指令性经济搞过一些改革，❶但是GDP增长仍然乏力，同时苏联还大量进口谷物和消费品。直到1974年，这些主要都是用黄金支付的（这里苏联还享受到另外一个天上掉下来的馅饼，由于尼克松放弃金本位并让美元贬值，这使得黄金对美元的价格在接下来的两年翻了两倍）。❷但是从70年代中期开始，苏联开始用不断增加的向西方资本主义国家出口石油来购买农产品和消费品。到了80年代，克里姆林宫完全被拴在石油上了。❸同时，包括劳动力在内的国内投入要素价格都开始出现了攀升。❹从1970年起，苏联经历了有其自身特色的滞涨，苏维埃内部开始人心涣散。

因此，从1970年到80年代中期是我们所讲的这段历史的转捩点。在20世纪80年代后半期，在经过了十几年的深刻酝酿后，欧洲和俄罗斯同时面临政治经济体制和思维方式上的革命性变革。在这一章，我们主要关注西欧，在第5章将介绍苏联。

有三个特别重要的转变：法国和德国转向核能、这两个国家的反核能抗议运动以及伴随不断增长的环境意识而来的觉醒与焦虑。我们先回到德国，在那里，对那个时代焦虑的政治反应引发了深远的变化，为今天的"能源变革"奠定了基础，同时也对天然气的未来产生了深远的影响。

---

❶ 见Gustafson，*Reform in Soviet Politics*，especially chapters 2 and 9。

❷ 1971年到1973年因为金价和油价的比例历史性地从1970年的20比1（一盎司黄金可以买20桶石油）达到了1973年的30比1。当油价在1974年呈四倍上涨的时候，这一比例降到14比1，而且在接下来的很多年里维持在16比1。简单说，对于苏联而言，在1973年之前以黄金优先于石油的方式出口黄金是合理的，但在1974年及之后的情况则较少。

❸ Yegor Gaidar, *Collapse of an Empire: Lessons for Modern Russia* (Washington, DC: Brookings Institution Press, 2007) .

❹ 苏联官方不存在通货膨胀，这被认为是资本主义经济的病，但通货膨胀是通过地下经济潜入苏联经济的，人们对短缺的反应是转向所谓的"非正常的地下经济"（economy on the left）。苏联解体后，西方和俄罗斯的经济学家得出结论，在1970年至1985年期间，隐藏的通货膨胀率每年一直在5%以上的稳定水平，此后因为苏联政府失去了对信贷的控制和货币供应，通货膨胀率急剧上升。

同时，在这些事件的背景中，进口天然气逐渐在欧洲能源拼图中占据一席之地。"虽然缺乏公众关注，难以勾起兴趣，但天然气行业在欧洲主要国家都占据强有力的地位……和其他燃料行业相比，天然气行业缺乏公众曝光度……天然气被认为有用，甚至必要，但是无趣。"❶ 天然气专家乔纳森·斯特恩（Jonathan Stern）在 80 年代评论道。

但实际上，关于天然气的故事十分精彩。在北海，随着第一个大气田的开发和海底管道的铺设，生产开始了（见第 4 章）。在苏联，面临着油田中的各种麻烦，领导层开启了天然气的优先计划（见第 5 章）。在阿尔及利亚，独立战争之后天然气行业发展迅猛，这主要归功于很早接受了液化天然气的技术以供出口。对于那些建设了这些产业，特别是参与到苏联和欧洲之间天然气贸易的人们来说，这项巨大的技术工程不仅带来了建设和供气的满足感，同时参与这项跨越政治边界的工程也能带来巨大的奇妙感觉，因为这项工程原本被认为是不可能跨越政治铁幕的。这是一个缓慢的、一步一步渗透的过程，受到物理因素和管制制度的阻碍。尽管如此，在这段时间里，天然气的形象非常正面。天然气在大众心中是一种不错的燃料。除了健康外，它还能带来清洁、舒适和方便等诸多好处。

但是天然气有了一个可怕的竞争对手：核电。核电在当时被寄予厚望，人们希望它可以成为广泛而经济的电力来源，那时人们认为核电的廉价程度是难以估量的。❷ 在这样一个世界中，天然气几乎没什么价值。在 20 世纪 70 年代和 80 年代的法国，核电抢占了天然气本应该占据的商机，因为高效的燃气技术（联合循环燃气轮机发电）直到 80 年代末才变得广泛而成熟。法国对于核电的国家共识到最近才被质疑。但是在德国，对核电的反对催生出一系列的环境运动并最终导致了德国绿党的崛起，而德国绿党反过来又主导了德

---

❶ Jonathan P. Stern, *European Gas Markets: Challenge and Opportunity in the 1990s* (London: Royal Institute of International A airs, 1990), pp. 1-2.

❷ 1954年，时任美国原子能委员会主席的Lewis Strauss在美国国家科学作家协会的演讲中提出了著名的 "难以度量的廉价" 的说法。见https：//en.wikipedia.org/wiki/Too_cheap_to_meter。

国的"能源变革"。❶ 起源于 20 世纪 70 年代和 80 年代的反核社会抗议运动逐渐成熟并获得权力，这都最终导致核电在德国被废止。在这个过程中，欧洲面对的一个问题就是：如果核电像在德国被废止或者像在法国被持续苛责，那么除了天然气之外，什么能够替代核电？最近崛起的太阳能和风能为代表的可再生能源能成为竞争者吗？

石油危机的影响

商业周期影响着所有商品的价格，20 世纪 70 年代的石油危机是一个商业周期的经典案例。一次又一次商品价格的涨跌就像海潮一样。大部分商品的价格涨跌相辅相成，当投资者因为价格高而过度投资时，也就导致带来价格下跌的产能过剩，而这又导致投资萎缩和价格上涨，因此这样的循环周而复始。❷ 但是每次产生的作用不止反映在价格上。它也为整个经济和社会带来清洁作用。老牌公司破产而初创公司勃发。价格周期是一种破坏，但是这种破坏本身也带来创造。新的技术被创造、传播和应用。新的公司萌发，带来新的理念和商业模式。资源的使用效率也在提升。❸

能源是一种典型的商品，但也有着不同之处。能源对决策者来说有三个挑战：高资本密集、长生命周期和广泛的经济政治影响。能源项目从理念到生产可能经历长达 20 年时间。这加重了商品周期的钟摆效应，同时也制造了决策和市场演化之间的滞后。在高价格和供应短缺时做的决策到了低价格和供应过剩时就不起作用了。结果是决策者不得不经常处理最新的能源危机（经常刚好踩不到点上），并且被迫得和他们前任们做的决策共生。

---

❶ 感谢来自斯特拉斯堡政治学院的Theo Krausz为我组织在2016年乔治敦大学的研讨会准备的论文 "Un noyau devenu instable：Que reste-t-il du 'Tout Nucléaire Français?，'"

❷ 一个商品主管部门干脆地将其称为"银行家的愚蠢"（*la bêtise des banquiers*）（in Philippe Chalmin, ed., *Des ressources et des hommes*：*Matières premières 1986-2016; Trois décennies de mondialisation et au-delà*（Paris：Editions François Bourin，2016）。

❸ 这一段使用了熊彼特的价格周期的思想。见他的论文 "Capitalism" in the Encyclopaedia Britannica，vol. 4（Chicago：Encyclo- paedia Britannica，1946），pp. 801-807。

　　这也是发生在 1973—1974 年和 1979 年两次石油危机及其后续事件上面的情形。在 20 世纪 70 年代，因第一次石油危机能源价格高企，能源政策因此被供应短缺的恐惧支配。安全变成决策者的主要考量。这导致一波对能源投资和节能的热潮。但是在 80 年代，情况变了：能源紧缺被能源过剩取代，能源价格止步不前甚至开始下跌，这时决策者担忧成本和效率，而不是安全。但在紧缺年代做出的决策（也包括社会对它们的反应）却持续发挥作用，塑造了欧洲的能源平衡和能源政治，这些影响直到今天还存在。

　　在铁幕的两边，最初对两次石油危机的反应是强化广泛存在的国家主义决策模式。在能源领域，主要的对策是包括煤炭、节能和核电在内的组合，这在德国经常被称作 "CoCoNuke" 政策。这种政策在不同国家有不同的变体。英国和德国倾向于回归煤炭，而法国则倾向于核电和节能。1973—1974 年和 1979 年两次石油危机导致了西欧对石油的替代。石油危机的一个最主要的结果，就是在西欧能源消费中的石油所占的比例永久性地下降。经济合作与发展组织国家能源多元化的过程中，在接下来的 15 年，所有行业都在减油，特别是发电行业。而恰恰在苏联，在勃列日涅夫的领导下，其石油生产能力提升，同时也在中央投资中引发了和核电的竞争，这在苏联西部，特别是乌克兰地区尤为明显。直到 80 年代，在勃列日涅夫发起天然气运动时，苏联才视天然气为应对能源问题的核心部分（见第 5 章）。

　　然而，国家主义的解决方案并没有重新带来增长。无论是在西欧还是苏联阵营，政府无法找到应对滞涨的办法，这导致对传统国家主导方法的幻灭，同时刺激着另寻他法。人们一方面对以往那种政府规划与增长的说法感到失望，同时这种失望还伴随着对于经济增长给健康和环境带来的副作用的怀疑。无论在东方还是西方，失望伴随着怀疑带来的一个结果就是环保抗议。因此，此时的焦虑显示两种看起来相互矛盾的方面：焦虑来自低增长，而同时，焦虑也来自对增长本身带来的损害。

　　在 1973—1974 年石油危机之前，能源来源多元化的想法就已经在欧洲出现。差不多在石油危机前 20 年，也就是 1956 年，苏伊士运河危机就已经对依赖中东石油发出了警告。但是当时公众还没有把能源看作一个紧急的问题，这从当时政客的更换速度就可以看出多么松懈。❶在战后的几十年中，西欧大规模从使用煤炭转向使用石油，❷这一过程在苏联也一样，❸包括东欧也差不多。在 70 年代初期，欧洲已经离不开廉价的石油。西欧靠中东，东欧靠苏联。

20 世纪 70 年代到 80 年代中期可以被划分为两部分：第一部分是 1973—1974 年石油危机和对其最初的反应，而第二部分是 1979 年第二次石油危机和之后的夸张反应。这两部分是相互衔接的，对两次石油危机的对策都是提高供给同时降低消费，这样导致的最后结局是包括油价在内的大宗商品价格在 80 年代中期的崩塌。能源过剩而价格下滑，随之而来的，就是对能源安全的焦虑有所缓解。此时社会担忧的是环境问题，这一问题在 80 年代中期被称为可持续性问题，而不是政策制定者们担忧的效率问题（或者像一位作者很巧妙地说"挥霍而非创造资产"❹）。

但是，每个国家的政府几乎是在相互隔绝的情况下制定自己的政策。欧洲共同体在 20 世纪 60 年代因为成员国和补贴问题而备受抨击，此时正处于断断续续的休眠期，它再重出江湖已经是 70 年代末的事情了❺（唯一在 70 年代能够在欧洲能源政策中起作用的是当时刚刚成立的国际能源署，其目的就是协调西方应对石油危机的）。每个政府的能源政策体现其自身独特的背景和政治，在政府之间也鲜有沟通。在 20 世纪 70 年代初，每个欧洲国家事实

---

❶ 见 Karl Ditt，"Die Anfänge des Umweltpolitik in der Bundesrepublik Deutschland während des 1960er und frühen 1970er Jahre，" in Matthias Frese，Julia Paulus，and Karl Teppe，eds.，*Demokratisierung und gesellschaftlicher Aufbruch*：*Die sechziger Jahre als Wendezeit der Bundesrepublik*（Paderborn，Germany：Ferdinand Schöningh，2005），pp. 305-347。

❷ 见 Yergin，*The Prize*，p. 544。

❸ Robert W. Campbell，*The Economics of Soviet Oil and Gas* (Baltimore, MD: Published for Resources for the Future by the Johns Hopkins Press, 1968) .

❹ Dieter Helm，*Energy, the State, and the Market: British Energy Policy since 1979* (Oxford: Oxford University Press, 2003), p. 15.

❺ 环保运动的标志性事件是欧洲议会的第一次普选。一些历史学家将欧洲法院的"黑醋栗"裁决视为更重要的转折点，因为它标志着单一欧洲市场成为法律学说中的出现。我们将在第6章和第7章中回到这些主题。

上都站在自己所处的能源孤岛上。❶

天然气：从演进到革命

在这一时期，天然气怎么样？人们或许认为能源危机可能使天然气成为西欧主要的对能源危机的对策，至少也是供应的一部分。持续的开发提供了扩大向欧洲的天然气桥的承诺。这在60年代首先由在荷兰、北海、阿尔及利亚、西西伯利亚的巨大发现开启，同时生产和运输领域的技术进步也起到了重要的作用，特别是液化天然气和长距离大口径管道等。在北海，挪威的埃科菲斯克（Ekofisk）气田在1969年发现；几乎与此同时，在苏联的亚马尔地区也首次发现了三个巨型气田。❷简单说，20世纪60年代和70年代极富戏剧性地拓展了欧洲天然气的供应圈子，从大陆腹地推向欧洲的边缘地区。结果撇开意识形态，整个欧洲分成两个独立的地区：富气的边缘地区（阿尔及利亚、苏联、英国和挪威的北海部分）和少气的核心地区，这里荷兰的格罗宁根是个例外。这个模式大体保持到今天，特别是考虑到最近格罗宁根的地位不断下降。❸

安全议题发展成两种不同的方向。到20世纪70年代，对欧洲来说不安全的问题主要来自中东而非苏联。在20世纪60年代和70年代，伴随着美苏持续对抗，在欧洲出现的东西方对峙分裂了安全议题：因为欧洲寻找石油的替代品，这加速了苏联的天然气出口（尽管华盛顿方面反对），同时刺激了北

---

❶ 东欧卫星国也是如此。尽管成立了经济互助委员会，其名义上的目标是促进东欧国家与苏联之间的更大融合，但东欧的实际决策模式却像是一个辐条和轮子。每个东欧国家都在双边基础上与苏联打交道，而且几乎没有纽带将东欧人彼此联系起来。

❷ 乌连戈伊（Urengo）于1966年被发现，梅德韦日于1967年被发现，扬堡（Yamburg）于1969年被发现，这些覆盖了秋明（Tiumen）省北部三分之一地区。在西部的亚马尔地区常常与位于其北部的亚马尔半岛相混淆。前面三大巨型资源发现在亚马尔地区。后来在20世纪80年代在亚马尔半岛也发现了资源。简要回顾西西伯利亚的油气勘探发展历史，见Anatolii Brekhuntsov, "Istoriia otkrytiia i osvoeniia mestorozhdenii uglevodorodov v Zapadnoi Sibiri," *Neftegazovaia vertikal*', no. 6（2016），pp. 17-20.

❸ 由于本书主要讨论东西方的天然气贸易，因此并不讨论阿尔及利亚，尽管其也产生不同的问题。

海地区的碳氢化合物的勘探（得到华盛顿方面支持）。❶这两方面的安全考量一起增加了欧洲边缘地区天然气的供应能力。

尽管如此，将潜在天然气输送到欧洲的能源经济当中还是要费不少时间，而天然气成为欧洲能源的竞争者就花费了20年的时间。原因很简单：在供给侧方面，苏联和荷兰的主要气田开发需要花费十年以上的时间，存在批准、开发、商业谈判和天然气加工等多个环节。在所谓的中游层面，向欧洲输气受制于缺乏基础设施和分销能力。在20世纪70年代初期，连接新开发的天然气田和市场的大小管网还都受限于荷兰天然气，荷兰天然气多年来向比利时、法国北部、德国和意大利销售。❷最早的苏联天然气刚刚开始到达欧洲的时候，只是输送到奥地利、德国以及东欧国家。在20世纪70年代和80年代，这些由天然气大动脉和毛细血管组成的网络就像一个胚胎循环系统，在欧洲稳步生长，最终到达了每个主要城市和社区。❸

在商业方面，同样是一个漫长的过程。天然气跨境买卖的商业框架最早由荷兰壳牌公司和埃索开发，为的是能把它们的天然气快速地卖给欧洲的邻国，就像我们在第2章看到的。到70年代和80年代，由于来自苏联、挪威和阿尔及利亚的供应，这些商业原则开始应用于处理更大量的天然气交易。这些商业安排的核心是在采购国由一个垄断性的分销商处理，这些分销商按照"照付不议"原则，承担一定数量的天然气购买。这些分销商可以是国有的，比如法国的法国燃气（Gaz de France）或是意大利的国家天然气公司（SNAM）；也可以是私人的，比如德国鲁尔燃气公司（Ruhrgas）和蒂森燃气（它们各自的地区垄断地位被德国法律保护）。作为交换，卖方将承诺一个天然气价格，这个价格可以确保分销商在其打算赢得的市场上让分销商的能源产品有竞争力。

---

❶ 正如安琪拉·斯登特在苏德关系史上所指出的那样，20世纪60年代末和70年代标志着两个看似相反的趋势：由于德国东方政策（Ostpolitik）的关系，东西方关系（尤其是苏联和西方关系）的稳定。同时由于能源供应紧缩和石油冲击的影响，导致经济和能源事务不稳定。这两种趋势都有利于天然气和东西方的各种天然气桥。当政治、经济和技术保持一致时，天然气项目的运转就流畅了。

❷ 荷兰天然气进入德国的故事，在Stewart Douglass和Elain Madsen的回忆录中有叙述，*The Texan and Dutch Gas*：*Kicking Off the European Gas Revolution*（Victoria，BC：Trafford Publishing，2006）。

❸ 这一点可见Vaclav Smil，*Energy and Civilization*：*A History*（Cambridge，MA：MIT Press，2017），pp. 387-397。

正是这个时期，西欧国家出现了一批专门从事天然气合同谈判和重新谈判的人，而同他们坐在同一张桌子上的苏联谈判代表是上一章提到过的那些人。鲁尔燃气的布尔克哈德·伯格曼（Burkhard Bergmann）、法国燃气的伊夫·库桑（Yves Cousin）、意大利国家天然气公司的多米尼克·迪斯派尼兹（Domenico Dispenza）、英国燃气的詹姆斯·阿尔考克（James Alcock）以及他们在欧洲的一些小公司，诸如奥地利石油天然气集团、芬兰的耐思特石油公司（Neste）、比利时的 Distrigas 的同行，作为全权首席谈判代表，在达成商业谈判方面发挥着重要的作用。这些协议会使他们的公司承诺在数十年内支付数以十亿计美元。他们和他们在苏联（也包括挪威和阿尔及利亚）的同事的关系呈现出一种特点，既有互信，也有紧张，就像这些大合同本身固有的特点一样。接下来，人们开始意识到，他们谈判的协议中包含着重要的政治维度，特别是在生产一些商业上无忧但是政治上脆弱的东西上。

商业合同谈判也需要时间。基于荷兰天然气出口制定的原则被证明是可靠的，非常适合于在脆弱政治关系中对商业稳定的需要。随着时间流逝，天然气和购气款在两个方向稳定流动，这种经验让苏联卖家和欧洲买家都相信这种模式完美适应贸易的需求，这种模式包括"照付不议"条款的长期合同、月度或季度可基于油价而谈判调整的价格和两三年可复议机制（一方在经济困难的情况下有权要求重新谈判）。这种模式让买家有时间投资于本国和地区的管道网络建设，因为它们可以确定在消费者放弃使用煤炭和石油而改用天然气的时候能够提供天然气。它也使卖家有能力和资金去承担气田开发和建设管道等长期投资，而这最终将把天然气投入市场。这些合同以及由此产生的牢固的个人关系强化了银行的信心，而银行则受邀为上游（气田开发）和中游（长输管道）业务提供融资。到 70 年代末，主要的商业银行都乐意，甚至积极地为这些数十亿美元计的投资项目提供高达 85% 的贷款，这些银行包括荷兰银行、德意志银行、巴克莱银行和法国兴业银行。这些都验证了荷兰首先开发的这套商业模式的普遍适用性。

原来那些行事低调、生意惨淡的国有抑或私营的城市燃气小经销商后来发展成为国际天然气贸易的主要玩家，而那些国际大型石油公司和欧洲煤炭行业都错过了这次机会。这些主要玩家通过英国、法国和德国的天然气经销商调动现代广告的所有资源去推销它们的产品。

技术既是制约也是激励。核电成为法国电力部门的选项，这是因为在法国有成熟的核国防工业而且法国的产业政策也倾向于高技术解决方案，而这正是核电的优势所在。但是在一个更广的意义上，天然气在欧洲的发展在很多方面不得不经历革命性的创新过程。联合循环发电厂的发展就是一个例子，这种发电方式实现了先进的燃气轮机和使用燃气轮机废热驱动的蒸汽轮机循环发电，这是 20 世纪 80 年代的技术突破，并在 90 年代改变了行业的面貌。如果没有在涡轮叶片方面的化学研究的进步，在高温下保持超硬表面的长使用寿命是不可能实现的。

天然气对于发电"过于昂贵"

天然气进入电力行业的过程比其他能源要慢。长久以来，人们认为天然气过于稀缺以至于不能浪费在发电上。1973—1974 年石油危机后，油价升高，而在发电行业天然气的销售事实上开始下降，"这被 1975 年欧洲共同体执委会的一个指令所强化，指令说天然气这种珍贵的燃料不应该用于燃烧供锅炉发电。"❶ 这在当时是一个普遍的认识。美国也在 1977 年通过制定《燃料使用法》来引进类似的政策。经济合作与发展组织中的欧洲国家作为一个整体在 1975 年的天然气使用量达到了 325 亿立方米的峰值，接下来的数十年则连续下降，到 1985 年这个数字是 250 亿立方米。❷ 在其他地方，天然气稳定在全部能源消耗的 15%——在荷兰和意大利稍微多点，而在德国稍微少点。在法国（由

---

❶ Stern, *European Gas Markets*，p. 29. 欧洲理事会相关文件为Council Directive 75/405/EEC（Official Journal，L 178/24，July 9，1975）。荷兰是第一个国家改变了此项政策并且增加在发电领域天然气使用的国家。在80年代末期，整个欧洲燃气发电用气下降的趋势都被改变了。

❷ 主要驱动力是：作为一项商业政策，鲁尔燃气这样的公司在新的天然气供应合同的头几个月和头几年中优先考虑向具有较大基本负荷的客户（包括发电站）进行销售，而且明确希望随着（高价值）家庭和工业市场的开发，再逐步减少这些对负荷客户的销售。这也解释了为什么该数字在1975年达到325亿立方米的峰值，此后稳步下降的原因。然后，联合循环技术问世，这改变了天然气发电的经济性。

于支持核电的政策）和英国（由于煤炭），天然气发电量实际上为零。相反，在欧洲的经济合作与发展组织国家中，工业和居民对天然气的需求增长，在那些部门的全部能源需求中达到了三分之二的幅度。❶

　　20 世纪 90 年代联合循环燃气轮机带来了效率的大幅提升，这有助于克服对使用高价值燃料发电的偏见，同时也开启了 90 年代之后的天然气热，特别是在英国。（对燃气发电的偏见同样存在于苏联。尽管如此，苏联在 80 年代仍然搞过大规模的油改气发电项目，因为被取代的石油可以用来出口。同样，苏联在解体前也没有联合循环燃气轮机技术和设备。）

　　与天然气发电相比，20 世纪 70 年代和 80 年代，居民采暖对天然气的需求却在快速提升，尽管这一数字在 1960 年还为零。对于很多人来说，这是第一次在冬天里他们的每一个房间都可以采暖。这甚至改变了许多家庭的社会生活，因为所有家人在晚上不必挤在那间唯一可以采暖的房间里了。对于那些更富裕的家庭来说，可能他们已经有了独立的燃油供暖系统，转而采用天然气采暖可以腾出地下室的空间（不必再准备油箱或储油装置），减少不便（不必在冬天给油箱加一两次油），还不必提前支付整个冬天的采暖费用，因为天然气是先使用后付费的。生活品质的提高和商务活动确保天然气采暖价格不高于燃油采暖，让天然气在那些年稳步且切实地进入西欧家庭的采暖市场——至少对于那些生活在有管道覆盖区域的幸运儿来说是这样的。伴随着对这种新燃料品质的宣传，各地要求扩大管道覆盖面的政治压力也越来越大。

　　但是不同国家的情况也不尽然相同。在荷兰和英国，由于供应商是国家垄断的，因此它们也具有国家的义务，它们必须自己花钱以使天然气主干线 22 米以内的住户用上天然气。在城市地区，从维多利亚时期就开始建设本地的管网，这些本地管网为从养鸡场到路灯提供燃气，这当然也包括每个城市居民。但是在德国，这种行业并没有国有化，因此取决于由独立的市政府和私人公司协调组成的合作机构，因此也不存在以上那种义务。相应地，天然气进入德国市场的速度也慢于欧洲其他国家。

---

❶ 在这里和其他地方，来源是 International Energy Agency, *Energy Balances of OECD Countries*（Paris：OECD Publishing，various years）。

德国故事：核电和煤炭

如果在20世纪50年代和60年代有人问什么资源会在石油时代结束后（当时已经明显能看出这一时代会过去）登上历史舞台，估计答案会是清一色的核电。在美国，到70年代民营核电在整个发电比例中迅速上升。核电赢得了强大的公众支持而且几乎看不出什么能限制它。在苏联，核电同样显示出对石油的成功替代并受到强力支持——特别是那些将核电和煤炭看作是国家长远能源未来的科学精英。❶ 在整个欧洲，核能起初也看作是答案。在法国，对核电的支持成为共识。

但是在西德，一开始核电的问题就更为复杂。在石油危机之前，从整体能源政策（有的只是关注单一燃料）到环境都没有关注这一问题。❷ 政府主要忧虑煤炭在发电中的下降，这一趋势在1957年以后就特别严重，因为这一趋势伴随着失业。虽然在1968年美国政府已经向经济合作与发展组织做出预警，但西德政府当时在很大程度上并没有意识到即将到来的石油短缺，很少对这种危险发出预警。这里的一个例外是当时的国务秘书伍尔夫·兰茨克（Ulf Lantzke），他后来接任国际能源署的首任执行总监。他当时对1956年发生的苏伊士运河危机发出警报。他后来回忆道：

> 对于我来说，那是一个触发点。在那之后，我试图转圜德国的能源政策。这个议题已经不是如何解决我们的煤炭问题，而是我们如何将供应安全纳入我们的政策之中？这个过程非常缓慢。花了我五年时间准备论据去说服人们，但在那里，相信能源供应不是问题的政治信条在人们心目中过于根深蒂固。❸

---

❶ Gustafson, *Crisis amid Plenty*.

❷ Jens Hohensee and Michael Salewski, eds., *Energie—Politik—Geschichte: Nationale und internationale Energiepolitik seit 1945* (Stuttgart: Franz Steiner, 1993) .

❸ 引自Yergin, *The Prize*, pp. 598-599。

但是当时像他这样的人不多。在 60 年代，德国能源政策主要包括为了保护煤炭行业而对石油加征高昂关税。[1]但是这些努力并没有保护煤炭工业，因为进口石油价格低廉，因而进入了西德的几乎所有经济部门（相比之下，在东德仍然依靠煤炭发电和采暖）。1970 年，是石油在西德能源消费中的巅峰之年，石油占据了西德一次能源消费的 53%。[2]

石油危机带来了急剧的变化：到 1990 年，石油在西德一次能源消费中的比例已经降到了 40%，而且主要集中在运输和居民采暖。[3]煤炭的占比之前就已经被石油压得很低，从 1960 年的 75% 降到 1980 年的 30%。[4]

当石油退潮，民用能源成了天然气和电力的争夺主战场，尽管这一领域依然大部分由石油占据。从 20 世纪 20 年代开始，电力和燃气就是一对苦冤家，但是当时的燃气主要是指煤气，而电力则是指煤电。两者都有自己的业界翘楚，煤电领域是莱茵集团（RWE），而煤气领域则是蒂森燃气。[5]当天然气在 60 年代从荷兰悄然而至的时候，竞争加剧了。电力行业（当时主要是煤电）注定要反对天然气。莱茵集团经常拿来说事的理由是天然气在 20 年到 40 年后就耗尽了，所以如果用户依赖天然气将是非常愚蠢的。而且，管道和其他基础设施的建设需要大量投资决定了天然气肯定便宜不了。同时，电力行业在广告上下了大功夫推广所谓的"全电家庭"的好处（用其口号就是"电，招之即来"；Sei auf Draht-mach's gleich elektrisch）。如果没有当时这样的运动，像全自动洗衣机和洗碗机这样当时的新式家电是很难推广的。在一些市场竞争激烈的地区，莱茵集团开展"电力传教士"运动，也就是带着电力合同拜

---

[1] Hohensee and Salewski, *Energie—Politik—Geschichte.*

[2] Nadja Daniela Klag, *Die Liberalisierung des Gasmarktes in Deutschland* (Marburg: Tectum Verlag, 2003), p. 124.

[3] Nadja Daniela Klag, *Die Liberalisierung des Gasmarktes in Deutschland* (Marburg: Tectum Verlag, 2003), p. 124.

[4] Nadja Daniela Klag, *Die Liberalisierung des Gasmarktes in Deutschland* (Marburg: Tectum Verlag, 2003), p. 124.

[5] Sophie Gerber, *Küche, Kühlschrank, Kilowatt: Zur Geschichte des privaten Energiekonsums in Deutschland, 1945-1990* (Bielefeld: Transcript Verlag, 2015), p. 163.

访那些有意转向天然气的家庭，并向它们宣传电力的好处。❶

但是这场反对天然气入户的运动失败了。在 60 年代初期，家庭用户开始热切地转向天然气，特别是煤电重镇鲁尔地区，而建筑公司已经开始为新建房屋安装天然气采暖设备（据说运动失败的理由是保守的德国家庭用户发现电力过于高冷。根据一项市场调查，他们不相信"全电家庭"，觉得那只适合上流社会的妇女和花花公子❷）。当时发生了大规模向天然气的转移。从 1970 年到 2000 年，平均每年有 22 万家庭用户转向使用天然气。❸从 70 年代末开始，虽然天然气比燃油稍贵，但是无论什么时候，都会有 60% 以上的德国家庭用户在选择取暖燃料时选择天然气。❹到 80 年代的时候，德国家庭用户使用燃气的比例接近四分之一，而在 2000 年的时候差不多是一半。❺

能源部门之间的对抗表现出不同形式。在西德，❻珍贵的天然气不能用在发电上的言论产生了效果，而这种效果也反映在数字上。天然气发电从 1960 年的原点发展到 1975 年的峰值的时候，占据了 18% 的发电量，但是这一数字在 1985 年的时候回落到 5%。❼煤炭占比在 1960 年的时候大概是 80%，虽然经历大规模下滑，这一时期后也基本可以维持在 50% 的水平。与此相比，核电发展迅速，在 1965 年时候占据 1%，但是到 1990 年则为 33%。因此"过于珍贵"言论带来的结果就是从 60 年代中期到 80 年代末期，天然气将发电

❶ Sophie Gerber, *Küche, Kühlschrank, Kilowatt: Zur Geschichte des privaten Energiekonsums in Deutschland, 1945-1990* (Bielefeld: Transcript Verlag, 2015), p.169.

❷ Sophie Gerber, *Küche, Kühlschrank, Kilowatt: Zur Geschichte des privaten Energiekonsums in Deutschland, 1945-1990* (Bielefeld: Transcript Verlag, 2015), pp.166-168.

❸ Klag, *Die Liberalisierung des Gasmarktes in Deutschland*, p. 124, citing Ruhrgas, *Erdgaswirtschaft—Eine Branche im Überblick* (Essen: "Ruhrgas," 2000) .

❹ 见Paul H. Suding, "Policies Affecting Energy Consumption in the Federal Republic of Germany," *Annual Review of Energy* 14 (1989) : 223。

❺ 在2000年石油持续占据强有力的位置，占据三分之一市场份额。剩下的是煤炭，主要在东德地区。见Klag, *Die Liberalisierung des Gasmarktes in Deutschland*, p. 125.

❻ 依据的数字只来自联邦德国。西德的燃气使用统计，见Arbeitsgemeinschaft Energiebilanzen e.V., http://www.ag-energiebilanzen.de/12-0-Zeitreihen-bis-1989.html（accessed April 1, 2019）。

❼ 在统一后的德国现在差不多10%。

部门拱手让给煤炭和核电。❶ 在德国，核电先期迅猛发展命中注定要遇到政治后果，即遭遇了 80 年代的反核运动，就像我们马上会看到的。同时，煤炭的持续发挥作用也是直到今天的政治纷争的根源。

法国和德国对核能的反应

我们现在看一下法国和德国的核电故事。核心问题是面对能源危机，为什么核能成为法国的应对手段，而且至今都对其表现出十足的信念，但德国则显得心猿意马，而且在十年后放弃了核能。核能孕育了强有力的反核运动，这一运动也改变了德国的政治。这个问题之所以重要，是因为反核运动在德国直接导致了"能源变革"，而在法国，环境运动式微且组织薄弱。❷

核电是那种自上而下的国家主义在能源上的终极表现形式，就像在法国和苏联的情形。因此，并不令人感到意外的是，当石油危机发生的时候，欧洲国家和苏联都选择了核能作为主要应对方式。但是所取得的成功是不一样的：苏联的项目遇到严重的滞后；德国的项目被撤回；英国的项目受制于薄弱的政治领导，也是一个败局；意大利和荷兰的情况和英国也差不多。❸ 被寄予了替代传统燃料的希望，但是几乎所有地方的核电项目都变得乱七八糟、冗长，而且超预算。但最严重的是，公众对核能的政治信任迅速崩塌。

在欧洲经济体中，法国可以说是一个例外了。在那里，核电是一个杰出的成功故事。到今天，核电供应着法国四分之三的电力，而且在接近半个世纪中没有发生过重大的事故，甚至连严重的事故也没有。在这个过程中，核

---

❶ 当然，能源政策规划者和公司实际上是相反地看待这一问题：因为一个人不能在终端市场中直接使用核能和煤炭，所以必须使用它们来发电，因此应该在煤炭和核能无法使用的领域准备其他燃料——使用石油进行运输，在供热和工业中使用天然气。此外，为确保修建输送线路，天然气公司需要高利用率，快速，大量地销售天然气，并将稳定的负荷率天然气出售给一些大客户，如发电站。但是，天然气公司和煤炭公司都不想永远竞争。因此，天然气公司的策略是在初期销售的基础上稳步扩大家庭和工业市场，同时从发电厂中撤出天然气，并进入与石油竞争的高价值市场。但这是商业策略，而不是政治判断。

❷ 这里有一个例外就是今天对压裂技术和页岩气的系统性敌视——这是法国和德国对环境问题回应的共同点。

❸ Helm, *Energy, the State, and the Market*.

电很大程度上对天然气关上了发电行业的大门。直到最近，天长地久的法国核电婚姻也出现了摩擦，天然气发电因而又成为紧迫问题。

为什么核电项目在法国非常成功，而德国的核电项目最终被政府和社会所拒绝，甚至如今已经走到要关门的地步？两国的核电项目在差不多的时间启动；驱动两个项目的利益也差不多；而且具有同样的雄心壮志：要在1985年建成50吉瓦的核电。当德国的核电项目迅速式微的时候，法国的核电项目却在三位来自不同政治派别的总统的带领下取得了精英和社会大众的强烈共识。为什么？

从70年代早期开始，甚至远远早于第一次石油危机，法国人就对他们的能源供应感到焦虑。煤炭产业发展空间有限，虽然煤炭在一次能源消费中的比例从1950年的85%直降到70年代早期的16%，法国甚至还要进口煤炭。廉价的石油填补了空缺，到70年代早期，石油已经占到一次能源消费的70%。天然气作为能源选项则方兴未艾。❶ 简单说，法国的规划者看到并且意识到除了转向核电和节能之外别无选择。

作为对石油危机的回应，节能在法国人的意识中有和核电同等重要的地位。当梅斯梅尔总理在1973年12月发表第一次应对石油危机的国家电视讲话的时候，他的重点是节能，而不是核电。他宣布的一些措施在今天看可能有些离谱，甚至显得滑稽可笑：除了提高能源价格、降低限速和温度调节设施之外，他还禁止公路比赛，关闭城市景观照明，甚至法国电视也在晚上11点停止播出。而法国节能计划中最意想不到的影响就是法国的高速铁路，它在反对者财政部部长（和未来的总统）德斯坦的眼皮子底下进入了蓬皮杜总统的节能计划。当这一计划批准，蓬皮杜总说"这是个好主意"，但德斯坦却难掩失望。

---

❶ 巴黎曾经从北方的荷兰获得天然气供应，从阿基坦（Aquitaine）地区获得了Lacq天然气，最早的液化天然气早在1964年就从阿尔及利亚的阿尔泽（Arzew）到达了勒阿弗尔（Le Havre）。到1970年，有关阿尔及利亚天然气进入下一阶段的计划已经准备就绪供应到法国——更大的Skikda LNG出口站竣工。对于与法国的阿尔及利亚天然气贸易的背景，见Mark. H. Hayes， "The Transmed and Maghreb Projects：Gas to Europe from North Africa，" in David G. Victor， Amy M. Jaffe, and Mark H. Hayes， eds.， *Natural Gas and Geopolitics from 1970 to 2040*（Cambridge：Cambridge University Press，2006）， pp. 49-90。

紧接着节能而来的就是核电。这也是这位即将过世的总统做出的最后一个决定。1974 年，蓬皮杜因为罹患一种罕见的淋巴癌即将离世。弥留之际，他强忍病痛，坚持在 1974 年 3 月 6 日召开最后一次国务会议。此次会议是在法国历史上具有重大意义的事件：在经历了一整天的讨论后，总统和他的部长们同意大规模加快法国民用核能建设，首期建设 13 座核电站，在接下来的两年中提升 13 吉瓦的发电能力——这比 1972 年整个国家的火力发电量都多。在此次会议之后不到一个月，蓬皮杜就与世长辞。

这一核电项目是作为对石油危机的应对介绍给公众的，但事实上它在 20 年前就开始规划了。[1]甚至早于戴高乐将军担任总统时期，法国人就对军用核能感到着迷。[2]而民用核能也从军用核能的经验和技术中受益。整个核计划被一个由高级技术官僚组成的小圈子指导，而这些小圈子里的人多数毕业于著名的综合理工大学（Ecole Polytechnique），或是国立矿业学院和国立路桥学院，在法国被称为 "X–Mines" 和 "X–Ponts"。

但是与此同时，事情在德国则向着不同的方向发展。我们从一个地处德国西南，在沃斯格斯（Vosges）和黑森之间叫作威尔（Wyhl）的小镇说起。

德国：破碎的共识

威尔小镇坐落于巴登—符腾堡州的心脏地带，和法国的阿尔萨斯省隔莱茵河相望。这是一个遍布果园和葡萄酒庄的宁静乡村，丝毫不是那种孕育革命的胚子。但是在这里，1975 年却爆发了反对规划核电站的大规模抗议。当地政府希望将该地区的山谷开发成工业区，但面临电力缺乏的瓶颈。当局并不习惯于让自己的计划受到挑战，在遇到阻力的时候，他们往往会先诉诸诡计，之后则动粗。滋生的暴力制造了全德范围内的丑闻，分裂了当地的政治精英，最后

---

[1] 主要基于Boris Dänzer-Kantof and Félix Torres, *L'Energie de la France*：*De Zoé aux EPR, l'histoire du programme nucléaire*（Paris：Editions François Bourin, 2013）。

[2] 法国军用和民用项目的早期历史，见Bertrand Goldschmidt的回忆录，*Le complexe atomique*：*Histoire politique de l'energie nucléaire*（Paris：Fayard, 1980）。

不得不强迫叫停这个项目。"威尔"已经称为德国绿色运动上的里程碑式的名字：他标志着反核运动的滥觞和向前推进核能的共识寿终正寝。❶

至少在政治说辞上，德国开始搞核电项目有着和法国一样的雄心壮志。一开始对安全问题关注较少：为波恩政府提建议的核科学家中并没有风险方面的专家（虽然应该有这样的人物）。❷ 在第一次石油危机的时候，西德已经有了八座在运行中的核电站，不过总共发电能力只有 2.3 吉瓦。勃兰特领导的"社会民主党—自由民主党"联合政府在 1973 年 10 月宣布对核项目进行大扩张。目标是到 1985 年的时候达到 50 吉瓦，这个数字和法国"蓬皮杜—梅斯梅尔"政府在一年后提出的目标一样。原因在两个国家也差不多：核电仍然被认为是未来能源，同时它提供了能源独立的前景，这个是非常诱人的。

对于今天法国和德国核电计划的读者来说，最明显的区别是在法国政治对核电项目的支持坚强有力且始终如一，而相比之下德国则显得更加首鼠两端。结果是法国的核电项目高歌猛进，而德国的项目步履蹒跚并最终被公众和政府所厌弃，这样德国的能源则更依赖煤炭。如何解释这种分别？

时机是个重要的因素。当第一次石油危机爆发的时候，法国的核规划者已经在民用核计划上奋斗二十年了。❸ 蓬皮杜对梅斯梅尔计划的批准让这一早已上道的计划大大提速。❹ 相比之下，德国的核计划在 1973 年的时候才刚刚起步，而且启动速度也更慢。最初的抗议则引发了后续的延宕："威胁国家的活动、抗议者联盟、粗鲁的策略、精英的支持和当局的失误相互作用……最

---

❶ 威尔小镇事件的描述，见Craig Morris and Arne Jungjohann, *Energy Democracy*：*Germany's Energiewende to Renewables*（London：Palgrave Macmillan，2016），pp. 15-36. 在一个更广的政治背景下对威尔小镇抗议事件的讨论，见Carol Hager， "The Grassroots Origins of the German Energy Transition," in Carol Hager and Christoph H. Stefes, eds., *Germany's Energy Transition*：*A Comparative Perspective*（New York：Palgrave Macmillan，2016），pp. 1-26。

❷ Joachim Radkau and LotharHahn, *Aufstieg und Fallder Deutschen Atomwirtschaft* (Munich: "Oekom," 2013), p. 105.

❸ Goldschmidt, *Le complexe atomique*.

❹ Dänzer-Kantof and Torres, *L'Energie de la France*.

后导致国家核政策的僵局以及联邦政府核计划的缩水"。❶ 到 80 年代初期，政治和经济画风大变：德国经济增速放缓；能源需求预期降低；反对核电的意见被很多政党接纳——特别是社会民主党和绿党，前者一改早期对核电的支持政策转向反对，而后者就是靠反核运动起家的。❷ 简单来说，十年之后，德国政治对核电计划的支持已经耗尽。最后投产的德国核电站在 1982 年投入运行。在当时，德国的核项目只完成了 17 吉瓦的发电量，而 1974 制定的计划是在 1985 年达到 45 ~ 50 吉瓦。❸

相比之下，法国对核电项目强烈的政治信念在两个被强力挑战的时刻才更清晰地显现出来，这些挑战并非来自基层的反核运动（有时很暴力，但很快都会退潮），而是工程建设中的管理问题、法国技术官僚的内斗和选举政治。这两次都碰上总统选举。在 1975 年，蓬皮杜的继任者、新当选的德斯坦在两年的观望后才又重新支持核电项目。工程建设超期又超预算，对法国能源需求的预期也因为经济增长放缓而降低，在竞争性部门的经济学家和工程师对核电目标开火，而法国电力（Électricité de France，EDF）则在为选址和承包问题头疼。但是最后，德斯坦坚定地站在核电阵营一边，重新肯定了核电计划的宏伟目标。❹ 蓬皮杜的重要顾问贝尔纳·埃桑贝尔（Bernard Esambert）总结说，"在核电领域，德斯坦继承了蓬皮杜的政策。他持续加快核电站的建设。在蓬皮杜去世的时候，我们有 17 个在建的核电站。德斯坦保持了这种速度。两位总统之间的衔接是完美的。"❺

1981 年，核电项目的优先性又受到挑战，这次是因为社会党人密特朗赢得总统选举。密特朗在选举中回应了很多环保主义者的诉求，要求暂停核电项目。法国电力的董事长回忆道，"在长达六个月时间里，我们都被吓坏了。"似乎密特朗倾向于取消一些争议性的项目，特别是在布列塔尼的 Plogoff 项目。

---

❶ Roger Karapin, *Protest Politics in Germany: Movements on the Left and Right since the 1960s* (University Park: Pennsylvania State University Press, 2007), p. 117.

❷ 德国反核抗议运动在1979年达到高峰，在汉诺威有超过10万人示威。

❸ Karapin, *Protest Politics in Germany*, p. 121.

❹ Dänzer-Kantof and Torres, *L'Energie de la France*, pp. 321-333.

❺ Dänzer-Kantof and Torres, *L'Energie de la France*, p.332.

在密特朗当选后的几个月，法国电力董事长马赫塞·博涛（Marcel Boiteux）赴爱丽舍宫面见了新总统，向密特朗呈报了核电项目的情况。会谈结束后，密特朗希望博涛能在 Plogoff 项目上给个面子，但他会保全其他的核项目。Plogoff 项目因此被取消了，但是其他项目得以继续推进——这让环保主义者感到失望，他们感觉被背叛了，但是又对这个决定无可奈何。❶

是什么让法国的核电项目向前推进？这个时候已经不是 70 年代早期因为能源短缺而大兴能源项目那会儿了。事实上，能源需求在下降，到 80 年代初期，和经济需求比，核电已经明显过度建设了。那个时期，就像博涛在一次访谈中承认的，"我们有太多建设中的核电项目"。最讲得通的解释就是技术上的骄傲和国家实现能源独立的强烈渴望。核能，无论是军事还是民用，都成为法国在 70 年代和 80 年代的重要成就，标志着法国跻身技术先进国家行列。

另外，在 1968 年"五月风暴"之后的十年中，法国对准无政府主义暴力持更少的容忍态度，戴高乐曾经尖刻地称之为社会渣滓（chienlit）。❷法德两国的这种区别可以在公众对待两次最暴力的反核抗议的态度中看出端倪，一次是在法国的克雷斯·马尔维尔（Creys-Malville），❸一次是在德国的戈莱本（Gorleben）。两次事件中，抗议者都诉诸极端手段，当局也反应过度，两边互为因果。但是在德国，民意的反应是支持抗议行为，觉得应该取消该项目；而在法国，民意则强烈地反对抗议者，结果就是强化了对核电项目的支持。

那时，法国的政治体制更加中央集权，民意则更加相信技术官僚。而在德国的联邦制中，中央对地方的垂直权力则更薄弱，抗议运动有更多的机会拖延或削弱联邦中央政府做的决定。❹一个很说明问题的例子就是行政法院在

---

❶ Dänzer-Kantof and Torres, *L'Energie de la France*, p.431 and 435.

❷ 法国军队的一种说法。经常被用于形容破坏秩序和纪律。

❸ 克雷斯·马尔维尔可能是在法国和德国的反核运动中最暴力的地区。就像当时一本小册子表述的"和克雷斯·马尔维尔相比，布罗克多夫简直就是散步。像战争中一样，警察用红色烟雾，瓦斯和手雷。"（Against the Atomic State, quoted in Joachim Radkau, *The Age of Ecology: A Global History* [Cambridge: Polity Press, 2014], p. 153.）

❹ 一项早期聚焦于法德两国政治体制的根本性区别的有趣的研究是Dorothy Nelkin and Michael Pollak, *The Atom Besieged: Antinuclear Movements in France and Germany* (Cambridge, MA: MIT Press, 1982)。

反抗运动中的角色。尽管总是被上一级法院驳回，地方行政法院每每进行干预为抗议者撑腰，这都拖延了德国的核电项目，这也把我们带回了时机的问题上。很多基层法院的年轻法官都受到过20世纪60年代学生抗议运动的影响，他们更加倾向于接受抗议者的说辞。而反核运动的抗议者反过来又很快明白了打官司比上街更有效。一位叫做约施卡·菲舍尔（Joschka Fischer）的前街头抗争者——他后来成了黑森州的环境部长，再后来又成为施罗德的外交部部长——发现他手中最有力的武器之一就是法院忠实地执行法律。❶ 当时在司法系统中的一位观察者评论道，"环保主义者最好的同盟军就是行政法院，而'68一代'的学生在里面当法官。"❷

这些今天看来都是陈年旧事。当初的当事人今天也都是爷爷辈的人了，这些人包括小镇威尔的抗议者、当初为他们撑腰的法官、和党中央抗命的基督教民主联盟、社会民主党的基层政治人物以及把反核当作核心议题的绿党的前辈。今天，他们已经成为德国政治建制中的一部分。反核运动成为他们基因的一部分。就像历史学家约阿希姆·拉德考（Joachim Radkau）观察到的，"对核电议题的讨论已经成为德意志联邦共和国迄今最大的公共话题，它从小镇威尔一直持续到今天，让当今媒体世界中关于短命话题的说法都相形见绌。"❸ 另外，人们也需要注意德国一些独特的特点：反对军国主义、对广岛长崎的联想（德国人也是地毯式轰炸的战败受害者，他们对"零小时"也感同身受❹）、对铈的经济利用和核能"快堆"的恐惧。这些，都是德国对核问题的反应和法国不一样的核心。

但是我们还对很多问题不得而知。这个特定时代的焦虑如何在石油危机的刺激下成为广泛的环境运动，特别是在德国？在上一章我们谈到了两个话

---

❶ 在德国反核运动中法院的作用的表述在Radkau, *The Age of Ecology*, pp. 314。一项里程碑意义的事件是所谓的联邦行政法院的Würgassen判决，在1972年认定"原子能法的保护目的优先于开发目的，尽管被列在第二位."这变成了反核运动的重要法律武器。

❷ Edda Müller, *Innenwelt der Umweltpolitik* (Westdeutscher Verlag, 1995), p. 136, quoted in Radkau, *The Age of Ecology*, p. 316.

❸ Radkau, *The Age of Ecology*, p. 151.

❹ *Stunde Null*（"零小时"）是一个德国对于1945年5月8日午夜投降时刻的一个说法。

题。第一是说，环境焦虑是石油危机前繁荣的副产品，这主要是因为公众认识到工业增长带来的负面影响。第二是说，环境焦虑是一种新的焦虑，这不是对经济增长威胁的担忧，而更多是对增长本身的结果的恐惧。经过从 1970 年到 1985 年的这十多年，环境焦虑逐渐变得更为广泛，从对污染损害健康的担忧发展为对人类生态和这个星球命运的焦虑，而这种焦虑也在不断地全球化。

天然气的形象：依旧正面

在 20 世纪 60 年代和 70 年代，天然气还是被看作环境友好的，因为焦虑的焦点依旧是能源短缺及其后果，天然气则被当作解决方案的一部分。如果那时对天然气进入各个经济部门有约束的话，那也不是因为甲烷是温室气体的特点，因为这个问题在那时还没有浮出水面。

我们说过，这一时期具有象征意义的关键词是"焦虑"。在一个层面上，这是对低速增长的焦虑；另一个层面上，这是对增长本身带来的副作用的焦虑。后者则是由越来越有说服力的各种形式的污染造成的破坏所引起的，如酸雨，而这些和反核运动一起，成为德国绿色运动的核心关切。同时，部分原因还包括人们开始认识到增加温室气体排放对整体环境带来的影响。[1] 在 20 世纪 80 年代，人们越来越认识到这两种焦虑是相互竞争的，这其中包括一些世界上最具影响力的领袖。到了 90 年代，这两种焦虑开始表现成不可调和的价值观。

公众对于经济增长和环境破坏之间关系的认识向两个方向演进。第一种是地理上的拓展。直到 20 世纪 60 年代，环境还被视为一种本地话题，主要包括化学品泄漏和汽车尾气，如像"雾霾杀手"之类（重要的是，在德国开

---

[1] Daniel Yergin, *The Quest: Energy, Security, and the Remaking of the Modern World* (New York: Penguin, 2011), chapter 22.

展环境议题的早期机构是环境部❶）。到了80年代，它开始变成跨国议题，比如像酸雨和食物链中的杀虫剂。最后到了90年代，环境变成了全球议题，像人类活动对气候的影响开始被科学地测量和建模。

演进的第二个方向是在政治意识形态方面。随着"环境"概念的扩大，"焦虑"的性质也随之改变。在第一阶段，污染看得到、听得到和嗅得到（如果可以用这个词的话）。它对健康影响的感受是直接而剧烈的。但是当它进入到第二阶段，环境恶化的效果就是看不见的、概率性的和假定性的。焦虑逐步变成对未知的恐惧。

公众对环境问题的焦虑与日俱增，煤炭和核电也就被越来越视作"不好的"能源，相比之下，天然气仍被视为"不错的燃料"：比煤炭清洁，比核电安全，比进口的石油供应有保证，而且用户也觉得使用方便，脍炙人口。当时，太阳能、风能和其他"可再生能源"只被限制在特定的情况下，公众觉得它们基本还是科幻小说的内容。对天然气的质疑直到20世纪90年代才出现，因为天然气也产生二氧化碳排放。即使这样，天然气仍然被认为是通向未来的合理的"过渡性燃料"。

德国的环保主义

从某种意义上讲，环保运动在德国一直存在。从19世纪开始，就有团体投身于对大自然的保护。但是因为环保运动和纳粹宣传机器的关系过于紧密，在第二次世界大战后就不怎么得宠——但是在东德情况不是这样的，大自然提供了一个政权下的避难所。❷在西德，因为人们投身战后的重建，更愿意接

---

❶ Ditt, "Die Anfänge des Umweltpolitik in der Bundesrepublik Deutschland," p. 313。1962年，联邦卫生部成立，不仅对健康负责，而且对水和空气质量以及噪音污染负责。正如Ditt所言，"在这方面，卫生部是事实上的环境部。"在挪威也是如此，格罗·布伦特兰（Gro Brundtland）最初在工党中晋升为公共卫生专家，这使她被提名为环境部长的任命顺理成章。后来，默克尔在德国也有类似的经历。

❷ 对于纳粹政权在很多方面和保守主义的联系，见Radkau, *The Age of Ecology*, pp. 57-61. On East Germany, see ibid. and Merrill E. Jones, "Origins of the East German Environmental Movement," *German Studies Review 16*, no. 2（May 1993）：235-264, https://www.jstor.org/stable/1431647?seq=1#page_scan_tab_contents。

受有关进步和富裕的信息，自然主义运动也就进入了一个短暂的休眠期。直到1970年，德国都没有所谓的环境政策。❶

为什么事情在20世纪70年代初期发生了变化，不仅在德国而是整个北欧？其中的一个原因就是经济增长本身产生的影响。第二个就是美国模式，它在公众认知和立法机构的应对上都领先欧洲。❷后者特别重要：1970年的《国家环境法案》和同年环保署的建立吸引了德国政策制定者和媒体的注意。在1970到1971年之间产生了公众认知的爆炸。根据1970年的民意调查，只有41%的受访者熟悉"环境保护（Umweltschutz）"这种表达。而到了1971年9月，这一指标已经飙升到92%。❸与此同时，环境问题的政治重要性和优先性都在稳步上升。卫生和环境部长成为重要的角色，最终可能官升州长或者联邦总理，默克尔就曾经在1994—1998年担任环境与核安全部部长。

这种思维——也就是新面孔的焦虑——在80年代的德国非常流行，就像名不见经传的产业社会学家乌尔里希·贝克（Ulrich Beck）通过一本叫《风险社会：通向新现代性》的畅销书一夜成名，这本书的核心观点就是对于现代生活和技术所带来的未知效应的恐惧改变着政治的属性。根据贝克的观点，政治的主要问题不再是分配"好"，而是分配"坏"。❹在环境问题上，这提出了两个问题：谁付钱和谁遭殃？

从这个背景上看，作为环境问题和新面孔的焦虑的一部分，德国的核政治就显得可以理解了。当20世纪80年代对能源稀缺的恐惧退潮，推动核电发展的动力也就消失了。相比较而言，对核电本身的恐惧就成了上一段所说的"贝克式"的现象——对未知的恐惧、对扩散的恐惧和对遥远的恐惧。一

---

❶ 见Gerber，*Küche*，*Kühlschrank*，*Kilowatt*，and Ditt，"Die Anfänge des Umweltpolitik in der Bundesrepublik Deutschland."

❷ 这一时期的一个普遍特征是，在美国，公共和监管压力往往首先出现，并且由于产品责任诉讼的威胁更大，那里的公司更有动力做出回应。

❸ Ditt, "Die Anfänge des Umweltpolitik in der Bundesrepublik Deutschland," p. 334.

❹ Ulrich Beck, *Risk Society: Towards a New Modernity*, trans. Mark Ritter (London: Sage Publications, 1992).

旦公众开始从这个角度审视核电，结果只能有一个：核电必须结束。❶

1974 年 7 月，威尔镇的农民和葡萄园经营者举办了一场仿真葬礼，用以抗议州政府向在威尔建设核电站发放许可证。但是他们抗议的不仅仅是核电站本身，而是州政府想强行让他们接受这一结果的行径：

> 下午，当政府官员结束许可证听证会之后，一个送葬的队伍就开进了会议大厅。从高台的座椅上，官员难以置信地看着一队民众扛着一台棺材，上面写着"民主"。回到街上，送葬队伍庄严地通过当地行政官员的办公室并开始唱挽歌进行悼念……当官员们突然关掉听众的麦克风想把他们排除……在听证会外的时候，他们就开始行动了。❷

这个抗议不仅成为对核电的抗议，也成为草根民主的抗争。❸在德国和奥地利，核电的反对者诋毁"核国家"，"将核事务与滥用政府职权联系起来，说政府觉得民众没有能力参与核问题的讨论，而且民众在高科技时代无法管理自己。"❹

威尔的抗争——当时是西德在战后最大规模的抗争，完全让人想不到。在之前很少有对核电的抗争。拉德考研究了反核运动的起源，总结说这个和 20 世纪 60 年代末的学生运动没什么关系。德国第一座商业核电站是巴斯夫 1967 年在路德维西港的项目，并没有得到学生运动的关注。到了威尔的时期，学生运动已经开始走下坡路了。❺反对核能应该另有根源，主要是在威尔的周

---

❶ 在法国，这种情况正在发生，在一代人的时间里被淘汰，尽管形式仍较为温和。让人觉得有趣的问题反而是为什么花了这么长时间。见Théo Krausz，"Un noyau devenu instable：Que reste-t-il du 'Tout Nucléaire Français？'"（unpublished seminar paper，Georgetown University，available from the author）。

❷ Stephen Milder, *Greening Democracy: The Anti-Nuclear Movement and Political Environmentalism in West Germany and Beyond, 1968-1983* (Cambridge: Cambridge University Press, 2017), p.1.

❸ Stephen Milder, *Greening Democracy: The Anti-Nuclear Movement and Political Environmentalism in West Germany and Beyond, 1968-1983* (Cambridge: Cambridge University Press, 2017), p.3.

❹ Stephen Milder, *Greening Democracy: The Anti-Nuclear Movement and Political Environmentalism in West Germany and Beyond, 1968-1983* (Cambridge: Cambridge University Press, 2017), p.3.

❺ Joachim Radkau, Aufgang und Krise der deutschen Atomwirtschaft 1945-1975: Verdrängte Alternativen in der Kerntechnik und der Ursprung der nuklearen Kontroverse (Reinbek bei Hamburg: Rowohlt, 1983).

边地区，威尔也是受到其波及。拉德考观察到"在威尔的抗议更具有传统农民暴动的特点。"❶

在接下来的 9 年里，发轫于草根农舍的地方抗议运动演化成全国性的政党，这股力量在众多社区和很多重要的联邦州攻城略地，最终在 1983 年的联邦议院选举中绿党拿下 28 个议席。当他们在 1983 年 3 月 29 日进入联邦议院庄严的大厅的时候，这些议员似乎代表了新生代的抗议运动，并且扩大了他们的议题："瓦尔特·施温宁格（Walter Schwenninger）穿着一件农家手工打的毛衣，迪特·德拉宾纽克（Dieter Drabiniok）和格特·延森（Gert Jaansen）留着长头发和大胡子，玛丽路易斯·贝克（Marieluise Beck）出场时拿着被酸雨侵蚀的菠萝叶子，佩蒂·凯利（Petra Kelly）则拿着一个巨大的鲜花花篮。"❷

两年后，当菲舍尔出任黑森州环境部长的时候，绿党的成人礼终于有了终极性的标志服饰。菲舍尔宣誓就职的时候穿着牛仔裤和白色耐克鞋，相比之下黑森州州长霍尔格·博纳（Holger Börner）宣誓时则穿的是显得老套的黑色商务西服——至少在那时是这样的。❸

又过了 13 年，也就是 1998 年，绿党通过和社会民主党联合，进入施罗德领导的政府，菲舍尔在其中出任外交部部长。这在 10 年前基本都是完全不可能的事情。到这个时候，他已经把牛仔裤和运动鞋换成了传统的黑色西服和别致的领结。当菲舍尔前左翼同志们已经闻到了这种明目张胆的"士绅化"（Gentrifizierung）的时候，菲舍尔在服饰上的演化彰显了草根反核运动的成熟

---

❶ Joachim Radkau, Aufgang und Krise der deutschen Atomwirtschaft 1945-1975: Verdrängte Alternativen in der Kerntechnik und der Ursprung der nuklearen Kontroverse (Reinbek bei Hamburg: Rowohlt, 1983) .

❷ Andrei S. Markovits and Joseph Klaver, "Alive and Well into the Fourth Decade of Their Bundestag Presence: A Tally of the Greens' Impact on the FRG's Political Life and Public Culture," in Stephen Milder and Konrad H. Jarausch, eds., "Green Politics in Germany," special issue of *German Politics and Society*, vol. 33, no. 4 (Winter 2015) : 113.

❸ Andrei S. Markovits and Joseph Klaver, "Alive and Well into the Fourth Decade of Their Bundestag Presence: A Tally of the Greens' Impact on the FRG's Political Life and Public Culture," in Stephen Milder and Konrad H. Jarausch, eds., "Green Politics in Germany," special issue of *German Politics and Society*, vol. 33, no. 4 (Winter 2015) : p.131.

和被他们之前所拒绝的秩序走向体制化。❶

在总结从 1975 年反核运动到绿党进入联邦议院的成就的时候，一位德国历史学家写道："在 70 年代中期，草根活动家们改变了西欧的民主发展。他们迫使开放了新的争论，让新人参与政治，反抗那些当选的官员，因为这些官员无法在自由民主的秩序下充分解决他们对核能的担忧。因此，随着时间的推移，反核运动本身改变了其拥护者行使民主的方式。"❷ 反过来，这又直接导致了"能源变革"并准备对德国的核电进行终极压制。我们回到了前几章的题目。但是首先，我们先简单看一下苏联方面的环保故事。

苏维埃式的环保主义

环保主义最早于 20 世纪 60 年代在苏联出现，虽然之前也有一些零散的议题，但并不存在大规模谴责苏联工业模式导致的环境破坏。而大的争议来自对在色楞格河上规划建造的纤维素工厂，而色楞格河是世界上最大的淡水湖贝加尔湖的水源之一。该项目的目的是生产人造丝，一种早期合成纤维，它以木浆为原料，产品可以用于轰炸机的轮胎。生产需要超纯水，而贝加尔湖是个完美的水源地。但是贝加尔湖在苏联人心目中有着独特的地位，军方的计划引爆了一场强大的公众反抗运动。在被认为是极权主义的苏联，一个由科学家、记者和知识分子组成的联盟试图废除这个项目。最后抗议运动使得政治局自己都搅和进来，苏联科学院召开一个特别委员会对这个项目进行公开听证。最后，虽然这场运动并没有成功（工厂最终建成并运营至今），但是从 70 年代早期开始，苏联人，特别是年轻人越来越把环境问题当回事了。❸

---

❶ 反核运动不仅针对核电厂，而且还针对核武器。但是，该时期的大多数文献似乎都认为，从草根运动到国家正式的政治演进中，针对民用发电厂的抗议是最重要的塑造性经验。

❷ Milder, *Greening Democracy*, p. 7.

❸ 见Gustafson, *Reform in Soviet Politics*. 1972年至1973年，当我是苏联科学院地理研究所的交换生时，我经历了这种环境情感。我意识到该研究所的研究生和年轻研究人员中存在着环境激进主义。他们的大部分努力都在反对一项计划，该计划将要在西北部的伯朝拉河上建造一座水坝。在这种情况下，研究员们取得了更大的成功——可能是因为没有军方介入——该项目失败了。

在苏联其他地方也有类似的情绪，但是如果说环境本身就是一个公开的理由也未免言过其实。如果公开提这些，就是对苏联工业模式的挑战，这在政治上是危险的。但无论如何，环境意识和反抗都在潜滋暗长，至少在私下场合和年轻精英中。

1986 年的切尔诺贝利灾难是一个重要的转折点，戈尔巴乔夫事后利用公众愤怒，通过鼓励公众支持"公开性"政策（glasnost）而达到支持自己改革的目的，其中一个重要方面就是环境。❶ 因此，最早在政治上的环境斗士应该就是鲍里斯·涅姆佐夫（Boris Nemtsov），一个来自伏尔加河边下诺夫哥罗德市（当时被称作高尔基市的封闭城市）的放射物理研究员，他属于最早反对核试验和核污染的那一批人。在切尔诺贝利事件之后，他成功地动员民意反对在下诺夫哥罗德建设核电站。涅姆佐夫是最早从事环境事业的年轻科学家之一，在 20 世纪 70 年代他们就开始行动了，但是当时还是在学院的围墙里面。❷

可以说，从 70 年代到 80 年代中期在很多方面是变革的时期。它开始于乐观，结束于焦虑和悲观。它开始于传统政治领域，结束于传统政党和政客力争去适应涌现出来的新的政治力量和结构。它开始于对不计代价实现经济增长的共同热情，结束于环保主义的兴起。它开始于强大而自信的苏联，结束于面对经济滞胀的衰弱的苏联。到 90 年代的时候，整个世界的议事日程——怎么看，担忧什么，争论什么——都改变了。

虽然这些并不都是拜石油危机所赐——早石油危机五年就发生了为了和平、爱和反叛的 1968 运动——但是能源在其中扮演着重要的角色。尤其是不同的欧洲国家对商品周期的不同反应，商品周期开始于高价格结束于低价格，

---

❶ 就像戈尔巴乔夫20年后在2006年的一次访谈中说的，"可以说苏联的解体开始于切尔诺贝利"（引自2019 HBO series *Chernobyl*）。

❷ 涅姆佐夫是一位特别出色的学生，1976年至1981年在高尔洛巴切夫斯基州立大学攻读本科，并于1981年至1985年在高尔基州立大学攻读研究生，在那里他25岁获得了博士学位（俄制kandidat）。他是"戈尔巴乔夫选区"的典范，即使在封闭的城市中，他也在精英机构内部慢慢成长。涅姆佐夫在叶利钦担任副总理期间拥有成功的政治生涯，他成为针对普京的反对派的重要成员。2015年，他在光天化日之下被谋杀。

这种节奏总是让决策者慢半拍踩不到点上，不得不面对前任所做的决定导致的低能源价格。

在本章中，我们看到了法德两国在应对能源危机交出的不同答卷，前者拥抱核能而后者拒绝。之后，我们回到德国的反应，看到了反核运动如何从草根崛起，最后形成了新的政治党派——绿党。当绿党进入德国政治建制结构中，事情又有新的发展，反核成为德国"能源变革"的前因。就像其他方面一样，在能源政策方面，80年代末的德国和20年前已经大不一样。

直到20世纪90年代，天然气在保护当地环境，特别是在改善大气质量和减少酸雨方面深得好评。在德国，天然气开始发挥主导作用，特别是在居民采暖方面。但是在发电领域，正如我们看到的，天然气进入该领域被行政壁垒限制，也被核电和煤炭的强势地位所影响。但是拒绝核电也为德国能源政策留下空间，这个空间目前是被煤炭填补的，尽管可再生能源进步神速。如果德国进一步退出煤炭，如果可再生能源不给力的话，如它对2038年规划的那样，那么什么可以填补这个空缺呢？这样，我们就会讨论到天然气未来的作用，和天然气从哪里来？我们会在结论部分回答这个问题。

我们将会看到，苏联有些不一样，我们先在第4章去看看挪威和北海，之后我们再回到苏联，去看看另一种不一样的革命性转变——苏联的崩溃和油气在其中起的作用。

挪威和北海的崛起

　　从表面上看，挪威和苏联的经历非常相似。[1] 在 20 世纪 70 年代和 80 年代苏联建设的巨型天然气运输系统是作为一个整体建立起来的，这个系统横跨苏联西部三分之一的国土，而且这些都是人口和工业稠密的地区，这样的建设模仿了 20 世纪 30 年代电气化大会战。如果后者是计划经济早期的典范——就像列宁构思的"共产主义就是苏维埃政权加全国电气化"——这个在 1970 年到 1985 年之间的天然气大会战应该是苏联体系最后的成功了（我们会在第 5 章回到这一话题）。有一个终极幻觉就是，计划经济可以在地球上最恶劣的环境中以巨大的代价建立起大型的基础设施和世界领先的工业。因此苏联就必须面对来自数以百万计的人口和数以千计的工厂的能源需求。直到今天，Gazoviki（或称"俄气人"，俄罗斯天然气工业股份公司经理们的别称，这些经理通常出身情报部门或是普京的亲信——译者注。）在书籍和电影中赞美开发西西伯利亚的先驱者和工程师的传奇故事，是他们把俄罗斯天然气的蓝色火苗带到了整个欧洲。

---

[1] 在此我特别感谢我在乔治城大学外交学院的出色的学生 Olav Henke 对本章的贡献，特别在挪威语翻译上。

　　但是如果苏联天然气大会战是一场共产主义计划经济的经典样板，那么北海的勘探和开发就是一场资本主义的标志性成就，而且有着同样激动人心的传奇故事和英雄主义。西伯利亚的寒冷正好附和着北海的波涛和风暴，北海平台和大陆架海底管线建设者和潜水员们的耐劳和勇敢也呼应了在蚊虫滋生的沼泽地和西伯利亚冰原上工作的苏联钻井工人和建筑工人的工作精神。工业英雄主义的故事在今天不是时髦话题，而且今天也鲜有人去回想这些工程当初是怎么建立的，大多数人看到的仅仅是这些工程为家里和厨房带来的蓝色火苗。但是我们必须向那些在如此浩大的天然气工程中百炼成钢的杰出人士们致敬，无论他们来自共产主义还是资本主义世界。

　　但是在相似的艰苦奋斗的传奇故事背后，则是苏联和挪威之间巨大的差异，而这也是我们故事的重点所在。开发挪威北海的"资本主义"是那种挪威独有的国家色彩浓厚的社会主义（这本身就是个奇葩）和国际私营企业的奇葩合体——或者说是那种有挪威特色的资本主义。这在三个方面很重要。第一个是挪威和苏联体系在产权和控制方面的不同。第二个是挪威和苏联在产业和技术政策上的不同。第三个是两个国家在和欧洲共同体关系上的不同，并且由此产生的迥异的对欧天然气出口的商业模式，特别是合同模式上。作为一个小规模外向型经济体，挪威守着欧洲这样一个大天然气市场，它成功地调整了自己的天然气政策与其协调。相比之下，尽管苏联的天然气体制有其优势，但是仍然被证明是一个与世界经济脱节，在垂死的指令经济中的最后自我陶醉。甚至今天俄罗斯的天然气政策仍然受制于其苏联式的问题。而挪威模式在20世纪80年代和90年代经历了演进，直到今天仍不失为一个成功案例。结果是，尽管拥有储量丰富而且潜力巨大，但是俄罗斯天然气仍是俄罗斯和欧洲之间的挑战，而挪威则是俄罗斯人今天密切关注、颇为敬仰并且开始想要学习的正面模式。

　　苏联的天然气从一开始就比挪威更具地缘政治意涵。其诞生发展于冷战期间，那时经常有的——特别是来自华盛顿的——疑虑就是苏联可能会利用其优势地位影响西欧。这种恐惧有时候会很夸张：在冷战期间，苏联人在履约方面是一丝不苟的。这种威胁手段倒不能说是假的，但是这主要体现在东欧卫星国上。就像我们在第 2 章看到的，为了维系其经济，苏联向其东欧卫星国提供廉价天然气，而且还是通过易货贸易实现的，以此来换取这些国家的忠诚和合作。在这种情景下思考谁从中获益更大是个有趣的问题。苏联人抱怨东欧人一直占便宜，用劣质的商品和要价过高的劳工来换天然气。威胁的手段倒是真的，只是代价高昂，至少从莫斯科看来是这样的。

挪威的北海开发则是遵循了商业原则，这些原则是建立在国家和私营资本以及技术的合作之上的，特别是和国际石油公司。事实上，和国际石油公司的合作是挪威和苏联天然气行业的根本性不同。在两国，天然气网络在缺乏外国公司参与的情况下很难发展。而区别在于：在苏联，外国人是在安全距离之外的供应商（除了奥伦堡和亚马尔堡管道，东欧在其中也供应了劳动力），而在挪威，外国公司则被邀请成为特许证照持有者、股权拥有者和作业者。❶ 回头看，有人可能会说苏联人在"看守人"模式上可能和外国公司合作很好（同时它们也共同开发化学工业❷），但是在天然气行业中对于依赖外国合作者有很多障碍，其中重要的一点是苏联领导人害怕美国的地缘政治影响力。

在这一章中，我们用 20 世纪 90 年代以前的挪威作为案例。在那个时间点上，苏联和挪威的情况开始剧烈分化，这主要是伴随着苏联的解体和挪威开始更多地受到欧盟的影响——事实上，挪威所有的能源政策目的都是成为欧盟的一部分。

---

❶ 可以肯定的是，挪威人在当时并没有选择：挪威是一个小国家，没有开发化石燃料的经验，更别提复杂的海上油气工程。

❷ 见由 Ronald Amann 和 Julian Cooper 编辑的关于苏联技术的论文集中的部分章节，*Industrial Innovation in the Soviet Union*（New Heaven，CT：Yale University Press，1982）。对于对此论文集的评论，见 Gertrude E. Schroeder，"Conditions of Soviet Technology，" Science 2019（January 7，1983）：46-47，https：//www.cia.gov/library/readingroom /docs/CIA-RDP85T00153R000100010024-4.pdf. 在化学工业方面，见 Matthew J. Sagers and Theodore Shabad，*The Chemical Industry in the USSR：An Economic Geography*（Washington，DC：American Chemical Society，1990）。

北海的崛起

西方石油公司在 1973—1974 年石油危机之前就已经把投资从欧佩克国家转移，同时特别关注海上石油项目。[1] 壳牌公司和埃克森公司（后者当时还叫埃索公司）则是早期的领导者。在 1973—1974 年石油危机前夜，壳牌公司在调整为以海上油气为主的公司的道路上顺风顺水：在 1972 年壳牌公司半数以上的特许经营区块为海上项目，是国际大石油公司中比例最高的；到 1974 年，半数的勘探和生产钻井和 70% 的勘探及生产性支出集中于海上油气项目。到了石油危机的时候，壳牌公司很快就做好准备转移。但是壳牌公司并不是独一无二的：在 1973 年，世界上 20% 的石油和 5% 的天然气生产来自海上油气井（虽然以今天的标准看无疑都是浅井），而且比例还在快速上升。[2]

但是当时世界海上油气的热潮并没有眷顾北海。最晚到 50 年代后期，主流地质学家普遍都对在北海发现大的油气资源持怀疑态度。1958 年，给挪威外交部提交的挪威地质普查报告说，在挪威大陆架上不可能含有任何石油和煤炭。[3] 丹麦地质学家做得更好，他们对丹麦大陆架的前景表示乐观。1963 年，丹麦政府把那里长达 50 年的所有海上油气权益都给了一个由 A.P.Møller 私人公司领衔的一个集团。[4]

与壳牌公司和埃索公司不同，英国石油公司（BP）对北海石油资源的怀疑尤其严重，它认为世界石油资源已经接近枯竭。一系列的英国石油公司的首席地质学家相信在中东以外的"自由世界"已经没有未知的大型石油产区。

---

[1] Petter Nore， "The Norwegian State's Relationship to the International Oil Com- panies over North Sea Oil 1965-75" （PhD diss., ames Polytechnic，1979），pp. 88-104. 挪威和国际石油公司签订的第一个合同按照伊朗和意大利国家石油公司埃尼在1957年签订的合同为模版。关于埃文森的作用的讨论会在本节后面涉及。

[2] Stephen Howarth and Joost Junker, *Powering the Hydrocarbon Revolution, 1939- 1973: A History of Royal Dutch Shell*, vol. 2 (Oxford: Oxford University Press, 2007), p. 199.

[3] Ole Gunnar Austvik, e Norwegian State as Oil and Gas Entrepreneur: *The Impact of the EEA Agreement and the EU Gas Market Liberalization* (Saarbrücken, Germany: Verlag Dr. Müller, 2009), pp. 101-102.

[4] Ole Gunnar Austvik, e Norwegian State as Oil and Gas Entrepreneur: *The Impact of the EEA Agreement and the EU Gas Market Liberalization* (Saarbrücken, Germany: Verlag Dr. Müller, 2009), pp. 101-102. 这个奖励也是体现了这个集团和丹麦政治精英之间的紧密联系。

这是基于当时的全世界采储比都在下降的残酷现实做出的判断。英国石油公司的首席地质学家在 1970 年的一份内部勘探评价中写道，"我们可能在寻找神秘的圣杯，而证据倾向于这个圣杯并不存在，在自由世界只有一个超级石油产区，也就是中东。"❶ 这种心态加上长期以来亏损和资本不足导致了英国石油公司对海上石油勘探持怀疑态度。我们也会看到，英国石油公司接下来在北海的大部分投资都聚焦在英国海域的南部区块，而且主要是集中在天然气领域，当然英国石油公司在这方面最终也取得了成功。

1959 年格罗宁根气田的发现鼓励石油界的地质学家和公司去重新审视这一问题。格罗宁根的油气储藏并不寻常，因为其埋藏很深。进一步的调查发现天然气很可能是来自一个延伸进北海的巨大煤层，这一煤层已经接近英国的海岸。❷ 随着这一发现，勘探开始了："在 1963 年的秋天，大约 20 家公司活跃在北海地区从事勘探……地震测量由直升机完成，因为这一区域 18 年以前还是战区且布有水雷。"❸（直升机对于北海的开发至关重要，就像壳牌公司官方记录的"建设高峰期直升机飞来飞去多的就像希思罗机场上空的客机一样。"❹）

这时，灾祸也如影随形：1957 年，一场风暴摧毁了壳牌公司在卡塔尔的一个平台，22 人遇难。但是公司还是决定继续向前，两年后一个更加抗风暴的平台——海贝（Seashell）在一家荷兰的造船厂问世后被拖到了 6400 英里外的卡塔尔。虽然根据卡塔尔的情况建造，"它当时是大型固定平台的先驱，后来在北海开花结果。"❺ 结果是，当壳牌公司决定从欧佩克国家转移其勘探和生产投资时，北海作为大有前途的区域是很明显的，而且必要的技术也已

❶ 引自James Bamberg，*British Petroleum and Global Oil，1950-75：The Challenge of Nationalism*（Cambridge：Cambridge University Press，2000），p. 209。

❷ TrevorI. Williams 认为，"对格罗宁根气田成分的分析，其最终来自煤炭，之后迁移到富含空隙的Rotliegendes的砂岩中，之后沉积于一个厚盐层"（*A History of the British Gas Industry* ［Oxford：Oxford University Press，1981］，pp. 148-149）. 对于更新的地质研究综述，见 Jane Whaley，"The Groningen Gas Field，"*GeoExPro 6*，no. 4（2009），http://www.geoexpro.com /articles/2009/04/the-groningen-gas-eld。

❸ Howarth and Junker，*Powering the Hydrocarbon Revolution*，p. 465n95.

❹ Howarth and Junker，*Powering the Hydrocarbon Revolution*，p.43.

❺ Howarth and Junker，*Powering the Hydrocarbon Revolution*，p. 197.

经到位。

但是北海带来了完全不同的挑战。在斯洛赫特伦带来的冲击之后的数年见证了在北海天然气行业中不断上升的狂躁。北海的诡诈可谓恶名昭著。一位老资格的船长抱怨，"没什么比发脾气时的北海更邪恶了。"❶但是北海几乎一直是在发脾气：一项研究显示，"北海整体全年风平浪静的时候不足 2%。"❷一百英尺的巨浪并非罕见。❸事实上，1965 年在北海西索尔（West Sole）第一个重大天然气发现就是个悲剧。第一次成功试点火后仅仅三个星期，海洋宝石（Sea Gem）钻井平台就在风暴中垮塌，造成 13 人溺水遇难。❹

为应对这种挑战，寻找伙伴分享技术和专业知识并分担风险是一个自然的选择。1964 年，壳牌公司和埃索公司建立了合资公司，起名 Shell Expro，用于勘探北海的石油和天然气。不久之后，这家合资公司就开始开发最大资本投资的项目，这一项目之大对两个东家来说在世界上任何地区都是没有先例的。根据壳牌公司的官方记录，"到 1976 年，壳牌公司在美国之外的 80% 的油气生产资本都投在北海。"❺

但是，壳牌公司的历史也记载着，"1965 年年底，壳牌公司仍然没有期待北海能够给它的原油储备增加很多，但是到 1970 年就有 11 个油气田被发现。"❻这些几乎都是在荷兰和英国的水域，一开始认为北纬 56 度线以南的那些区块比靠北的区块更有潜力，结果是，南部区块的竞争比北部更加激烈。没有人否认北部的区块会蕴藏许多油气田。尽管如此，在 1964 年 Shell Expro 对北部

---

❶ 引自 Daniel Yergin，*The Prize：The Epic Quest for Oil，Money，and Power*（New York：Simon and Schuster，1991），669。

❷ Hans Veldman and George Lagers，*Fifty Years Offshore*（State College：Pennsylvania State University Press，1997），引自 Joseph A. Pratt and William E. Hale，*Exxon：Transforming Energy，1973-2005*（Austin，TX：Dolph Briscoe Center for American History，2013），p. 139.

❸ Pratt 和 Hale 写就的埃克森官方历史引用一位未披露姓名的工程师的话："北海的浪是世界上最高的，他们有时超过 100 英尺，这太夸张了。他们在奥丁油田发现焊缝开裂……我们不得不关闭生产并花大笔金钱来重做所有的焊接"（*Exxon*，p. 151）。

❹ Kenneth Hutchinson，*High Speed Gas: An Autobiography* (London: Duckworth, 1987), p. 244.

❺ Howarth and Junker，*Powering the Hydrocarbon Revolution*，p. 51. 见 Pratt and Hale，*Exxon*，其中包含有关对埃索—壳牌伙伴关系中紧张关系的有趣观察，这主要是因为两家公司之间的文化差异以及在与外国政府打交道和管理其内控方面不同（pp. 140-141）。

❻ Howarth and Junker，*Powering the Hydrocarbon Revolution*，p. 212; 以及 pp. 212-214.

区块的投标是为一种抢先购买的行动，在行动中，它获得了出让的全部50个区块。在20世纪60年代的后半段，北部区块明显远胜南部区块。

但是谁拥有他们？这时命运介入了。就像佩特·诺尔（Petter Nore）在他关于挪威石油史的精彩文章中详细记述的：

> 1965年4月，英国和挪威之间签署了一项法律协议用以确定大陆架中线。按照正常速度审理此类案件，如果英国尝试在国际法庭上对挪威的解释提出挑战，那么这需要很多年才能解决。今天挪威所有的油气田都位于与英国有争议的水域。❶

挪威是非常幸运的。就像挪威石油管理局第一任总干事弗雷德里克·哈格曼（Fredrik Hagemann）在多年后的一次访谈中承认的，"如果边境线再往东画几十英里，挪威在北海油气资源中就完全没份了。"❷和丹麦的谈判则更显幸运。根据一个广为流传的故事（至少在挪威），挪威人当时知道的丹麦的相关部长以早上醉酒到达办公室著称，所以挪威趁着上午把他们提出挪威—丹麦分界线的方案交给他，并顺利得到了批准。而挪威的区域中发现了北海第一个大油田——埃科菲斯克（Ekofisk）油田。❸

---

❶ Nore，"The Norwegian State's Relationship to the International Oil Companies，" p. 7. 同时挪威外交部开始同丹麦和英国就中线划分进行谈判，焦点对于挪威来说在渔业而非油气前景，因为后者的存在当时并不明朗。见Dag Harald Claes，"Globalization and State Oil Companies：e Case of Statoil，" *Journal of Energy and Development* 29，no. 1（2003）：47。

❷ 引自Pratt and Hale，*Exxon*，p. 139. 哈格曼（Hagemann）本是一名地质学家，从1972年成立到1997年退休，曾担任挪威石油管理局25年的总经理。（see https：//en.wikipedia .org/wiki/Fredrik_Hagemann）. 虽然哈格曼与工党没有直接关系，但冈纳·贝格（Gunnar Berge）上任（第二任总干事，从1997年至2007年任职）标志着工党政客在石油和天然气政策中起主导作用的传统的回归（即便工党在Statoil同时被削弱）。（see https：//en.wikipedia.org/wiki/Gunnar_Berge）。

❸ 整个故事要复杂得多，而且丹麦和德国之间在两国领海之间的边界同时进行了复杂的谈判。情节仍然在丹麦引起一些不快，并偶尔会指责挪威人利用丹麦人。See Berit Ruud Retzer，*Jens Evensen：Makten，myten og mennesket*（Oslo：BBG Forlag，1999），pp. 102-107. The biography is also available in a Russian translation：see *Ens Evensen：vlast'，mif i chelovek*（Moscow："Impeto，" 2004），pp. 106-110。

坚持和运气：发现埃科菲斯克油田

有时候度假是有赚头的。1962 年 7 月，位于俄克拉荷马的菲利普斯石油公司（Philips）的副主席保罗·埃达考特（Paul Endacott）和家人去荷兰北部旅行，此行中他有一个非常有意思的发现：在格罗宁根附近的一台钻井架。此时荷兰天然气公司（NAM）在斯洛赫特伦发现油气的新闻——这家公司在持续勘探的时候仍然小心地保密——对大部分公众来说并不知情。在欧洲其他地方还只有少量的发现。对于北海的怀疑情绪当时还弥漫在大石油公司之间。一家大石油公司非常有名的首席地质师称他"愿意喝下在挪威大陆架发现的任何石油"。❶ 他甚至都没觉得有必要提天然气。

但是当埃达考特满心好奇地回到菲利普斯石油公司总部的时候，他紧急要求公司的经理们调查在北海勘探的可能性。这导致了一系列的后续事件，最终在 7 年后促成了北海的第一个超级大发现——挪威海域的埃科菲斯克油气田——之后很快就向英国出口石油并向德国出口天然气。❷

一开始，就像刚才提到的，菲利普斯石油公司有挪威的海上业务。事实上，最初吸引菲利普斯石油公司到挪威是在 1962 年，挪威是当时仅有的还没有被其他石油公司染指的国家。但这没持续多长时间。第二年的春天，菲利普斯石油公司知道挪威外交部发放很多地震勘探的许可证。众所周知，当时挪威还没有负责油气领域的专门政府机构。菲利普斯石油公司最早的引路人，和挪威政府进行第一次接触的就是特里格伟·赖伊（Trygve Lie），此人是联合国前秘书长和挪威杰出的外交官，他被挪威政府授权同国际石油公司进行初步接洽。❸ 菲利普斯石油公司匆匆忙忙就提交了申请，但是挪威政府一开始并没

---

❶ 引自 Stig Kvendseth，*Giant Discovery：A History of Ekofisk through the First 20 Years*（Oslo：Phillips Petroleum Company Norway，1988），p. 13。

❷ 有趣的是，假期中的埃达考特并不是唯一一个注意到斯洛赫特伦的建筑物的人。延斯·埃文森（Jens Evensen）是挪威外交法律事务部未来的负责人，也是与英国和丹麦划界协议的首席设计师，他在穿越荷兰乡村旅行中的见闻也同样引起了他的兴趣。见 Retzer，*Jens Evensen*，pp. 95-96（or *Ens Evensen*，p. 98）。

❸ Kvendseth，*Giant Discovery*.

有准备接受。

在这一点上，外交部法务部门的负责人延斯·埃文森（Jens Evensen）接受了挑战，为挪威主张挪威大陆架权益奠定法律基础。同月底，挪威宣布了对水域下方大陆架的主权——这是一片比挪威陆地面积还要大的地盘——并通过了进一步勘探和开采海底资源的临时法律。作为挪威最优秀公务员之一的埃文森继续在挪威海上领土的谈判中扮演重要角色，特别是在下一个十年和英国的谈判中。由于埃文森对保护挪威海洋权益做出的贡献，许多挪威首相都对其表示赞赏，埃文森的这些贡献也反过来孕育了挪威的石油产业。❶ 最近的传记把他称为"让挪威变得更大的人"。❷

即使部门的问题解决后，也要花费好几年的时间才能获得批准，凑齐设备和人手，这样才能开工。但是在最初两年的钻井时间里，挪威水域并没有发现太有价值的收获。到 1969 年年末，因为北海马上要面临冬季风暴的肆虐，钻井季即将结束，这时的气氛沮丧到了极点。三分之二在挪威水域的钻井结果都没有找到任何有商业价值的发现。菲利普斯石油公司的首席地质师计划在最有希望的新地点上再钻上最后一眼井，但是被公司总部叫停了。从俄克拉荷马发来了明确的指令：别再钻井了。❸

但是钻机和人员怎么办？钻机还有一年的租期，不管用不用每天都得付钱。菲利普斯石油公司也没能找到下家把钻机转租出去，公司真是一筹莫展。这时，当项目的地质师提出再钻一眼井的时候，公司总部勉强同意了。由于天气开始变坏，钻机不得不被拖到作业地点重新启动。经过两天的钻井，"石油和天然气混合着钻井液喷涌而出，"平台总监回忆道，"我找到一个桶把里面装满石油。"那一夜，他在日记中兴奋地写道，"我可以用把石油铺满北海

---

❶ 见https://en.wikipedia.org/wiki/Jens_Evensen。

❷ Berit Ruud Retzer, *Jens Evensen—Mannen som gjorde Norge større*（Oslo: Gyldendal Norsk Forlag, 2017）. 埃文森的谈判成就如何改变了挪威的所得可以通过在挪威石油管理局的网站地区上了解（Norwegian Petroleum Directorate, Fact-Maps, http://gis.npd.no/factmaps/html_21/［accessed April 3, 2019］）. 同时见 Retzer, *Jens Evensen*（or *Ens Evensen*）。

❸ 值得注意的是在最后做出投资艾克菲斯科的决定时，油价正处于每桶2.5美元。

和北极。"❶ 这是一个经典的最后一口井的故事，但是它成功了，而马上"埃科菲斯克"——一个由"回声"和"鱼"组成的虚构词——震撼了石油圈。

因此，在 1973—1974 年第一次石油危机之前，国际石油公司已经开始了深谋远虑的转型，减少对波斯湾国家和欧佩克国家的依赖。海上勘探和生产在它们活动中的比例不断攀升，在石油危机发生的前几年里，令人激动的发现一件接着一件，都是发生在挪威和英国——首先是 1970 年的福蒂斯（Forties）油气田，之后是 1971 年的弗丽嘉（Frigg）、奥克（Auk）、布伦特（Brent）和科莫伦特（Cormorant）油气田。❷ 此后，伴随着施塔特菲尔德（Statfjord）的发现，就像能源专家丹尼尔·耶金在《石油大博弈》中写道的，"1973—1974 年的石油危机是在推波助澜"。❸

挪威和英国

作为同样受益于北海油气的大国，挪威的反应经常可以拿来和英国做对比。有些作者突发灵感地提出"北海模式"，其核心特性就是国家管制和私人控制的混合体。在本书中对英国的方法我们会有更多关注，现在为求简便我们先看一下到 20 世纪 70 年代，挪威和英国采取了哪些极为不同的经济政策。面对第二次世界大战后残破的经济，英国选择了"制高点"的国有制，这其中包括城镇燃气公司的整个管网。❹ 虽然挪威政府也青睐国有指导下的福利系统和凯恩斯主义宏观经济学，但是它走向了不同的方向，是那种更平衡的国有和私人所有制的混合体。

第一个重要的因素是体量，而第二个则是国家的角色。虽然在 70 年代遇到一些麻烦，但是英国仍然是一个成熟的工业化经济体，能源在其中扮演的

---

❶ 引自 Kvendseth，*Giant Discovery*，pp. 25 and 26。

❷ Howarth and Junker，*Powering the Hydrocarbon Revolution*，p. 39.

❸ Yergin，*The Prize*，p. 669.

❹ 关于英国天然气行业的历史，见 Hutchinson，*High Speed Gas; Dieter Helm*，*Energy*，*the State*，*and the Market*：*British Energy Policy since 1979*（Oxford：Oxford University Press，2003）；and Williams，*A History of the British Gas Industry*。

角色虽然重要，但也不过是大型工业体系中众多专业化分工的一环。相比之下，挪威是个远小于英国的经济体，到60年代其GDP还主要来源于农业和渔业及相关行业，比如造船和水力发电等。[1] 英国的天然气产业是由当地市政公司有组织成长起来的，最初这些公司从焦炭中生产煤气以供本地消费；因此它实际上是（当时破败而不赚钱的）煤钢产业的副产品。[2]

在挪威，油气都是新生事物。由于其拥有众多瀑布和水力资源，在英国使用煤炭和进口石油的时候挪威则是自给自足的。[3] 由于规模较小，挪威可以把自己与世界经济和资本主义隔绝开来。相比于英国，挪威拒绝了国家所有制作为产业政策的工具。到70年代早期，只有12家挪威的工业企业是由国家控股的。[4] 但是挪威有一个极其严格的管制制度，一直持续到50年代末期。上岁数的人都会记得他们童年经历的短缺时期。"为了买一辆小汽车，你不得不提前很早申请，"一位挪威的石油从业者告诉我，"所有东西都是定量供应的，特别是进口的可可和糖。我们两个星期才能买一条巧克力。"

但是在60年代早期，随着挪威经济开始走向繁荣，定量配给开始被一种更开放的市场原则和更少管制的经济所取代。作为中左翼工党政府的继承人，虽然执行凯恩斯主义的宏观经济政策和布雷顿森林体系，但是挪威政府比英

---

[1] 人们会从挪威人那里了解到关于挪威经济在石油和天然气大发现前夕经济发达程度的争论。挪威将70年代初的挪威描述为世界经济中的"半边缘"参与者，从这个意义上说，"挪威工业部门由小型且普遍较弱的公司组成，大多数挪威出口是初级或半加工产品"（"The Norwegian State's Relationship to the International Oil Companies，" p. 23），而其他人称情况还不错。正如一位懂行的挪威人（通过私人通信）告诉我的，"不要夸大石油经济前的'渔业和农业'的地位。挪威当时已经拥有多元化的工业经济，尤其是其商船队活跃在世界各地，主要使用国产船只，这当然是以强大的金属工业和工程技术为前提的"。这种观念上的分裂无疑有助于解释围绕挪威入欧盟公投的那种情绪。

[2] 对于英国燃气工业在天然气时代前的描述，见 Hutchinson，*High Speed Gas*，and Williams，*A History of the British Gas Industry*。

[3] 1950年，进口石油仅占挪威国内能源消耗的17%。但到了20世纪60年代中期，低油价使其所占份额上升到近35%，略高于整个西欧的平均水平。埃科菲斯科的发现恰逢其时。在很短的时间内，挪威用国产石油取代了进口石油（见Noreng，*The Oil Industry and Government Strategy in the North Sea*，pp. 37-38）。

[4] 自那以后，挪威政府作为挪威公司股权所有者的份额急剧增加。截至21世纪第一个十年中期，挪威政府拥有奥斯陆股票上市公司总价值的约三分之一股权。见 Einar Lie，"Context and Contingency：Explaining State Ownership in Norway，" *Enterprise and Society* 17，no. 4（December 2016）：904-930. 然而，该州的大部分股份都是由它不主动管理的被动投资组合。

国政府更少干预经济并同时遏制国有化倾向，这些主要是为了保证挪威可以进入世界经济。但是同一时期，挪威政府在投资领域扮演了重要角色。政府积累资本，这些资本可以被转移到私营部门，但是后者决定这些资本的最终分配。❶

结果是，当天然气来到挪威和英国，则变成两条完全不同的路。在英国，国有垄断（一开始是英国燃气协会，后来是英国燃气公司）控制了分配和销售，甚至就是按字面上的意思控制到了灶台前——燃气协会的垄断延伸到了厨房燃具的销售。❷它与生产海上天然气的私营企业谈判，同时还作为伙伴和竞争对手参与上游业务。但是，作为国有公司，它又被永远置于（高度不可预测）的管制权威机构下面，在政府不断在左右翼之间更迭的情况下，意识形态朝秦暮楚。相比之下，挪威则是建立国有大型公司，并且随着时间的推移，这家大型国有公司按照私人公司方式运作。

由于两国对石油政策的方式不同，国际石油公司发现它们在和挪威打交道的时候比和英国更舒服。❸比如，埃克森石油公司的官方历史学家写道，"从远处看，挪威政府选择的道路与英国比显得对石油公司威胁更大，但是在语气和程序上，挪威的方式更能被埃克森公司接受。规则是众所周知的：政府有权力、国民的支持和熟练的官员去不断执行这些规则。"在挪威，能源部门可以招募到学校的优秀毕业生，但是英国的能源部却招不到那些志向远大的人。同时，在英国，政治风向转变经常带来更大的脆弱性。因此，埃克森公司给了挪威更高的评价，认为"强大制度有时隔绝来自日常政治的压力"。同时也给了接下来的终极赞誉："从这个意义上说，埃克森公司和面对的这个政府在对效率和收益的信念是一样的，区别只是一个是对国家，一个是对

---

❶ Nore, "The Norwegian State's Relationship to the International Oil Companies," pp. 21-22.

❷ 在随后的拆分英国天然气公司（Gas Council的继任者）和非国有化运动中，这成为一个重要问题。正如一位参与者所回忆的那样，"80年代初，最初的压力来自保守党在基层的草根商人，他们在商业街上出售电视机、洗衣机、冰箱等。但法律规定他们不能卖煤气灶。这是劳森-罗克（Lawson-Rooke）冲突迷人的背景因素，同时智库和大学中涌现出的撒切尔主义意识形态。"在这一点上，我感谢西蒙·布雷基。

❸ 根据Noreng, *The Oil Industry and Government Strategy in the North Sea*，这是一种挪威在处理和国际公司时的典型关系，特别是和英国管理模式相比。

商业。"❶

挪威模式："石油十戒"和挪威国家石油公司的建立

1972 年，挪威议会（Storting）通过了一项措施，被称为"石油十戒"。❷
这份涉及管理天然气政策的文件在挪威工业发展史上占据象征性的地位，就
像十年前荷兰的"Nota de Pous"（天然气定价原则，由荷兰经济部前部长 J.W.de
Pous 创立，主要内容是天然气价格由竞争性的燃料价格为基础协商确定——
译者注）一样（见第 1 章）。它特别确定了两个原则：（1）石油资源的开发应
当使整个民族受益（虽然这里并没有提石油基金）；（2）石油政策的一个主要
目标是发展本土工业基础支持石油的勘探和开发。到今天，"石油十戒"仍然
被视作挪威能源政策的基础性文件。❸

但是，一个没有解决的问题就是和欧洲其他国家的关系。这些法令中并
没有提到天然气出口（之后五年挪威的天然气都没有出口，而且之后的出口
量和挪威的石油出口相比也小很多）。❹事实上，其中的一个法令就是挪威的
石油必须在挪威落地（其目的主要是要发展石化产业），当然文件也允许"基
于国家政策考量寻找不同解决方案的特殊个案。"❺但是随着石化行业的雄心不
断壮大，那条特殊的戒律也很快被废止了。今天，只有一小部分挪威产油气
在本国落地，大量通过海底管道从海上油气田直接出口了，❻而没有像苏联那

---

❶ Pratt and Hale, *Exxon*, pp. 145-148.

❷ Austvik, *The Norwegian State*，pp.102-103. 这个备忘录实际上是在1971年晚期时撰写公布的，1972
年6月交到了挪威议会。一般来说，它是由工党政治家、挪威议会的工业常务委员会的首脑起草。

❸ 例如，挪威政府今天仍然对十诫敬而远之，见Norwegian Petroleum Directorate（NPD），"Ten
Commanding Achievements，" November 19，2016，https：//s3.amazonaws.com/rgi-documents/
e3cbbfde7c90c6075 3b477e84627ee06dd50ae25.pdf。

❹ 根据Nore，"挪威人从来没有想到会首先找到天然气，主要在其大陆架上寻找石油"（"The
Norwegian State's Relationship to the International Oil Companies，" p. 167）。

❺ Austvik, *The Norwegian State*.

❻ 登陆很难实现是有技术原因的。在主要的近海油田和挪威海岸之间有一条所谓的挪威海沟，这是一
个300米深的峡谷，在20世纪80年代早期，随着斯塔万格北部的国家管道的修建，这条峡谷有管道
穿越。

样把天然气分为出口和国内消费。❶

　　欧洲对挪威1972年的草案非常上心，但是原因各异。当时挪威国内正在进行一场关于是否要加入欧洲共同体的艰苦论战。最后，经过激烈讨论，主张保留在欧洲共同体之外的票数获得了微弱多数。❷大部分挪威的城市居民和商业利益团体希望加入，但是大多数挪威农民和渔民表示反对。更重要的是，质疑之声来自挪威公众对于丢失主权的担心，特别是对自然资源的控制。这是一场被政治精英低估的草根运动。这不是一个新的冲突：它起源自挪威在20世纪60年代最初的申请。但是这次失败让支持加入欧洲共同体的人一直痛苦不已，特别是在能源行业。后来出任挪威国家石油公司董事长的阿尔维·约翰森（Arve Johnsen）在对他早年作为年轻工党活动家的回忆时，针对挪威的恐欧者讽刺地写道："我很快明白了，当涉及国际团结的时候，对于有些人来说在生活和学习之间没有关系。"这是一个伴随约翰森多年的经常性话题。他继续辛辣地写道，"我们国家有着巨大的自卑情结，有对未知的恐惧，害怕和欧洲同胞进行绑定性的双边政治经济合作，包括和北欧邻国的合作。"❸回顾过去，"生活和学习的关系"已经变得比约翰森遇见的复杂得多。事实上，在当时和1994年的第二次投票中，挪威都没有选择加入，很多挪威人今天还很庆幸当初这么做。但是这又是另外一个故事了。

　　尽管1972年的决定意义重大，但它对能源政策并没有产生立竿见影的效果，原因很简单，因为当时欧洲的能源政策也几乎不存在。❹只有在接下

---

❶ 由于挪威拥有丰富的水力发电能力，人口较少，电可以提供取暖（这在世界上任何地方都是不可能的），因此挪威国内没有天然气消费。

❷ 见Clive Archer，*Norway outside the European Union：Norway and European Integration from 1994 to 2004*（London：Routledge，2004），especially pp. 41-64.

❸ Arve Johnsen, *Norges evige rikdom: Oljen, gassen og petrokronene* (Oslo: Aschehaug, 2008), p. 36.

❹ 在1972年关于加入欧洲共同体的辩论中，渔业和农业比石油或天然气更为突出。诚然，"石油十诫"可以被认为是挪威申请欧洲共同体的一个先发制人的声明，但事实上，能源成为这场运动的一个明确部分是在1972年9月全民公决前夕，当时欧洲共同体能源专员Ferdinand Spaak宣布共同能源政策的构想意味着挪威新兴的海上石油和天然气发现可能会成为一种"共同体资源"。挪威国内的强烈抗议表明，人们的感觉是欧洲共同体将要像干涉渔业一样获取挪威的石油（Archer，*Norway outside the European Union*，p. 47）。挪威的两次全民公决都很接近，很可能出现不同的结果，特别是如果将挪威和瑞典1994年的结果进行比较的话。在瑞典，投票的胜算也很小，但"赞成"一方占了优势，因此历史上两国都由几千张选票而改变命运（实际上，瑞典的情况是30万张）。

来的 25 年里，当欧洲共同体向欧盟演进而且能源政策成为欧盟的政策前沿的时候，挪威和欧洲的天然气关系才又变成重要事项。当时，挪威天然气基本是按照荷兰模式卖到欧洲的（苏联和阿尔及利亚的天然气也一样），也就是双边长约和与油价挂钩的气价。直到 20 世纪 90 年代，这些议题也没有在挪威的天然气上产生冲突——主要问题是关于竞争和反托拉斯法，就像我们在第 7 章看到的。

当在 1972 年建立的时候，挪威国家石油公司给了施塔特菲尔德油气田（Statfjord field）和 Norpipe 两家 50% 的股份，Norpipe 把石油从埃科菲斯克油田运输到英国的提塞德（Teesside），而把天然气运到德国的埃姆登（Emden）。在世界其他地方，国有化风起云涌，但是挪威人建立起一套基于强大的国家和国际公司合作的独特模式。请再次注意挪威和苏联模式的不同——苏联并不邀请国际公司作为合作伙伴。对此的解释也很直白：苏联人已经在石油这事上很有经验了。他们需要的只是管道、压气机和钱。

阿尔维·约翰森的蝴蝶

挪威国家石油公司和挪威石油管理局都是 1972 年在工党政府任上成立的。工党有着 20 世纪早期那种强烈的社会主义初心，从第二次世界大战结束之后一直是挪威的主导政党。工业部部长芬恩·里德（Finn Lied）任命延斯·克里斯蒂安·豪格（Jens Christian Hauge）为挪威国家石油公司 Statoil 的董事会主席，而豪格是曾经的国防部部长和第二次世界大战期间挪威抵抗运动的领袖。❶ 同时他也任命阿尔维·约翰森为公司的董事长，而约翰森是他的国务秘书和工党同僚（是约翰森给公司起名叫 Statoil，最近公司更名 Equinor）。所有的关键岗位都是来自工党的同僚，这些人从 20 世纪 60 年代末就开始在

---

❶ 豪格从1972年到1975年出任挪威国家石油公司董事会主席。见Douglas Martin，"Jens Christian Hauge，Guide of Modern Norway，Dies at 91，" *New York Times*，November 4，2006，https：//www.nytimes.com/2006/11/04/world/europe /04hauge.html。

工党的工业委员会合作制定该党的石油政策。❶ 接下来的几年，工党成为各方面的联结平台。"挪威国家石油公司、官僚机构和政府之间的紧密联系通过工党得以建立。"一位历史学家这样观察。❷ 这些联结一直持续到 20 世纪90 年代。

约翰森在他 38 岁的时候被晋升为挪威国家石油公司的董事长。当时他仍然是一副稚气未脱的样子，有着自信的微笑和强健的下巴。如果这个威严的职位让他感到害怕，他也不会显露出来。事实上，那时也没那么威严。后来约翰森回忆他第一次去斯塔万格履新的旅行，他随身带了一个雪茄盒，以便存放公司的钱，最初他还在公寓门廊的光地板上用睡袋睡觉。❸ 过了几年之后情况开始好转，而在他 15 年后离开公司的时候，挪威国家石油公司已经是一家拥有超过 11000 名员工的企业。❹

约翰森是个出了名的强势老板——英国人把他称为"挪威油气行业的丹尼斯·罗克（Denis Rooke）"，把他和那位可畏的英国燃气公司的老总相比。但是约翰森有着不为人知的诗性的一面。在一次访谈中，他回忆起在他上任的宴会上，送给他的花束中有一只蝴蝶，虽然蝴蝶很快就死了，但是约翰森在公司就职的 15 年中始终小心翼翼地保存着它的标本。1987 年，当他辞职离任时，他想起了那个告辞过程："我锁上了门，把钥匙放在我秘书那里，把名牌拿掉，离开了挪威国家石油公司。在马德拉（Madla）的住所中，我拿起了那只蝴蝶，把它放到一个小盒子中，在野外埋葬了它。它该走了。"事实上，这是一个象征性的埋葬。就像约翰森写的，"挪威国家石油公司是我的第四个孩子。"❺ 其他人也同意这种说法。就像豪格评论，"挪威国家石油公司是约翰

❶ 约翰森在其回忆录中说，制定工党的石油政策是20世纪60年代末和1970—1971之间最重要的工作（*Norges Evige Rikdom*，p. 36）。注意这是发生在第一次石油危机和1969年发现艾科菲斯科前。

❷ Austvik, *The Norwegian State*, p. 104.

❸ Kjetil Malkenes Hovland, "Så viktig er Statoil for norsk økonomi," February 6, 2017, http: //e24.no/boers-og- nans/statoil/saa-viktig-er-statoil-for-norsk-oekonomi/23917273.

❹ Kjetil Malkenes Hovland, "Så viktig er Statoil for norsk økonomi," February 6, 2017, http: //e24.no/boers-og- nans/statoil/saa-viktig-er-statoil-for-norsk-oekonomi/23917273.

❺ Tormund Haugstad对约翰森访谈， "Former Statoil Chief Arve Johnsen—Changing the Statoil Name Is a Bad Decision，" September 19, 2008, https：//www.tu.no/artikler/tidligere-statoil-sjef-arve-johnsen-en-feilvurdering-a-erne-statoil-navnet/322057.

森的毕生之作。"

20 世纪 70 年代和 80 年代早期，挪威国家石油公司被视作一个巨大的成功，而且是一个可以证明国家强力支持可以做得到的案例。在 1979 年石油危机之后的几年石油收入暴增，甚至使很多人认为挪威和这家石油公司变的太强了，而且对挪威国家石油公司和工党之间长期关系的非议也开始多了起来。1981 年工党在大选中惨败，保守政府在接下来的四年（从 1981 年年底到 1986 年年初）中通过各种政党联盟统治着挪威。它进而在 1984 年对公司"剪翅"❶，把挪威国家石油公司拥有的许可证和股权转让给一个新的公司，这个公司名叫"国家直接金融利益"（SDFI），其作用是管理国家作为直接所有者的利益。

这场"剪翅"在两边都引发了仇恨。前总理科勒·维洛克（Kaare Willoch）说他倾向于把这称为"剪爪。"❷ 维洛克说，"危险在于挪威国家石油公司（如果允许它保有所有的石油收益）自己就可以成为挪威经济中最大的那一部分。这样必须对国家的收入有所保障。在挪威，一项长久以来的传统就是能源资源属于社会而不是私人所有者。"这场"剪爪"行动的主要牺牲者就是约翰森。1987 年，他被从位子上弄下来，理由是在蒙斯塔德（Mongstad）的炼化项目过于庞大并造成成本超支。维洛奇就此评论道，"约翰森被石油行业中赚取的巨大资金迷了眼，看起来好像他觉得有钱就得都花出去，不然钱就会消失一样。他建个炼油厂，图什么？"

但是时间会软化掉冲动，今天挪威国家石油公司对那段经历甚至觉得也有好处。一位前高级副经理说，"'剪翅'拯救了挪威国家石油公司，我们被允许保有施塔特菲尔德油气田，同时从那里来的现金流帮助我们度过了 1986 年石油价格暴跌和之后的艰难日子。尽管我们被剥夺了几个许可证，但我们的投资要求也少了。国家不再分担风险和损失。"❸ 不管怎样，国家的角色依然是主导性的：挪威国家石油公司和 SDFI（现在已经更名"挪威油气收益管理

❶ 作者同科勒·维洛克（Kaare Willoch）访谈，Oslo，June 8，2017.
❷ 作者同科勒·维洛克（Kaare Willoch）访谈，Oslo，June 8，2017.
❸ 作者同彼得·梅尔比（Peter Mellbye）的访谈，Oslo，June 8，2017.

公司"Petoro）共持有挪威油气资产的 70%，同时还有重要的运输设施和天然气终端。❶ 一位挪威观察家总结道，"国家所做的就是给自己一件可以干预油气部门的经济武器，而不必干涉挪威国家石油公司的管理决策。"❷

因此，挪威国家石油公司和国家（特别是油气和能源部）在经年之间演进。一开始，在"挪威石油行业的幼年时期"，挪威国家石油公司明白无误地是政府，特别是工党的小老弟。❸ 接下来，在欧盟和更自由的意识形态的影响下，国家的角色逐渐变成监管者和股权持有者。最后，挪威国家石油公司在 2001 年被部分私有化，它变成了一个以商业为基调的公司。哈拉德·诺维克（Harald Norvik）是最后一位来自工党（1987—1999 年任主席）的领导人。❹ 诺维克是一个标志性的转变。他推进了挪威国家石油公司的私有化；他发起了和英国石油公司的全球联盟；而且在他 1999 年从挪威国家石油公司辞职后，成了奥斯陆股票交易所的董事会主席。在这个职位上，他以可以想象的灿烂笑容欢迎挪威国家石油公司在 2001 年部分私有化后来到"挪威资本主义的中心"。❺

卖出天然气：挪威的出口政策

在 20 世纪 60 年代晚期和 70 年代早期，把天然气卖到市场上对苏联人和挪威人来说都是个新鲜事物。挪威的天然气出口遵循什么样的规则和原则，它和苏联天然气出口有什么区别？在两国天然气出口的政治中，这些区别带

---

❶ Austvik，*The Norwegian State*，p.115. 这一时期另外一个重要的发展是建立了挪威油气收益管理公司（Petoro）持有国家油气资产。

❷ 引自 Javier Estrada，Arild Moe，and Kåre Dahl Martinsen，*The Development of European Gas Markets*：*Environmental*，*Economic*，*and Political Perspectives*（New York：Wiley and Sons，1995），pp. 226-227。

❸ Austvik，*The Norwegian State*，p.131.

❹ Austvik，*The Norwegian State*，p.110. 与工党的旧关系因诺维克于 1999 年辞职而断绝。他的继任者 Olav Fjeld 没有政治背景，当因牵扯到伊朗的政治丑闻 2003 年被替换时，下一任主席是保守党政治家 Helge Lund，但从选择他的人的角度来看，他生平中最重要的部分是他曾是麦肯锡咨询公司的合伙人，因此他在经营私人公司方面有着丰富经验。

❺ 作者同 Kaare Willoch 的访谈. 挪威政府依然持有 67% 的挪威国家石油公司的股份。

来的长期结果是什么呢?

苏联对天然气出口的方式直接受其外贸制度和政治结构的影响,主要通过国家垄断机构来进行。最早进行天然气合同谈判的国家垄断机构是由外贸专业人士(最早时从石油出口垄断机构借来的)组成的,谈判内容主要涉及进出口目标,这些目标是由规划者根据国内经济确定的。由于每一份天然气合同本质上都是一笔涉及管道、机械、金融和天然气的补偿贸易,因此许多来自不相关的官僚机构参与处理天然气、设备和资金的问题。协调工作是个永恒的主题,就像我们看到的,苏联处理这些问题(总体来说做得不错)是设置一个高级政府官员总揽全局。起先,天然气工业部只是众多参与者之一。随着时间推移和苏联天然气出口的增长,天然气工业部逐渐占得优势并最终把外贸部门收编(见第2章)。在这一体系中,没有外国公司的位置。

相比之下,挪威人则是白手起家。挪威之前没有出售碳氢化合物的经验,而且也没有对外贸的国家垄断。挪威人的解决方案是把前两大气田的融资和出口谈判委托给外国作业者。❶ 对埃科菲斯克的谈判,挪威方面主要让菲利普斯石油公司牵头代表,而欧洲公司则组成由德国鲁尔燃气公司(Ruhrgas)领导的财团(在当时,欧洲共同体普遍采用的竞争规则还没有后来那么严格,天然气贸易是在代表交易双方的两个垄断集团之间展开的,一边是欧洲的买方团体,一边是由菲利普斯石油公司代表挪威的卖方团体)。1973年1月,第一份合同成功签约。❷

当时在欧洲的天然气出口模式是典型的格罗宁根式合同(第2章对其有所描述),菲利普斯石油公司和挪威在其第一个对欧天然气出口合同中也遵

---

❶ 由于一些西欧国家的出口金融机构愿意补贴购买岸上设备的购置费用,因此公司能够以低于现行市价的价格获得融资(Wood Mackenzie,引自于Nore,"The Norwegian State's Relationship to the International Oil Companies," pp. 178-179)。但是,第一个油田多达70%的资本成本由公司提供资金(同上,p.179)。就艾科菲斯克油田而言,挪威仅需提高该项目及相关管道成本的5%(同上,p.209)。

❷ Kvendseth, *Giant Discovery*.另一个同样重要的进展是挪威和英国联合开发的弗丽嘉油田,由两条管线通向圣弗格斯(St. Fergus)。这项工程由和英国燃气签订的合同支持,同埃科菲斯克油田一样是挪威在相关方面的经验的重要来源。

守了这种模式。当格罗宁根模式已经成为北欧的通行规则时，我们看到，苏联第一个对德国和奥地利的出口合同也接受这种模式。不同于埃索—壳牌团队 10 年前通过与不热心甚至敌对的根深蒂固的利益团体斗争才得以进入法国和德国❶（苏联人某种程度上也经历过），❷挪威人已经很适应这种商业基础了。

即便如此，这也让 Norpipe 花了四年半的时间才完成通向德国的管道，这条管道连接在埃姆登新建的接收站，这是一座位于格罗宁根和不来梅之间的港口小镇。这条长度 443 千米、直径 36 英寸的管道是当时世界上最长的焊接钢结构。从天气到经验不足的工人，建造这条管道需要克服多种挑战。由于在管道线路上发现了一些第二次世界大战期间残留的水雷，德国海军用了好几个月清除这些水雷。❸ 在最后关头，丹麦政府要求管道在途经沿线的丹麦港口时必须埋在沟槽中。丹麦人很顽固：不埋就别想施工。僵局的转机出现在挪威工业部部长趁丹麦工业部部长休假时飞到哥本哈根和临时主持工作的代理部长达成了解决方案。但是当 1977 年 9 月这条管道终于在埃姆登举行竣工仪式的时候，管道里并没有天然气。因为丹麦士兵正拼命在管道上堆放沙袋作为临时的埋藏，天然气输送被推迟了两个星期。❹ 最后，在 9 月份，Norpipe 开始将第一批挪威天然气从埃科菲斯克输送到埃姆登。❺

---

❶ Douglass Stewart and Elaine Madsen, *The Texan and Dutch Gas：Kicking O the European Energy Revolution*（Victoria，BC：Trafford Publishing，2006），特别是pp. 147-151。

❷ 正如Per Högseliu所说，最初对苏联向德国的出口存在一定的抵制，特别是因为北方的煤炭利益和德国的天然气商，他们担心苏联的天然气会与荷兰的天然气竞争。（见 *Red Gas：Russia and the Origins of European Energy Dependence*［New York：Palgrave Macmillan，2013］，pp. 122-125）。

❸ Kvendseth, *Giant Discovery*, p. 104.

❹ Kvendseth, *Giant Discovery*, p.102.

❺ 更多Norpipe的建设细节，Kvendseth, *Giant Discovery*，pp.92-107.丹麦政府为丹麦水域中的48千米铺设管道规定了严格的条件，将问题推迟了两年。在此期间，于1975年建成的埃姆登航站楼空无一人（Kvendseth, *Giant Discovery*，p.102）。此管道由Gassled拥有，同时Gassco负责运营，技术服务由康菲石油公司提供（see https：//www.norskolje.museum.no/en/norpipe-oil-transport-system/）。

学会坐到前排座位

经过一段时间，在挪威人获得了经验、信心和信息之后，他们开始接管在气田运营和出口方面的主导权。[1] 了解挪威天然气生产商和其国际合作伙伴的关系的方法就是去看一个又一个气田的历史，看看每个气田是如何发现、谈判、开发并最后和出口系统连接起来的。从一开始的埃科菲斯克油田到后来更大更复杂的油气田，每一个都有有趣的名字：70年代和80年代早期的施塔特菲尔德（Statfjord）和古尔法克斯（Gullfaks），80年代晚期的斯莱普纳（Sleipner）[2] 和特罗尔（Troll），最后在21世纪初期的斯诺维特（Snøhvit）和奥尔曼兰格（Ormen Lange）。在埃科菲斯克，菲利普斯石油公司基本是大包大揽；在施塔特菲尔德，美孚石油公司差不多也是这样。但是当接下来开发古尔法克斯这样的大油气田的时候，挪威人已经准备好自己充当开发者和作业者了。1978年，许可证颁发给了由纯挪威公司组成的集团，这里面包括挪威国家石油公司、挪威水电公司（Norsk Hydro）和Saga。今天，挪威国家石油公司把古尔法克斯说成是对它们的"大考"。[3] 约翰森特别选择这些油田说明它们对于挪威产业发展所具有的里程碑式意义："在所有石油公司和挪威当局对油气政策做出的决策中，没有一项可以和1981年政府决定开发这些油气田的决议相提并论，这也包括从施塔特菲尔德及其他气田运输天然气。这个决议是历史性的。"[4]

巨型油气田施塔特菲尔德对于挪威生产和出口天然气的雄心和能力是一

---

[1] 例如，在埃科菲斯克项目上，"菲利普斯石油公司必须向挪威工业部提交有关在北海的确切投资成本的信息。到1974年埃科菲斯克第二阶段完成时，其中包括安装了五个固定平台和一个储罐，挪威工业部对挪威大陆架上正在进行的投资条件的了解已十分丰富。对于挪威国家而言，埃科菲斯克成本十分重要，因为这是评估挪威在北海投资可能性的基础"（Nore，"The Norwegian State's Relationship to the International Oil Companies，" pp. 213-214）。推测出口合同上也是如此。

[2] 斯莱普纳（Sleipner）根据北欧神话中奥丁的坐骑，有八条腿的马Sleipnir命名。

[3] "30 Years of Gullfaks Oil," December 23, 2016, https://www.statoil.com/en/news/30-years-gullfaks-oil.html.

[4] Johnsen, *Norges Evige Rikdom*, p. 215.

个重要的里程碑。从 1985 年开始，该油气田生产的天然气经过 Statpipe 的管道送往斯塔万格北部卡斯德（Kårstø）的天然气加工厂。挪威国家石油公司负责天然气业务的执行副总裁吕内·比昂松（Rune Bjørnson）说，"Statpipe 管道奠定了挪威大陆架天然气基础设施的基础……建设这一系统也彰显挪威国家石油公司可以驾驭从生产到市场的整个天然气产业链。"❶ 一开始，施塔特菲尔德的作业任务是交给发现了这一油气田的美孚石油公司。但是在 1987 年，受到在古尔法克斯油气田成功投产的鼓舞，挪威国家石油公司开始接管作业。约翰森当时就说，"你没法在后座上学习驾驶。"❷ 挪威国家石油公司从那时开始成为挪威每个油气田的主要开发者和作业者。

施塔特菲尔德也标志着挪威商业雄心的一个重要成就。由于天然气价格和石油挂钩，北海天然气的价格也倾向盯住布伦特石油价格。随着布伦特价格上涨，挪威的谈判预期也水涨船高。当时对天然气定价有两个相互竞争的原则——与原油的井口价格相等，或者与竞争性燃料（这实际意味着一篮子石油产品）的价格相等，再减去储运成本。天然气的售卖方如阿尔及利亚或者像阿布扎比这样的欧佩克国家自然推崇第一种原则；购买方则喜欢第二种。在 1980—1981 年，在第二次石油危机后最恐慌的时期，买家处于绝望之中，这时候谈判的优势都在卖方手中。特别是由于欧洲寻求用天然气替代石油，因此当时英国和欧洲大陆的买家对挪威的天然气可以说是趋之若鹜。此外，在当时，普遍认为荷兰和英国的天然气生产也会下降。

因此在 1980 年，挪威可以把一个小型气田 Ula 的天然气以对标石油的价格卖给西德的一家小型天然气公司吉尔森贝格（Gelsenberg）。吉尔森贝格也同意这样的价格方式。但是等到恐慌潮一过，感觉挪威人有点托大了。当时英国燃气的采购总监詹姆斯·阿尔考克（James Alcock）对于挪威方面的高要价感到非常失望，他甚至讽刺地问是不是下次挪威天然气的价格要"对标黄金"

---

❶ 引自 "Statpipe Gas Celebrates 20 Years in Operation，" *Rigzone*，October 17，2005，http：//www. rigzone.com/news/article.asp?a_id=26068。

❷ 引自 Austvik，*The Norwegian State*，p. 105。

了。❶ 买家们开始反击。为了增强谈判地位，欧洲大陆的买家们由鲁尔燃气牵头作为一个财团进行谈判，一开始这并没有改变条款。施塔特菲尔德的天然气对标石油以百万英热单位 5.5 美元的价格卖给欧洲大陆买家，相当于原油每桶 32 美元。这在当时是世界上最高的价格而且以真实价格看是挪威天然气在历史上达到的最高价格。

当时，挪威人只把它们的天然气输送到一个地点，也就是德国的埃姆登。他们很快就意识到这可能是风险的来源并寻求建立可以把天然气运到荷兰和比利时的第二个出路。管道的多元化在早期被天然气行业奉为金科玉律。但是多元化可以有多种动机，从抽象的地缘政治到自大导致的个性张扬。挪威国家石油公司的第二条管道则是后者的情况。一位挪威的见证者讲述了这样的故事：

> 和荷兰人的谈判特别艰苦。在一段时间里约翰森和一位来自荷兰能源气体联合公司的叫做安东尼斯·格罗滕斯（Antonius Grotens）的高管谈判。格罗滕斯想要运到埃姆登的天然气但是不想付在荷兰的运费。约翰森直接拒绝了。两个人看起来都很生气，似乎你能感觉到他们很可能要打起来了。但是，他们都只是在吃饭时狠戳盘子里的豌豆，好像以此来代替互相残杀。之后，约翰森召集人马准备结束谈判，打道回府。这里有人突然提议，"为什么不把天然气运到（比利时的）泽布吕赫（Zeebrugge）？那是个完美的枢纽港。"事实证明，这显然很受比利时天然气公司 Distrigas 的欢迎，特别是在之前，Distrigas 一直被视为关系不好而在谈判桌上屈尊末席。但是荷兰人也无助地做不了什么了——结果他们失去了本可以赚取的过境费。可能他们应该少糟蹋些豌豆。❷

---

❶ 引自 Austvik，*The Norwegian State*，p. 105。
❷ 作者同彼得·梅尔比（Peter Mellbye）的访谈。

斯莱普纳—特罗尔（Sleipner-Troll）争议

从 20 世纪 80 年代开始，挪威人在谈判中的地位开始弱化。这部分是由于之前在欧洲的那种和石油价格挂钩的模式，当油价到达峰值开始下降的时候也开始岌岌可危了。就像天然气专家乔纳森·斯特恩写的："即使是在油价崩盘的 1986 年之前，那种在 70 年代寻找供应商的激烈竞争也早就烟消云散了。80 年代，我们目睹了欧洲天然气市场从卖方转向买方。"❶当油价裹足不前并开始在 80 年代中期开始下降的时候，挪威人很快就转向守势。

但是在这里商业谈判和地缘政治搅和在一起。由于挪威的天然气出口已经获利不少，这在挪威的盟友特别是美国看来具有越来越重要的战略意义。华盛顿视挪威的天然气是对苏联天然气有力的潜在反制，而挪威则把国际石油公司视为自己在西方联盟和防务体系中的支点。80 年代早期，多重角色还可以和平共处，特别是在油价上涨的情况下。但是当 80 年代中期油价开始下跌的时候，华盛顿的安全顾虑和挪威作为天然气出口商的雄心就开始产生矛盾了。结果之一就是美国总统里根和英国首相撒切尔陷入了一场公开冲突。争议的两个核心问题是挪威出口天然气的价格和挪威作为战略出口者的角色，而斗争的焦点则是叫做斯莱普纳和特罗尔的气田。

斯莱普纳气田位于海床下 1000 米，位于挪威西南海岸城市斯塔万格以西 250 千米，水深 100 米。❷气田第一次是在 1974 年发现的，至今仍然在生产天然气，不过现在名声在外主要是因为它是世界上第一个海上碳捕捉和碳存储的设施。

尽管在很多方面都令人印象深刻，斯莱普纳并不是 70 年代在挪威水域发现的最大气田。这一殊荣得发给特罗尔气田。挪威人当时知道他们有一天会

---

❶ Jonathan P. Stern, *European Gas Markets: Challenge and Opportunity in the 1990s* (London: Royal Institute of International A airs, 1990) .

❷ 斯莱普纳包含东西两个分开的生产油气田，关于其背景，见https：//www.equinor.com/en/what-we-do/norwegian-continental -shelf-platforms/sleipner.html。

开发特罗尔气田，而这也将成为他们油气产业皇冠上的明珠。但是当时他们不想这么做的原因主要是面临巨大的技术挑战：气田所在海域水太深而且海况恶劣。必须得先开发斯莱普纳。

但是美国政府也看上了特罗尔。美国认为特罗尔储量巨大，足以和苏联天然气竞争，在战略上成为欧洲能源市场的供应来源。而且，它位于北约盟国的海床下面，这个盟国的北方边境还挨着苏联，这使得它的领导人对冷战的威胁和紧张保持着高度敏感。美国领导人思考如何才能提升欧洲天然气公司和挪威当局对开发特罗尔的兴趣。在 1982 年里根政府用禁运阻止建设新的苏联对欧出口天然气管线未果后，美国对斯莱普纳和特罗尔的兴趣更强烈了。由于欧洲盟国的集体反对，美国放弃了禁运企图但是加大了对挪威人的施压，要求他们加紧开发特罗尔气田。❶

英国燃气公司和挪威国家石油公司关于斯莱普纳气田的谈判开始于 1982 年，到 1984 年已经达成了双方都可以接受的协议草案。英国燃气公司希望赶快达成协议。考虑到合同中未来的产量、需求和公司为客户提供可靠的天然气供应法律责任，英国燃气公司的人知道——或者说认为他们知道——他们需要斯莱普纳的天然气。挪威人一样很急，因为他们需要赶快达成协议以便把精力转移到特罗尔气田上去。美国人也热切期盼这个协议赶紧达成，这样特罗尔气田（真正重要的事情）就可以启动了。

但是在这个紧要关头，撒切尔首相个人否决了斯莱普纳的协议，令各方大吃一惊。有人可能会觉得她的决定是因为石油市场的基本面。国际石油价格在当时已经开始下降，在斯莱普纳协议中达成的价格看起来有点贵。也有可能是撒切尔希望能优先购买英国自己的海上天然气，而且当时在英国国内市场上关于天然气的价格也没谈拢。❷

---

❶ 关于里根的制裁，见David S. Painter，"From Linkage to Economic Warfare：Energy，Soviet-American Relations，and the End of the Cold War，" in Jeronim Perović，ed.，*Cold War Energy：A Transnational History of Soviet Oil and Gas*（London：Macmillan，2017），pp. 283-318。

❷ 这至少是一种阐释，参见Torleif Haugland，Helge Ole Bergesen，and Kjell Roland in *Energy Structures and Environmental Futures*（Oxford：Ox- ford University Press，1998），pp. 119-120。

一份公开的撒切尔的顾问约翰·瑞德伍德（John Redwood）给她的信件摘要也让这种说法更有解释力。瑞德伍德在信中写道，"由于在天然气价格上的愚蠢行为，我们现在面临一个荒谬的境地，一个国家拥有自己的能源却要在20世纪90年代初依靠进口天然气。"❶这也符合挪威谈判者的认知。一位挪威石油公司的前高管评论道：

> 我们花了好几年在谈判桌上。撒切尔夫人的决定令人意外。置身其中，我理解是因为英国作业者害怕，特别是来自壳牌公司，因为斯莱普纳的协议可能会让未来英国大陆架的天然气项目更加困难。同时协议中过高的价格和厌烦我行我素的英国燃气公司也是重要因素。但是和英国大陆架油气产业的未来相比，这些都是小事情。回头看，我们必须承认谈判中并没有对斯莱普纳天然气的切实需求。撒切尔为英国节省了数十亿英镑，同时也挽救了英国气田的开发。❷

然而，影响撒切尔决策的还有很多因素。对事件细心的重构会发现，撒切尔的决策主要基于国内的考量，有时甚至是狭隘的，而并非基于地缘政治和经济考量。这里包括部长之间的个人恩怨、影响撒切尔的技术官僚的力量、经济学界关于建立天然气电力市场尚不成熟的理念等。撒切尔的决定甚至可能受到了保守党基层的压力，也就是那些小公司，它们痛恨英国燃气公司在当地购物中心里垄断燃气灶具的销售。

这时候里根的禁运政策已经失败了，而华盛顿的兴趣转向了其他事情。但是挪威人却不愿意承认他们的高光时刻已经过去了。约翰森在1983年的一个访谈中宣布："挪威的天然气永远不可能便宜。它肯定得卖个高价，部分原因是高成本，部分原因是交付的天然气来自一个稳定地区而且是长期合同。"❸最后，斯莱普纳和特罗尔两个气田的天然气销售合并到一个合同中，挪威国

---

❶ 引自 "Ministers Scathing in Letters over Wasted Offshore Resources，" *Press and Journal*（*Highlands and Islands*），http：//www.pressreader.com/uk/the-press-and -journal-highlands-islands/20140103/281732677323550. 我对西蒙·布雷基提供的见解十分感谢。

❷ 作者同彼得·梅尔比（Peter Mellbye）的访谈。

❸ 引自Austvik，*The Norwegian State*，p. 118.

家石油公司同欧洲买家财团在1985年12月签订了这个合同。在工党在格罗·布伦特兰（Gro Brundtland）领导下重新掌权之前，挪威都没有打退堂鼓承认自己讨价还价的权利已经消失。❶当1986年布伦特兰开始第二个政府任期的时候，挪威采取了一套市场价格机制销售特罗尔和斯莱普纳的天然气，虽然条款比挪威人曾经拥有过的吸引力少了很多。❷斯特恩就此写道，"特罗尔合同对于整个欧洲的重要性在于，当挪威接受这些原则，这些合同的商业属性就建立起来了，这里没有任何政治和安全溢价。"❸在当时挪威也是勉强接受，而在一代人的时间之后，俄罗斯人拒绝接受这种模式。

挪威的产业政策：寻求自主

在北海开发大的油气产区需要建立产业支持系统，而在这个产业中挪威却没什么经验。哈格曼回忆道："毫无疑问，我们完全依靠外国石油公司去开发北海。"❹但是挪威人有非常宝贵的财富：具有活力且植根本土的造船业、在海上重型装备方面经验丰富且教育良好的劳动力和先进的设计建造技术。就像埃克森公司官方历史写的，在挪威，"埃克森公司发现了高素质的技术娴熟的劳动力，可以极为迅速地形成生产力。"❺

到20世纪60年代中期，在挪威北海水域有任何大的油气发现之前，只是因为海洋油气的前景，挪威的船主和造船厂就率先进行大规模投资。❻十年之后，挪威就打破了美国在海洋钻井平台领域的垄断。挪威在钻井平台行

---

❶ 引自Austvik，*The Norwegian State*，p. 118。

❷ 詹姆斯·鲍尔（James Ball），"The Troll Revolution：An Assessment of the Troll Sales Agreements，" *Petroleum Review*，May 1987，pp. 23-26. 来自Troll的天然气是根据净价市场价格出售的，这保证了进口商的价格等于其销售天然气市场中竞争燃料的价格。

❸ Stern，*European Gas Markets*，pp. 16-17.

❹ 引自Pratt and Hale，*Exxon*，p. 148.

❺ 引自Pratt and Hale，*Exxon*，p.147.

❻ 在20世纪60年代上半叶，挪威国家并没有大力鼓励挪威的私营公司投资到石油行业。而是"由于投资资本的不确定性和高风险，政府公开阻止挪威航运和工业利益进入石油工业"。见Claes，"Globalization and State Oil Companies，" p. 47，citing *Report to Parliament*，no. 11（1968-1969），pp. 6-7. 与此相比，政府的政策是邀请国际石油公司来承担油气勘探早期的风险。

业早期成功的标志之一就是康迪普（Condeep），这是一个巨大的混凝土制造结构，它被放置在海床底部，在海面上有150米高。当把在峡湾中组装的康迪普拖曳出来时，埃克森公司历史资料写道，"这是石油行业最壮观的场景，看到如此巨大的构件被移动到海上，很多目击者都被震撼到了。"❶ 提到康迪普就能激起很多石油行业中挪威人的回忆。"在20世纪70年代早期的时候我还是大学生，我暑假在一家康迪普制造厂工作。"一位石油老兵告诉我，"我们的工作就是浇筑混凝土。必须不断浇筑以避免变干板结，所以我们8个小时轮班，这个是艰苦的工作。"

康迪普是联合攻关的结果，为了能够抓住北海海上油气市场，挪威造船和设计行业组成联合财团汇集资源攻关。❷ 挪威人最初的成功就是因为将国家的强力支持和私营部门的企业家精神相融合。就像挪威能源专家奥伊斯坦·诺林（Øystein Noreng）写的，"挪威的船主有挑战风险的传统。他们为了赚快钱能够适应很大的风险，这让他们对新的机会非常敏感。但是，这种搏命的态度让他们在1973—1974年石油危机的背景下在钻机和油轮方面过度投资。"❸ 相比之下，英国的石油产业在北海第一次发现油气资源之后差不多十多年才开始动作。这也导致了英国媒体的不满。《经济学家》曾经把北海石油称作"上帝给英国最后的机会"并谴责"英国商人缺乏活力和适应性"，导致英国落在"小挪威"后面。❹

到20世纪70年代中期，挪威人是欧洲羡慕的对象。一位敬仰者曾经在《经济学家》撰文："在社会民主主义的挪威，商人们比他们在英国的同仁更像是可信的资本主义的代表，这很讽刺。挪威私营企业以惊人的速度投身海上石油行业，精通新技术并将其向全世界出口。这让每个英国造船企业蒙羞。"

---

❶ Pratt and Hale, *Exxon*, p. 155.

❷ Noreng, *The Oil Industry and Government Strategy in the North Sea.*

❸ Noreng, *The Oil Industry and Government Strategy in the North Sea.*, p.55.

❹ Andrew Niel, "Too Big a Maybe, " *Economist*, July 26, 1975. 在20世纪70年代末，Neil和他在*Economist*的同僚发表了一系列批评英国产业的文章，指责其未能从北海油气的机会中获益，直到80年代初期英国人才开始追赶。同时见Daniel Yergin, "Britain Drills—and Prays, " *New York Times Magazine*, November 2 1975.

但是，挪威造船业和石油服务行业的早期成功很快就遇到困境，这主要是因为 1973—1974 年的石油危机，同时也是因为 80 年代第二次石油危机之后日益激烈的商业竞争。结果，挪威石油行业丢失了它早期搏得的地位。伴随 1973 年的阿以战争和接下来的禁运，船舶的市场价格暴跌。到 70 年代中期的时候，超过四分之一的挪威船队都无所事事。即使市场条件好转之后，挪威的船舶工业也面临着来自其他国家，诸如韩国的激烈竞争。从 1975 年到 1995 年，船舶工业为挪威经济的贡献率从 9% 降到 2%。❶ 挪威的船舶工业再也没有完全恢复。❷

对挪威油服行业的影响同样严重。在 70 年代中期已经出现了很多的担忧，认为该行业产能过剩。到了 80 年代早期也就是康迪普接近尾声的时期，挪威工业却没有什么可以替换它。伴随着快速的技术升级，那时已经是国际竞争激烈的时期。四个同时建造的海上项目用了四种不同的平台设计，包括第一个张力腿平台。一个结果就是海上支持系统的快速全球化，这些系统也第一次开始包括韩国的承包商。约瑟夫·普拉特（Joseph Pratt）和威廉·黑尔（William Hale）写道："从来没有在工业平台设计界看到如此大的进步。"❸

但是埃克森公司从没买过混凝土平台也没有在北海以外的地方使用过。"挪威引领了设计、建设和安装混凝土平台，这成为风行北海挪威部分的规范。"❹ 相比之下，在靠近英国部分，布伦特油田同时使用钢结构平台和混凝土平台。这一不同反映了石油公司为讨挪威政府开心而使用挪威承包商的想法。

油服行业也受到油价兴衰周期的影响，还要加上造船业的涨跌。到了 80 年代的时候，由于产能过剩、对市场营销缺乏关注和来自小公司的竞争，挪威的油服行业已经进入了深度危机。来自美国和英国的大一些的竞争者很快就占据了挪威的市场份额，而且没用多久亚洲的公司也加入进来，而挪威人

---

❶ Knut Heidar, *Norway: Elites on Trial* (Boulder, CO: Westview Press, 2001), p. 102.

❷ Knut Heidar, *Norway: Elites on Trial* (Boulder, CO: Westview Press, 2001), p. 102.

❸ Joseph A. Pratt and William E. Hale, *Exxon: Transforming Energy, 1973-2005* (Austin, TX: Dolph Briscoe Center for American History, 2013), p. 153.

❹ Joseph A. Pratt and William E. Hale, *Exxon: Transforming Energy, 1973-2005* (Austin, TX: Dolph Briscoe Center for American History, 2013), p. 115.

则无法再现他们当初康迪普的辉煌。

简单来说，挪威企业家精神在早期的成功加上政府的政策造就了 15 年的繁荣时期。同时，海洋石油产业技术创新加上该产业在全球的深入让挪威公司面临它们无法应对的挑战。挪威公司规模过小，难以和韩国的造船业者抗衡。一代人的时间之后，基于新的高科技专业和初创公司，带来挪威企业家精神的复兴——但是这是另外的话题了。❶

人力资本是挪威产业发展的重要因素。挪威这方面的要求是利用许可证和竞价过程提出的。一位埃克森公司的高管回忆在挪威的竞价时说："他们想知道，你能给我们提供什么样的培训？所以每次我们竞购一个区块，一个很重要的部分就是送我们的挪威雇员去我们的研究试验室去学习他们想要学的技术，有时甚至也会送去麻省理工学院、普林斯顿大学或者其他学校。"❷同样的，在 70 年代末期的另一次竞价当中，挪威人提出的竞价要求包括"在挪威进行总额达 350 万美元的潜在研发项目的清单。"❸埃克森公司注意到，回应这些政策比起回应英国政府那些诸如建炼油厂之类的粗暴要求要容易得多。

因此，船舶工业中可用的高技术人力资源和基础设施让挪威政府可以采取更为积极的政策用以培养和发展本土供应能力并且支持蓬勃的石油行业。虽然在 80 年代之后遇到一些困难，挪威早期的经验留下的重要遗产就是一个大型国际油气公司（挪威国家石油公司）和强大的技术部门。在工党政府的帮助下，挪威的私营部门在很短时间内建立起世界领先的海上油气和装备行业，这都是苏联（俄罗斯）没有做到的。

---

❶ Lie, "Context and Contingency." 同见Ole Andreas H. Engen, "The Development of the Norwegian Petroleum Innovation System: An Overview" (working paper, Innovation Studies, Centre for Technology, Innovation Culture, University of Oslo, 2007). 公开发表的版本可见Jan Fagerberg, David C. Mowery, and Bart Verspagen, eds., *Innovation, Path Dependency, and Policy: The Norwegian Case* (Oxford: Oxford University Press, 2009).

❷ Pratt and Hale, *Exxon*, p. 146.

❸ Pratt and Hale, *Exxon*, p. 146.

和苏联比较

乍看起来，挪威与苏联在建立和发展天然气行业方面的经验不具可比性。虽然挪威工党有着强烈的社会主义和国家主义的传统，加上在挪威和苏联地下资源都属于国家，但是这两种体系却是云泥之别。当挪威人说计划的时候，他们的意思是在总体市场经济基础上的指导性意见，而不是像摒弃了市场的涵盖一切的物质投入产出的数学矩阵，而这些都塑造了苏联指令经济的思维模式。同时从世界经济来看，根本区别可以从两方面总结：挪威的体系是开放的，而苏联的体系到其1991最后的日子在根本上都是封闭的，虽然在斯大林1953年去世后有过部分的开放。

尽管如此，这两种体系在建立时很有启示意义，它帮助解释了挪威和苏联在同欧洲的天然气关系中所扮演角色的一些重要差异。我们现在回到本章的三个核心话题：国家的角色、天然气出口政策和定价、产业技术政策。

第一，在国家的角色上：人们预期挪威社会中存在的权力的两级——政府和私营部门——可以在政治中制造不稳定和冲突，而人们对于指令经济则会预期制定目标并执行是平稳而有秩序的。而事实上却是相反的。因循守旧的苏联政府被困在争执下制定的年度目标中，而能想到的手段也就是一个适者生存的过程，而这产生了强大的官僚企业家，他们的才干在于通过大胆和诡计克服体制的惰性并让它能运转起来。事实上，苏联的经济基础与其说是科学计划不如说是硬杠的谈判。

挪威的体制也制造强有力的领导，而他们的作用是管理产业和国家之间的接触面，而不是像他们的苏联同行一样。典型的例子就是约翰森，挪威国家石油公司的第一任董事长（1972—1987），而哈格曼，也是挪威国家石油管理局多年的领导（1972—1997），[1] 他的工作是关注像健康和环境等议题并向政府做政策建议——特别是可持续政策和发放许可证。埃文森则是一个国际法

---

[1] 哈格曼1990年的正式继任者是Gunnar Berge，但由于其在当时的政府中担任部长，因此哈格曼一直以临时董事身份留任，直到1997年。

天才，他让挪威疆域扩大一倍，其中一半是海洋。相比之下，苏联体制造就的是帝国的建设者，比如像阿列克谢·科尔图诺夫（Aleksey Kortunov）以及在空间和防务产业上的类似的人物，他们是克服指令体系失灵和惰性的天才。科尔图诺夫建立起来的帝国——俄罗斯天然气工业股份公司——到今天都是他的纪念碑。挪威的企业家们在体制中获得成功，而在苏联，这些人则在体制里斗争。

在挪威，一个气田只会在有买家的情况下才开发。一个人投资数百亿美元修建一条管道，他确信管道那头有人准备在天然气到达的时候去购买它，而更重要的是持续地购买，直到投资气田和管道的钱都收回。因此，投资开发某一个挪威气田的决定取决于——而且必须服从于——在欧洲的买家之间销售天然气。结果就是这种零散式的发展模式。而相比之下，苏联的计划体制是总体性的，而宏大的目标是建立全国范围的融合一体的体系，但是苏联项目实际完成情况经常和其宏大的目标相距甚远。

第二，在产业政策和自主性动机上：挪威和苏联在根本上的区别是，在挪威新旧产业之间的关系是相互支持，因此也是生产性的，而在苏联这种关系是竞争性的和削弱性的。具体而言，旧产业在挪威包括如造船业，它们积极投身到海上油气工程和技术的发展之中。在苏联，涡轮机、送风机、管道和其他相关设备的发展被垄断控制的军工复合体所牵绊。而具有讽刺意味的结果是挪威能够在短时间发展出本土天然气产业基础，而苏联的俄气人却不得不依靠进口。因此，一个视自给自足高于一切的体系最终不情愿地依靠资本主义的伙伴，而且在很大程度上还依靠其社会主义的卫星国。

这一区别到今天也有影响。直到最近，俄罗斯没有发展海上油气产业的需求而且也没有发展出来这样的产业。直到苏联解体，它的海上船坞和技术中心大部分都是军事的。（特别指出，造船部是构成苏联军工复合体的九个部之一。）结果是，今天的俄罗斯面临从头建立国内海上石油产业的挑战，而挪威40年前已经开始了。甚至到今天俄罗斯的军事部门仍然是障碍。比如，俄罗斯天然气工业股份公司花了20年建设它的第一个海上平台（在伯朝拉海上的普里拉兹洛姆内，Prirazlomnoye），很大程度上是因为当地的军事造船厂无

法适应民用项目的需要。❶

苏联体制的另一个特点是国内对天然气需求和天然气出口合同之间的紧张关系。国内出售的天然气价格比出口的低很多,这在苏联时期就是这样,而且情况到今天也没有改变。结果是,俄罗斯天然气工业股份公司一直倾向于把天然气出口并且极力捍卫自己天然气出口的垄断权(虽然它已经丢失了液化天然气的垄断,就像我们即将看到的)。这种传统的国内和国外市场之间的紧张关系现在随着独立天然气生产商的崛起而开始改变,这里所说的独立天然气生产商主要是石油公司,它们已经占据了一半俄罗斯天然气工业股份公司的国内市场份额。同样,挪威没有类似的问题。

从很多方面看,挪威是欧洲天然气商业中重要的他者。鉴于从北海英国部分的天然气大部分都供应英国国内市场,具有大量水能的挪威则将大部分天然气出口。由于天然气储量远大于英国,挪威和俄罗斯现在仍然是对欧洲大陆管道天然气的主要供应商,俄罗斯占三分之一,挪威占五分之一。在2012年,挪威天然气的产量第一次超过了石油的产量,而且这个差距会持续扩大,因为挪威的石油产量正在持续下跌。❷根据官方估计,挪威天然气生产会在21世纪20年代中期达到约每年1000亿立方米,然后缓慢下降到30年代中期的每年900亿立方米。❸到那时,挪威将生产并出售了4万亿立方米的天然气,这是其现有已知天然气资源的三分之二。

虽然这些数字非常大,但可以确定的是,作为长期供应商,挪威和俄罗斯并不在一个联盟里面。在未来几代人的时间里肯定会有新的发现,挪威在欧洲能源安全的重要性肯定会下降。和俄罗斯相比,挪威对欧洲天然气历史的重要性更多地体现在其政治结构和商业模式,而非生产和出口的比例。这些植根于它们各自天然气部门的差异直到今天也会在挪威和俄罗斯不同的结构和商业操作上留下烙印。今天的结果是,欧洲和挪威建立了和平而建设性

---

❶ 最近俄罗斯石油也在海上设备方面遇到相同的问题,原因是本地落后的军事船坞。

❷ Norwegian Petroleum, "Exports of Oil and Gas," http: //www.norskpetroleum.no /en/production-and-exports/exports-of-oil-and-gas/ (accessed May 12, 2019) .

❸ Norwegian Petroleum, "Exports of Oil and Gas," http: //www.norskpetroleum.no /en/production-and-exports/exports-of-oil-and-gas/ (accessed May 12, 2019) .

的关系（尽管不是一直这样），而和俄罗斯的关系则是对抗性的。

本章认为，作为一种商业模式，挪威式的国家资本主义整体上比俄罗斯式的国家资本主义更为成功。但是挪威的模式并不会一直像它过去那样成功。作为欧洲市场的竞争者，挪威面临着三个长期性的挑战。

第一，下一代挪威的天然气位于极北地区，在巴伦支海。如果挪威人希望用管道以经济的方式获取的话，这对于欧洲市场来说太远了。因此，相比于俄罗斯人可以享受乌克兰管网等苏联红利得以把极北的天然气运到欧洲（如亚马尔半岛），挪威人并没有这样的基础设施。挪威人开发巴伦支海的其他选项可以是液化天然气，但是它面临着没有大规模生产和出口液化天然气的能力（除了在斯诺维特）的困难，而且挪威在这个已经很拥挤的领域是个后来者。挪威面临学习新的商业模式的挑战。

第二，挪威社会在勘探开发巴伦支海和如罗弗敦等北部岛屿问题上日渐分裂。尽管挪威不会停止出口天然气，但是对极北地区环境日益情绪化的讨论可能减缓投资，而这些投资则是挪威在日后欧洲市场竞争所需要的。

第三，在挪威人可能软弱的地方俄罗斯人可能变得强大。他们在极北地区的天然气已经开发了，管道也建了，而且俄罗斯的出口模式日渐符合和欧洲做生意的要求。明天的欧洲的天然气更可能是来自俄罗斯而不是挪威。但是如果想让这个前景成为现实，俄罗斯需要应对其自身的挑战，我们会在第10章和结论部分谈到。

我们在本章里说的是半个世纪前的故事了。我们现在要转向80年代和勃列日涅夫最后的欢呼。

第 5 章

苏联天然气：最后的欢呼

正如我们在第 1 章中指出的那样，20 世纪 70 年代初期的苏联正处于国力、威望和自信的巅峰。它的经济当时持续强劲增长，消费标准上升，作为两个超级大国之一、美国唯一的竞争对手，苏联在全世界享有盛名。20 世纪 60 年代下半叶，苏联的国内生产总值增长速度超过了前三个十年。可以肯定的是，一个令人尴尬的事实是美国在苏联之前登月，导致苏联放弃了载人登月的竞赛。在研究所和计划机构内，专家们警告说，经济增长令人震惊地突然放缓。但是苏联是安静的，国内政治稳定，东西方局势缓和使冷战似乎变得威胁性降低。那些年的苏联似乎很平静，几乎有些自满。❶

然而，短短几年之内，宁静就被打破。20 世纪 70 年代后半期，经济放缓对所有人都显而易见，而至 80 年代初，国内生产总值开始萎缩。反复出现的农作物歉收导致商店的粮食短缺，与此同时，将近三分之二的收成实际上在

---

❶ 关于经济衰退和危机爆发的最好说明是20世纪90年代初期的前代总理和市场改革领导人。参见 Yegor Gaidar，*Collapse of an Empire*：*Lessons for Modern Russia*（Washington，DC：Brookings Institution Press，2007），尤其是第4章。

田里烂掉。❶一项旨在促进灌溉的庞大计划主要导致了资金浪费，以及与之相伴的更严重的环境问题。❷1973 年以后，只有由油价急剧上涨带来的意外收获才使得苏联得以勉强应付。但这只治标而不治本。1982 年列昂尼德·勃列日涅夫去世时，油价达到顶峰后开始下跌，由此产生的金融危机成了 20 世纪 80 年代后半期米哈伊尔·戈尔巴乔夫迫切改革的大背景。苏联内外很少有人能想到危机将被证明是毁灭性的。

能源部门处于动荡的中心。在本章中，我们将叙述与石油、核能和煤炭有关的累积性问题，两次石油冲击对苏联经济的影响，天然气从陷入困境的青春期演变成即将解体之苏联体系最后成功的故事。

奇怪的组合：勃列日涅夫和柯西金

如今，并非所有俄罗斯人还能记得列昂尼德·勃列日涅夫的形象，甚至他那对曾经举世闻名的浓眉都已经被人遗忘。从 20 世纪 60 年代中期至 1982 年去世，勃列日涅夫曾作为苏联共产党总书记。在他的一生中，"老里昂亚"（列昂尼德的谑称）是一个大众笑柄，人们嘲笑他农民式演讲、识字水平低，当然还有他的眉毛。20 世纪 80 年代后期，他的继任者米哈伊尔·戈尔巴乔夫把勃列日涅夫描绘成"停滞"的象征并打算从这种瘫痪状态中解救苏联体制。

但是勃列日涅夫不是傻瓜。在乌克兰战后饥荒、哈萨克斯坦处女地开垦初期，作为第聂伯罗彼得罗夫斯克的党魁，他亲身经历了苏联农业的连续灾难。作为尼基塔·赫鲁晓夫的门徒，通过将苏联共产党划分为农业党和工业党两个部分，他帮助实施了赫鲁晓夫营救苏联农业的计划。直到 1964 年的一天，勃列日涅夫主导了推翻他导师的阴谋。勃列日涅夫在余下的漫长职业生

---

❶ 关于经济衰退和危机爆发的最好说明是20世纪90年代初期的前代总理和市场改革领导人。参见 Yegor Gaidar, *Collapse of an Empire：Lessons for Modern Russia*（Washington，DC：Brookings Institution Press，2007），p. 88，引自列昂尼德·勃列日涅夫的数字。

❷ 关于勃列日涅夫的农业和环境政策、特别是开垦运动，参见Thane Gustafson, *Reform in Soviet Politics：Lessons of Recent Policies on Land and Water*（Cambridge：Cambridge University Press，1981）。

涯中一直保留着关于赫鲁晓夫和他命运的记忆，而他在18年间作为总书记任期时的政策可以归结为反对赫鲁晓夫统治时期即兴表演和行政混乱的一种反应。勃列日涅夫领导下的口号是共识和稳定，尤其是他的"干部稳定"范式。所谓1939年一代的统治——勃列日涅夫就是其中的一个最终例子——直到他1982年去世一直未被干扰过。

在这段漫长的统治期间，勃列日涅夫最亲密的伙伴是他的总理阿列克谢·柯西金。从外貌和风格看，这两个男人并无任何相同之处。勃列日涅夫是一个粗鲁的乐天派，喜欢豪饮，爱开玩笑，喜欢漂亮女人，以及收藏跑车。柯西金虚弱，阴沉，有节制。他们的政治风格也相距甚远。勃列日涅夫是甩手掌柜。柯西金则是事必躬亲，典型的政策传话筒。

作为整个勃列日涅夫时代的国家计划委员会主任，尼古拉·巴伊巴科夫描述了20世纪70年代中期的情景，当时他和柯西金拜访了住在扎维多沃国家别墅的勃列日涅夫，向总书记简要介绍了即将实施的年度计划。像往常一样，巴伊巴科夫和柯西金带着大量的档案、资料和数据。在两天的大部分时间里，勃列日涅夫疲惫不堪地听着巴伊巴科夫的汇报，最后终于发火道："尼古拉，见鬼去吧！您已经用数字塞满了我的脑袋，我再也听不懂了。把数字留给阿列克谢·尼古拉耶维奇（柯西金），然后向我们简要介绍一下具体决定。"几天后，在中央政治局的一次会议上，勃列日涅夫抱怨道："我听巴伊巴科夫讲了两天，现在我无法入睡。"❶

勃列日涅夫喜欢待在扎维多沃或黑海的度假别墅里，而柯西金则经常四处视察，参观建筑工地和油田，凝视着一切，并提出问题。勃列日涅夫需要的"只是……具体的决定"，而柯西金从未遇到一个他不喜欢的数字。十年来，他们结成了一对好搭档。勃列日涅夫是精明的政治战术家，而柯西金则具有战略眼光和胆识。在这方面，柯西金是赫鲁晓夫的真正继承者：像赫鲁晓夫一样，他坚信苏联体制仍然可以运转，而且他不畏惧在全国范围内展开激进的试验。所谓的柯西金改革是旨在将利润变成绩效标准和奖金基础，以此提高工厂经

---

❶ 引自Mariia V. Slavkina, *Baibakov*（Moscow："Molodaia gvardiia，" 2010）。

理和集体农场主的工作效率。柯西金说服勃列日涅夫继续前进。20世纪60年代下半叶，随着消费标准的提高和苏联国内生产总值的跃升，赌注似乎得到了回报。

从自满到恐慌

欣慰快感并未持续多久。的确，即使在20世纪60年代，苏联也会偶尔遭遇庄稼歉收，因而，领导层意识到粮食是一个日益严峻的问题。1963年，苏联以372吨黄金购进第一批主要谷物，超过苏联黄金储量的三分之一。1965年，这一幕再次上演。然而，20世纪60年代零星出现的问题在70年代成为大面积的慢性病，到80年代则病入膏肓。1970年，苏联进口谷物仍然相对较少，仅为220万吨，1982年增至2940万吨，1984年达到4600万吨的峰值。❶ 俄罗斯前总理伊戈尔·盖达尔（Yegor Gaidar）写道："20世纪80年代中期，三分之一的烘焙食品都是用进口谷物生产的。牛肉生产依赖谷物进口。"❷

苏联从来没有维持过大量的硬通货储备。相反，它出口了越来越多的黄金，以抵消歉收，这种情况发生的频率越来越高——1973年、1976年、1978年和1981年。然而，在遥远的华盛顿，以下事件为苏联提供了帮助。1971年，理查德·尼克松总统政府决定放弃金本位制，这给苏联带来了第一笔意外收获。当时，世界黄金价格从1970年的38.90美元/盎司涨至四年后的183.77美元/盎司。❸ 然而，即使金价上涨，苏联仍被迫借钱购买谷物，并在1974年至1975年间成为国际债务国。

然后，1973—1974年的第一次石油危机拯救了苏联。盖达尔写道："石油出口的硬通货制止了日益严重的粮食供应危机，增加了设备和消费品进口，确保了军备竞赛的资金基础，帮助实现了与美国的核均势，并允许采取诸如

---

❶ Gaidar, *Collapse of an Empire*, p. 95.

❷ Gaidar, *Collapse of an Empire*, p. 95.

❸ Only Gold，http://onlygold.com/m/Prices/Prices200Years.asp（accessed May 14，2019）. 价格以当天美元为准。整个20世纪70年代的大部分时间里，金价持续暴涨。到1980年，已达到594.90美元/盎司。此后，跟随商品价格的下降趋势，直到2000年才反转。到2006年再次达到1980年的名义价格。

阿富汗战争这样具有风险的外交行动。"❶ 全球油价上涨带来了继黄金之后的第二笔可喜的意外收获，然而，依靠石油收入支付食品和消费品进口的决定也导致苏联领导层内部分歧的加剧。对于勃列日涅夫和军工部门的头头儿来说，石油财富是保持传统优先事项和惯例不变的途径，同时又不会遭到民众反对。但是经济主管部门对此不满，巴伊巴科夫感到被背叛。该国油气资源是大自然的礼物，应被用来支持工业发展。多年后，根据对巴伊巴科夫的采访，他的传记作者试图捕捉他当时的思想状况："现在呢？外币——被用于什么？消费品？是否有理由不改变经济？即使在最糟糕的噩梦中，他也无法想象油气资源遭受被牺牲的命运。"对于巴伊巴科夫来说，这是"捅向后背的一刀"。❷

　　这也导致柯西金改革的终结。巴伊巴科夫的传记作者继续写道："有这样的财政收入，为什么继续推进改革仍困难重重？而且从意识形态的角度来看还令人质疑？"❸ 对于柯西金而言，经济改革的失败结局，标志着他与勃列日涅夫的伙伴关系破裂以及他政治生涯的终结。柯西金不仅对日益依赖石油出口感到遗憾，而且对苏联的外交政策也越来越感到不安。20 世纪 70 年代下半叶，缓和政策逐渐衰落，克里姆林宫的对外行事风格变得更加咄咄逼人。由于 1979 年苏联入侵阿富汗，柯西金和勃列日涅夫之间的紧张关系达到顶峰。1980 年 9 月，柯西金给勃列日涅夫和苏共中央政治局写了一封内容苦涩的信。在信中，他谴责了自 20 世纪 70 年代中期以来一直奉行的经济和外交政策，尤其是对能源和原材料出口的依赖越来越大，以资助咄咄逼人的意识形态化的外交政策。柯西金写道，这是"思考不周的，冒险的，缺乏任何可靠的经济或政治基础，使苏联蒙羞并加深了与中国的对抗。"最后，他要求卸任总理职务。一个月后，柯西金离职，再过一个月，他撒手人寰。❹

---

❶ Gaidar, *Collapse of an Empire*, p. 102.

❷ Slavkina, *Baibakov*, p. 142.

❸ Slavkina, *Baibakov*, p. 141.

❹ Valentin A. Runov and Aleksandr D. Sedykh, *Orudzhev*（Moscow："Molodaia Gvardiia，"2012），pp. 259-262. 作者暗示，柯西金可能已经中毒，但我没有任何证据。自从1976年的严重划船事故以来，柯西金一直健康状况不佳。

能源政策中存在类似的紧张关系——但是，毫无疑问，这种紧张关系过了许久才浮出水面，部分是因为农业问题的紧迫性，部分是因为1973年至1974年间阿拉伯石油禁运后石油出口收入的增加。1972年，苏联向经济合作与发展组织（OECD）国家出口原油和成品油的收入不足30亿美元，到1974年将近100亿美元，此后继续快速增长，1976年达到了130亿美元。❶

最初，大量现金的流入使勃列日涅夫和其同僚们产生一种错误的安全感。读到20世纪70年代前半期领导人的讲话时，人们很难发现高层对能源担心的迹象。关于这一主题，主要是用长期未来进行表述——这是当时领导层以及多数科学机构看待煤炭和核电的方式。❷

然而同时，还有另一种完全不同的消息，来自西伯利亚石油天然气"兄弟会"的各级人员。他们警告说，油田被过度开采，勘探被忽视，天然气管道建设陷入困境，而生产成本却快速上涨。两个相反的叙述被提供给领导层——第一个基本上将能源状况描绘成良性的，在下个世纪将转向煤炭和核电，进行重新定位；第二个则是油田面临的困难信号越来越紧迫。但是直到1977年左右，领导层听到的多是第一个消息，而大多忽略了第二个。❸ 最说明问题的指标是投资比例：从1970年到1977年，能源在工业投资中的比例停滞不前，与1970年的28.7%相比，1977年仅为28.1%。❹

但是到1977年，自满情绪迅速让位给恐慌，因为克里姆林宫仪表板中的整个能源部门突然亮起了红灯。❺ 具有关键意义的是顿巴斯的煤炭产量开始下

---

❶ Gaidar, *Collapse of an Empire*. pp. 102-103.

❷ 本段和下段是以下讨论的缩写，参见Thane Gustafson, *Crisis amid Plenty：The Politics of Soviet Energy under Brezhnev and Gorbachev*（Princeton，NJ：Princeton University Press，1989），chapter 2。

❸ 细节参见本段和下段是以下讨论的缩写，参见Thane Gustafson, *Crisis amid Plenty：The Politics of Soviet Energy under Brezhnev and Gorbachev*（Princeton，NJ：Princeton University Press，1989），pp. 23-24。

❹ Thane Gustafson, *Crisis amid Plenty：The Politics of Soviet Energy under Brezhnev and Gorbachev*（Princeton，NJ：Princeton University Press，1989），table 2.1，引自苏联国家统计委员会（Goskomstat SSSR），*Narodnoe khoziaistvo SSSR*（Moscow：Finansy i statistika，various years）。

❺ 以后的段落是Gustafson，Crisis amid Plenty，第2～4章的简写。

降。乌克兰最大气田舍布林卡的天然气产量达到顶峰并开始下滑。[1] 核电计划落后于日程安排。但是最糟糕的消息来自西西伯利亚油田，它当时成为能源增长的主要来源。这里，所有关键指标突然变成负值：被发现的新油田数量、新油井采收率、最重要的是西伯利亚石油产量的总体增长率。到 1977 年末，石油生产似乎将在未来十年达到顶峰。[2] 我们稍后将会看到，这一严峻图景的唯一例外是西西伯利亚天然气。

1978 年春，因反对柯西金、巴伊巴科夫的建议规划，勃列日涅夫撕毁了第十个五年计划（1976—1980）的能源目标，并着手实施一项紧急计划，以保存五年石油产量目标。突然，随处可见勃列日涅夫的身影。他视察西西伯利亚，在党的会议上发表主旨演讲，并强调挽救该计划的紧迫性。资金开始涌入能源部门——尤其是石油行业，在四年的时间里，其年度投资增长了三分之一，从 1976 年的 41 亿卢布增加到 1980 年的 66 亿卢布。[3] 对于因决策过程放任自流风格而著称、身体健康每况愈下的领导人而言，这是一个卓越的表现。来自莫斯科的小道消息说，西伯利亚人已经打通了同勃列日涅夫的关系。但回想起来，勃列日涅夫似乎受其他因素的影响更大。1977 年，美国中央情报局（CIA）发布了关于苏联石油部门绩效表现的三份报告，预测苏联石油产量将在 1980 年达到顶峰、此后急剧下降，这将使苏联成为石油净进口国。[4] 这些报道在全世界引起了极大关注，但其最热心的读者在克里姆林宫。具有讽刺意味的是，中央情报局的分析主要基于苏联出版物，而且仅仅是重复了苏联石油专家多年来撰写的文章而已。[5]

勃列日涅夫的紧急应对措施有可能满足了 1980 年的石油产量目标，但其

---

[1] Per Högselius，*Red Gas*：*Russia and the Origins of European Energy Dependence*（New York：Palgrave Macmillan，2013），figure 8.5，p. 145，引自乌克兰官方数据。

[2] Gustafson, *Crisis amid Plenty*, p. 27.

[3] Gustafson, *Crisis amid Plenty*, p. 28.

[4] U.S. Central Intelligence Agency, *The International Energy Situation: Outlook to 1985*, report number ER77-10240 (Washington, DC: GPO, April 1977)；U.S. Central Intelligence Agency, *Prospects for Soviet Oil Production*, report number ER77-10270 (Washington, DC: GPO, April 1977)；U.S. Central Intelligence Agency, *Prospects for Soviet Oil Production: A Supplemental Analysis*, report number ER 77-10425 (Washington, DC: GPO, July 1977)．

[5] Gustafson, *Crisis amid Plenty*, p. 29.

代价是浪费增加和效率低下。石油开发和生产成本急剧上升。四年来，流入油田的资本总额增长了近三分之二。计划者警告说，如果 20 世纪 80 年代整个上半期石油对能源生产的贡献率保持在 1980 年 44% 的水平，那么，石油投资将不得不增加近 3.8 倍——超过整个苏联工业投资增长的一半以上。显然，还需要某些其他方案。

1979 年秋，勃列日涅夫想出了答案：西西伯利亚的大量天然气。[1] 然而，通过官僚机构实现天然气政策的转变花费了大约一年的时间，而勃列日涅夫并非不战而胜。在能源机构中（欧洲也是如此），人们仍然普遍认为天然气太稀缺，无法用于普通供暖和电力。这由此解释了巴伊巴科夫、柯西金和苏联科学院院长阿纳托利·亚历山大罗夫（Anatolii Aleksandrov）等人为何面临来自煤炭和核电部门的持续压力。同时，从更广泛角度看，勃列日涅夫的政策和权威受到各个方面越来越多的攻击。尽管柯西金的健康状况恶化，但他加入了对勃列日涅夫的批评行列，他们之间爆发了公开辩论。勃列日涅夫采取了新举措。阿富汗远征是其中之一，而能源运动则是另一个。这些因素有助于说明勃列日涅夫天然气运动的突发性和全面性：回应是有力的，因为这一点恰恰表明了其生命力。

1981 年 2 月，在宣布即将到来的"十一五"计划（1981—1985）目标时，勃列日涅夫强调了天然气的重中之重：

> 我认为有必要将西伯利亚天然气产量的快速增长作为首要的经济和政治任务。西西伯利亚地区的储备是独特的。其中最大的——乌连戈伊（Urengoy）气田——具有如此庞大的储备，可以满足我国多年内需及出口需求，包括向资本主义国家出口。[2]

勃列日涅夫提议在五年内将天然气产量增加近 50%（从 1980 年的 435 亿立方米增加到 1985 年的 630 亿～645 亿立方米），其中大部分增长来自西西

---

[1] 勃列日涅夫首次大力呼吁大幅增加天然气投资是在 1979 年 11 月苏联共产党中央委员会全体会议上。见 Pravda，November 28，1979。又见 Gustafson，*Crisis amid Plenty*，p. 30。

[2] Pravda，February 24，1981. 又见 Gustafson，*Crisis amid Plenty*，p. 34。

伯利亚。天然气将供给 75% 燃料余额的新增部分。为了实现这些目标，天然气部门在未来五年中将耗费与之前十五年一样多的资本。❶

当然，将西西伯利亚置于天然气政策的中心，意味着同样要大量增加管道建设。目标是惊人的：天然气投资总额的三分之二以上将用于建设六条巨型干线，在西西伯利亚与俄罗斯国内之间使用 2 万千米的直径为 1420 毫米的管道——这一直径比当时其他任何地方使用的管道都要大。1981 年 11 月，勃列日涅夫强调了这一点，称计划中的六条西伯利亚干线"毫无疑问的是五年计划的核心建设项目"，"它们必须按时完工。"❷

是什么让勃列日涅夫认为天然气行业可能发挥他所描绘的关键角色？简短的答案是，到 1980 年，天然气行业已经成为能源行业乃至整个苏联工业的明星。它是 1980 年唯一实际上达到设定目标的能源资源。

然而这里有一个谜。正如我们在第 2 章中看到的那样，十年前，天然气部门仍处在深度困境之中。20 世纪 70 年代的十年里究竟发生了什么事情使天然气行业从陷入困境的落后者跃升为领导者？ 我们将时钟回拨至 20 世纪 70 年代初来讲述这段故事。

苏联方面的持续战斗

截止时间是 1973 年。该年是向意大利和东德、西德天然气合约出口数量大幅增加的一年，从 20 世纪 70 年代初期的每年不足 50 亿立方米增加到 1973 年的 74 亿立方米，然后越增越快，从 1974 年的 172 亿立方米增至 1975 年的 247 亿立方米——由欧洲蓬勃发展的需求驱动并由与东欧和西欧的协议勃兴所支撑。西西伯利亚的新巨型气田被不断发现，而且储量似乎无穷无尽。1966 年至 1969 年间，西伯利亚探明储量从 7140 亿立方米增至 4.4 万亿立方米，几乎等于世界其余地区的近一半。苏联储量的庞大规模使得欧洲预期需求相形

---

❶ Gustafson, *Crisis amid Plenty*, p. 32.

❷ 引自*Pravda*，November 18，1981。

见细：例如，至 1980 年，西德政府计划每年天然气需求仅为 800 亿立方米。❶

只有一个问题：20 世纪 70 年代初期的苏联天然气工业遇到了麻烦。满足不断增长的交付目标及出口承诺，意味着从尚未钻探的井中生产出天然气，然后通过尚不存在的管道将其运送数千英里。科尔图诺夫最初的愿景是，这个庞大网络不仅将支持向西欧的出口，而且还将供应东欧和苏联的主要地区，尤其是波罗的海共和国和乌拉尔地区。当 1965 年苏联政府一经批准发展西西伯利亚天然气构想时，科尔图诺夫及其团队已经准备好他们的宏伟计划——但是仅在纸面上。

因此，与西欧达成的首批易货协议至关重要，因为它们提供了直径 1420 毫米钢管的首次进口。❷西西伯利亚项目的易货贸易和建设步伐因此紧密相连：1969 年第一笔交易签署后，天然气部向苏共中央提交了一项计划，加速发展秋明州的天然气，该计划迅速获批。随着具有签订更多合同的未来前景，意图变得雄心勃勃。至 1969 年计划展望时，数字目标已跃升为至 1980 年实现 2800 亿立方米。在 1970 年致部长会议的备忘录中，科尔图诺夫谈到至 1985 年将达到 1 万亿立方米。❸

第一批德国管道按计划于 1970 年 6 月到达，但主要问题是如何将它们送到指定位置并进行铺设。夏天，整个地区都变成沼泽，必须用驳船把管道运进来；冬天，管道在雪中，而运输管道需要特殊的牵引，将管道各部分在冰冻的道路上拖运。有两个选择：或者沿用现有的旧铁路路线，这比较容易，但耗时较长，或者直接穿过原始森林，这样可以节省管道。科尔图诺夫选择了后者。但该部门缺乏在这种苛刻条件下铺设管道的经验，因此造成了延误。管道必须在地面上铺设，因为地下是坚硬的永久冻土——一种冰和沙的混合物，全年都保持冻结状态，但当被放置任何重物时会滑动。另一个问题是从井中冒出的天然气是热的，所以必须在沿途将其冷却以防止其融化永久冻土，导致管道位移和变形。所有这些问题都需要时间来解决。

---

❶ Högselius, *Red Gas*, pp. 137-138.

❷ Högselius, *Red Gas*, pp. 137-138.

❸ Högselius, *Red Gas*, p. 140.

当时，科尔图诺夫很明显低估了实现承诺的困难。他不断抱怨自己从其他部委那里得到的支持不够，后者负责提供所有必要设备——例如制冷器、铺管器、卡车以及最重要的压缩机。根据设计，直径 1420 毫米的管道可以在 75 个大气压下运行，每 100 千米需要一个 25 兆瓦左右的压缩机站以通过管道推动天然气。但是苏联工业尚未生产出如此大型的压缩机或为其提供动力的天然气涡轮机。天然气行业被迫依靠为航空业生产的过时的 10 兆瓦和 16 兆瓦的设备。在接下来的 20 年中，苏联管道系统主要是采用了伊尔 –16 民用客机淘汰的发动机，每个压缩机站联接 5 个发动机。❶

由于这些问题，到 1971 年，天然气计划远远落后于日程安排，而且苏联有可能会错过首次向德国和意大利交付天然气的关键期限。在 1971 年 3 月的第 24 届苏共代表大会上，勃列日涅夫和柯西金赞扬了天然气计划的进展，但实际上，计划者已经意识到必须降低 1975 年目标，而首批西伯利亚天然气只能在 1976 年、而不是 1973 被交付。❷科尔图诺夫在代表大会讲话时强烈反对降低目标。他发誓要在 1974 年底前完成第一条西伯利亚管道，并延长了管道路线，尽可能避开永久冻土带。到这个时候，更多的德国钢管可以被利用，更长的路线现在变得可行。但是到了 1972 年，很明显，甚至被修订目标也无法实现。

唯一可用的方案是乌克兰。加快建设东向西乌克兰管道的步伐，将天然气从舍布林卡运至乌克兰西部。中亚天然气也将被输送到乌克兰以补充来自舍布林卡的天然气。

但是，经常出现拖延，而这在加盟共和国领导人和莫斯科之间引起了激烈的争论。波罗的海共和国努力游说反对西伯利亚计划中的任何延期。特别是拉脱维亚不想成为乌克兰东部管道延伸的终端。最后，他们的抱怨占据上风，曾被承诺而后被推迟的从瓦尔代到里加的管道，被重新列入目标清单。但即使如此，西伯利亚天然气供应方面的问题仍使波罗的海人无法获得全部供应——此外，他们发现自己与向芬兰出口的合同彼此竞争。❸

---

❶ Slavkina, *Baibakov*, p. 14.

❷ Högselius, *Red Gas*, p. 142.

❸ Högselius, *Red Gas*, pp. 146-147.

由于延迟不断，流言在克里姆林宫、老广场的苏共中央委员会总部中开始流传——天然气行业的那个老家伙已经失势，现在是改变的时候了。科尔图诺夫承受着巨大的压力。他同时有效地负责两个主要部委（石油和天然气）的工作。在苏联时期，这种安排——将一个高优先级工作置于一个负责人治下——并不少见（西伯利亚水电和铝业的结合是另一个著名的例子），但是到20世纪70年代初，科尔图诺夫的负荷已变得难以维持。首先，西西伯利亚的石油和天然气工业正在分化，因为很明显，大部分天然气位于秋明州北部，远离已建立的石油基础设施。在原始针叶林中铺设管道的后勤和工程方面的挑战——更不用说与其他政府部门作政治斗争——耗费着科尔图诺夫越来越多的时间和精力。同时，由于科尔图诺夫与巴伊巴科夫达成了长期的君子协定，天然气部的焦点变得过于偏重西西伯利亚石油，以至于阻碍了该地区以及其他地区天然气行业的有序增长。最后，在巨大双重负担之下，科尔图诺夫的健康状况开始恶化。

事情在1972年达到顶点。面对天然气工业，特别是在管道铺设方面越来越严峻的形势，党的领导层决定通过拆分天然气部来处理这种情况。天然气部的名称将被保留，但将取消其大部分建设责任，尤其是西西伯利亚干线。相反，这些将交给专门负责石油和天然气工业建设的部门。最初出现的变化较少。为西西伯利亚的石油和天然气建设建立一个单独的部门，在很大程度上只是长期以来惯常的形式化。剩下的唯一问题是如何安顿科尔图诺夫。

1972年9月下旬，科尔图诺夫被召集到政治局成员、重工业负责人安德烈·基里连科（Andrei Kirilenko）的办公室，后者是勃列日涅夫在第聂伯罗彼得罗夫斯克工作时期的密友。与他同往的是巴伊巴科夫。随后是一个痛苦的场面，这显然是事先编写的脚本。基里连科直截了当地问科尔图诺夫："阿列克谢·基里洛维奇，你想让谁担任天然气工业部部长？"科尔图诺夫盯着地板。他突然意识到他的脑筋已经不由自己控制。办公室里沉寂了几分钟，进来一名端着茶壶的助手，打破了沉寂。当她倒水时，巴伊巴科夫谨慎地将他涂写的纸条塞给科尔图诺夫，"阿列克谢，支持萨比特。"萨比特指的是萨比特·阿塔耶维奇·奥鲁杰夫，当时是石油部第一副部长，来自巴库的巴伊巴科夫的终身朋友和盟友。科尔图诺夫明白了对他的期望。他凝视基里连科，然后回答说，"我将推荐萨比特·阿塔耶维奇。"基里连科明显松了一口气，他说："中央委员会也这样认为。中央委员会将向下一届苏联最高苏维埃推荐任命您为石油和天然气建设部部长。" ❶

鉴于管道建设活动的延迟，领导层的决定也许是不可避免的，但科尔图诺夫认为拆分是一个丢人的失败——毕竟，这有悖于他倡导多年的一体化天然气组织的理念。这不是一个平和、愉快的权力转移。1972 年 10 月上旬，奥鲁杰夫的任期始于该部领导层的一次会议。会议得出的一个结论是"在天然气运输网络的工作中存在大量弊端"。这种"尖锐的指责"所导致的痛苦使得许多忠诚于科尔图诺夫的人决定和他一起离开并转到新的部门。 ❷ 分离是痛苦的，因为人们要选择是否遵循科尔图诺夫的方针。第一副部长米哈伊尔·西多连科（Mikhail Sidorenko）和国际关系负责人斯蒂潘·杰列佐夫留在天然气部，但是多数科尔图诺夫的手下和他一道离开，其中包括长期担任"欧洲大使"的阿纳托利·索罗金（Anatolii Sorokin）。多数西西伯利亚人，例如尤里·布塔林（Iurii Btalin）也和科尔图诺夫离开。当奥鲁杰夫任命他的副部长时，他们通过从其他地方调拨拼凑了一个机构——例如石油部是由党中央委员会的石油和天然气部、国家物资供应委员会（Gossnab）和地质部组成。他们多数是石油人，但不是天然气专家。奥鲁杰夫的许多部门负责人一直干到 20 世纪 80 年代，而他们的一些亲戚今天仍在俄罗斯天然气工业股份公司任职。

由于这些变化，天然气部和新的建设部之间突然出现了一道行政壁垒。1972 年年末和 1973 年年初，即使健康状况不佳和力量减弱，科尔图诺夫继续用犀利的备忘录炮轰莫斯科高级官僚，详述天然气部未能供给用于实现建设目标的充足管道和压缩机。这是典型的苏联情景，其结果也同样典型：高级官员会严厉地回应，威胁称如果情况没有立即得到纠正，将面临严厉的惩罚。但在接下来的几周内，科尔图诺夫的抱怨接踵而来，他抱怨一切都没有改变。

---

❶ 引自 Viktor Andrianov, *Kortunov*（Moscow："Molodaia Gvardiia，" 2007），pp. 474-475.
❷ Runov and Sedykh, *Orudzhev*, pp. 259-262. 赛迪克是留下的人之一。随后他成为副部长。

这也很典型，苏联官员经常在身心负荷过重的情况下持续工作。拆分后 14 个月后，科尔图诺夫去世。❶

作为苏联天然气工业的创始人和与欧洲天然气桥的发起者，科尔图诺夫的重要性不言而喻。如果没有他的远见和推动、组织才能和政治技巧，西西伯利亚油气开发可能会被延迟一代人的时间。由于缺乏足够储量和管道运输系统，对欧洲天然气出口仍将保持有限数量。最重要的是，在苏联主要燃料结构中天然气对煤和石油的快速替代——苏联计划经济的最后一项成就——将花费更长的时间。20 世纪 90 年代伊始，当苏联石油工业因苏联解体而随之衰败时，是天然气工业——当时苏联最重要的主要燃料来源——使苏联城市得以获得供暖和照明，而石油出口用来换取急需的美元。这是科尔图诺夫给他钟爱的国家留下的遗产。

然而回想起来，是他的继任者奥鲁杰夫在天然气部印上了永恒的印章，创造出至今仍可从俄罗斯天然气工业股份公司中识别出来的一种结构。奥鲁杰夫是俄罗斯天然气工业股份公司模式的真正缔造者。第一，他主导创建了主要由石油人领导的专业部门，他们来自其他部委并带来自己的门徒。因此，从奥鲁杰夫时期开始，俄罗斯天然气工业股份公司内部一直存在着一些相互竞争的"保护人—顾客"网络，今天仍然如此。第二，奥鲁杰夫与西西伯利亚人相距甚远，后者是科尔图诺夫的忠实拥趸。这由此解释了强推竞争性管道——奥伦堡管道（下文将会讨论）——和随后自 20 世纪 80 年代以来领导苏联天然气工业部（俄罗斯天然气工业股份公司前身）的"奥伦堡黑手党"的原因。❷ 第三，尽管有杰列佐夫（他与科尔图诺夫分道扬镳并留在天然气部），

---

❶ Andrianov, *Kortunov*, pp. 475-488. 安德里安诺夫的资料特别有价值，因为他完整地复制了科尔图诺夫给高级官员的一些备忘录，如当时的副总理兼国家物资和技术供应委员会主席维尼亚明·蒂姆希特（Veniam Dymshits）以及柯西金。

❷ "奥伦堡黑手党"的嘲讽绰号首先被用于俄罗斯天然气工业股份公司作为一个独立公司的最终创始人维克多·切尔诺梅尔金和他的门生列姆·维亚希列夫。此时的切尔诺梅尔金在中央委员会任职。1967 年至1973 年，他曾担任过党的官员，在奥伦堡省奥尔斯克的党组织工作过。1973 年，他被任命为奥伦堡天然气加工厂负责人。1978 年，升至莫斯科，在中央委员会的重工业部门工作，一直待到1982 年。1982 年，他被任命为奥鲁杰夫继任者的天然气部副部长。1983 年，他成为Glavtiumengazprom的负责人，1985 年，他被任命为天然气部部长。大概在中央委员会的工作中，他是负责实施勃列日涅夫天然气运动的人士之一，最初与奥鲁杰夫团队一起工作，直到升任天然气部的领导职务。

对外贸易部仍保持对天然气出口的控制并发挥主导作用，直到维克多·切尔诺梅尔金（Victor Chernomyrdin）在 1990 年占据主导权。

科尔图诺夫在天然气部的继任者奥鲁杰夫完全迥异于严谨和苛刻的科尔图诺夫。奥鲁杰夫在石油行业有着独特的职业生涯，但是他的经验主要来自生产层面，而他花了很长时间才意识到天然气行业的根本挑战是运输环节。但是他很幸运，因为他继承了科尔图诺夫、巴伊巴科夫和柯西金为应对 20 世纪 70 年代上半叶天然气危机所采取紧急措施的积极成果。1975 年，天然气工业超额实现了目标，在一个漏洞百出的经济体中，突然成为耀眼的明星。在天然气领域，如同在战争中一样，科尔图诺夫可能已经痛苦地认清时机就是一切。如果说是科尔图诺夫首先打开出口市场的窗口，那么，随着苏联天然气出口的发展，奥鲁杰夫敞开了大门，从 1970 年的 33 亿立方米增加到 1980 年的 542 亿立方米。❶但奥鲁杰夫也付出健康被毁坏的代价，他于 1981 年 4 月过早去世。

苏联的尽力交付

1973 年 10 月 1 日，在由奥鲁杰夫和西德联邦经济部部长汉斯·弗里德里希斯（Hans Friderichs）共同参加的典礼上，弗里德里希斯谈到了交付是"更重要的基石"。奥鲁杰夫颇为生动地谈到天然气过境"没有护照和签证……就像在魏德豪斯燃烧的火炬。"❷

但是，为了对西德按时交付，乌克兰付出了代价。早在 1973 年 9 月，天然气部明显不能满足乌克兰主要城市发电厂和市政建筑的天然气供应，并且对乌克兰的交付量被减少三分之一。其他加盟共和国也受到影响。到 10 月，对苏联西部发电厂的天然气供应已经不足，发电厂被迫使用备用燃料（石油或煤炭）。在基辅、利沃夫和其他城市，用于居民供暖的热电厂供给不得不被完全取消。受影响加盟共和国的党政官员怨声载道，受影响工业部门（电力

---

❶ *Vneshniaia torgovlia SSSR*, http://istmat.info/node/9321 (accessed May 14, 2019).
❷ Högselius, *Red Gas*, p. 159.

和电气化、化学工业和黑色冶金）的部长也是如此。

普通百姓遭受的冲击更为严重。德罗戈贝奇（乌克兰西部利沃夫地区的一个中等城市）市民在 1973 年 10 月写给勃列日涅夫的信中抱怨对公寓和学校的天然气供热不足：

> 秋冬季节，我们已经经历了四年灾难性状况……输送的天然气量不足以供给住宅、儿童保育机构及医疗和行政机构设施。房屋里非常冷，并且因公寓的设计，无法采用柴火或煤炭取暖，也没有办法做饭……成年人，更不用说孩子，经常生病。❶

1974 年 1 月，天气非常寒冷，乌克兰总理直接向柯西金求援：

> 冶金和化工厂的技术流程已经被破坏，工厂已经停工，居民区供热厂正处于崩溃边缘。让情况更糟的是，许多企业缺乏储备燃料，这使得在特别寒冷的日子里，不可能将天然气输送到市政所需之处。❷

乌克兰和俄罗斯成为独立国家后，在一份投诉（在数十年后变得让人熟悉）中，国家物资供应委员会负责人维尼亚明·蒂姆希特（Veniamin Dymshits）指出，"跨乌克兰路线的天然气使用者消费了比他们应消费的更多天然气"，结果舍布林卡天然气未能到达乌克兰西部。❸

尽管偶尔出现技术中断，西欧人一直能接受到合约规定的天然气量。他们在很大程度上没有意识到边境另一端的混乱。1973 年和 1974 年按时出口交货是苏联被西方视为可靠出口商的令人信服的证据。然而实际上，正如天然气历史学家普尔·赫格塞柳斯所言，"新兴的东西方天然气系统是一种摇摇欲坠的构造，仓促建造，建立在劣等苏联方法和技术同西方管道和设备的任性组合基础之上。保持新出口系统正常运转，成为一项艰巨的任务，如同最初

---

❶ 基辅中央国家档案馆（TsDAVO），引自Högselius, *Red Gas*, p. 161。
❷ 亚历山大·利亚什科（Oleksander Lyashko）总理，基辅中央国家档案馆，引自Högselius, *Red Gas*, p. 162。
❸ 亚历山大·利亚什科（Oleksander Lyashko）总理，基辅中央国家档案馆，引自Högselius, *Red Gas*, p. 162。

建设这条管道一样。紧急事件层出不穷。"❶ 具有讽刺意味的是，正是由于西方"对苏联的诚信度如此怀疑……进口商已采取多种措施保护自己免受供应中断……结果，最终用户不会受到已经发生的问题的太大影响。"此外，德国南部与德国天然气系统的其余部分日益融合。当北海天然气开始向北方输送时，它可与苏联天然气互换使用，因为其成分基本相同。❷

因此，苏联得以在最后期限内实现对西欧出口——几乎而且主要以乌克兰作为代价。但对西欧人而言，几乎看不见的是铁幕背后苏联及其东欧卫星国之间发生的冲突。我们现在转向这一内容。

关于东欧天然气独立的冲突

长期以来，俄罗斯一直抱怨东欧在搭乘俄罗斯廉价出口商品的便车。就像 20 世纪 60 年代乌布里希和赫鲁晓夫之间的争吵一样（详见第 2 章），争论一直持续到 70 年代。苏联部长会议主席柯西金对他认为是系统性反向歧视的模式感到特别恼火：他坚信，苏联从东欧进口的产品质次价高，而苏联的出口价格被严重低估。结果是普通苏联人和卫星国同志之间的生活水平差距不断扩大。20 世纪 70 年代下半叶，柯西金用备忘录和政策建议炮轰政治局，旨在改变经互会 ❸ 内部的贸易体系，并让东欧人支付其份额。他呼吁东欧国家对重工业加大投资，对消费部门减少投资。东欧大力反击，警告说贸易条件的任何改变都将不可避免地削弱欧洲共产主义政权的地位。❹

柯西金的建议被否决。勃列日涅夫阵营——其中包括外交和军事安全精英(相对于柯西金代表的平民型工业部门)——比国内计划者更敏感地认识到，东欧卫星国的合法性多么脆弱以及一直存在不稳定的危险，尤其是 1968 年布拉格之春被镇压之后。

---

❶ Högselius, *Red Gas*, p. 164.

❷ Högselius, *Red Gas*, pp. 164-166.

❸ 经济互助委员会（1949—1991）是苏联领导下的一个经济组织，包括东方集团国家，其中有世界其他地方的许多共产主义国家。见https://en.wikipedia.org/wiki/Comecon。

❹ Runov and Sedykh, *Orudzhev*, pp. 259-262.

这场辩论的大部分与能源有关。东欧国家曾长期以大量补贴的价格向其人民提供能源。例如，在德意志民主共和国，每立方米民用天然气的生产成本为 33 芬尼，而消费者仅支付 17 芬尼，国家从预算中用数百万马克补贴弥补这一差额。❶ 当天然气时代来临，苏联人开始计划向欧洲出口，自然而然面对的主要问题是要向西欧输送多少天然气？以多少价格对东欧卫星国出口？出口西欧将产生管道和融资。除了政治风险保险——一种不确定且日益昂贵商品之外，出口东欧将产生什么收益？并不令人惊奇的是，勃列日涅夫的"政治"阵营倾向一边，而柯西金—巴伊巴科夫的"经济"阵营则倾向另一边。自从天然气出口以来，苏联内部第一次在这一问题上分裂了。

苏联领导层内部妥协的关键是东欧劳工。1974 年初，尼古拉·帕托利切夫（Nikolai Patolichev）通知东德人，到 1974 年，苏联对经济互助委员会国家的油气出口量将减少 9%。此后，苏联的能源出口将取决于卫星国在建设新管道方面的参与度，这条新管道被称为"联盟"（Soyuz）管道，从俄罗斯—哈萨克斯坦边界附近的奥伦堡油田通到东欧。❷ 这一伙伴关系背后的核心思想是，东欧盟国可以通过劳动力和设备作为交换，以较低价格得到天然气。

时机的解释很直接简单。在第一次石油冲击后，苏联将通过向世界市场出口石油赚取更多的钱，而且在 1973 年农作物严重歉收之后，他们需要硬通货来购买粮食。所有这些在同一时间出现：苏联对长期以来向东欧出口石油的价格之低感到愤怒（尤其是对柯西金而言，这是一个症结），硬通货需求以及以更高价格向其他地方出售石油的机会，西西伯利亚天然气的困境，以及天然气部更换掌门人。

---

❶ Rainer Karlsch, *Vom Licht zur Wärme: Geshchichte der ostdeutschen Gaswirtschaft 1855-2008* (Leipzig: Verbundnetz Gas AG, 2008), p. 157.

❷ 卡尔施（Karlsch）指出，除了有关友谊项目的大量文献外，最好的资源是前运营商（trassniki）维护的互联网网站，他们将自己在苏联乌克兰的时光回顾为一生中最重要的经历（*Vom Licht zur Wärme*，p. 163）。

奥伦堡管道

1974 年 4 月 21 日，签署了奥伦堡联合管道的总协议。在东德，该项目被指定为核心青年项目，自由德国青年组织被赋予招募和培训年轻工人的工作。尽管管道的苏联官方名称是"联盟"，东德部分称之为"友谊"——显然，自由德国青年组织希望与早期同名石油出口项目建立联系。最终，超过10000 名东德人在管道的东德工程段工作，该段位于乌克兰第聂伯河克列门丘格（Kremenchug）和乌克兰西部巴尔（Bar）之间。

招募新工人显然并不难，这不仅是因为薪水不错。除了以东德马克支付的正常工资外，他们还获得用卢布支付的补贴，其中一半以特殊汇率存入特殊账户中。他们还被给予特殊的购物卡，可以在苏联境内购买普通消费者无法买到的物品。东德政府维持柏林和基辅之间的定期空运，并为东德工人提供德国书籍、电影和电视节目。他们甚至还办了一份德语报纸。对参与该项目的其他东欧国家工人也做了类似安排。

但是条件很困难。这些工人在零下 30 摄氏度的环境中工作，许多人生病，并且出现了很多痢疾病例。他们每周工作六十小时，以换取每三个月中的一个月假期。施工自 1975 年 9 月开始，于 1978 年年底完成；最后一批东德工人于 1979 年返回家园。作为偿付，东德获得至 1990 年的 300 亿立方米天然气（每年 28 亿立方米）。在此之后，余额以现金支付。合同期限至 1998 年。❶

东德为该项目付出的花费是协议中管道成本最初预算的几乎两倍，其中一些差异来自有关汇率和会计的不同公式结果。这包括用于购买西方管道和机械的硬通货补贴 4.02 亿美元，其中东德最终支出约 3.55 亿美元。然而，尽管该项目的成本比最初计划的要高，但由于天然气的到来使经济体的各个部分实现了现代化，东德认为这是一笔不错的投资。❷ 在苏联方面，奥伦堡项目是一个成功的替代方案，为苏联的天然气工业消除西西伯利亚问题提供了喘息的空间。

---

❶ Karlsch, *Vom Licht zur Wärme*, p. 163.
❷ Karlsch, *Vom Licht zur Wärme*, p. 163.

美国的天然气管道禁运

到目前为止,美国在苏联天然气出口政治中并未发挥积极作用。[1] 十年前,华盛顿没有试图阻止第一条天然气管道,也没有干涉"联盟"管道。但是几年后,随着苏联人开始计划从西西伯利亚开辟一条新的出口管道,罗纳德·里根政府中由中央情报局局长威廉·凯西(William Casey)为首的保守派人士敦促阻止这条管道,宣布对美国技术许可、特别是压缩机实行禁运。里根起初并不情愿,但1981年波兰实行的戒严令引发了辩论,强硬派占据上风。1982年,里根发布了一项行政令,对能源相关技术的出口实施制裁。随后的对抗与今天有关北溪2号管道的争端有着令人吃惊的相似之处,但也有一些重大差异。这是东西方关于苏联对东欧行动的紧张局势加剧的时候。当时,波兰及其东欧邻国处于华沙条约组织、而不是北约之下,并且与今天不同的是,它们支持管道而不是反对管道。然后,像现在一样,华盛顿因苏联的侵略性外交政策而决心对其进行惩罚,但显而易见,捍卫乌克兰利益当时并不在华盛顿考虑之内。然后,像现在一样,西欧人谴责禁运是美国试图干预商业,并坚持认为天然气与苏联的相互依存对他们的经济有利。最后,尽管华盛顿反对,但管道仍得以推进。

但是,该情节的重要性并未到此结束。在即将去世的勃列日涅夫的敦促下,苏联领导层对美国禁运做出全力反应,使用苏联制造的压缩装备管道。最终,整条管道上约一半的压缩机动力是国产的。今天,俄罗斯人能够制造自己的宽口径管道和压缩机。勃列日涅夫如果看到这一幕将感到高兴。

确实,尽管勃列日涅夫于1982年在天然气战役启动后不久去世,他还是会从它的成功中获得相当的满足。科尔图诺夫和他的西西伯利亚团队的愿景和抱负得到充分的证明。然而,他们无法预料的是,十年内,天然气工业将成为一个失败国家的支柱。

---

[1] David S. Painter, "From Linkage to Economic Warfare: Energy, Soviet-American Relations, and the End of the Cold War," in Jeronim Perović, ed., *Cold War Energy: A Transnational History of Soviet Oil and Gas* (London: Macmillan, 2017), pp. 283-318.

第 6 章

跨越海峡——自由主义浪潮到达布鲁塞尔

在 20 世纪 80 年代和 90 年代的西欧，思想和政治革命推翻了能源行业的规则和管制，最终也改变了能源行业的结构。这发生在苏联解体和铁幕消失的同一年。在能源领域的结果就是，在 90 年代初，那些从苏联阵营的桎梏中解放出来的，东欧的国家主义和集体主义文化遇到了西欧重新充满能量的资本主义，同时也遇到从布鲁塞尔而来的新管制权威。两个世界试图在政治、经济和商业上彼此理解。在天然气行业和东西欧之间的天然气贸易中，冲突十分剧烈。在这一章中我们聚焦这个故事的西欧部分，而俄罗斯部分（特别是俄罗斯对西欧在新商业模式上的回应）则是下一章的主要内容。但是提前说一下：俄罗斯从 90 年代在"格罗宁根规则"之下进入欧洲天然气市场，这套法则和理解更符合俄罗斯人早期天然气出口的经验，即根据石油价格参考，和垄断买家签订长期协议。到了 2010 年，俄罗斯人则面对一个变迁的世界，而俄罗斯人对这没想到、不理解而且在很长时间内也不接受。但是介绍这些内容必须等着我们先做好铺垫。

激进思想的潮流

"革命"一词很大程度上被滥用。新自由主义的革命是一个很广泛的思潮，它起源于英美世界，在 20 年内席卷欧洲大陆。它也被称作芝加哥学派、里根经济学、撒切尔经济学、新市场复兴、反凯恩斯运动、哈耶克复兴等很多名字。我倾向于使用"新自由主义"，这个术语强调了其资本主义基础、在欧洲的根基和在欧洲背景下的重新演绎，特别是在英国官员和顾问的影响下。新自由主义的核心是对第二次世界大战后在欧洲思想界占据统治地位的那种国家主义的、自上而下的、计划导向模式的整体性挑战。欧洲传统模式被一系列植根于市场的模式所取代：自由化、私有化、全球化，最重要的是开放市场和公平环境中的竞争，新自由主义的主要原则得到欧洲共同体执委会管理机制的支持。

西欧的新自由主义革命很大程度上是对本书第 3 章谈到的焦虑时代的一种回应。两次石油危机后，经济增长放缓，通货膨胀蔓延，失业率之高在大萧条之后前所未见。在英国情况十分严重。到处都是罢工，连续两届政府无能为力。在 1978 年的"不满之冬"，垃圾烂在大街上，逝者无法安葬。70 年代的悲惨景象在英国造就了新自由主义的兴起。[1] 在美国和英国，在一些像芝加哥大学和伯明翰大学这样的名校，经济学家把这些问题归咎于政府过度的干预管制和无效的自上而下的国家投资。[2] 在流行于知识界几十年后，哈耶克和奥地利学派的主张——强调自由市场资本主义的优势和供给经济学——开始受到关注，而基于凯恩斯主义的国家主义和需求端教条则被迫退潮。不久，欧洲和美国开始重树对市场和私营企业的信念。

美国在其中起到了核心作用，而芝加哥大学经济系则是新自由主义浪潮

---

[1] 关于欧洲在20世纪70年代末的情况，见Daniel Yergin and Joseph Stanislaw，*The Commanding Heights：The Battle between Government and the Marketplace at Is Remaking the Modern World*（New York：Simon and Schuster，1998）。

[2] Richard Cockett, *Thinking the Unthinkable: ink Tanks and the Economic Counter-Revolution, 1931-1983* (London: HarperCollins, 1995).

的源头。到了 70 年代，一场针对凯恩斯主义和过度政府监管的反抗，特别是美国对于竞争的思考，导致新自由主义被更多的英美经济部门所接受。在欧洲，这是一次真正的创新。无论是第二次世界大战之前还是之后，卡特尔和企业之间的合作在欧洲大陆被视为常态。这些卡特尔保护就业，促进创新，防止无效竞争，至少在大多数欧洲人的心目中，这些都是好处。但是在战后几十年里，美国官员迫使欧洲同行接受竞争作为经济政策的基本目标，并且在区域层面取得了巨大成功。正如我们将在第 7 章展示的，竞争法在 20 世纪 90 年代和 21 世纪初成为欧盟委员会改革欧洲天然气行业的主要武器。

一种竞争性的思潮来自德国的秩序自由主义（Ordoliberalism），它在欧洲大陆，特别是在布鲁塞尔很有影响力。在德国的秩序自由主义者看来，卡特尔和垄断是主要的敌人，但是和这些敌人斗争的工具恰恰是国家。丹尼尔·耶金和约瑟夫·斯坦尼斯劳（Joseph Stanislaw）写道，"市场力量和竞争性的经济是秩序自由主义者的标准，但是他们相信一个强大的国家和强大的社会道德。"❶ 尽管在日内瓦任教，但战后秩序自由主义的领军人物威廉·罗普克（Wilhelm Röpke)的思想在德国引起共鸣并且成为德国经济部部长路德维西·艾哈德（Ludwig Erhard）的经济政策的基础。❷ 对于罗普克而言，自由市场的竞争是至高无上的，但是只有强大的国家才能保证市场发挥功能。他的言论实际上定义了英美新自由主义和德国秩序自由主义思想之间的区别，同时也定义了雅克·德洛尔的社会民主主义的经济哲学，而德洛尔本人 1985 年到 1995年之间任欧洲共同体执委会主席，致力于为欧洲单一市场奋斗。

一个纯粹的自由市场经济不可能虚无地漂浮在社会、政治和道德的真空之中，它必须被强大的社会、政治和道德架构所维系和保护。就像经济、社会和财政政策一样，正义、国家、传统和道德、坚实的标准和价值是这一架构的组成部分，他们在市场环境之外，平衡利益、保护弱势、

---

❶ Yergin and Stanislaw, *The Commanding Heights*, p. 34.

❷ 对于罗普克的生平和影响，见https: //mises.org/library/biography-wilhelm-r%C3%B6pke-1899-1966-humane-economist（accessed May 15，2019）。

限制极端、减少激进、限制权力、设立游戏规则并且保护传统。❶

尽管在纲领和实质内容上是新自由主义的，但布鲁塞尔的自由主义和美国的版本是不一样的，掺杂了很多其他的传统。一种说法是英国的影响力是重要的，因为在1980年之后很多英国人（也包括爱尔兰人）到欧洲共同体执委会任职。这些人通过教育、国外（特别是在美国）的博士后经历和早期的工作经验，吸收了新自由主义的理念，有时是在英国的监管机构，有时是在私营企业的高管任上。他们带来的不只是芝加哥学派或是美国的观念，而是80年代和90年代在英美世界广泛流行的新自由主义共识，❷这些共识不仅关注自由化和内部市场，而且在更广泛的层面上关注全球化和私有化。要想了解这些人的作用，就必须关注那些职业公务员而不是政治任命的官员，也就是各个总司的司长们而不是欧洲共同体执委会的委员和副主席。这里通常存在连续性，在一代人的时间里，"盎格鲁—撒克逊"的官员在相关的职位上完成"接力"。

此时的苏联，距离新自由主义革命还有十多年的时间。在苏联人眼中，芝加哥这个词意味着劳工组织或有组织犯罪，而非经济学学派。里根和撒切尔则是地缘战略威胁，而不是市场模式。而哈耶克因为那本《通往奴役之路》而被认为是反面人物，这本书只能在图书馆中封存或者阅读走私版本。❸到那时为止，苏联经济改革的模式还来自匈牙利和南斯拉夫。因此，当新自由主义经济学最终在80年代被苏联人知晓的时候，它就像伴随着戈尔巴乔夫的"公开性"和"改革"的一股风潮，被苏联特别是列宁格勒的年轻激进经济学家们拥抱，而这个国家其他地方对这些外来观念的注意力还主要集中在自由化

---

❶ 引自Yergin and Stanislaw，*The Commanding Heights*，pp. 34-35。

❷ 考虑到爱尔兰委员的影响，我们会在下面谈到有着多种政商经历的彼得·萨瑟兰（Peter Sutherland）。

❸ 根据耶金和斯坦尼斯劳（Yergin and Stanislaw），苏联人完全意识到哈耶克和《通往奴役之路》是极具颠覆性的。事实上，在第二次世界大战之后的被分区占领的德国，由四国组成的权力机构在"苏联的催促下"封禁了该书（*The Commanding Heights*，p. 143）。

和去除价格管制等口号上，而没有意识到其在理论和哲学上的要点。❶ 一个长久的后果是，在进入 90 年代后，即使是最有见识的俄罗斯人，也很少能意识到在伦敦、布鲁塞尔和其他西欧国家首都所发生的意识形态变化，而对这种变化对俄罗斯商业（包括天然气贸易）的潜在影响也知之甚少。

西欧新自由主义革命为理解接下来发生的巨大变革提供了重要背景：欧盟法和成员国之间竞争条例的推行。但是在能源领域既得利益集团（传统上在电力和天然气领域的垄断机构）进行抵抗，随着国家主义特色浓厚的法国和法团主义结构下的德国捍卫它们传统的商业方式，能源行业被安全地保护在国界之内。这是一场欧洲人之间的斗争，至少在一开始是这样的，而苏联人只是远远地观望。

这一故事的讽刺意义在于，改变欧洲天然气和电力行业的竞争学说和基于市场的创新的主要源泉来自英国，而英国又是对欧盟最犹豫的成员国，对欧盟这一政治规划抱有矛盾的态度。然而，正是英国政治家和官员在发展欧洲共同体执委会的欧洲单一市场计划方面发挥了重要的作用，而作为欧洲共同体执委会第一批掌管竞争事务委员，他们堪称这一政策方面的先驱。同时，能源是重要的博弈领域。这一想法最终导致了具有争议性的欧盟天然气和电力指令在 20 世纪 90 年代和 21 世纪第一个十年内发布。欧洲大陆基于交易中心的贸易系统最早是在英国建立起来的。欧洲大陆企业结构和能源政策最终发生革命性变革，是政治、经济和知识方面积累的最终结果，而起源则是一代人之前的英国。❷

英国的多个地方吸收了新自由主义，并且在不同程度上和旧的自由主义教义相融合。伦敦经济学院（LSE）是个主要的来源：伦敦经济学院的著名新自由主义学者哈里·约翰逊（Harry Johnson）来自芝加哥。剑桥最重要的新自由主义教授大卫·纽伯里（David Newbery）曾在斯坦福大学、普林斯顿大学

---

❶ 对于苏联人是如何回应新自由主义的，一项有价值的背景介绍可见 Peter Rutland, "Neoliberalism in Russia," *Review of International Political Economy* 20, no. 2（April 2013）：332-362。

❷ 对于基于交易港的贸易在欧洲的演进，一项背景介绍可见 Catherine Robinson and Soufien Taamallah, *Slow and Steady：The Development of Gas Hubs in Europe*（IHS Markit Decision Brief, November 2009）。

和世界银行供职，他反对剑桥大学经济系流行的凯恩斯主义。英国公共设施管制历史上著名人物斯蒂芬·李特柴尔德（Stephen Littlechild）来自伯明翰大学（很多其他人也来自这所学校），❶但是他在得克萨斯大学获得博士学位，在美国期间他关注在航空和电信行业消除垄断。在英美，类似的人还很多。

在最高层面上把新自由主义的理念植入欧盟的政策是由两个人完成的，而这两个人可谓是奇怪的组合：1979年到1990年任英国首相的撒切尔夫人和一个笃信新自由主义的社会民主党人德洛尔。虽然他们几乎在其他所有事情上都意见相左，但他们之间最大也是唯一的成果就是设计和接受了欧洲单一市场计划，这一计划给竞争政策的拓展提供了法律基石。促成此事的是考菲尔德勋爵（Lord Cockfield），❷撒切尔夫人视他为心腹并派他到布鲁塞尔去，用撒切尔夫人的名言就是"我们自己人"，但是他们之间的关系最终破裂。然而，两者间的决裂是非常偶然的。考菲尔德勋爵在其回忆录里写道，"尽管我很遗憾，但是不得不说，这些年来我在欧洲共同体里得到的支持是首相的敌意。"❸事实上，他又说，"她的贡献是试图在船底凿一个洞。"❹

欧洲理念的复兴

20世纪70年代末，欧洲一体化进展缓慢。评论家、历史学家和政治家都认为欧洲共同体那时处于一个迟滞状态。十多年的时间里出现了不少分裂性的事件，如英国的成员国身份、共同农业政策、在处理两次石油危机中的多重挑战，等等，这些都让欧洲共同体筋疲力尽。考菲尔德勋爵回忆称，这些

---

❶ 见Dieter Helm，*Energy，the State，and the Market：British Energy Policy since 1979*（Oxford：Oxford University Press，2003）. See also http：//www.wikiberal.org/wiki /Stephen_Littlechild。

❷ 关于词汇的使用说明：亚瑟·考菲尔德在加入撒切尔内阁的时候已经是英国上议院的议员。在英国应该称其为"Lord＋姓氏"；"Lord＋名字＋姓氏"在称呼公爵或者侯爵的儿子的时候使用。但是在本章节中，作者倾向称呼其"考菲尔德"或"考菲尔德勋爵"。（中译本使用"考菲尔德勋爵"——译者注）

❸ Lord Cockfield，*The European Union：Creating the Single Market*（London：Wiley Chancery Law，1994），p. 59.

❹ Lord Cockfield，*The European Union：Creating the Single Market*（London：Wiley Chancery Law，1994），p.69.

困难"确实使共同体陷于停顿"。❶

那是什么把重振了欧洲共同体特别是欧洲共同体执委会，并成为政策创新的动力呢？❷在20世纪60年代的冲突和70年代筋疲力尽的被动之后，在各方面突然闪现出乐观和热情。在80年代前期各种因素一起发力向前推进欧洲一体化。石油危机导致的世界性衰退得以结束，为欧洲共同体带来新生，同时伴随着石油危机带来的能源安全焦虑也开始消失，而新的焦点聚集于能源效率问题上。一位评论员写道，"火焰重新被点燃，'重启共同体'这一口号变得流行起来"。❸

一些作者强调一种自下而上的运动，这种运动起源于一群政治家，他们努力恢复联邦计划，以创建一个政治联盟。这一集团由意大利政治家阿尔蒂耶罗·斯皮比利（Altiero Spibelli）在欧洲议会领导，其成员在1979年选入欧洲议会。❹另一些人指出此时恰巧同时涌现出三位强势的国家领导人（密特朗、科尔和撒切尔），他们因为各自的原因都支持一个强大的欧洲。同时政治家的个性也恰巧发挥了作用，特别是随着1985年德洛尔出任欧洲共同体执委会主席。德洛尔被证明是欧盟历史上最高效和最有远见的欧洲共同体执委会主席。❺

特别是对法国的作者来说，欧洲共同体重启的一个主要原因是亲欧派密特朗的信念，他开始了他的欧洲共同体主席的朝圣之旅，欧洲各国首都将重燃热情。他在科尔那里找到了共同语言，密特朗和科尔之间的伙伴关系也为欧洲共同体注入新的活力。从1984年6月枫丹白露峰会开始，德洛尔称赞密特朗是主要的催化剂："他是枫丹白露协议唯一的设计师。没有这项协议，1985年的重启是不可能的。"❻

---

❶ Cockfield, *The European Union*, p.21.

❷ Alessandro Oliviand Bino Giacone, *L'Europe Difficile: Histoire politique de la construction européenne* (Paris: Gallimard, 2007), pp. 195-197.

❸ Cockfield, *The European Union*, p.21.

❹ 1979年，"欧洲议会会议"被重新命名为"欧洲议会"，同时开展了第一次全欧范围内欧洲议员的选举。

❺ 见Yergin and Stanislaw, *The Commanding Heights*, *chapter* 11。

❻ 见Alain Rollat, Delors（Paris：Flammarion, 1993），pp.255.; Oliviand Giacone, *L'Europe Difficile*, pp. 195ff。

虽然受到关注较少，但是另外一个同样起重要作用的原因是欧洲法院在1979年对"第戎黑加仑酒"案件（Cassis de Dijon）的判决。❶ 这是迈向具有强制力的竞争法的重要一步，而该法律是建立欧洲单一市场必不可少的基础，同时该案件也确立了欧洲法院在实行欧洲单一市场政策中的主要盟友地位。

"第戎黑加仑酒"案件对于开启欧洲单一市场具有里程碑意义。第戎黑加仑酒是一种由法国制造的黑加仑汁做的烈酒。在与勃艮第的白葡萄酒混合后是一种广受欢迎的开胃饮品，被称为 Kir，得名于神职人员 Canon Kir。一家德国的进口商试图在德国销售该产品，但是由于德国规定"水果烈酒"必须含有25%以上的酒精而受到阻碍，因为该酒的酒精含量只有15%。德国进口商起诉德国管制机构，欧洲法院做出了有利于进口商的判决，因此确立了对于单一市场重要的法律原则。欧洲法院规定，任何在一个成员国合法生产的产品应该可以不受阻碍地行销欧洲共同体中另外任何一个成员国，而且"任何阻碍在欧洲共同体内货物流通的手段，无论是直接还是间接，既有或是潜在"都是非法的。当法院认定特殊情况的时候，监管机构负有举证责任。

"几乎每一件欧盟触及的事务都变成了法律，"❷ 一位欧洲竞争法的学者敏锐地观察到。这是欧盟最重要的特征之一。在很多情况下，当欧洲共同体执委会准备提起指令，欧洲法院则以判决支持欧洲共同体执委会。欧洲法院的裁决一般都会被成员国的法院接受，变成国内法的一部分。进而这些法律也对成员国政府起作用。这个过程很长，往往成员国的申诉需要几年时间才能到达欧洲法院并且形成判决，但是这个判决是真正具有决定意义的。在推广单一市场过程中，欧洲法院在建立和维护欧洲共同体执委会权力方面发挥了决定性作用。这在接下来也成为强化单一能源市场政策的主要因素。

但是，新自由主义思潮的影响是欧盟复兴的一个重要原因，特别是在竞争政策领域。从欧洲单一市场计划的起源，以及英国官员在布鲁塞尔所起到

---

❶ European Court of Justice, 120 / 78 Case Cassis de Dijon, https: //eur-lex.europa.eu/legal-content/EN/TXT/?uri=CELEX%3A61978CJ0120.

❷ R. Daniel Kelemen, *Eurolegalism: The Transformation of Law and Regulation in the European Union* (Cambridge, MA: Harvard University Press, 2011), p. 19.

的作用，都可以清晰地看到这一点。

为什么是单一市场计划？

假如欧洲希望完成 1957 年签署的《罗马条约》未完成的议题，为什么如此迫切地推动单一市场的完成？这里存在其他优先选项。事实上在 1983 年6 月在斯图加特签署"欧盟的庄严宣言"中，单一市场的优先位次已经下降，位列货币同盟和对外战略等政策之后。1984 年 6 月在枫丹白露会晤的声明中甚至没有提到单一市场，虽然它对于人员的流动有所提及。

单一市场可能在欧洲大陆是个相对索然无味的话题，但是在英国则完全不同。英国利益的核心是服务业，特别是金融服务。"你可以看到一辆载着货物的卡车停在边境"，监督单一市场计划的观察者考菲尔德写道，"但是你看不到银行服务或者保险业停在边境上。"❶ 但是欧洲大陆国家,特别是法国和德国，"用了很不自由的手段，想有所保留。"❷ 因此，撒切尔夫人选择一位成功的商人和高级公务员来做这项工作。这也开始了考菲尔德和欧洲共同体执委会主席德洛尔的历史性伙伴关系。

德洛尔和单一市场

德洛尔并不是一个自由主义者,他是信奉天主教的社会主义者。查尔斯·格兰特（Charles Grant）在他的著作《德洛尔：在雅克建造的房子里》中，形容德洛尔是一个少见的人,"一个在新自由主义复兴时代的成功的社会主义者。"❸他一直是一个欧洲联邦主义者（因此他对共同货币也有狂热信念），同时坚定支持欧洲共同体执委会。就像他再三说过的"没有真正的制度活力就不会有

---

❶ Cockfield, *The European Union*, p. 24.
❷ Cockfield, *The European Union*, p. 24.
❸ Charles Grant, *Delors—Inside the House that Jacques Built* (London: Nicholas Brearley, 1994), p. 276.

成功的一体化。"❶ 简单地说，在欧洲共同体议题上，撒切尔夫人反对什么，德洛尔就支持什么。

但是与第一印象不同，他们之间有更多的相同点。他们在初期并不显山露水，但是后来崛起，因此在内心层面他们也能互相理解。他们都对产业和技术驱动的事物有着进步的观点，因此认识到产业政策的重要性，虽然那些信念让德洛尔更相信"秩序自由主义"而非"新自由主义"。他对于单一市场的态度便是个重要的例子。格兰特写道：

> 在德洛尔的办公室里，像法国燃气和法国电力这样公用设施机构经常可以得到倾听和支持。主席从不拥护欧洲共同体执委会对于在燃气和电力市场实行自由化的计划，到1992年这些计划都搁置在部长理事会那里。[注：这对德洛尔的信条有些讽刺，就是他相信欧洲如果想要在世界市场上占有一席之地就必须有自己的大公司。] 无论别人怎么说，我会说"欧洲大公司万岁"。❷

因此，德洛尔时代的十年是个悖论，格兰特总结道。那时期是"虽然有一个法国的、社会主义的和个人主义的人物担任十年主席，但是欧洲共同体在所有的经济政策上都支持而不是反对经济自由主义"。❸

那么，在德洛尔担任欧洲共同体执委会主席期间，单一市场怎么会成为委员会的旗舰项目呢？这其实本来不是德洛尔的优先选项。在1985年，德洛尔除了强化欧洲议会之外，更看重经济和货币联盟。❹ 但是，后来单一内部市场成为德洛尔政策的核心，并且现在也广泛被认为是德洛尔担任欧洲共同

❶ Charles Grant, *Delors—Inside the House that Jacques Built* (London: Nicholas Brearley, 1994), p.273.
❷ Charles Grant, *Delors—Inside the House that Jacques Built* (London: Nicholas Brearley, 1994), p.155.
❸ Charles Grant, *Delors—Inside the House that Jacques Built* (London: Nicholas Brearley, 1994), p.154.
❹ 关于欧盟的历史文件Oral History Collection（1998）, Voices of Europe Collection, transcript of interview with Arthur Cockfield, p. 8, archives.eui.eu/en/les/transcript/15166.pdf（available following free registration at https：//archives.eui.eu/）（accessed May 15, 2019）。最初，德洛尔将单一市场视为一个子项目，这将支持他在经济货币联盟以及公民欧洲的更大的雄心。但是，由于与货币联盟有关的困难，特别是与20世纪90年代初经济衰退的开始，他意识到，最好将自己的名字与已经成功的事物联系在一起，而不是像经济和货币联盟这样的事情，当时每个人都认为其注定是个失败的结局。

体执委会主席期间的主要政绩之一。它是怎么在欧洲单一法案中占据首要位置的？

尽管具有争议，英国的新自由主义思想，特别是撒切尔主义为统一的欧洲发展做出了重要贡献。但是扮演了重要角色的个人是亚瑟·考菲尔德（Arthur Cockfield），尽管他是撒切尔团队的早期成员，但是他不被认为是新自由主义者。尽管他曾经被派往布鲁塞尔执行一个重要的新自由主义理念（消除商品、资本、货币和劳动力在自由流动方面的监管障碍），但是考菲尔德很快就扩充了他的使命。在这个过程中，他和撒切尔决裂，因为撒切尔成为他的积极反对者，并且在其第一个任期结束后就中断了他的工作。

亚瑟·考菲尔德（就是后来的考菲尔德勋爵）的背景并不显赫，从伦敦经济学院获得经济和法律学位后，他在四个不同的领域都表现出众。他曾经担任过财政部的高级官员，也在 Boots（英国著名的药妆店）担任过董事总经理，也担任过撒切尔夫人内阁的财政和贸易官员。但是他的第四个职位，也是最高成就是被撒切尔提名为欧洲共同体执委会中的英国高级委员和副主席。在这个职位上，他成为欧洲共同体执委会主席德洛尔的亲密盟友和合作者。

在最近英国脱欧议题被提起之前，在过去几十年中，考菲尔德的决定性作用和贡献很大程度上被遗忘了。《金融时报》的专栏作家大卫·艾伦·格林（David Allen Green）称其为"20 世纪 80 年代英国保守党第二重要的政治家"。❶在 2017 年，格林痛心地评论道，英国的问题就是 "有一个能够建立共同市场的考菲尔德，但是却肯定没有一个类似的人物能把英国带出欧盟。"

考菲尔德对于艰涩的文件有着近乎完美的记忆能力，他对事实和数据的掌握极为自信，因此他的同事们对他都既钦佩又害怕，他也是少数几个能够反对撒切尔夫人的人。考菲尔德缓慢而谨慎的表达方式很容易被夸张地模仿——据说他说话就像政府白皮书。❷长期担任驻美国大使的罗伊·邓曼爵士

---

❶ David Allen Green (@davidallengreen), "The other was Lord Cockfield, perhaps the second most significant UK Tory politician of the 1980s," Twitter, August 21, 2017, 5: 16 a.m., https: //twitter.com/ davidallengreen/status/903229985183473664.

❷ 原文是 "Not for nothing was Lord Cockfield once referred to as the only man who spoke like a White Paper" (Anand Menon, *Europe*: *The State of the Union* [London: Atlantic Books, 2008], p. 52).

（Roy Denman）是其一生的崇敬者，他在《卫报》发表的讣告中写道："他的结论在逻辑上无懈可击；他的表述缓慢、严肃而又深思熟虑，有着可以推动冰川移动的力量……他的讲话有着天使一样的权威。"❶

为什么撒切尔夫人派这样一个人到布鲁塞尔去当单一市场的首席谈判代表呢？邓曼写道，"考菲尔德远不是一个亲欧派。行政部门中普遍的观点是，撒切尔夫人选择这样一个冷酷而年长的疑欧派主要是为了钳制傲慢的官僚体系。"❷一开始撒切尔夫人对她的选择充满热情。1984年10月在英国首相府共进晚餐的时候，德洛尔和撒切尔夫人以及考菲尔德会面，撒切尔夫人让考菲尔德接手内部市场事务，而德洛尔很容易地就被说服了。❸根据考菲尔德事后记载，"我在这个事宜上的谈判标志着我和首相的关系达到了很高的程度。"❹

不管他们的算计是怎样的，考菲尔德在到达布鲁塞尔之后不久就让所有人感到不解。他反而热诚地转向对欧洲一体化的支持。在接下来的四年里，他成了德洛尔最重要的盟友和合作者。普遍认为，欧洲单一市场倡议的成功要归功于这个高效的同盟。考菲尔德带来了同样的品质——所谓"移动中的冰川"——这些品质让他在之前的生涯中取得成功。他非常高效而且具有说服力，最重要的一点，他知道自己所求。考菲尔德曾以特有的自信写道，"我不仅是一个政治家，我也参与经营过一家英国的大公司并且取得成功；那也是我想要的工作方式。"❺

但是，比起表面上看到的，考菲尔德有着更多的改变。邓曼在考菲尔德的讣告里暗示了更多的原因："考菲尔德出生在法国，尊重威权技术官僚的智力和传统，他会变成统治阶层的中坚。因此虽然当时看起来不是那样的，但

---

❶ Sir Roy Denman, "Lord Cockfield," *Guardian*, January 11, 2007, https: //www .theguardian.com/news/2007/jan/11/guardianobituaries.obituaries.

❷ Sir Roy Denman, "Lord Cockfield," *Guardian*, January 11, 2007, https: //www .theguardian.com/news/2007/jan/11/guardianobituaries.obituaries.

❸ Cockfield, *The European Union*, p. 26.

❹ Cockfield, *The European Union*, p. 36.

❺ Cockfield, *The European Union*, p. 30.

是他调往布鲁塞尔却是一个不错的选择。"❶ 这种考菲尔德"入乡随俗"❷ 的想法是很有说服力的——就像撒切尔夫人在其回忆录说的——在布鲁塞尔考菲尔德发现自己处在一个投缘的环境之中,他的个性和才华在那里得到尊重和崇敬。

单一市场攻坚战

"'内部市场' 这个术语并没有出现在任何条约中。"❸ 考菲尔德在解释最初的设计说,单一市场主要是针对外部事物而言的——也就是说,是个关税同盟。这个目标已经在 1967 年达成。一开始认为一旦这个目标完成,货物就可以在共同市场内部自由流通。但是这个并没有发生。"当关税壁垒取消了,很明显的是非关税壁垒仍然是一个可怕的障碍。同时,虽然在条约中说的很明确,但是在服务业、运输业和财政协调等重要领域并无改进。"❹ 欧洲共同体执委会很早就注意到这一点,但是在 60 年代和 70 年代那种氛围下很难取得进展。"但是在 20 世纪 80 年代初期随着欧洲共同体乃至全世界都从衰退中复苏,火焰就被重新点燃了。"❺

考菲尔德从一开始就做了三件事情为他的计划的成功创造条件,他称之为单一市场白皮书。首先,他从德洛尔手中获得了对很多部门的控制权。这些包括金融制度、公司税、关税同盟和间接税。让考菲尔德大喜过望的是,德洛尔不仅不反对,反而把整个产业事务都交给他。考菲尔德小心地避免"被煤钢绊住",但是他很乐意接受德洛尔的提议,因为该产业事务包括所有新技术的研发。因此,从上任之初,考菲尔德就掌握了所有和内部市场相关的分支机构。❻

---

❶ Denman, "Lord Cockfield."

❷ Margaret Thatcher, *The Autobiography* (London: Harper, 2013), p. 551.

❸ Cockfield, *The European Union*, p. 19. By "Treaties" Cockfield has in mind the Treaty of Rome.

❹ Cockfield, *The European Union*, p. 21.

❺ Cockfield, *The European Union*, p. 21.

❻ Cockfield, *The European Union*, p.26.

第二个创新就是重新定义内部市场，不仅包括货物而且包括服务。这种手法非常不错，因为这样可以确保考菲尔德能够得到其祖国英国的强力支持："由于我们主要的生意都在服务业上，因此这里有英国大量的利益。一旦有人可以说明货物和服务在本质上并无不同，那他也有信心打破心理障碍，这种心理障碍让'货物'取得了很大进展，但是'服务'却裹足不前。"❶

考菲尔德的第三个创新就是重新定义了问题，通过找到一个单一构架来涵盖欧洲市场上成百上千的领域，同时避免了含糊其词和陈词滥调。考菲尔德的解决方案是围绕着去除障碍来定义他的计划。就像他说的，"人们不应该把关注点单独地放在货物、服务、人员和资本的自由流动上，也要关注阻碍流动的藩篱。"这里包括一部分物理边界："只要边界在那，他就会吸引控制：而每一个控制则会成为借口制造其他控制。"❷但是事实上更大的问题在于难以逾越的国家制定的标准和资质，成员国可以对从事法律、保险销售和参与投标实行严格限制，这些限制也会施加到水暖工和电工身上。考菲尔德现在提出砍掉这个对服务业施加限制的丛林。

刚刚在白皮书中建立框架，考菲尔德立刻就开展工作。"德洛尔让我继续完成。"考菲尔德回忆道。❸ 考菲尔德知道如果 1992 是最后期限，那么大部分提议都需要在德洛尔的第一个任期内（到 1988 年底）批准。最后，在德洛尔的坚定支持下，考菲尔德非常接近这个目标：欧洲共同体执委会审议并通过了白皮书中列举的大约 300 个提议中的 90%。对欧洲共同体执委会建议有着最终决定权的部长理事会比较拖后腿，但是也在 1988 年年底批准了 50% 白皮书中的提议。❹

为什么这种方式如此成功？考菲尔德提到了欧洲共同体执委会和成员国领导人对白皮书的热情。单一市场的理念可以说是应运而生，或者说是一种复兴。但是富有技巧的战术也非常重要。首先，考菲尔德很强调速度。他认识到德洛

---

❶ Cockfield, *The European Union*, pp.39-40.

❷ Cockfield, *The European Union*, p.41.

❸ 引自Grant, *Delors*, p. 68。

❹ Cockfield, *The European Union*, pp. 84-85.

尔还有很多其他的优先事项。在 1985 年在欧洲议会的就职演说中，德洛尔列举了他将集中精力解决的四大主要问题。扩盟是第一个。第二个是货币同盟。内部市场仅仅排在第三位。但是老话说"写第一份备忘录的人掌握议程"，当德洛尔需要为下一次理事会会议（计划 1985 年在米兰召开）提出具体建议时，考菲尔德和他的团队迅速制定了白皮书中关于内部市场的提案。考菲尔德的方案已经准备好了而其他方案则没有。这样，考菲尔德就成功让"内部市场成了旗舰项目。"❶

考菲尔德同样理解宣传的价值，而且他让媒体紧跟他的动向。结果就是越来越多的媒体把"考菲尔德的文件"形容成"伟大的项目"（泰晤士报），而考菲尔德自己则被描绘成"多年来最受欢迎的英国对欧洲的出口品。"（卫报）❷

但是媒体的簇拥有时也会成为风险。我们可以想象英国首相府在读到《金融时报》以下的评论后会怎样暴怒："白皮书值得被支持，[因为]欧洲共同体执委会有理由驳斥这样一种荒谬，即欧洲可以在一定程度上享受 3.2 亿人市场带来的好处，但是不必对国家主权做出实质性的让步。"❸ 但是这种"对国家主权的实质性让步"恰恰是撒切尔夫人决意要避免的。她在其自传中写道："很不幸，考菲尔德倾向于无视更大的政治问题——宪政主权、民族情感、提升自由。他在他的议题上是囚徒也是大师，因此，他很容易变得入乡随俗，从放松市场管制转向以协调化为借口下重新管制市场。"❹

在指出重新管制市场和放松管制之间的矛盾——这是随后天然气市场改革中的一个特别重要的问题——撒切尔夫人指出了单一市场的根本矛盾。在多数原则和一致原则之间，潜在的矛盾公开化了。很多年来，这一问题是在所谓的"卢森堡妥协方案"下解决的，这是一个君子协定，认为一般情况下遵循多数原则，除非一个成员国感觉其一些重大利益受到威胁——在这种情

---

❶ Cockfield, *The European Union*, pp.54-55.
❷ 引自Cockfield, *The European Union*, pp.50-51。
❸ 摘自Cockfield, *The European Union*, p.551。
❹ Margaret Thatcher, *The Autobiography*, p. 551.

况下，非正式的理解是这些成员国享有否决权，这项否决权在事实上存在却未在法律上确认。但是考菲尔德感觉"卢森堡妥协方案"不再切实可行："如果要完成并且按时按成，内部市场提案必须采用多数投票原则。"❶德洛尔同意。对他来说，君子协定正在被滥用："超过 100 个决定正在欧洲共同体执委会的文件架上蒙尘，而只有 45 个需要一致原则。55 个都是因为'卢森堡妥协方案'带来的不良影响而被搁置。"❷ 最后的结果是，两人都认为"多数表决"要求修订条约，而修订条约则需要召开政府间的会议。❸

但是多数原则仅仅是个开始。考菲尔德相信要去除单一市场的阻碍就必须要有强大的国家——或者说至少是个强大的欧洲共同体执委会。就像撒切尔夫人担忧的，这个就是欧洲联邦制度的"骆驼的鼻子"（指得寸进尺的开始——译者注），而英国人则扮演了骆驼的角色。对于撒切尔夫人来说，她反对所有这一切，尤其是新的欧洲条约，她认为这太过分了。

在 1985 年 6 月的米兰，这个议题成为头条，这距离德洛尔和考菲尔德在欧洲共同体执委会的共同的任期仅仅过了半年。由于各国首脑和代表云集米兰参加部长理事会的会议，紧张关系显而易见。在一次会议期间，各国元首直接能感受到压力。斯蒂芬·沃尔（Stephen Wall）曾经是英国代表团成员，同时也担任过英国驻欧盟的大使（正式称谓是常驻代表），他有个很好的描述："欧洲理事会就像一场拳击比赛：助手离场，拳手在一决雌雄，被那些拿着毛巾和海绵的人哄着一会儿冷静，一会儿激动，一会儿庆祝"❹

这就是在米兰的情况。英国人来到米兰，他们相信他们支持原来的君子协定，因此不要求一个新的欧洲条约。但是科尔和密特朗准备一份秘密的立场文件要求签署新的条约，而这个条约需要跨政府会议讨论草稿。意大利人已经秘密和法国人及德国人密谋好，但是不到最后绝不显示他们的立场，他们支持科尔—密特朗的提案。英国人仍然觉得他们可以通过支持原来的君子

---

❶ 摘自 Cockfield，*The European Union*，p. 63。

❷ Delors, *Mémoires*, quoted in Stephen Wall, *A Stranger in Europe: Britain and the EU from Thatcher to Blair* (Oxford: Oxford University Press, 2008), p. 56.

❸ Cockfield, *The European Union*, p.63.

❹ Wall, *A Stranger in Europe*, p. 56.

协定来阻止这个计划，直到意大利总理贝蒂诺·克拉克西（Bettino Craxi）和欧洲理事会主席提出一个让他们大吃一惊的事情。和以往不同，他要求投票。这个在以前欧洲理事会的会议中是没有的。但是，克拉克西称其为程序问题，以此作为理由。科尔—密特朗的提案轻松通过。除了英国、丹麦和希腊外的大多数国家都支持。突然，英国人感到他们被孤立了，战略也破产了。打碎牙往肚里咽（至少表面是这样的），撒切尔夫人加入了大多数的阵营支持提案。❶ "我明白我们必须做出最好的选择，"撒切尔夫人在自传中写道，"我看不出来其他的策略有什么好处，比如所谓的'空椅子'"。❷

但是在私下，她的暴怒犹如"喀拉喀托火山"。❸ 她的愤怒和羞辱对于其他英国人也是感同身受。根据沃尔的回忆，"英国官员并没有预见这样一次伏击，这就是扇英国的耳光……意大利人把我们给阴了。"❹ 米兰会议的结果影响深远。"现在潘多拉的盒子打开了，"查尔斯·莫尔（Charles Moore）在他为撒切尔写的著名的传记中写道，"米兰的事情帮助撒切尔夫人坚定了她的疑欧的直觉。"❺

除了撒切尔夫人之外，米兰的"政变"也体现出英国人和其他欧洲人之间的紧张关系。在 20 世纪 80 年代中期之前，即使是在撒切尔阵营内部，英国官员的情绪也远谈不上疑欧主义，但是在之后就不一样了。根据沃尔的说法，其他白厅的人也都认同撒切尔夫人对单一市场的热情，但是并不必然有她那种对欧洲一体化整体的怀疑。根据一份为 1984 年枫丹白露欧洲理事会会议写就的名为"欧洲—未来"的文件，单一市场更大的全球使命被清晰地勾勒出来。

> 我们必须建立真正的货物和服务的共同市场，这写在《罗马条约》中，同时这对我们应对来自美国和日本的技术挑战的能力也极为重要。[这

---

❶ Olivi and Giacone, *L'Europe Difficile*, pp. 207-209.

❷ Thatcher, *The Autobiography*, p. 553.

❸ Charles Moore, *Margaret Thatcher: The Authorized Biography*, vol. 2: *Everything She Wants* (London: Penguin, 2016), p. 401.

❹ Wall, *A Stranger in Europe*, p. 57.

❺ Moore, *Margaret Thatcher*, vol. 2.

个目标是]建立协调的标准并防止其被当作欧洲共同体内部的壁垒所使用……同时实现对包括银行、保险和货物及人员运输的服务业的贸易私有化。**❶**

这是清晰的新自由主义的语言，直接从白厅进入欧洲一体化过程中。我将把大家带回到本章涉及的更大的问题：英国新自由主义思想给单一市场的实施带来了怎样的影响，同时谁带来了这种思想？英国直接扮演了怎样的角色，他们从哪来？英国的经验在能源改革领域发挥了怎样的贡献？

英国人在布鲁塞尔：模糊的红线

到目前，我们主要看到了两件事物的直接关联，一个是新自由主义复兴的英美根源，另一个是其对欧洲共同体的影响，特别是通过撒切尔夫人和考菲尔德的单一市场计划。但是如果要更全面了解英国的贡献，我们必须关注一些间接的影响。

考菲尔德在他的回忆录中痛苦地批评其祖国对于欧洲共同体的态度。"他们对自己的历史一无所知，"他写道，"[他们]不懂哲学，更令人震惊的是也没有货真价实的实践知识。"**❷** 他这里主要指的是政治家，同时也包括外交官。但是尽管对他没有任何不敬，这样的想法也确实夸大了，这主要是因为考菲尔德对于撒切尔夫人的失望。从 1973 年英国加入欧洲共同体开始，英国官员就开始到布鲁塞尔工作。一些人是白厅的官员；其他则是简单地出于不同的原因通过自我选择在欧洲共同体执委会工作，并且留在那里发展。其中的一位就是菲利普·洛威（Philip Lowe），他从牛津大学毕业后不久就入职欧洲共同体执委会，在那里工作了 40 年，官至竞争事务总干事（2002—2010）和能源总干事（2010—2013），这一时期也是欧洲天然气市场自由化同俄罗斯的期望相互碰撞的关键阶段。作为一个能讲流利英语、法语和德语的语言学家，

---

❶ 引自 Wall，*A Stranger in Europe*，p. 41。
❷ Cockfield，*The European Union*，p. 38.

洛威一开始到布鲁塞尔是因为他对外国和异域文化的热爱，同时也被欧洲的理念打动。另外一个例子是乔纳森·福尔（Jonathan Faull），他是一位律师，1978年在布鲁日取得欧洲研究硕士学位后加入欧洲共同体执委会。福尔是一位竞争法领域的专家，一开始他供职于考菲尔德的团队，之后则崛起成为20世纪90年代的竞争事务的执行总干事，之后又担任过其他一些领导职务。❶在21世纪第一个十年中期，在布鲁塞尔有说法认为洛威和福尔是欧洲共同体执委会中两位最有才华和影响力的总干事。福尔在评价英美对于竞争法和政策的影响时说：

> 是的，英国有很大的影响力。是的，这归功于很多重要的个人，这里包括我和洛威，也包括那些早些的委员。但是不仅仅如此。很多在欧洲共同体执委会特别是其竞争总司的人都在英格兰接受教育。在早期，所有关于竞争法的文献都来自英格兰——也来自美国。关于竞争法的会议也总是在英国和美国召开。整个竞争法领域就是讲英语的。今天的情况不是这样——欧洲大陆已经追赶上来；今天每个欧洲的大学都会有竞争法的课程。❷

过去在欧洲共同体执委会里并没有很多像洛威和福尔这样的人——因为无论如何，总会有限制某一国家公民在委员会任职总数的不成文的规定——但是他们在委员会和竞争总司的专业人士中的影响力不断增大。这样的人员流动在20世纪80年代就开始减弱，到了90年代和21世纪则事实上停止。在回顾其职业生涯时，洛威评论道，"在欧洲共同体执委会中，英国籍的高级官员在80年代和90年代远比后来要重要。这里有几个原因：之后英国政府对欧盟机构的支持不温不火，对欧洲持怀疑态度的小报，伦敦的工资比布鲁塞尔高，同时随着英语成为世界通用语，英国人的外语学习能力也在下降。"❸

---

❶ 具有讽刺意味的是，目前负责英国脱欧的团队负责人就是乔纳森·福尔爵士。关于他的生平，见 https://en.wikipedia.org/wiki/Jonathan_Faull。

❷ 作者和Sir Jonathan Faull的私人通讯。

❸ 作者同Philip Lowe的访谈。

很明显的趋势是，有连续两代英国人来到布鲁塞尔。引人吃惊的是，在其中很少有经济学家或者能源专家。他们带来的也不是直接从芝加哥大学或者美国照抄的，而是从崛起中的盎格鲁—撒克逊世界新自由主义共识，这一共识不只是聚焦于自由化和内部市场，而是更宏大的全球化和自由化议题。

最后，人们必须把眼光从最高政治任命的官员转向职业公务员——也就是除了欧洲共同体执委会委员和副主席之外那些总署的领导。一个很重要的例子就是安德里安·弗特斯库（Adrian Fortescue），他曾经是英国1972年加入欧洲共同体之后最早一批到达布鲁塞尔的英国官员。❶ 他是一个外交家，曾经在剑桥大学学习古典学。弗特斯库也精通经济学，在伦敦经济学院取得工商管理学位。在服务于第一位英国的欧洲共同体执委会委员索米斯勋爵（Lord Soames）之后，弗特斯库回到布鲁塞尔成为考菲尔德的首席办公室主任。弗特斯库负责统筹关于内部市场白皮书的很多部分，并协调和其他办公室官员的合作。考菲尔德在他关于欧盟的书里对弗特斯库多有赞誉："弗特斯库能够首先确保其他办公室官员完全同意白皮书以及其中的300项提案，之后再把此事提交给欧洲共同体执委会。"考菲尔德又说，"这个提案可能会耗时数月，甚至数年"，这多亏了弗特斯库的外交技能和对欧洲共同体执委会内部工作的了解。❷

在这个问题上我们转换一下：从关注第一阶段制定内部市场计划的所有先行者，转向这个计划的第二阶段——也就是说白皮书中提案所改变的过程是如何进入成员国法律并且由欧洲共同体执委会和欧洲法院所执行的。这个第二部分对于将新自由主义运用在天然气部门特别重要，而往往也被证明是

---

❶ John Shelley, "PROFILE: Adrian Fortescue 'Official and a Gentleman, '" *Politico*, October 10, 2001, https://www.politico.eu/article/pro le-adrian-fortescue/.

❷ Cockfield, *The European Union*, pp. 47-48. 1989年，考菲尔德离开布鲁塞尔后，弗特斯库继续在一个分支领域中开发新的专长，而起初人们可能不认为这一领域是"单一欧洲市场"的一部分——日益蔓延到日益开放的有组织犯罪社区和恐怖主义。当时没有专门的司法和执法部门，但是实际上是弗特斯库一手创建。从一个只有三个成员的小部门开始，他逐渐扩大了自己的团队，直到1999年"司法和内政"总司的成立。美国网址Politico曾将弗特斯库形容为"幕后男孩，他比起其他任何人都更对跨境合作负责，这是欧盟打击恐怖主义和有组织犯罪的基石"。（Shelley, "PROFILE：Adrian Fortescue"）. 弗特斯库继续领导新的总司直到2003年，共计14年。

更费事、更困难的。如果我们把 1979 年的"第戎黑加仑酒"案件看作是第一阶段的代表性事件，是因为"第戎黑加仑酒"案件蕴含的内部市场的理念比 1992 年欧洲共同体执委会和欧洲理事会批准内部市场早了 13 年。而转化为国内法和管制的阶段，特别是在电力和天然气领域，则又花了 15 年，直到欧盟 2007 年发布第三个天然气和电力指令。当制定白皮书被各方所支持的时候，第二阶段则遇到了强烈的抵抗，顽固的反对者主要来自成员国政府和既得利益集团。

到了 1988 年底，考菲尔德离职了。他的政治遗产就是欧洲单一市场项目。但是在此时这个项目还没有被转化为政策，更没有被应用到能源领域。在这个问题上发生了两件事情。第一，竞争政策工具成为欧洲共同体（针对成员国）的主导性政策。第二，竞争政策工具被欧洲共同体执委会带进了能源领域——准确地说因为在该领域欧洲共同体执委会（针对成员国）有足够的权力。

这里的主角是彼得·萨瑟兰，这位爱尔兰的委员在 1985 年到 1989 年期间监督竞争总司，因此他的任期和考菲尔德重叠；里奥·布里坦（Leon Brittan）接任考菲尔德担任副主席，接替了萨瑟兰的竞争事务委员。在 80 年代后期和 90 年代初期，萨瑟兰和布里坦持续体现出盎格鲁—撒克逊世界新自由主义传统对于布鲁塞尔的影响。如果说考菲尔德的主要目标是建立欧洲单一空间的概念，萨瑟兰和布里坦则利用竞争法作为工具，把这一概念变成了有力的武器。

虽然两人在个性以及和德洛尔的关系上有所不同，但是他们都雷厉风行。❶两人都是律师出身。萨瑟兰在到布鲁塞尔之前是爱尔兰的检察总长；接着他又担任关贸总协定（之后更名世界贸易组织）总干事，而且还在英国石油和高盛董事长位子上有过出色的表现。"萨瑟兰向德洛尔要求这个主管竞争的职位，"格兰特提到，"因为仔细研读《罗马条约》使得他认识到，在理论上欧洲共同体执委会将在这个领域有着更多的权力。"萨瑟兰视欧洲法院为最重要

---

❶ 1992 年由彼得·萨瑟兰主持的内部市场运作高级小组向欧洲共同体执委会提交的所谓的萨瑟兰的报告。（"The Internal Market after 1992：Meeting the Challenge，" October 31，1992，http：//aei. pitt.edu/1025/1/Market_post_1992_Sutherland_1 .pdf）。

的欧洲机构。"我看过法律,"萨瑟兰经常这样说,"我看到法律作为一项推进欧洲联邦主义的途径,同时欧洲法院是欧洲共同体最重要的机构。"格兰特又说:"在德洛尔担任主席的十年里,欧洲共同体执委会在竞争领域增加了权力,和任何其他领域比都是这样……到德洛尔第一个任期结束的时候,他已经变得和萨瑟兰最为接近,和任何其他委员比都是这样。"❶

布里坦有着非常不一样的形象,这也说明了英国人进入欧洲共同体执委会的不同路径。❷他曾经在1981年被任命为英国内阁中的财政部第一副大臣,辅佐杰弗里·贺维(Geoffrey Howe)。❸虽然他有着反欧的名声,但是他的确积极捍卫欧洲的利益。他出生于第二次世界大战的第一个月,是一位立陶宛犹太移民的小儿子,"在他的视野中,无论在情感上还是知性上,他都是一个欧洲人。"❹

在德洛尔的第二个任期内,布里坦表现出一个强有力的自由派,就像萨瑟兰在德洛尔的第一个任期一样。因为有这样的同事们,"德洛尔有时候不得不接受一些他并不怎么喜欢的自由主义的政策。德洛尔比任何他第二和第三任期内的成员都更尊重布里坦,形容他是'我见过最聪明的人'。"❺格兰特在他关于德洛尔的欧洲共同体执委会的书里这样写道。布里坦是作为撒切尔夫人的盟友来到布鲁塞尔的,但是"他太过于入乡随俗,以至于他对一个更紧密的联盟抱有信念。"❻

在1989—1992年这个关键时期,布里坦比任何人都发挥了更为带头的作用,他把考菲尔德的白皮书转变为基于竞争的英国模式的能源政策。在1991年的一次重要演讲中,布里坦承认英国80年代私有化模式的直接影响:

---

❶ Grant, *Delors*, pp. 160, 162, and 165.

❷ 布里坦似乎是少数移居布鲁塞尔的财政部官员之一。到20世纪80年代初期,财政部已转变为新自由主义思想,但很少有年轻的财政部官员采取这一行动。

❸ 通过布里坦这样的"贺维校友",财政部部长贺维和来自财政部的人对欧洲共同体执委会政策的影响达到了白厅一样大的程度,甚至更大。

❹ Dave Keating and Tim King, "Leon Brittan, Former European Commissioner, Dies," *Politico*, January 22, 2015, http://www.politico.eu/article/leon-brittan-for mer-european-commissioner-dies-aged-75/.

❺ Grant, *Delors*, p. 159.

❻ Grant, *Delors*, p.162.

当然，我并不是从零开始。英国私有化和管制下的天然气和电力工业提供了一个引入竞争的范本。事实上，欧委会对英国涉及竞争问题的安排进行了全面的研究，我们提出并且获得了对提议内容的几个重要的改进。❶

在智力和能力方面，两人都名声在外。在那些年，成员国经常因为没有把他们最优秀和最聪明的人送到布鲁塞尔而受到批评。萨瑟兰和布里坦则是例外。在格兰特看来，"第一任期里仅存的明星就是考菲尔德和萨瑟兰。在第二任期，只有布里坦能在智力上配得上德洛尔。"❷两人都被认为是强有力的人，为自由主义的政策勇于发声："彼得·萨瑟兰……曾经是少数几个能抗拒德洛尔的人……布里坦则被证明既是自由主义的，同时也是强有力的。"❸

以单一市场计划为路线图，这两个人积极利用《罗马条约》中隐含的反垄断条款，将其拓展到许多国家补贴之外的领域。调查涉及涉嫌操纵价格的公司：1986年，15家聚丙烯制造商被罚了6000万欧元（4000万英镑）。在1988年，萨瑟兰开始整治电信业，打破了多家公共垄断企业。同年，他又把目光转向航空业的并购，迫使英国航空放弃了多条航线，而这些航线是英国航空通过收购其竞争对手英国卡勒多尼亚航空公司而获得的。❹在这些案例中，《罗马条约》事实上没有给欧洲共同体执委会扩大任何权力，但是萨瑟兰和布里坦充分利用了其中的几个条款。第90款允许欧洲共同体执委会在一些情况下绕过部长理事会依照条约行事；第85款禁止反竞争合同；第86款反对滥用市场支配地位。❺德洛尔给萨瑟兰取了一个绰号叫"小警长"（le petit shérif），这并非是无缘无故。至于布里坦，"这个英国人的素质，加上出色团队的加持，让他成为除了德洛尔之外最有影响力的委员。"❻

---

❶ Speech by Leon Brittan to the Institution of Civil Engineers, April 18, 1991, European Commission Press Release Database, February 19, 2018, http: //europa.eu/rapid/press-release_SPEECH-91-40_en.htm.

❷ Grant, *Delors*, pp. 106-107.

❸ Grant, *Delors*, pp.159-160.

❹ Grant, *Delors*, p.161.

❺ Grant, *Delors*, p.161.

❻ Grant, *Delors*, p.162.

但是在一些大型公共事业设施，特别是天然气和电力领域，德洛尔却不是那么全心全意地支持改革者。结果是，两位主管竞争事务的委员把更多精力放到了其他垄断行业，特别是电信业，而对天然气和电力等能源部门没有采取强力行动。如果他们这么干了，可能德洛尔会采取更强有力的行动反对他们。所以，德国人可以在天然气和电力行业使用欧洲共同体执委会早期的管制方案，一个原因是德洛尔和科尔之间亲密的友谊。德洛尔的一位助手告诉格兰特，"在很多重大问题上我们都在保卫德国的利益。"格兰特则说："当竞争事务委员布里坦试图切断德国对于其煤炭行业的补贴时，德洛尔就出来和稀泥。同样，德洛尔帮助特鲁汉国家贸易委员会（Theuhandanstalt，这个机构负责东德产业的私有化）取得了欧洲共同体竞争规则的豁免。"❶ 因此，这又让布鲁塞尔多花了十年时间把其发展的规则和管制成功地运用到德国的公用事业设施上，我们会在下一章讲到。

这一章回顾了支持市场的新自由主义革命的起源，以及它是如何在80年代从英国发展到欧洲共同体执委会和整个欧洲共同体的。这个运动的核心是欧洲单一市场，德洛尔和在欧洲共同体执委会中的英国及德国官员一起推动这个项目，同时也得到法国、德国和英国的国家首脑的支持（英国的支持是有保留的）。这些人在一起重新开启了建立欧盟的过程，而这一过程是通过增加欧洲共同体执委会中管制机构权威实现的，并且得到了欧洲法院和各成员国法院的支持。80年代是少有的时期，国家利益和个人领导力在布鲁塞尔和成员国之间达成统一，结果就是自由化措施兴盛，特别是在竞争法领域。

新自由主义复兴的影响力是由一个团队带到布鲁塞尔的，这个团队中不同人有不同的路径，他们直接或间接地都有英美背景，这些人围绕着"德洛尔—考菲尔德"团队工作。因此，撒切尔夫人经济政策中形成的一系列想法和概念就被移植到了欧洲大陆。强调开放、竞争和市场化的理念给欧洲大陆国家传统的国家主义倾向带来巨大挑战。这些理念是欧洲单一市场的核心教义，同时也是德洛尔在欧洲共同体执委会任职的最大成就。

---

❶ Grant, *Delors*, p.139.

但是，把白皮书变成能源政策则被拖延了十年，半数的顽固抵抗来自成员国和其享受既得利益的国家公用设施行业。事实上，真正的战斗在 20 世纪 90 年代末期才出现。这是第 7 章的主题。

布鲁塞尔——向市场进军

随着欧洲共同体执委会在政策领域愈发活跃，在天然气领域爆发了两场斗争。第一场发生在西欧，主要是在 20 世纪 90 年代中期和 21 世纪第一个十年末期的德国，以既得利益者的失败和市场力量的胜利而告终。第二场冲突始于 2011 年，在欧盟委员会和俄罗斯天然气工业股份公司之间爆发。两场斗争的起源都是竞争法在能源领域的使用。在这一章里我们看一下在旧的欧洲天然气工业被摧毁的过程中，欧洲共同体执委会是如何获得权力的。

就像我们在第 6 章看到的，雅克·德洛尔和考菲尔德勋爵在 1985 年开启了欧洲单一市场计划，其核心是一份包含了 300 个提案的白皮书，目的在于消除建立单一市场的阻碍。那么，不顾老牌公司和几个成员国的反对，关于欧洲单一市场的白皮书是如何变成一个能源计划，然后变成天然气和电力的一揽子计划的呢？为什么这个行业如此反对改革？是什么让欧洲共同体执委会如此执着？与其他改变传统天然气市场的客观因素（主要是经济和技术）相比，欧洲共同体执委会在推动欧洲天然气工业变革方面发挥了什么作用？最后，莫斯科是怎么看待这些事情的？

欧洲旧有的天然气秩序

20世纪90年代中期，欧洲大陆的天然气业务曾经顽强并且成功地抵御了自由化的浪潮，而这个浪潮当时正席卷澳大利亚、北美和英国等几个成熟的天然气市场。自由化的改革带来了更自由的管网准入，更强调市场信号（特别是天然气定价新技术），而且开启了不同来源天然气之间的竞争。相比之下，欧洲大陆的天然气体系仍然维持着旧的市场管理秩序、长期合同以及燃料间相互定价——这是一种60年代的价格体系，而跨境天然气贸易那时候刚刚开始。❶

但是四个基础性的趋势已经在改变欧洲大陆的天然气贸易。第一，市场走向成熟而且变得复杂，特别是国际管网的修建把欧洲边缘的生产者和消费者纳入到市场中来。另外，随着发电领域的技术创新（特别是联合循环发电），天然气越来越对发电行业有吸引力，因此发电企业开始成为潜在的天然气采购者。第二，随着燃料价格的下降和净收益的减少，天然气供应商将天然气输送（价值链的中游）作为租金增长的来源，天然气市场整合的趋势日益明显。第三，随着苏联解体和俄罗斯天然气工业股份公司作为新兴企业力量在欧洲天然气市场上的崛起，欧洲的天然气供给出现富裕。第四，信息技术带来的影响力日益明显。随着复杂的技术系统乃至互联网的兴起，网络上的实时交易成为可能。以上这四种变革的力量首次为欧洲大陆带来了可能出现的大量尚未被纳入长约体系的天然气，这一现象削弱了这种传统的合同模式。❷

同时，天然气在欧洲能源经济中的重要性也在稳步上升。1994年是具有象征意义的一年，从这一年开始，天然气在欧洲能源结构中的贡献超过了煤

---

❶ 见Jonathan P. Stern, *Competition and Liberalization in European Gas Markets：A Diversity of Models*（London：Royal Institute of International A airs，1998），特别是第2章（1960—1990年的欧洲天然气市场）. 对于英国天然气市场自由化，见Dieter Helm, *Energy, the State, and the Market：British Energy Policy since 1979*（Oxford：Oxford University Press，2003），第6章和第13章。

❷ Michael Stoppard, A *New Order for Gas in Europe*, OIES Papers on Natural Gas, no. NG2 (Oxford: Oxford Institute for Energy Studies, 1996), p. xi and chapters 1 and 2.

炭（虽然两者都还落后于石油）。❶

在天然气从业者认识到产业结构这些深层趋势的同时，他们对这些趋势所带来的影响却有着不同看法。当时欧洲的天然气行业分成两派，一派认为旧有的体系必须让位给更开放和多元化的市场，而另一派则依然强调传统秩序的优点。天然气专家乔纳森·斯特恩在 1992 年写道，"评论家们要么是豪情万丈——他们并不觉得商业规则的根本变化会遇到太大困难；要么相反，觉得第三方准入简直是对天然气商业文明的灭顶之灾。"❷ 他又评论道，"他们也许并没有说这样的结果会让消费者在家里挨饿受冻，但这就是他们给观众留下的印象。"❸ 这种争论持续了 20 年才得以解决，但是答案却确定无疑：天然气的旧世界没了，市场取得了胜利。即使在有旧元素依然存留的东欧和东南欧，它们也正在离开旧世界。这在很大程度上要归功于欧洲共同体执委会从 20 世纪 80 年代末开始持续施加的压力。

这种压力遇到了天然气行业的强烈反对和抵抗。这一行业自认为是成功和重要的。换言之，这不是个简单的问题，垄断和准垄断组织在这里试图维护自己的既得利益。从 20 世纪 60 年代起，天然气行业在整个欧洲大陆建立了管网和分销体系，这可以说是很令人骄傲自豪的事情。这一行业让数千万消费者受益，并且创造了数以十万计的就业机会。它也极大地改进了整个西欧的空气质量。

公平地说，天然气行业可以宣称它比欧洲共同体执委会显得更欧洲。毕竟荷兰的天然气传教士们在 60 年代早期就很自然地把德国、比利时、法国和意大利的消费者视为他们世界中的一部分。在 80 年代，建设运输苏联天然气的中欧天然气管道（德语缩写 MEGAL）就实现了欧洲的通力合作，因为无论是鲁尔燃气还是法国燃气（GDF）都缺乏单干的财力。天然气可以自豪地说，它确保了整个欧洲的供应安全。每当出现问题时，就会把天然气从一条管道

---

❶ Michael Stoppard, *A New Order for Gas in Europe*, OIES Papers on Natural Gas, no. NG2 (Oxford: Oxford Institute for Energy Studies, 1996), p.1.

❷ Stern, *Competition and Liberalization*, p. 91.

❸ Jonathan P. Stern, *Third-Party Access in European Gas Industries: Regulation-Driven or Market-Led?* (London: Royal Institute of International A airs, 1992), p. ix.

切换到另一条管道，而格罗宁根的决策性供应总是在后台发挥作用，几乎服务于欧洲的任何地方。在 2009 年俄罗斯天然气断供过程中，为了欧洲的使命，意昂天然气、鲁尔燃气和法国燃气苏伊士公司保证了塞尔维亚和克罗地亚能够无成本地得到天然气供应。这是一个天然气行业引以为荣的故事。

此外，天然气行业可能会辩称，其传统结构在其他方面也为欧洲带来了好处，包括环境方面。例如，类似垄断的合作可以保证天然气价格和扩建管网的投资（在德国通过非市场化的协议，在法国、意大利和比荷卢经济联盟则是事实上的国家公司代行国家责任），使得天然气能够在工业和民用市场中抢下占统治地位的取暖油的市场份额（现在则体现在煤炭市场和发电上）。因此，在当时的公司架构下，实现了大量的燃料间替代。

最后，由于在许多国家，天然气工业部分或全部由国家和地方政府所有，因此它也在支持各种公益事业。天然气租金以补贴或者其他国家援助的形式输送到各种行业。本书第 2 章提到了一个著名的例子就是荷兰的温室农业的发展，廉价的荷兰天然气支持了黄瓜、花卉和西红柿产业。花卉业更是一个典型的特例，荷兰 84% 的切花是出口的，而其中三分之二出口到德国。

在这样的一片和谐中，欧洲共同体执委会却横空出世，带来诸如价格透明、公平竞争环境和反对国家补贴等新自由主义的话语。"公平竞争环境"这个理念看起来非常奇怪。当荷兰能源气体联合公司发现自己卷入同欧洲共同体执委会竞争总司就"温室种植者"征收天然气补贴关税的案件中时（最终败诉）[1]，一位经理愤怒地感叹道（虽然带着幽默），"为什么不让我们的西红柿种植者比其他欧洲共同体国家用上更便宜的天然气呢？上帝给了意大利阳光，给了荷兰天然气——这才叫公平竞争环境！"（俄罗斯人在四分之一个世纪之后也会发出这样的感叹。）

本章的主要内容是欧洲共同体执委会在设定欧洲大陆天然气工业自由化议程中的关键角色。一方面，欧洲共同体执委会被证明无法单凭一己之力改

---

[1] "1985年2月13日委员会决定，关于对荷兰温室种植者收取的天然气特惠关税" http：//eur-lex.europa.eu/legal-content /EN/TXT/PDF/?uri=CELEX：31985D0215&qid =1508767536648&from=EN（accessed May 16，2019）.

革天然气行业，它需要求助成员国监管者和天然气行业中的支持者；另一方面，它也成功搭建了改革的框架并将其变成可执行的法律规则。❶ 在这一过程中，该行业的监管风格也发生了改变，有些观察家声称其变得更像自己的对立面——也就是更美国化，而不像具有欧洲传统的协商风格。这反过来让本身就在变化中的这个行业加速变化。这一过程产生一个重要结果，就是当俄罗斯人在 20 世纪 90 年代来到欧洲天然气的中游市场时，他们发现自己来到了一个完全陌生的世界，这个世界和他们的苏联前辈在 60 年代经历的环境完全不同。

这也算得上是一个讽刺。我们应该指出，欧洲共同体执委会所倡导的强化管制下的自由化——这应该更适应德国的秩序自由主义，而不是英美新自由主义。如果是这样，就像我们在第 6 章所看到的，新自由主义革命在布鲁塞尔呈现一种混合的形式，随着时间推移，在欧洲共同体执委会中的德国人在发展执法权方面开始发挥主导作用。

欧洲共同体执委会的第一个行动

关于天然气产业未来的争论开始与另外两个问题产生交集，一个问题就是欧洲单一市场计划的演进，另一个是新的法律和管制框架的发展和执法。这乍看起来是个巧合。我们在第 6 章中看到，推动欧洲单一市场复兴的力量并没有在天然气行业有所作为——这里包括新自由主义意识形态、成员国间关系和不同的人的个性。❷ 一开始，单一市场的议程完全没有应用在能源领域，之后也仅仅是应用在电力而非天然气行业。❸ 但是，天然气专家迈克尔·斯托帕德（Michael Stoppard）注意到，"能源价格缺乏协调性和多样性，在进一步

---

❶ 对于此观点见R. Daniel Kelemen, *Eurolegalism：The Transformation of Law and Regulation in the European Union*（Cambridge, MA：Harvard University Press, 2011）。

❷ Stoppard在1996写到，"此项改革意识形态上的动力主要来自天然气行业之外。"（*A New Order for Gas in Europe*, p.44）。

❸ 电力改革在很多方面都为之后很快进行的燃气改革提供了模版，见Francis McGowan, *The Struggle for Power in Europe：Competition and Regulation in the EC Electricity Industry*（London：Royal Institute of International A airs, 1993）。

推动单一市场的背景下越来越反常。"❶到 20 世纪 80 年代末,天然气已经成为欧洲共同体执委会关注的焦点。结果就是 1988 年的内部能源市场文件的颁布,这一文件是欧洲共同体执委会推动单一内部市场白皮书进入能源政策的第一次尝试。❷

这一改革的推动者是德洛尔委员会内的两位高级委员,一位负责能源事务,另一位负责竞争事务。这两位的行事风格大不一样。委员安东尼奥·卡多索·伊·库尼亚(Antonio Cardoso e Cunha)在 1989—1993 年曾经是能源总司的领导,这是在德洛尔第二次担任欧洲共同体执委会主席期间。他原来是葡萄牙社会民主党的成员,之前是一名化工工程师。他是第一位来自葡萄牙的委员,应该很想为后来者树立一个好榜样。他"非常致力于自由化⋯⋯这几乎是一场个人运动。"❸他的方式很实用:他倾向于找到谈判解决方法而不是诉诸法律,这让他的同事有时低估了他。监管新法团主义下的能源行业,他手下的人无法挑战这些行业的利益,卡多索迂回前进,成立了一个独立的工作组,由竞争总司的一名高级官员来指挥,这一部门拥有在其他部门推行自由化的经验,同时他还和负责竞争及产业的其他委员结成同盟。❹

归功于这种伙伴关系,欧洲共同体执委会出现了一阵行动的热潮。能源总司在 1989 年起草了第一份能源指令。价格透明的指令在第二年很快就被采纳了,没遇到什么大的阻碍。第二项指令主要涉及共同运输和第三方准入(根据此项指令,不拥有管道的托运人也可以使用管道运输天然气,不得受到不公正的阻碍),这最初仅限于公共设施之间。但是这也是卡多索能力所及的了,因为成员国和能源既得利益集团开始动员起来反对这项指令。卡多索希望政治解决的努力被证明是徒劳的,最后他没能让关于能源行业的提案被部长理

---

❶ Stoppard, *A New Order for Gas in Europe*, p. 46.

❷ Stephen Padgett, "The Single European Energy Market: e Politics of Realization," *Journal of Common Market Studies* 30, no. 1 (March 1992) : 57.

❸ Stephen Padgett, "Between Synthesis and Emulation: EU Policy Transfer in the Power Sector," *Journal of European Public Policy* 10, no. 2 (April 2003) : 231.

❹ tephen Padgett, "Between Synthesis and Emulation: EU Policy Transfer in the Power Sector," *Journal of European Public Policy* 10, no. 2 (April 2003) : 231. 卡多索同竞争委员布里坦和产业委员班格曼(Marin Bangemann)的联盟对于通过第一个能源指令至关重要。

事会通过。回头看，他的同僚普遍感觉卡多索不够强硬。主管竞争的里奥·布里坦（Leon Brittan）对卡多索的赞誉也是有保留的，他说卡多索"尽了很大的努力试图把事情推进部长理事会"，但他并没有成功。这也是事实。

布里坦是卡多索同一时期（1989—1993）的委员，他是一个不同类型的人。我们在第 6 章谈到他和德洛尔的亲密关系。他不像卡多索，他的方式从一开始就充满战斗气息，拥有执法的权力并且决意使用。竞争总司越来越把精力转向能源议题。布里坦的决心可以从他在 1991 年春天的讲话中看出一些端倪：

> 当我 1989 年来到布鲁塞尔时，我没有在能源领域看到很多竞争……现在我的直觉告诉我，要对任何声称自己很特殊并且索要特殊待遇的行业保持警惕，特别是当这种说辞是试图将垄断合法化的时候……我们的目标很清晰：消费者应该有权选择供应商，价格应该是竞争产生的，供应商应该可以通过非自身的管道运输产品，国家补贴应该透明且有节制，同时欧洲共同体成员国之间应该实现无壁垒贸易。❶

虽然言辞激烈，但到他竞争事务委员任期结束的时候，布里坦在能源领域并没比卡多索做得更多，而且布里坦在天然气领域的作为更少。观察家们普遍认为欧洲共同体执委会在能源领域要失败了。历史学家斯蒂芬·帕戈特（Stephen Padgett）在 1992 年总结道，"一般认为，能源政策可被列为欧洲共同体执委会的一项重大挫败。"❷ 事实上，帕戈特和许多人相信情况很难改变："能源市场的商业和技术结构本质上就是反竞争的。"此外，帕戈特写道，有几点让天然气和电力行业非常具有"国家"特色，因此成员国政府希望控制这些行业。这些特色中第一条就是电力和天然气所依赖的管网在物理上倾向基于国家边界划定。直到 1998 年，欧洲共同体执委会才让天然气指令在部长理事会通过。乔纳森·福尔的早期职业生涯是从 20 世纪 90 年代在竞争总司开始，到退休时他已经是欧洲共同体执委会中最资深的英国官员。他用简单的话总

---

❶ Speech by Leon Brittan to the Institution of Civil Engineers, April 18, 1991, European Commission Press Release Database, February 19, 2018, http://europa.eu/rapid/press-release_SPEECH-91-40_en.htm.

❷ Padgett, "The Single European Energy Market," p. 55.

结当时能源监管长期被拖延的原因，"这真是太难了！"❶

但是回想起来，对失败的判断还是有些幼稚。虽然能源指令草案表面上被阻挠了，但是有两件事还是取得了成效。第一，由于欧洲共同体执委会的努力，成员国层面的决策者开始对所谓的自然垄断行业，包括电力和天然气，思考一些以前无法想象的概念。天然气专家西蒙·布雷基当时注意到，"欧洲共同体执委会对国家层面决策者的影响确实可以改变天然气行业的商业环境。"第三方准入、透明原则和拆分"都是应运而生的理念。"❷

第一个天然气指令出台后，竞争环境发生变化的一个典型例子是英国—比利时天然气管道的开通，这突然间带来了天然气从自由的英国天然气市场流向欧洲大陆的可能性。两年之后，也就是 1998 年，这一管道投入运营，它（俄罗斯天然气工业股份公司在其中拥有一成的股份）开始成为英国现货价格和欧洲合同价格之间主要的套利工具。2000 年春天，丹尼尔·耶金对这一历史性的发展评价道："欧洲天然气长期合同价格和现货天然气价格之间的套利缺口正在扩大。在欧洲大陆，一个新的天然气定价机制和贸易基础——向市场进军——已经开始。"❸这项工程让更低的英国现货价格出现在欧洲成为现实，而欧洲的消费者也注意到了。

第二项进展是，竞争总司的法律力量日益增强，尤其是在进行突击检查和罚款方面。这一进展最初并不明显，但很快就成了各大报纸的头条。早在 1957 年，在共同市场的创始文件《罗马条约》中，总司就被赋予不同寻常的权力。在竞争事务学者丹尼尔·科勒曼（Daniel Keleman）看来，条约中著名的管制 17 条款"给了欧洲共同体执委会前所未有的权力"：

> 在其他政策领域，欧洲共同体执委会只能通过成员国政府执法。在竞争政策上，欧洲共同体执委会可以直接面对公司……欧洲共同体执委会的竞争事务官员可以对公司进行突检而且可以对违法行为处以高额

---

❶ 作者同Jonathan Faull的访谈，London，October 17，2017。

❷ Simon Blakey, *Third-Party Access for Gas—The Evolving Options* (IHSMarkit Decision Brief, November 1992) .

❸ Daniel Yergin, "Overview," in *When Gas Markets Diverge* (IHS Markit European Gas Watch, April 2000) .

罚金……［他们］在成员国权威机构的协助下有进行先发制人调查的权力……同时监管第 17 条赋予了欧洲共同体执委会给予豁免的垄断性权力。❶

就像福尔评论的，"1962 年采纳了监管 17 条是最重要的事情。如果今天进行这类立法将极为困难。"❷

虽然欧洲共同体执委会竞争总司从 1962 年开始就拥有这些权力，但是直到 80 年代这些权力都没有广泛运用。在彼得·萨瑟兰和布里坦到来之前，竞争总司曾经对违反欧洲共同体执委会反托拉斯法规的行为施以罚款，但是态度温和且只涉及少数几个公司。而随着萨瑟兰和布里坦的到来，竞争总司运用执法权力进入了一个富有侵略性的时期。虽然一开始竞争总司的武器并没有用在能源领域（一开始竞争总司的主要精力集中在电信业），但是这些武器却已经变得锋利起来。

"布鲁塞尔的肌肉"

从 20 世纪 80 年代开始，竞争总司开始逐渐变成欧洲共同体执委会中最有权力的机构。❸ 在 21 世纪第一个十年早期，在一项针对专家的调查问卷中，竞争总司在所有层级的欧盟竞争监管机构中是"最可信赖和最受尊重的"。它的公务员位置在布鲁塞尔是最有威望的，而且竞争事务是最受重视的。❹21 世纪第一个十年的末期，竞争总司已经达到它权力的高峰。"随着它的'突

---

❶ Kelemen，*Eurolegalism*，p. 154.

❷ 作者同Jonathan Faull的访谈，London，October 17，2017。

❸ 竞争总局最有价值的信息和数据来源是其年度报告。完整的列表，以及从1971年到2017年可下载的PDF文档年度文件，见European Commission，"Report on Competition Policy，" http：//ec.europa.eu/competition/publications/annual_report/#rep_1980.

❹ See Tim Büthe，" The Politics of Competition and Institutional Change in the European Union: The First Fifty Years," in Sophie Meunier and Kathleen McNamara, eds., *Making History: European Integration and Institutional Change at Fifty* (Oxford: Oxford University Press, 2007), pp. 175-193; and Francis McGowan, "Competition Policy," in Helen Wallace and William Wallace, eds., *Policy-Making in the European Union*, 4th ed. (Oxford: Oxford University Press, 2000), pp. 116- 146. See also Kelemen, *Eurolegalism*.

检'，开启了一些史诗级的法律斗争和数以亿万计的罚款，"科勒曼写道，"竞争政策很长时间内在欧盟的管制中是为数不错的戏码之一……显示了布鲁塞尔至少在竞争政策领域是有实力的。"❶ 这个在如今的委员玛格丽特·维斯塔格（Margrethe Vestager）治下甚至更为真实，她曾经是丹麦的代总理。❷

但是在过去并不总是这样。欧洲共同体执委会竞争总司是在 1957 年《罗马条约》后几年才开始运作的，它曾是欧洲共同体行政机构中的"一潭死水"，只有"为数不多的优质官员"，而且那里的工作"几乎带不来什么声望。"❸ 竞争总司经常缺乏人手和资源（在接下来的 30 年都是这样）。它在 20 世纪 80 年代和 90 年代的崛起很令人吃惊。到底发生了什么？

欧洲共同体执委会从一开始就在竞争政策上被授予了潜在的巨大权力。欧洲共同体的精神之父让·莫奈曾经把竞争政策视为《罗马条约》最重要的特征之一，他把这个看成是"解散卡特尔、禁止限制竞争的行为和防止任何经济集权的神圣使命。"❹ 但是在欧洲共同体执委会竞争总司的早期（在那时叫 DG—IV）却表现得克制而胆怯。有一些成员国强烈反对在《罗马条约》中列入任何有关竞争政策的内容，而且随着时间推移，反对声音越来越大。

第一个让欧洲共同体执委会竞争总司变得强有力且富有进攻性的原因是来自欧洲法院的强力支持。在 1966 年具有重大意义的、针对德国电子制造业妨碍贸易的根德（Grundig）案件中，欧洲共同体执委会竞争总司第一次征求了欧洲法院的意见。欧洲法院不仅坚持了欧洲共同体执委会的决定，而且树立了欧洲共同体执委会对于德国和意大利政府的权威，而这两个政府在诉讼中支持被告。在接下来的几十年中，欧洲法院一如既往的支持是欧洲共同体

❶ Kelemen, *Eurolegalism*. p. 143.
❷ 以英国《金融时报》等为代表主流媒体对维斯塔格及其总司的报道近乎是奉承。例子可见 Alex Barker，"Lunch with the FT：Margrethe Vestager：'I Tell You，the Fights We Had，'" *Financial Times*，September 23-24，2017，available by subscription at https：//www.ft.com/content /aa9e1468-9f20-11e7-8cd4-932067f bf946。
❸ Büthe，"The Politics of Competition and Institutional Change in the European Union"，pp. 176-177.
❹ 引自Büthe，"The Politics of Competition and Institutional Change in the European Union"，p.181。

执委会竞争总司崛起的关键因素。❶

第二个重要推手则是不断变得强势的委员，就像我们已经看到的，一开始是从 20 世纪 80 年代中期到 90 年代早期的萨瑟兰和布里坦，接着从 90 年代后期到 21 世纪第一个十年早期则是卡雷尔·范·米尔特（Karel Van Miert）、马里奥·蒙蒂（Mario Monti）和尼莉·克罗斯（Neelie Kroes），一直到 2019 年的维斯塔格。从 20 世纪 80 年代中期开始出现的具有强力个性的委员并非偶然。由于德洛尔的强力支持，欧洲共同体执委会竞争总司成了越来越有吸引力的机构。同时，在 80 年代到 90 年代之间，竞争正在变成共识，成为日益占据主导地位的新自由主义时代氛围的一部分，这也吸引了具有强烈个性的委员。

欧洲共同体执委会竞争总司也有自己独特的文化。欧洲共同体执委会对竞争总司的一贯官方评价是："竞争总司基本是站在欧洲共同体执委会一边，但这不是它的主要工作。它不立法，也不花钱——这两件事占据了其他总司同事的大部分时间。它以技术著称，人们觉得永远无法掌握其复杂性。人们敬畏它，甚至有时对被分配到那里工作而有些害怕。"❷

欧洲共同体执委会竞争总司是一个有趣的例子，通过它我们看到英国（或者广义说盎格鲁—撒克逊）新自由主义是如何深入到欧盟并且影响竞争法的实施的，这些我们已经在第 6 章看到了。但是，人们也应该注意到竞争总司中的德国官员。竞争总司前司长菲利普·洛威观察到：

> 很长时间里，德国的竞争法占据了主导思想。早期，德国联邦卡特尔局很大程度上把欧洲共同体执委会竞争总司看作是小弟。在 2002 年我成为司长之前，所有的司长都是德国人。当时有些评论家说德国反托拉斯共同体和德国政府能够容忍我出任此职是因为我能讲流利的德语……不谈论德国和英国在竞争政策上相互作用所产生的积极成效，就不可能

---

❶ 从后来的事件来看，有趣的是，德国政府在根德案件中出现分歧，幕后的关键角色是"一些秉持有秩序的自由主义的官员。他们在欧洲层面寻求在国内无法通过的强有力的竞争和反垄断规则"（同上）。

❷ Philip Lowe，私人交流。

解释欧洲共同体执委会竞争总司的声望和影响。❶

在 20 世纪 80 年代和 90 年代，竞争总司把案件的数量和范围扩大到滥用优势地位、非法市场分配协议、价格垄断、限制性分销协议和很多种其他行为。欧洲共同体执委会竞争总司搜查涉嫌违法者的经营场所（著名的"黎明突袭"），处以越来越严厉的罚款。比如，整个欧洲共同体执委会在卡特尔案件上的罚款从 1990—1994 年的 5.4 亿欧元上升到 2010—2014 年的 34.6 亿欧元，而 2005—2009 年高达 97.6 亿欧元。❷ 随着行动范围的扩大，欧洲共同体执委会竞争总司一直得到欧洲法院的支持，欧洲法院肯定其超国家权威和执法权。

然而，随着欧洲共同体执委会竞争总司权力的增长，反对它的声音也在增长——尤其是在受管制的网络领域，比如电力和天然气——竞争总司并不是为所欲为。❸ 这样的事情在能源总司更显真实。就像我们看到的，在将近十年的时间里，能源总司未能获得对天然气指令的批准，当它最终在 1998 年获得成功的时候，最终的文件是如此的软弱以至于被认为是失败的。从那时开始，竞争总司渐渐扮演领导角色。然而，在两位司长的共同努力之下，欧洲共同体执委终于花了十年时间占据了上风。

正是在这一期间，欧洲共同体执委会竞争总司关注的焦点逐渐放在能源行业。竞争总司涉足能源行业的起点可以追溯到欧洲共同体执委会从 1998 年开始发布的几个天然气和电力指令。到 2007 年，第三个天然气和电力指令通过，这一指令也被称为第三个一揽子计划。虽然这些文件主要由能源总司写就，但是它们的完成和竞争总司紧密关联。

在已出版的关于欧洲共同体执委会竞争总司和欧洲共同体执委会作为天然气行业改革推动力的文献中，有两派观点。第一种观点是，推动天然气行业变革的最重要动力不是欧洲共同体执委会，而是动摇天然气行业的潜在经济和技术趋势，这种趋势从 20 世纪 80 年代开始，到 90 年代不断增加；第二

---

❶ Philip Lowe，私人交流。

❷ 这些数字来源自欧洲共同体执委会，"Cartel Statistics，" http：//ec.europa.eu/competition/cartels/ statistics/statistics.pdf（accessed April 9，2019）。

❸ 举一个例子，每个卡特尔的判决平均会向法院提出四到五个上诉。Kelemen, *Eurolegalism*, p. 175。

种观点是，欧洲共同体执委会的作用至关重要。此外，虽然80年代和90年代的欧洲共同体执委会竞争总司还不够强大，不足以独当一面，但欧洲法院的坚定支持使欧洲共同体执委会随着时间的推移逐渐变得日益强大。

答案取决于你主要观察的是那一段时间。粗略算来有三个阶段。

第一阶段：竞争政策和单一市场（1985—1992）

德洛尔通过单一市场重新开启欧洲一体化的努力是把竞争政策置于核心地位。就像1985年白皮书所说的，"当欧洲共同体完全建立内部市场，必须保证反竞争行为不会产生新形式的地方保护主义，否则只会导致市场的分裂。"❶欧洲共同体执委会竞争总司接受了这个挑战。在萨瑟兰和布里坦两位委员任内，竞争总司强化了执法权。就像我们看到的，它开始在调查中突检公司的经营场所，带走文件资料甚至电脑。它开始开出大额罚单（当然和现在水平比起来还是很温和的，下面我们会讨论）。❷总之，它开始重塑公司的行为和结构。

单一市场计划的一个副产品就是跨境并购的增加。商业机构开始向欧洲共同体执委会申诉它们竞争者的并购行为带来的反竞争影响。欧洲共同体执委会竞争总司开始对涉足该领域有些犹豫，但是在1987年，一项欧洲法院做出的针对菲利普·莫里斯（Philip Morris）的判决增加了竞争总司审阅并购的权限。随着竞争总司愈加活跃，商业机构也开始明白，在完成收购前都会请求竞争总司放行。1989年一个新的并购管制条例进一步增加了欧洲共同体执委会的权力，并且形成了竞争总司在并购控制领域的主导地位。❸洛威在80

---

❶ "Completing the Internal Market," White Paper from the European Commission to the European Council (June 1985), p. 41, quoted in ibid., p. 158, http: //europa .eu/documents/comm/white_papers/pdf/com1985_0310_f_en.pdf.

❷ "Completing the Internal Market," White Paper from the European Commission to the European Council (June 1985), p. 158.

❸ "Completing the Internal Market," White Paper from the European Commission to the European Council (June 1985), pp.158-159.

年代末注意到：

> 第一个欧盟并购管制条例建立了举世闻名的欧洲式的一步到位的并购，这个条例在 1989 年通过。它经过成员国 17 年的谈判，在布里坦任期的最初几个月通过。它首次规定了批准并购的法定年限，成为后来更广泛的欧洲共同体执委会竞争总司及组织工作方式改革的典范。❶

欧委会竞争总司在并购管制领域扩权的例子显示出其自身权力增长背后的重要推动力。这并不是某个委员的雄心壮志，也不是总司要扩张地盘的结果，真正的原因是欧洲单一市场计划所释放出来的经济力量以及欧盟范围内并购活动增多。这个结果也来自并购者希望得到一步到位的意见，判断某项并购的动议是否可被欧洲共同体执委会接受。今天，按照福尔的话来说，"由于有了并购控制管制条例，现在有了一个自动的门槛，超过这个门槛，欧盟则会被自动通知。因此，不存在是否提起诉讼的自由裁量权。它是自动的。"❷

这些在竞争法领域扩张的权力很快就开始对欧洲共同体执委会的天然气政策产生影响。到 20 世纪 80 年代末期，传统的天然气行业的机构已经开始被视为一种对贸易的阻碍，这种观点不仅来自布鲁塞尔，也来自越来越多的成员国的决策者。工业用户付的价格既不透明也无从知晓。❸缺少透明阻止了市场中的竞争，而按照《罗马条约》的规定，市场应该在竞争法则下运转。而当时的情况是，存在分散的一个又一个的成员国市场，而非欧洲市场。几个大公司通过大量的合作协议限制贸易。在这些合作中，来自不同气源的供应商之间不能够进行价格竞争。在 90 年代初期，建立单一天然气市场的缠斗主要集中在三个议题之上：排他性权利、第三方准入、拆分（就是说供应商和运输商应该是两家不同的公司）。所有三个议题都集中在一个节点上——天

---

❶ Lowe，私人交流。
❷ 作者同乔纳森·福尔的访谈。
❸ 居民消费者支付的公共价格通常是国家主管部门同意或施加。因此这些信息都是众所周知的和可获取的。在某些国家，只有大的工业价格才是未知的。

然气运输。❶ 这场战斗也是从运输问题开始的。

对于欧洲共同体执委会在天然气领域实施欧洲单一市场计划的第一个真正考验出现在 1990 年，关于天然气运输的指令。这也让欧洲共同体执委会第一次尝到了成员国和天然气既得利益集团反击的滋味。来自德国和荷兰的强力游说活动拖延了这一措施超过一年，而且让其在 1990 年春天开始偏离轨道。但是在这一紧要关头，令人吃惊的是，欧洲共同体执委会因为采用了 1986 年的《单一欧洲法案》规定的有效多数表决原则而获胜。在《单一欧洲法案》规则下，还未有任何一项重大的产业政策使用过有效多数表决原则，这是第一次。❷ 甚至在当时，这个法案也是涉险过关——西班牙在最后一分钟才做出决定让法案可以在部长理事会过关而被送达欧洲议会。但是这成为一个重要的先例。欧洲共同体执委会第一次可以在多数成员国支持的情况下战胜成员国的否决权。

然而，就其实际上对天然气市场自由化的直接结果而言，通过这项运输指令更具象征意义。这是一个相对单薄的措施。它只要求成员国的天然气运输公司通过其管道系统输送属于其他公司的天然气，以便在共同体内部统一输送。如果两国各自的天然气公司签订买卖协议，法国燃气将可以被要求从比利时向西班牙输送天然气。距离第三方准入仍然很远。根据该协议，天然气公司将被要求在其管道中为第三方生产商（如石油化工公司或电力公司）提供空间。该指令也没有规定，如果管网中没有可用空间，运输商应如何应对。然而，尽管该指令很弱，但天然气行业却将其视为欧洲共同体执委会的第一块楔子，而且最终证明了这一点。但又经过十多年，第三方准入原则才在欧盟法律中得到充分确立。

来自德国的反对尤其强烈。在运输指令涵盖的 43 家公司中，有 29 家是德国公司❸（实际上，其中有 20 多家是鲁尔燃气的客户，供应商或合资子公

---

❶ 这段主要来自Stern，*third-Party Access in European Gas Industries and Competition and Liberalization*；Stoppard，*A New Order for Gas in Europe*；and Simon Blakey，*The European Gas Transit Directive*（IHS Markit Decision Brief，November 1990）。

❷ Blakey，*The European Gas Transit Directive*.

❸ Blakey，*The European Gas Transit Directive*.

司）。这并非偶然。在德国，天然气产业是按地区组织的。它基本上不受监管，主要是私营企业。考虑到这种结构，德国天然气行业和政府认为该指令对德国的天然气实行了开放准入的早期形式，他们将其视为以实现第三方准入的"骆驼的鼻子"（指得寸进尺的开始——译者注）。鲁尔燃气当时的首席执行官布尔克哈德·伯格曼（Burckhard Bergmann）的声明证明了该指令在行业中引起的强烈感受：

> 德国天然气工业愿意对运输职能采取建设性的态度。在这方面，欧洲共同体的过境指令是多余的。就所有过境问题进行商业安排的可能性始终存在。在过去，每当项目因表面上运输僵局而失败时，把问题归于运输问题的论点都不会受到认真检视。实际上，在这种情况下，运输问题就是个寻常借口。人们经常找借口解释为什么轻松愉快的承诺没有实现，但实际上那从来都不可行。❶

运输指令的另一个创新是它的覆盖范围。原则上，它适用于整个"输入地或最终目的地"，即适用于流入、流出或流经的欧洲共同体任何国家（就此而言，也适用于欧洲自由贸易联盟）的所有天然气。原则上讲，这涵盖了从挪威或苏联进口的天然气。尽管这一功能在当时基本上还未被察觉，但是这是欧洲共同体执委会办公室第一次断言，即使只是暗示，俄罗斯的天然气也可能受到欧委会的域外规则管辖，这是一个遥远的主题，正如我们将看到的。但是由于运输指令缺乏强制力，因此在当时没有实际影响。

第二阶段：法院和成员国的反扑（1992—1999）

欧洲法院可以给予权力，但也可以收回。随着欧洲共同体执委会竞争总司扩大活动范围，以及私人开始到欧洲法院挑战竞争总司的决定，法院开始

---

❶ Burckhard Bergmann, "Natural Gas in the United Germany," paper presented at the Sixth European Gas Conference, Oslo, May 15, 1991, quoted in Stern, *Third- Party Access in European Gas Industries*, p. 71.

对此加以限制。此外，1989 年成立了新的初审法院，以接手在欧洲法院的大部分普通案件。从那时起，欧洲共同体执委会竞争总司发现，尽管法院是最强有力的支持，但他们也需要朋友。特别是初审法庭，开始对欧洲共同体执委会竞争总司的实质性事实调查和经济分析进行审查（副产品是竞争总司开始雇用经济学家和律师，而今天竞争总司同时具备这两者的技能）。

反对将竞争法应用于能源行业是 20 世纪 90 年代对欧洲共同体执委会竞争总司更大规模反抗的一部分。当时，竞争总司被认为过于野心勃勃而且效率低下。❶ 欧洲共同体执委会竞争总司被认为缺乏透明度。人们批评其决策依据不透明，缺乏合理的分析且不可预测。欧洲共同体执委会回应说，竞争总司是其自身成功的受害者：它面临着越来越多的投诉和请求放行的请求，以及大量积压的案件。为了应付工作量，欧洲共同体执委会竞争总司开始采取非正式的捷径，发布咨询性意见，非正式的告慰函，等等。这些节省劳动力的措施，再加上欧洲法院和初审法院的日益严格的审查，导致范·米尔特在1993—1999 年担任委员期间提起的案件有所减少。整个欧洲共同体执委会竞争总司在这 10 年处于相对静止抑或防御状态。❷

但是，在成员国层面，事情正在发生变化。排他性权利、第三方准入和拆分三个问题主导了国家级监管机构和政府之间的讨论。其中最有争议的是第三方准入，这已经是 1988 年《能源白皮书》的主要重点之一，并受到卡多索的大力推动，但委员会未能获得欧洲理事会对这一措施的批准。在成员国层面，传统结构已经出现裂缝。一个案例就是所谓的魏森博恩案件（Weissenborn）。在该案中，德国卡特尔局率先试水新的法律根据，坚持认定东德天然气公用设施公司（Verbundnetzgas）未能提供从温特沙尔运输天然气

❶ 见McGowan，"Competition Policy，"pp. 121 and 143-145。

❷ 但这并不是无论怎样都会平安无事。1998年的竞争报告显示了针对法国电力公司提起的一桩在丹麦的天然气分销案（这两个案件都涉及国家补贴）；反对法国燃气的主导地位的案件；以及涉及耐思特石油公司拟收购Gasum的合并案。对能源行业案件的长期豁免也在同年结束，标志着颁布了第一份天然气指令。在担任竞争事务委员的那几年，范·米尔特将大部分时间都花在能源之外的领域，如航空运输。

到捷克边境魏森博恩造纸厂的管道系统。❶欧洲法院随后维持了德国监管机构的决定。

第三阶段："一次大胆的政变"（1999—2007）

竞争管理机构不断增强的权力的第三阶段是在马里奥·蒙蒂担任司长期间（1999—2004 年），蒙蒂在当时欧盟委员会主席罗曼诺·普罗迪（Romano Prodi）的领导下工作。随后蒙蒂返回意大利并出任总理（2011 年至 2013 年），他大大推进了欧盟委员会竞争总司（DG-COMP）的现代化，并加强了其调查和施加其他手段的权力。

蒙蒂在 1994—1999 年担任欧洲内部市场和服务专员时就建立了富有活力和诚信的声誉，期间，他得到了"超级马里奥"的绰号。在蒙蒂的领导下，欧盟委员会竞争总司再次开始行使其权力。竞争总司在 2001 年的罚款总额超过了欧盟当时对所有卡特尔的罚款，在 2001—2003 年之间，欧盟委员会竞争总司每年平均发布 8 项决定，而在过去的 30 年中，平均每年只有 1.5 个决定。从蒙蒂 2001 年的话中可以看出他的决心：❷

> 我认为卡特尔对开放市场经济来说是名副其实的癌症。与其他形式的反竞争行为不同，卡特尔有且仅有一个目的：减少或消除竞争。他们没有给经济带来任何好处……对于从事此类行为的公司的经理和董事，我们不会给他们任何喘息之机，他们将被揪出来，并且受到严厉的处罚。❸

然而，蒙蒂在管理欧盟委员会的竞争政策方面也面临挑战，而且比前任要

---

❶ 在20世纪80年代末，类似的案件分歧在英国起到了相同的作用，特别是Sheffield Forgemasters诉英国燃气。这些案件显示了煤气供应部监管及崛起和英国燃气的衰微以及最终的拆分。见Helm，Energy the State and the Market，pp. 244-245。

❷ 此后不久便开始了针对目的地条款的猛烈攻击（这成为竞争总司案件的重要特征）。

❸ Mario Monti，"Foreword by Mario Monti，" in European Commission，XXXIst *Report on Competition Policy 2001*（Luxembourg：Office for Official Publications of the European Communities，2002），http：//ec.europa.eu/competition/publications/annual_report/2001/en.pdf. 当然，在网状行业中大公司对这样的观点持强烈的不同意见，如法国燃气，埃尼和鲁尔燃气。

大得多。作为司长，他虽然是委员会中最有权力的人，但是却面临系统性的人手短缺：年复一年，各国政府否决了欧盟委员会竞争总司关于要求增派人手的要求。❶人手不足从 20 世纪 60 年代以来就长期存在，而随着竞争总司处理案件的增加使得这个问题更加凸显。❷如我们所见，在蒙蒂的前任范·米尔特的领导下，人们对欧盟委员会竞争总司的表现不满。为了解决这个问题，蒙蒂对竞争管理机构的结构和方法进行了全方位现代化改造。此前的规定已经消失，根据这一规定，企业可以就可能违反竞争规则的行为提前寻求欧盟委员会的批准。现在，这些公司只能靠自己了，如果他们做错了什么，欧盟委员会可以追究他们的责任。蒙蒂还援引辅助性原则和权力下放原则，将管辖权全面下放到国家法规层面。❸乍一看，欧委会竞争总司似乎已将权力移交给成员国。但是仔细观察会发现恰恰相反：蒙蒂实际上利用了成员国的国家机构、法院和私人诉讼人来扩大欧盟竞争政策的覆盖范围。科勒曼把这个称为"欧盟竞争政策史上最重大的改革。"❹结果是使欧盟委员会竞争总司比以往更有权力。

尼莉·克罗斯和第三个能源一揽子方案

就像活跃的"超级马里奥"作为竞争总司的领导（1999—2004）一样，他的继任者克罗斯比他做得更好。在克罗斯任上，竞争总司开出罚单的总额

---

❶ *Financial Times*, February 11, 1998.

❷ Kelemen，*Eurolegalism*，p. 160.

❸ 正如罗威（Lowe）（和我的个人通讯）所指出的那样，不应将竞争总司的重组与欧盟反托拉斯法的现代化进程相混淆："使欧盟反托拉斯法和程序现代化的举动是在范米尔特的领导下进行的，并积极地取得了成果。在蒙蒂的领导下，它本质上涉及三件事：首先，采用美国启发的'自我评估'方法，首先要由公司来确保其协议不违反法律。这使竞争总司摆脱了繁杂的调查工作，这主要是由那些在欧盟委员会做出决定之前使用告示来保护其协议不受欧盟任何竞争主管机构攻击的公司创建的。其次，根据交易的重心是国家的还是真正的跨境的，与欧盟国家竞争主管机构分享根据欧盟法律对反托拉斯案件做出决定的权力。这给了国家竞争管理机构更大的行动自由，并大大扩展了欧盟法律的执行范围，而竞争总司本身无法做到。最后，在大多数情况下，欧盟优先于国家竞争法。这项现代化体现在1/2003管制条例中，并于2004年1月生效，同时欧盟吸收了新的十个成员国，主要来自东欧。在蒙蒂的领导下，我于2003年对竞争总司进行了重大改组。这是在欧盟委员会在欧洲法院就合并案败诉的背景下，但也为实施新的反托拉斯工作现代化铺平了道路。欧盟反托拉斯法的现代化与竞争总司的重组是相互联系的，但不是同一回事。"

❹ Kelemen, *Eurolegalism*, p. 167.

达到 94 亿欧元，几乎是蒙蒂任上的三倍。❶克罗斯处理了包括英特尔和微软在内的世界上一些最大的企业巨头，并赢得了胜利。同时，正是在克罗斯的领导下，欧盟委员会竞争总司发起了第一起能源行业调查，尽管（我们将看到）俄罗斯天然气工业股份公司并非是该行业调查的最初目标，但正是克罗斯的行业调查为随后的针对俄罗斯天然气工业股份公司的调查奠定了基础。这项调查是在她的继任者华金·阿尔穆尼亚（Joaquin Almunia）的领导下从2011 年开始的。简单来说，俄欧天然气合作关系在 21 世纪第一个十年中期开始走向冲突，很大程度上是因为欧盟委员会竞争总司在克罗斯的领导下转变了对待能源行业的工作方式。与萨瑟兰和布里坦不同，克罗斯并非律师出身。她也不是像蒙蒂那样是以学术著称的经济学家。她曾在荷兰的伊拉莫斯大学（Erasmus University）学习经济学，但在 30 岁的时候，她当选为荷兰议会议员。从那时起，她主要是个政治家，曾担任荷兰交通运输部部长 7 年的时间。当她第一次被若泽·曼努埃尔·巴罗佐（José Manuel Barroso）提名为竞争事务委员时，当时在布鲁塞尔都私下认为巴罗佐这个选择只是为了增加女性委员数量，因为她的前任都是男性。克罗斯在欧洲议会确认听证会进行得并不顺利：她英语不流利，对竞争法要点一无所知。"她的起步很艰难。"一位在布鲁塞尔的律师这样说。❷

但是作为职业政治家，克罗斯有着很好的生存本能和对政治的敏锐意识，当她学会了担任专员这个职业时，这些优点对她很有帮助。她是一个强硬而足智多谋的谈判者，她能够驾驭紧张的会议，但又能充满魅力和技巧。她与副手洛威建立了良好的工作关系。正如洛威所说："一开始她并不十分熟悉竞争政策的全部内容，但是在涉及微软和英特尔等公司的重大案件以及有关调查能源行业的后续行动中，她很快就后来居上。"最重要的是，她在工作中表达了坚定的市场信念，可能是因为家族企业的关系注入的这种信念，她在强

---

❶ 条形图给出了竞争总司在与每个专员对应的五年期限内征收的总卡特尔罚款，见European Commission，"Cartel Statistics，" March 5，2019，http：//ec.europa.eu/competition/cartels/statistics/sta tistics.pdf。

❷ 引自NikkiTait，"Woman in the News：Neelie Kroes，" *Financial Times*，November 6，2009。

硬而坦率的讲话中表达了自己的信念。她对听众说："当我谈论关于卡特尔的工作时，我感到自己很活跃。""在我们这个领域，最根本的错误莫过于卡特尔。我不是胆小鬼……比起过去，我们正在起诉更多的卡特尔，并防止它们对消费者的伤害。" ❶

她也把同样的热情投入到能源领域，而且她也感觉到这一领域一直以来被忽视了。正如她在2006年春天在维也纳的讲话中说的：

> 尽管经过两次自由化浪潮……一个单一且有竞争力的欧洲能源市场仍然不存在……在我上任后不久，我很高兴欧盟委员会的同僚支持我对能源市场进行深入评估的建议。在过去9个月中，我们使用了新的工具——行业调查——来了解更多关于能源自由竞争中的障碍。 ❷

克鲁斯对她的听众说："老牌企业看起来依然是优胜者。"而当时听众是奥地利能源圈子里的精英。她对奥地利的天然气和电力行业特别刻薄，在那里"最大玩家为终端消费者提供一半的电力和四分之三的天然气……几乎不存在市场准入。"她对即将发生的情况给出了合理的警告："欧盟委员会将在合适的情况下开展反托拉斯个案调查，例如，因长期下游业务合同，囤积管道运力、储气库储能和相互连通能力而导致垂直封杀的情况。""垂直封杀""囤积能力"对于已有的天然气行业来说都是新名词。欧盟委员会竞争总司借助从学术文献中提取的这类语言和概念，已经能够在知识水平上超越行业巨头。 ❸

行业调查从2005年年中持续到2007年年初，主要集中在电力和天然气领域。欧盟委员会竞争总司随后根据调查结果为新法案起草了一系列建议——即著名的第三个一揽子方案。2007年9月，在正式推出这个方案前夕，克罗斯向听众介绍了该行业调查的主要发现和新方案。她的主要结论简短而明确：

---

❶ 克罗斯以及其前任和继任委员的全部演讲（1999—2014年）见European Commission，"Speeches and Articles by the Commissioner，" http：//ec.europa.eu/competition/speeches/index_speeches_by_the_commissioner.html（accessed April 10，2019）。

❷ Neelie Kroes, "What's Wrong with Europe's Energy Markets?," March 1, 2006, European Commission, http://europa.eu/rapid/press-release_SPEECH-06-137_en.htm?locale=en.

❸ 这也是一种直率方式告诉欧盟委员会过去20年都被浪费了。

"结果令人严重关切。" ❶ 委员继续进行的行业调查发现了以下主要问题：

第一，持续高度集中，使老牌企业保持市场支配力。第二，垂直封杀，因为原先的垄断者继续拥有能源基础设施。第三，跨境贸易水平较低，原因是互联网线路容量不足，以及由于空闲的物理容量并不总是被释放而导致合同无法履约。第四，能源批发部门的运营缺乏透明度，使得新进入者很难理解市场在实践中是如何运作的以及它们承担的风险。第五，很难相信能源批发价格是由有意义的竞争产生的。❷

但是，从某种意义上讲，这些是普遍的问题，以前的委员也可能会列出相同的清单。但让这次演讲不同的是，克罗斯现在掌握大量事实，在描述竞争总司发现的不当行为时，她甚至有些义愤填膺。例如，在准入歧视的问题上：

我可以举一个运输系统运营商的例子，这家公司授予其附属供货公司实质性的折扣，而这个折扣其他公司则无法获得。在另一个例子中，运输系统运营商向其关联公司提供运输能力，同时却拒绝提供这种运输能力给其他供应商，即便是在几乎相同的管道上。

行业调查中发现的某些滥用行为已经无异于内幕交易：

在某些情况下，供货企业的高管层可以直接或由于其是董事会中成

❶ Neelie Kroes, "More Competitive Energy Markets: Building on the Findings of the Sector Inquiry to Shape the Right Policy Solutions," European Commission, September 19, 2007, http://europa.eu/rapid/press-release_SPEECH-07-547_en.htm?locale=en.

❷ Neelie Kroes, "More Competitive Energy Markets: Building on the Findings of the Sector Inquiry to Shape the Right Policy Solutions," European Commission, September 19, 2007, http://europa.eu/rapid/press-release_SPEECH-07-547_en.htm?locale=en.公平讲，克罗斯关于跨界贸易的评论适用于电力行业，但不适用于天然气，毕竟跨国界的天然气流量约占整个市场的20％，而电力行业仅约占4％。天然气工业不仅跨边界运输，而且是跨整个大陆运输，从撒哈拉以南地区到米兰和马德里，从西伯利亚和挪威北海到法兰克福、布拉格和巴黎。该行业的起源在于荷兰、比利时、卢森堡、法国、德国和意大利（欧盟的六个创始成员国）之间的天然气贸易，该贸易是在《罗马条约》签署后的五六年内完成的。不用说，当听到这样的言论时，他们对克罗斯的感情并不十分温暖。

员而访问运输公司的战略业务信息。或者，在实际操作中，电子邮件被抄送到关联公司。在某些情况下，集团控股公司似乎仍向集团的所有成员提供诸如法律咨询等核心职能。❶

克罗斯总结道，"因此业务隔离在多大程度上能够在实际中起作用是很有限制的。"这里的含义是非常清楚的：能让业务隔离真正起作用的方法只能是把公司拆分。

在我们继续探讨这种拆分的含义以及引发的后果之前，需要关注的是行业调查的一个独特特征：其主要目标（以及唯一被点名的）是西欧。俄罗斯天然气工业股份公司没有被提到。在克罗斯2007年的演说中，唯一间接提及俄罗斯的地方是对纳布科第三走廊项目的认可，该项目旨在将土库曼斯坦的天然气通过土耳其运往西欧。相比之下，调查中被点名的主要反面例子为意昂（E.ON）、Distrigas、法国燃气（GDF）和埃尼集团，但没有俄罗斯天然气工业股份公司。事实上，在行业调查报告中唯一提到俄罗斯天然气工业股份公司的内容只是在脚注中出现，而且语气完全中立："俄罗斯也在开发新的油气田，但这些油气田似乎有可能以传统的方式销售给原来的老牌公司或俄罗斯天然气工业股份公司的下属或者关联公司。"❷

同样的，在欧盟委员会竞争总司发布的年度报告中可以看到，在克罗斯任职期间，对关于俄罗斯天然气工业股份公司和俄罗斯的议题保持沉默。尽管在2006年和2009年俄罗斯对欧洲天然气出口两次断供，但俄罗斯天然气工业股份公司和俄罗斯都没有被提及。只是在2011年，欧盟委员会竞争总司在东欧首次突检，沉默终于被打破。一个合理的推论是，就欧盟委员会竞争总司而言，天然气断供的原因不是竞争政策涉及的问题。一个更合理的说法是，欧盟委员会竞争总司的行业调查之前没有涵盖东欧，随后东欧出现了最棘手

---

❶ Neelie Kroes, "More Competitive Energy Markets: Building on the Findings of the Sector Inquiry to Shape the Right Policy Solutions," European Commission, September 19, 2007, http: //europa.eu/rapid/press-release_SPEECH-07-547_en .htm?locale=en.

❷ European Commission, "DG Competition Report on Energy Sector Inquiry," January 10, 2007, http: // ec.europa.eu/competition/sectors/energy/2005_inquiry/full_report_part1.pdf.

的竞争问题。但是 2009 年的天然气断供改变了欧洲人对俄罗斯天然气工业股份公司的态度。正如我们将在第 13 章中看到的那样，到 2011 年，欧盟委员会竞争总司无论如何不再忽略俄罗斯人。

说服是最好的武器

现在，我们需要回溯到 20 世纪 90 年代，了解一下更早的事情。欧盟委员会竞争总司在我们的叙事中占了如此大的空间，以至于我们在很大程度上把另一个主要部门——能源总司给遗忘了。能源总司确实缺乏竞争总司在立法、调查和执法上的权力。它无法在黎明时分破门而入并拿走计算机。但是能源总司具有说服的权力，这就是它在 90 年代中期使用的力量。甚至在 1998 年温和的第一天然气指令通过之前，能源总司就已经召开了两次论坛（第一次在佛罗伦萨，第二次在马德里）来讨论电力和天然气行业的市场改革。初衷是为改革辩论中的各方创造一个平台，让他们参与探讨技术和政治话题，并在政府代表的眼皮底下争取公司的支持。这两个论坛每年举行两次会议，在建立整个电力和天然气行业的共识方面，发挥了巨大的作用。❶

因此，当人们设想欧盟委员会从 20 世纪 90 年代到现在在能源领域的角色时，它由两个分支组成：竞争法（体现在竞争总司中）和监管说服力与建立共识（体现在能源总司中）。两者对于建立欧盟委员会在能源领域的作用都十分重要。洛威在两处任职则体现两个总司之间的互补性，洛威曾在 2002—2010 年担任竞争总司的司长，从 2010—2013 年担任能源总司的司长。洛威评价他自己在协调这两项工作时说：

> 在蒙蒂任期结束之前，我提出了对能源行业进行竞争调查的想法。当她成为委员时，克罗斯在能源委员安德里斯·皮尔巴格斯（Andris Piebalgs）的积极支持下富有热情地接受了这项工作。除了欧盟委员会竞

---

❶ For more on the Madrid forum, see European Commission, "Madrid Forum," https://ec.europa.eu/energy/en/events/madrid-forum (accessed April 10, 2019) .

争总司随后针对一些能源公司的做法发起的反托拉斯调查外，第三个能源一揽子计划的提案的作者皮尔巴格斯的服务对象是能源总司，而不是竞争总司，虽然我们都是主要的拥护者。❶

回到苏联

同时，正在改变盎格鲁—撒克逊世界经济和政治思想的新自由主义潮流如何到达苏联，它对苏联改革运动的兴起产生了什么影响？这是一个重要的话题，在本书的其余部分中我们还会讨论，因为它提出了以下几个关键问题：在何种程度上，苏联人对在早期欧洲电力和天然气行业正在形成的变革趋势有所了解？苏联人是否关注在布鲁塞尔出现的自由化和竞争学说？他们是否意识到这些对其在欧洲业务以及最终对苏联本国天然气行业的影响？或是他们感到很惊讶？

答案当然取决于我们所说的苏联人是指谁。20 世纪 70 年代后期，未来会出现在叶利钦时代的改革者们已经零星出现在莫斯科和列宁格勒的学术机构、媒体、甚至共产党机构中。伊戈尔·盖达尔（Yegor Gaidar）曾担任代理总理，随后担任财政部部长，在 1991—1993 年间领导了第一轮激进改革，但同时他（正如我们将看到的那样）阻止了俄罗斯天然气工业股份公司的瓦解。他还是苏联共产党中央委员会官方月刊《共产党主义者》（Kommunist）的经济编辑。他来自共产党上层最著名的家族之一。盖达尔在 1996 年的一次采访中对我说："我起初是一个虔诚的共产主义者。"

20 世纪 70 年代末期，我开始读研究生，并且意识到半途而废的措施或混合妥协式的"市场社会主义"根本行不通。当时有很多相似观点的人讨论，而且找文献并不难……如果您阅读外语并愿意费些周折，那么您会发现很多关于市场经济的读物。对我影响最大的是匈牙利经济学

---

❶ 作者同菲利普·洛威的访谈，London，September 14，2017。

家亚诺什·科尔内（Janos Kornai）。他在 20 世纪 80 年代初期对短缺经济的分析对我们所有人都产生了重大影响。他正在解决我们的问题。在西方学者中，对我影响最大的是弗里德里希·冯·哈耶克（Friedrich von Hayek）。他对世界的描述清晰而且一致，就像马克思一样令人印象深刻。❶

阿纳托利·丘拜斯（Anatolii Chubais）是圣彼得堡的第一批改革者之一，在 20 世纪 90 年代担任俄罗斯私有化委员会负责人，并在 90 年代初经常被称为俄罗斯"私有化之父"。他在回忆录中写道："欧洲共产主义、市场社会主义、人道社会主义——我在 70 年代末和 80 年代初全心全意地相信这一切。"但是方案来来去去，似乎没有什么改变："苏联经济状况变得越来越无望，随着经济的恶化，我们的幻想也破灭了……我们逐渐了解到，任何健康成功的经济的基础都是私有财产。"❷

圣彼得堡的另一位早期改革者阿列克谢·库德林（Aleksey Kudrin）和其他许多未来的改革者一样经历了类似的演变。库德林持续担任普京的财政部部长达十年之久，他是 21 世纪第一个十年俄罗斯财政和银行体系现代化的最主要负责人，但他早年是一名虔诚的马克思主义者。他说，他最初的疑虑始于高中，但和其他许多人一样，他主要受到东欧改革的影响。直到在莫斯科读研究生时，他才深信市场经济是解决俄罗斯经济问题的唯一方法。❸

对于丘拜斯、库德林和其他俄罗斯的改革者而言，一个启示的时刻是在 1987 年经济学家维塔利·纳舒尔（Vitaliy Naishul'）出版了一本叫做《另一种生活》（Another Life，Drugaia zhizn'）的著作。纳舒尔是当今俄罗斯改革者们公认的市场经济精神领袖之一。他的书开门见山呼吁斗争：

---

❶ 对于该处引用更长的版本，见Thane Gustafson，*Capitalism Russian-Style*（Cambridge：Cambridge University Press，1999），pp. 19-20。

❷ Anatolii Chubais，ed.，*Privatizatsiia po-rossiiski*（Moscow："Vagrius，"1999），pp. 19-20. 回想起来，丘拜斯没有提到竞争。

❸ Evgeniia Pis'mennaia，*Sistema Kudrina: Istoriia kliuchevogo ekonomista putinskoi Rossii* (Moscow: Mann, Ivanov, Ferber, 2013), pp. 17-18.

亲爱的读者！您知道吗，您从国家获得的收入仅是劳动所得的一半，平均生活贫穷两倍，饮食情况恶化两倍，衣着恶劣两倍，生活条件比您可能要糟……在另一种生活中？对于这种生活，经济改革和明确区分公私财产的界限并把公有财产转移给私人是必要的！❶

纳舒尔身边聚集了一些有着类似想法的年轻人，因为他们来自莫斯科及周边地区，因此被（至少是他们自己）称之为"蛇山帮"（Snake Hill Gang）。在一次访谈中，他评价道：

我本人在1979年就知道苏联行将就木。我在国家计划委员会工作，发现巨大的经济低迷，沉重且难以阻挡……当时的共识是我们已经失败了。因此，我开始考虑如何把这样的系统转变为市场经济……我立即开始考虑私有化，以及如何开展私有化。我在20世纪80年代初想到了证券私有化。❷

蛇山帮的成员当然意识到全球经济中的新自由主义理念。事实上，一些成员前往智利去观察那里皮诺切特领导的市场改革。❸但是那是到了戈尔巴乔夫时期放宽国外旅行限制的时候，一切都已经太晚了。

至于莫斯科的学院派经济学家，他们很难想象两个世界之间的距离比芝加哥大学和苏联科学院数量经济研究所的距离更为遥远，后者当时享有盛誉，是苏联最好的数量经济学研究所。苏联和西方的经济学思想差距如此之大，在米尔顿·弗里德曼（Milton Friedman）的思想中，货币是货币主义宏观经济学的核心；而苏联经济学是以消灭货币为主要目标的，货币只是被动的账户单位。就在并不久远的斯大林时期，西方经济学受到残酷压制。作为著名的

---

❶ VitaliiNaishul', *Drugaia zhizn*' (Moscow: ElektronnaiaBibliotekaRoyalLib.com, 1987), p. 1, https: //royallib.com/read/nayshul_vitaliy/drugaya_gizn.html#0.

❷ Vitali Naishul, interview by Philip Nichols, "Vitali Naishul and the Snake Hill Gang: An Insider's Look at Russia Today," YouTube, November 22, 2011, https: //www.youtube.com/watch?v=tx8SYWySfHo (accessed May 16, 2019) .

❸ 当时智利的模式很让俄罗斯改革者有兴趣，因为这是一个需要国家集权的激进经济改革——这种想法在20世纪90年代早期的俄罗斯改革者中很流行。

苏联经济专家，格里高利·格罗斯曼（Gregory Grossman）在其论文中观察到，"经济学文献与经济学家们一起消失了。"[1] 当现代经济学在20世纪60年代的赫鲁晓夫时期在苏联慢慢复兴时，它很大程度上是伪装成抽象的数学模型，因为这在政治上没有那么多争议。

总结来说，不同俄罗斯人面对新自由主义理念的体验很大程度上取决于他们是谁、他们主要的职业和他们所谈论的时期。对于某些人来说，转折点是在1979年，这恰恰与很多事情吻合，这些事情包括勃列日涅夫领导下的停滞，美苏关系缓和的终结，入侵阿富汗以及在20世纪70年代末和80年代初对俄罗斯知识分子的大规模压制。但是，这才是改革者生命的关键节点，他们对苏联制度的早期幻灭直到此时才成为具体的计划。到90年代初，新自由主义浪潮已在俄罗斯汪洋恣肆，内部的真空是这股浪潮涌入并且表现得如此有力的主要原因。

那么天然气当时如何呢？当从20世纪80年代进入90年代的时候，苏联人对布鲁塞尔发生的变革有何看法，以及这些变革对俄罗斯天然气工业的潜在影响是怎样的？苏联人通过什么渠道跟踪80年代欧洲单一市场的趋势以及欧洲共同体执委会将新自由主义思想应用于天然气工业的努力？在何种程度上，苏联人跟上天然气管制议题，而这些议题了引起欧洲天然气行业强烈反对，苏联人对此有何反应？随着欧洲天然气市场开始从格罗宁根模式演变为现货交易和交易枢纽的发展，苏联人在什么时候开始意识到这种趋势及其相关的政治？

答案很大程度上取决于他们与天然气贸易关系的密切程度。像尤里·科马罗夫（Yuri Komarov）（第10章讨论）这样的人自然地成了我们在本章中讨论的问题的中心，并且还会谈到十分具体的细节（尽管他可能已经了解其德国伙伴的一些疑虑），他是俄罗斯天然气工业股份公司与德国能源公司温特沙尔的合资企业Wingas的首位苏联联席主席。同样的还包括一些在对外贸易部

---

[1] Gregory Grossman, "Capital Intensity: A Problem in Soviet Planning" (PhD diss., Harvard University, 1952), p. 174.

海外办公室和苏联国家银行中的一些外贸和金融专家，比如后来俄罗斯天然气工业银行（Gazprombank）的负责人安德烈·阿基莫夫（Andrei Akimov）和他的合伙人亚历山大·梅德韦杰夫（Aleksandr Medvedev），后者直到2019年都担任俄罗斯天然气工业股份公司副总裁，负责出口政策。这两个人都是20世纪80年代后期和90年代在维也纳的投资银行家。

但是，除了这样的专家，更简单的答案是，直到90年代初，大多数俄罗斯人，即便是俄罗斯天然气工业股份公司的高管，也对上述问题知之甚少，也没有理由对此抱有太多兴趣。但是，从90年代初开始，情况几乎在一夜之间骤变。这里有几个原因。首先，苏联解体和俄罗斯内部市场改革很快就导致对俄罗斯天然气工业股份公司的地位产生了质疑。对于市场改革者来说，俄罗斯天然气工业股份公司是"苏维埃怪兽"（sovetskii monstr），是计划经济时代的余孽，因此需要被拆分。很快，这些改革者直接从西方文献和与西方天然气行业的接触中了解了天然气管制的基础知识。世界银行曾经是沟通和学习的一个特别重要的渠道。❶

第二个宽泛的交流渠道则是俄罗斯天然气工业股份公司本身——或者说是其出口公司。就像我们在第2章和第3章看到的，由于苏联和欧洲之间在20世纪60年代的天然气贸易，俄罗斯天然气的专业人士们曾经和他们的西方同事打过交道。随着苏联解体，这些接触更深了。苏联天然气工业部在1989年成为一个准私有公司而且吸收了苏联外贸部专门从事天然气贸易的组织"苏联天然气出口联合（Soiuzgazeksport）"。但是更重要的是，苏联的解体把俄罗斯天然气工业股份公司置于欧洲天然气行业之中。俄罗斯天然气工业股份公司并没有像过去20多年那样把天然气出口到西德的边境，它反而和德国公司温特沙尔结成贸易同盟，并开始直接参与该产业的中游——也就是运输和分

---

❶ 在1992年我参加了一个世界银行在俄罗斯的项目，项目的主要目标是让俄罗斯人了解西方在自由化天然气产业和天然气市场的经验。这些项目给俄罗斯带来了由西方的专家组成的咨询团队——这其中有英国燃气的前主席，他的职责是指导俄罗斯的有为才俊，这些才俊从战略机构中招募，如银行、研究机构、杜马立法委员会和市场自由化为基础的政府部会。（据我回忆，英国燃气的私有化是最值得效仿的模式）项目的很多俄罗斯"校友"占据了政策制定的重要位置同时在市场化改革中扮演了重要的角色。

销。通过这种联系，俄罗斯天然气工业股份公司下属出口公司的人员了解到了德国的天然气管制和其他一些国家的管制制度。在这些国家，俄罗斯天然气工业股份公司通过建立合资贸易公司，直接参与欧洲天然气业务。

但是，所有这些并不意味着俄罗斯人一定要注意欧盟委员会正在发生的根本性变化。相反，根据斯特恩的说法，直到列姆·维亚希列夫（Rem Viakhirev）时代结束之前，俄罗斯天然气工业股份公司都没有把焦点特别放在布鲁塞尔身上。这有几个原因。首先，俄罗斯人一直对所谓的欧洲一体化持怀疑态度，更重要的是，俄罗斯人倾向于低估其重要性，这就让俄罗斯人更喜欢和成员国政府进行双边交易，而不是和那些（在俄罗斯眼里）远在布鲁塞尔且令人迷惑的官僚打交道。在普京当选总统后的短时间内，有很多关于欧盟与俄罗斯之间建立战略联盟（所谓的普京—普罗迪进程）的讨论，但俄罗斯人很快就厌倦了他们只能从欧盟得到的无休止的说教。这个过程很快就结束了，因为普京回归到了更为传统的双边方式，尤其是和德国人。❶

直到 21 世纪第一个十年中期，都没有什么能让俄罗斯人投入比过去更多注意力的理由。欧盟委员会对改革天然气的努力没有成效，他们的德国伙伴向他们保证看来也都是正确的。俄罗斯人自己在过去十年中的观察似乎证实了这一点。俄罗斯人的一个观察点是《能源宪章》这个平台。为了支持条约的建立和通过，设立了一个秘书处，以保证欧亚天然气输送的安全。《能源宪章》从未实现其早期目标。但这确实是对一代俄罗斯人进行天然气监管问题教育的工具，尤其是那些被任命为能源宪章组织工作人员的俄罗斯人。当他们返回俄罗斯时，他们成为传播有关天然气管制问题的知识源泉，无论是对俄罗

---

❶ 在本章中，我们已经在以上章节中看到了马德里论坛在欧洲天然气工业中建立共识的作用。从每两年召开一次的论坛会议的年度参与者名单中可以看出，从21世纪第一个十年中期开始，GazExport的官员也偶尔参加会议，有时他们作为观察员出席会议，但同时也参与对主要监管问题的讨论。这些官员中有一些是高层，例如2005年参加论坛的米哈伊尔·马尔金（Mikhail Malgin）。当时，他负责所有俄罗斯天然气工业股份公司向德国出口的天然气。由于通常不会邀请俄罗斯官员参加论坛，因此有人怀疑，这些偶尔参会的俄罗斯观察员是一些公司的特邀嘉宾——比如邀请马尔金的，是俄罗斯天然气工业股份公司的伙伴温特沙尔或鲁尔燃气。

斯天然气工业股份公司还是它的竞争对手。❶

随着 21 世纪第一个十年中期俄欧关系出现紧张，首要是乌克兰的橙色革命（见第 11 章），俄罗斯人开始更加密切地关注那些对俄罗斯形成威胁的欧盟天然气和电力指令以及来自欧洲成员国的国家公司和政府反对力量的消失（特别是在德国）。这将是第 8 章的主题。

---

❶ 21世纪第一个十年在布鲁塞尔担任《能源宪章》秘书处副秘书长Andrei Konopolyanik的讲话和著作是这种知识具有象征意义的转移渠道。见 "Andrey A. Konoplyanik, Dr. of Science, Professor, " http：//www.konoplyanik.ru/en/（accessed April 10，2019）。Konoplyanik是俄罗斯领先的能源经济学家之一，特别是能源价格形成方面的专家，他在俄欧能源关系中继续发挥着重要作用，尤其是作为天然气咨询委员会的成员。见Andrey Konoplyanik，Tsena energii：Mezhdunarodnye mekhanizmy formirovaniia tsen na neft i gaz（Brussels：Energy Charter Secretariat，2007）。

第 8 章

德国攻坚战

我们现在来看德国。德国在欧洲天然气工业中的中心角色是其在欧洲经济中处于核心地位的一个反映。[1] 德国是欧洲最大的天然气消费国，同时在地理上也占据了欧洲进口天然气通道的中心位置。由于欧洲天然气运输和交易系统的不断一体化，如何治理与经德国运输天然气的相关商业和管制关系，不仅影响到欧洲能源行业的其他成员，也影响到像挪威和俄罗斯这样重要的对欧天然气供应国。

欧盟建立单一市场的动因与成员国保有主权的抉择之间存在文化冲突，而德国也位于这种文化冲突的风暴眼上。在德国天然气行业中，这种文化冲突显得特别突出。随着自 20 世纪 90 年代到 21 世纪第一个十年末期的摩擦，德国的天然气市场发生了大规模的转变。[2] 严密组织的谱系结构、界限明确的地域划分和长期协议构成的传统产业结构逐渐消失。通过开放现货市场和透明交易平台，天然气和运力成为新宠商品。其结果是，曾经显赫一时的产业结构变化了，老牌公司要么消失，要么被兼并，伴随着新参与者的加入，一

---

[1] 关于世纪之交的德国天然气工业的情况，见 Simon Blakey et al.，*The Hub of Competition：The Future of the German Gas Market*（joint multiclient study by IHS Markit，April 2003）。

[2] 相比之下，电子通信、邮政和电力行业的自由化开展得更为迅速和平稳。

种新的商业文化也应运而生。

德国天然气市场不断有新的变化。公众对气候变化和其他环境议题的持续关注一直扰动着德国的能源政治。作为因应环境挑战的先行者，德国计划在2022年弃用核能，[1]同时转向可再生能源（主要是风能和太阳能），而这一庞大的计划被称为"能源变革"（Energiewende）。[2]但是技术的变化和政策上的激进转向必然会带来难以预见且极具破坏力的副作用。[3]而德国的天然气和电力行业必然会因为高成本和低收入而遇到麻烦。大型公共设施可能会被逼到破产的边缘。而天然气的角色在这一过程中正在受到挑战。

德国的政策制定以审慎著称，这一政策制定的模式建立在精心的检验、各级政府的平衡、党派和利益团体之间通过妥协建立职责共识和谨小慎微的渐进改革之上。从这个角度看，德国能源部门的激进变革可谓是离经叛道的。今天激进的"能源变革"的一个重要原因是传统的隔绝和壁垒结构被致命性地削弱了。这个结构让能源行业保持了几十年的稳定，但是也让该行业能抵抗改革（其中包括著名的"天然气俱乐部"）。而削弱这个结构的是从美国、英国和布鲁塞尔那里来的新商业模式和管制学说，从西边来的意识形态风潮正在20世纪90年代早期开始影响德国。截至2010年，天然气行业对变革强硬的抵抗已经不存在。鉴于以环境运动为代表的其他压力在之后十年间将日渐强大，旧有的模式肯定越来越不可维系。

这些会对俄罗斯产生什么影响？简单说，当俄罗斯人在20世纪90年代初进入德国天然气市场的时候，他们面临的是熟悉和易于接受的规则：大多是建立在20世纪60年代的"格罗宁根模式"和建立的天然气桥。通过和德国化工巨头巴斯夫（通过其旗下的油气子公司温特沙尔）组成的联盟，在21世纪来临的时候，俄罗斯人早就是德国"天然气俱乐部"中的熟客了。俄罗

---

[1] 需要注意的是退核的决定主要是对核电的安全性和废料处理的回应，而非气候变化。

[2] 关于德国"能源变革"的概述，见Stephen Padgett，"Energy and Climate Protection Policy，" in Stephen Padgett，William E. Paterson，and Reimut Zohlnhöfer，eds.，*Developments in German Politics 4*（Basingstoke：Palgrave Macmillan，2014），pp. 241-261。

[3] See Josephine Moore and Thane Gustafson，"Where to Now? Germany Rethinks Its Energy Transition，" *German Society and Politics* 36, no. 3 (Autumn 2018)：1-22.

斯人当然是成功者，但是是消极的成功者，消极之处在于俄罗斯人过于依赖Wingas 这样表面成功的合资企业，但其中主要工作是由其德国伙伴完成的，俄罗斯人只是在搭便车而已。因此，相比于自由化，俄罗斯人是旧有秩序中消极的受益者。

但是短短几年时间，规则变了，"天然气俱乐部"也不复存在。结果是，俄罗斯人发现他们自己受制于新规则的要求，而其对规则制定毫无影响力。在 21 世纪第一个十年末期，俄罗斯陷入了一场和欧盟展开的以德国为战场的冲突。这次，俄罗斯人从消极的成功者变成了消极的失败者。在关注接下来发生的事情之前，我们需要首先看看俄罗斯和那些苏联加盟共和国，特别是乌克兰。（这些是 9 ~ 11 章的主要内容）。本章主要包括两方面的内容，第一个是德国"天然气俱乐部"对自由化变革的长期抵抗及其突然垮台的原因；第二个是这些事件对俄罗斯人的含义和他们的反应。

自由化前夕的德国天然气工业

20 世纪 90 年代初期，没有人能预见这些剧烈的变革。经过之前 30 年的演进，德国天然气工业已经形成一套复杂而高度稳定的三级结构，这种结构包括五家天然气进口公司（统称为跨地区运输公司）、六家生产公司、十家运输和贸易公司以及约 700 家本地分销公司。天然气在到达终端用户之前会在这个多层体系中经过四次交易。❶

最大的天然气进口公司鲁尔燃气的销售量超过其他四家的总和。本地分销公司则大多数规模较小。三分之二的本地分销公司完全由其所服务地区的市政府拥有，而在剩下的三分之一中当地市政府也持有多数股权（因此它们也被称作城市设施，Stadtwerke/city utilities）。这些本地分销公司并不进行跨区域竞争，同时在贸易业务上仅仅限于从上级分销商购买天然气。

---

❶ 对于德国天然气工业的传统结构的描述，来自Heiko Lohmann，*The German Path to Natural Gas Liberalization：Is It a Special Case?*（Oxford：Oxford University Press，2006），p. 8。

这些公司被一个广泛而不透明的所有权网络和销售合同联系在一起。许多地区运输公司至少部分被地方或联邦政府机构拥有,而跨区域运输公司(特别是鲁尔燃气)也经常部分持有地区分销公司的股权。虽然这些公司数量众多,但是它们之间并不竞争,而是通过非正式的协议划分任务。在垂直和水平层面的分割协议让这些公司之间相安无事(这一体系可以追溯到1934年纳粹政府下的能源法)。长期合同经常可以达到20年之久。自由化前的德国能源体系,就像德国天然气专家海科·洛曼(Heiko Lohmann)形容的,"水平层面上,网络中的临近地区的天然气公司同意不相互输气;垂直层面上,供应链中的天然气提供商同意不越过分销商直接接触客户。而德国的竞争法也支持这种分割,因为这部法律豁免了能源行业中的一般竞争规则。"❶因此,这种情况让大多数能源公司感觉自己置身于一个庞大的家族之中,而不是潜在的竞争对手当中。洛曼总结,"没有一家德国天然气公司是真正的市场竞争主体。"❷

在21世纪第一个十年末期,情况发生了潜移默化的变化。竞争出现了,新的参与者进入了供应链中间环节。其他能源机构和局外人收购天然气公司。现货贸易开始出现。这些现象如雨后春笋般迅速出现。德国攻坚战从20世纪90年代初期到21世纪第一个十年中期持续了15年,才让原有的行业结构开始崩坍。

在那时,俄罗斯天然气工业股份公司来到了德国,而俄罗斯人当时是德国天然气行业结构中的老资格成员。这是如何发生的,产生了什么样的结果?话可以从20世纪90年代早期,特别是俄德合资的 Wingas 公司的建立说起。

---

❶ 对于德国天然气工业的传统结构的描述,来自Heiko Lohmann, *The German Path to Natural Gas Liberalization:Is It a Special Case?*(Oxford:Oxford University Press,2006),p.20。
❷ 只有最大的区域公司奥尔登堡EWE具有足够大的储气能力,通过使用储气库来提供负载平衡。同时只有少数几个其他公司具有较大储气能力。对于德国天然气工业的传统结构的描述,来自Heiko Lohmann, *The German Path to Natural Gas Liberalization:Is It a Special Case?*(Oxford:Oxford University Press,2006),pp. 10-12 and table 15。

Wingas 伙伴关系的缘起和俄罗斯天然气
工业股份公司涉足德国

在 20 世纪 90 年代初，德国历史性地开始在天然气行业中引入竞争和开启天然气公司之间的竞争，特别是允许天然气公司在修建自己的管道的同时自主从俄罗斯进口天然气。在这个时期，因为一位很厉害的竞争者入局，原来的天然气共同体感到一震。尽管新的管道和新的与本地分销商的合同在计划颁布的五年后才完成，但是人们当时有预感，在新的竞争背景下，一个大客户将反抗处于垄断地位的鲁尔燃气。

在 1990 年 10 月，苏联天然气工业部国际业务部主任斯蒂潘·杰列佐夫（读者可以回忆起他是实现苏联 60 年代向西欧供气的先行者）和德国温特沙尔公司董事长海茨·韦斯特菲尔德（Heiz Wüstefeld）签署了一项协议，此项协议意在建立一个向德国供气的合资公司 Wingas。温特沙尔并非原来密不透风的德国天然气裙带关系中的一员。之所以做出此项决定，主要是由于温特沙尔的母公司巴斯夫需要作为化肥生产原料的天然气供应，而巴斯夫的总部所在地路德维希港是当时欧洲最大的单一天然气消费地。事情起因是荷兰能源气体联合公司降低了其出售给荷兰化肥厂的天然气价格。因此，巴斯夫在当时面临着危机，因为当时它付给天然气供应商鲁尔燃气的价格过高，这削弱了巴斯夫面对荷兰同行时的竞争力，但是鲁尔燃气当时拒绝降价。"鲁尔燃气的高价使我们陷入困境。"当时巴斯夫天然气采购部负责人这样表示。巴斯夫因此决定另找供应来源，而这必将挑战鲁尔燃气。❶ 巴斯夫首先同挪威和丹麦方面进行沟通，但它们都表示难以承担如此大量的天然气供应。❷ 因此在 1990 年巴斯夫开始接洽当时的苏联天然气工业部，也就是后来俄罗斯天然气工业

---

❶ 背景可见 "Das A und O：BASF gegen Ruhrgas，" *Der Spiegel*，November 27，1989，http：//www.spiegel.de/spiegel/print/d-13498852.html。

❷ 温特莎尔的初步计划是建造560千米长的管道，从荷兰天然气在德国的登陆点埃姆登经过温特沙尔在卡塞尔的基地，到达巴斯夫的总部所在地路德维希港。

股份公司的前身。❶

韦斯特菲尔德很有远见。他决定以自己的事情为契机，为所有参与者开拓更大的运输市场准入来撼动德国天然气既有的安乐窝。❷但这里有一个问题，巴斯夫自己没有天然气管道和天然气用户。在当时还没有天然气公司之间的竞争。但是随着铁幕的消散，长期以来为东德供气并将天然气输送到西德边境的苏联天然气工业部也在寻求在西德的发展，而此时它已经更名俄罗斯天然气工业股份公司。俄罗斯天然气工业股份公司也对长期垄断德国进口的鲁尔燃气感到不满。❸了解到俄罗斯人的不满，巴斯夫主动接洽了俄罗斯天然气工业股份公司，两家公司一拍即合，准备开创欧洲的先河：从头开始建设一条新的管道。由于没有消费者，新公司不对这条管道承担风险，但是新公司也在游说本地燃气分销商购买它的天然气。

就在巴斯夫和温特沙尔在西德争取独立的时候，一场关于东德天然气体系控制权的争夺战也悄然登场。由于德国统一已经是箭在弦上，一个对于西德天然气公司的问题是：谁来控制东边？西德有机会接管东德的天然气并对其实施有效的控制吗？

鲁尔燃气一马当先。1990年年初，鲁尔燃气的董事长克劳斯·利森和东德地区最大的天然气公司VNG签署了一系列协议，使得鲁尔燃气控制这家公司35%的股权。利森并不掩饰其最终目的是接管整个VNG并控制苏联向东德的燃气供应。❹

协议的核心是VNG继续保持同俄罗斯天然气工业股份公司的接触并将其作为唯一对德国东部天然气的供应商，但是鲁尔燃气的这个计划遭遇了俄罗

---

❶ "Gazprom i BASF: Dvoenaodnogo," *Kommersant,* October 15, 1990, https://www.kommersant.ru/doc/266775.

❷ 见"Das A und O"。

❸ 俄罗斯人长久以来一直抱怨，从苏联时代开始，鲁尔燃气就从俄罗斯天然气中摄取了过多的份额。苏联天然气工业部部长萨比特·奥鲁杰夫曾经和鲁尔燃气的董事长利森谈到他们在埃森的豪华总部，说"您的一个新吊灯比原来整个办公室都贵，看看我们的合作关系多赚钱！"（Valentin A. Runov and Aleksandr D. Sedykh, *Orudzhev*〔Moscow:"Molodaia Gvardiia,"2012〕, p. 205.）

❹ 见"Zu viel gemauschelt,"*Der Spiegel*, October 22, 1990, p. 153, https://www.spiegel.de/spiegel/print/d-13502669.html。

斯天然气工业股份公司的反对。当时温特沙尔的天然气部门的负责人回忆道：

> 当 1990 年夏天维克多·切尔诺梅尔金和杰列佐夫发现鲁尔燃气想接
> 管 VNG 时，他们感到非常不快，因为他们把东德地区视为自己的势力
> 范围。鲁尔燃气会把原来西德的那一套照搬到东德，也就是俄罗斯天然
> 气工业股份公司只是把燃气输送到边界而已，而剩下的天然气价值链则
> 被鲁尔燃气独吞，这当然不会令他们高兴。❶

同时，俄罗斯天然气工业股份公司也不希望再像过去那样为社会主义国家补贴提供友情价格的天然气。东德已经变成西方的一部分，为什么还要为它提供低价天然气？温特沙尔瞅准机会摆了鲁尔燃气一道。它接洽俄罗斯天然气工业股份公司并且提出接管东德燃气的市场营销、提高价格同时减少中间商。这些建议在俄罗斯天然气工业股份公司看来是十分具有吸引力的，因为这些都给了俄罗斯人一个直接获取东德天然气市场价值的机会。同时苏联领导人也支持这项协议，其中一个主要原因是温特沙尔预先给苏联提供价值 9000 万美元的德国小麦，戈尔巴乔夫在当时的财政危机情况下把这一行为看作是友谊的象征。在这样的背景下，俄罗斯天然气工业股份公司和温特沙尔之间的协议很快就签署了。

但是，此时韦斯特菲尔德对 VNG 的股权要求也从原先的 25% 提高到 45%。事已至此，德国政府适时出手干预，避免两家德国公司的天然气大战导致的政治尴尬。德国经济部要求每份 5% 的股权要分配给感兴趣的投资者，包括英国燃气、埃尔夫、挪威石油和俄罗斯天然气工业股份公司。温特沙尔的股份被限定在 15%。不久，韦斯特菲尔德辞去了温特沙尔的董事长职位，其原因被广泛认为是风头太盛导致遭遇了滑铁卢。❷

---

❶ 作者同Gert Maichel的访谈。

❷ 见 "Mit Gold gefüllt，" *Der Spiegel*，December 17，1990，https：//www.spiegel.de /spiegel/print/ d-13502624.html; and "Wintershall-Chef scheiterte an Ruhrgas，" *Der Spiegel*，August 12，1991，https：//www.spiegel.de/spiegel/print/d-13488293 .html. See also Jonathan P. Stern，*Competition and Liberalization in European Gas Markets*：*A Diversity of Models*（London：Royal Institute of International A airs，1998），pp. 139-142。

建立 Wingas 的任务也就自然落在了他的继任者赫伯特·迪塔丁（Herbert Detharding）身上。迪塔丁是个显赫的人物。作为美孚石油德国公司的前董事长，他接手新公司的时候面临一个烂摊子。在表面温和下面，迪塔丁有一个进取好胜的性格。作为鲁尔燃气的外部董事，他对这家公司的垄断文化有着亲身的体验，并对这个公司没有好感。对于迪塔丁来说，他积极争取的就是要获得鲁尔燃气和俄罗斯之间长期建立的商业关系。一位温特沙尔公司的高管回忆说："迪塔丁在位期间，公司和鲁尔燃气正在进行一场完全惨烈的竞争。我们在 20 世纪 90 年代有着不错的天然气销售合同，我们一直在发展。但是鲁尔燃气无法理解我们的发展。他们认为我们依靠组织规模，但是事实上我们只有不多的人手。"❶

鲁尔燃气也曾发起大反扑。在 1994 年年初，当温特沙尔认为鲁尔燃气已经放弃竞争，自己已经赢得了吉森市 20 年期的本地销售合同的时候，一封在最后关头从吉森发往温特沙尔总部的电报说明，鲁尔燃气在最后时刻提供了一份巨大的折扣并且赢得了合同。迪塔丁对此愤怒地说："鲁尔燃气为了获得市场准入而把我们往死里折腾。"对此当时鲁尔燃气的销售总监弗里德里克·施派特（Frederick Späth）反唇相讥："如果温特沙尔想要竞争，那么他们在找不到任何客户的时候可不要哭。"❷这是当年早期的情况。当时是一个史诗级战役，就像迪塔丁说的"竞争在最原始的阶段"。❸

到了 20 世纪 90 年代中期，局势开始有所转变。Wingas 在 1996 年获得了具有决定性意义的胜利，当时公司成功地获得了巴伐利亚最大的工业用户瓦克化学。至此，整个德国的天然气行业都意识到德国市场竞争的重要含义，而在接下来几年有几个大的地区分销商将他们的业务部分地转向 Wingas。巴斯夫和温特沙尔成功地在鲁尔燃气的垄断地位上打开缺口。

迪塔丁不仅致力于和俄罗斯天然气工业股份公司建立商业合作，更是要

---

❶ 作者的访谈。

❷ 引自 "Raushalten, fertigmachen," *Der Spiegel*, January 24, 1994, pp. 84-85, https://www.spiegel.de/spiegel/print/d-13683672.html。

❸ 引自 "Raushalten, fertigmachen," *Der Spiegel*, January 24, 1994, pp. 84-85, https://www.spiegel.de/spiegel/print/d-13683672.html。

将两家公司之间建立牢固的友谊。❶Wingas 有一个俄德联合的管理机制。俄罗斯人团队和德国人团队在卡塞尔的总部里并肩作战，甚至在业余时间也一起踢足球。Wingas 的未来董事长莱纳·泽勒（Rainer Seele）当时正是奥地利石油天然气集团的董事长，他和切尔诺梅尔金的小弟和传话人尤里·科马罗夫关系非同一般，这种关系在切尔诺梅尔金 1992 年年底成为总理后变得更加火热。但是这里的关键人物还是迪塔丁。根据泽勒的讲述：

> 当迪塔丁去俄罗斯的时候他好像变了个人。他喜欢民间故事传说和俄罗斯式的笑话（Anekdoty）；他整个人开始变得松弛和缓慢。他就像有个俄罗斯的灵魂。他明白和俄罗斯人做生意的基础是信任。他决意和切尔诺梅尔金及其继任者列姆·维亚希列夫建立紧密的私人关系，在这一点上他成功了。❷

类似紧密的私人关系一直传承到双方未来两代的高管。持久的个人关系对于理解俄罗斯天然气工业股份公司和温特莎尔之间的联盟至关重要，甚至我们也可以从当下温特莎尔和奥地利石油天然气集团参与北溪 2 项目建造从圣彼得堡到德国的管道项目中看出一些端倪（这个问题我们会在第 12 章讨论）。Wingas 联盟也标志着俄罗斯天然气工业股份公司成为在德国天然气领域的玩家的开始。

温特沙尔进入德国天然气市场无疑是一个历史性的事件，但这并不代表竞争的时代马上到来。洛曼观察到：

> Wingas 确实搅动起了传统德国天然气行业的一池春水，但是事实上其商业模式和其他公司并没有大的不同。同样是依靠长期合同和自身对管道的投资。它给分销公司提供合同也和其他天然气进口公司的差不多。在自由化初期，很多市场观察家认为 Wingas 已经被同化了。❸

---

❶ 不奇怪的是迪塔丁在德国媒体中一直被视为俄罗斯天然气工业股份公司的强有力的支持者，比如在一次《世界报》在采访中，当时正值1998年金融危机，国际货币基金组织要求以改革俄罗斯天然气工业股份公司为条件支持俄罗斯政府。（"Eine der wertvollsten Firmen der Welt，" *Die Welt*，June 30，1998，https：//www.welt.de/print-welt /article622058/Eine-der-wertvollsten-Firmen-der-Welt.html.）

❷ 作者同Rainer Seele的访谈。

❸ Lohmann, *The German Path to Natural Gas Liberalization*, p. 23.

但是对俄罗斯人来说 Wingas 至关重要。正是通过参股 Wingas，俄罗斯天然气工业股份公司才能在传统德国"天然气俱乐部"中占有一席之地，并且切身观察其是怎样运作的。最重要的是，俄罗斯天然气工业股份公司和温特沙尔的伙伴关系让俄罗斯人认定了和西方合作的最理想方式。同样重要的是，通过和他们德国伙伴的朝夕相处（由于俄罗斯人，Wingas 和鲁尔燃气这两家公司很快和解了），俄罗斯人从他们身上学习了流行于传统德国天然气行业的观点，特别是关于和欧盟的关系。在所有到 21 世纪初的和欧盟的斗争中，俄罗斯人大多数扮演的是看客的角色。但是从中俄罗斯人学到了如何成功地抵抗欧盟。当然这一点也让俄罗斯人低估了欧盟的终极权力和其在东欧推行单一市场的运动。因此当 2004 年欧盟开始接受东欧部分国家成为新成员的时候，就注定了未来十年必定充满了冲突。

但是在德国关于自由化的争夺战才刚刚开始。我们现在来看看竞争最终是如何实现的，德国天然气行业是如何被竞争改变的。

文化冲突

最迟到 2005 年，也就是欧洲共同体第一个天然气指令颁布七年后，这个指令还仅仅是一纸空文。在 2004 年年初，欧盟委员会在其年度报告中批评道："在德国和奥地利的进展非常令人失望。"支持改革的德国经济部也对这个负面的评价表示同意："天然气市场的竞争仅仅存在于大客户中，而这一竞争也是非常有限的。"❶

老牌大公司在鲁尔燃气的带领下强调德国天然气市场的特殊性，认为布鲁塞尔那一套想要放之四海的标准根本行不通。这些"天然气俱乐部"成员认为在德国存在 700 家以上的天然气公司，很多还都是私人的，怎么可能仅有一个单一的国家天然气管制模式的存在？说到竞争，它们也把 Wingas 当作例子推出来，证明德国天然气市场也是有竞争的。原来的体系还凑合，就没

---

❶ 引自Lohmann, *The German Path to Natural Gas Liberalization*, p.1。

必要去管制它。如果有第三方准入的问题，用行话说：只要没管制，什么都好谈。

所以虽然既得利益者依然在壁垒后，但是旧有的那种大家族的感觉却一去不复返。从 1999 年开始，艰苦的谈判就在德国行业协会内部展开，大型天然气运输及分销公司和代表小型分销公司和消费者的利益团体针锋相对，因而谈判成果寥寥。最终在 2003 年，谈判彻底破裂，而这种僵局则一致持续到 2006 年。

在这种背景下，其他势力则致力于逐步削弱既得利益者。我们先来看看宏观的经济环境。这也就是在德国被称作"失去的十年"的时期，这个术语也可以用来形容围绕着天然气的争议。

德国失去的十年（1995—2005 年）

从 1995 年到 2005 年，德国似乎失去了方向。经济几乎没有实现增长反而失业率高企，同时德国的资本却跑到像东欧和俄罗斯这样劳动力价格低廉的地方。在这期间德国的经济表现在欧洲属于吊车尾的行列：2002 年《经济学家》杂志称其为"欧洲病夫"。而其中最重要的几个原因包括两德统一后投资的流失；新兴经济体对德国出口的冲击；当然还包括可能最重要的就是德国福利国家和劳工法所带来的沉重负担。结果是一直被称道优于短视的美国经济模式的德国模式突然间失去了人们的青睐。颇具影响力的德国联邦工业协会的主席说："没人再对我们的模式感兴趣。"[1]

在 20 世纪 90 年代天然气需求的模式反映了德国整体经济停滞和两德统一带来的影响。从 1990 年到 1997 年整体天然气需求增长超过 50%，但是这些主要来自政府主导的在供暖系统中用天然气取代原东德低效的褐煤的项目。而在其他的经济部门中，天然气的增长几乎没有（见表 8.1）[2]

---

[1] 引自 Andreas Busch，"Globalization and National Varieties of Capitalism：The Contested Viability of the German Model，" in Kenneth Dyson and Stephen Padgett，eds.，*The Politics of Economic Reform in Germany：Global，Rhineland，or Hybrid Capitalism?*（London：Routledge，2006），pp. 25-47。

[2] Lohmann，*The German Path to Natural Gas Liberalization*，figure 2，p. 9.

但是在 2005 年之后画风突变。德国经济突然迎来了一个长达十年的增长。为什么？

这里德国的突然觉醒大部分可以归功于施罗德领导下的社会民主党和绿党组成的执政联盟（1998—2005）。一般认为社会民主党人领导的左翼政府会大搞需求端战略以博得劳工和退休人士的支持。（事实上这也是社会民主党中的左派，1998—2000 年之间担任财政部部长拉封丹的政策）。但是令人吃惊的是，施罗德政府反其道而行之，选择了供给端的战略（所谓"2010 纲要"）意在使福利和养老金系统更合理，同时赋予劳动力市场更多的自由。简单说，这些都是商业机构所青睐的政策，因为可以通过解除藩篱重塑德国产业的竞争力。这里特别对那些构成德国经济支柱的中小型家庭企业（MIttelstand）有利，它们往往是德国出口前景的关键。❶

表 8.1　德国各部门天然气需求（1990—2018 年）

单位：标准 10 亿立方米，总热值

年代	1990	1995	2000	2005	2010	2015	2018
居民	16.9	24.6	27.4	27.2	28.0	23.1	25.3
工业 [a]	23.0	23.2	24.5	24.8	24.9	23.8	24.3
发电	9.6	9.6	9.7	13.6	16.2	10.7	15.7
商业	7.9	10.7	11.7	10.8	11.6	12.2	12.6
制氢	0.0	0.0	0.5	0.6	0.9	0.9	1.1
运输	0.0	0.0	0.0	1.0	0.6	0.5	0.6
农业	0.2	0.3	0.3	0.0	0.0	0.0	0.0
其他 [b]	5.1	6.7	6.5	8.8	8.7	7.4	7.4
合计	62.7	75.1	80.6	86.8	90.9	78.6	87.0

数据来源：Rick Vidal, 2019 Update to the Rivalry Energy Data Set (IHS Markit Global Scenarios Data, July 2019)；历史数据来自国际能源署和美国能源信息管理局。

注释：由于统计中四舍五入，总数可能不等于各项之和。

a "工业"中包括原料。

b "其他"包括能源部门使用及运输损耗和统计偏差。

---

❶ 对于施罗德的改革，见Eric Langenbacher, and David Conradt, eds., *The German Polity*, 11th ed.（Lanham, MD：Rowman and Littlefield, 2017），especially pp. 153ff。

这些在德国社会充满争议的努力消耗了施罗德政府的时间和政治资本，这也解释了"2010 纲要"之外的部门的改革则没怎么受到关注。能源行业是其中的典型，至少在立法层面上其改革的目标是自由化和市场化，这里的主要目标是把德国的国内法和欧盟指令下的单一市场的原则相匹配。就像洛曼在分析施罗德执政时期的天然气政策时说：

> 政府没有贯彻一套有机的开放市场的战略。从欧盟委员会自由化进程开始，德国政府采取了一些政策组合，这里包括环境问题、能源行业的就业、打造能源国有企业巨无霸、供应安全、保护煤炭行业和保持能源廉价。但是，德国根本没有把能源市场化的目标放在心上。❶

至少在 2005 年的时候的确如此。那时候，德国政府为了适应欧盟立法的需求，提出了一系列改革的草案，但是德国的天然气行业成功地阻挠了这些草案，尽管德国早在 20 世纪 90 年代初就已经通过了《单一欧洲法案》。直到 2005 年，德国天然气行业还被在各州和联邦层面行业壁垒所保护着，而在市政府层面尤为如此。

回头来看，施罗德年代是理解之后发展的关键。尽管表面上保守力量抵抗的冰层看似坚不可摧，但是裂痕已经开始出现，有些裂痕甚至是在施罗德 1998 年上台之前就出现的。在那时，一些重要的谈判开始进行、一些法律开始起草、一些新的制度开始建立，同时思维方式正在开始转变。伴随着像"第三方准入""进出能力合同""平衡机制""集散港交易""运输设施"等新兴词汇，一系列激进的改革结果在 2005—2006 年之间令人意想不到地发生了。这些新兴词汇的背后是关于天然气行业的整体思维方式都转变了。

回头看，可能市场化改革的突破带来的最实际的效果是永久性地弱化了在德国公用设施部门长久以来存在的传统政治势力。反过来这样的改变使得这些部门更难抵抗更加激进的像"能源变革"这样的改革。市场化和"能源变革"两股力量相互效力，摧毁了天然气价值链的中间环节。

---

❶ Lohmann, *The German Path to Natural Gas Liberalization*, figure 2, pp. 5-6.

这种情况在"文化冲突"中有所介绍。这些也是第 6 章和第 7 章的中心话题，在这里有必要提醒一下读者其相关性。自欧盟委员会而来的新自由主义文化致力于提升基于竞争性市场环境下的单一能源市场。就像我们看到的，其理念和工具都是源自英国的天然气市场。而英国的模式是否可作为欧洲大陆的最优方案则是另外一个问题。但是关键问题是这些思想在雅克·德洛尔担任欧盟委员会主席期间成为主导性的意识形态和其竞争总司对成员国要求的一系列新自由主义的管制框架。

这种文化冲突在德国的问题上特别突出。德国的天然气和电力行业在一个多世纪的时间内有组织地发展。传统上这种由强大的相互持股、信息分享和投票权而组成的相互关联的结构并非"设计"而成，当然也不是国家政策的产物。因此把它们称为教科书上的那种德式"秩序自由主义"并不合适。应该说它是一种对市场的反应，但是这种市场的结构是不透明，而利益是共享的，这种情况在天然气行业、竞争性的燃料行业甚至其他如电力的网状行业已经是多年来有组织发展的了。❶ 德国政府的角色更多的是反应式的而非主导式的，这种情况至少在面对欧盟委员会及其竞争总司和欧洲法院的不断强力敦促之前就是这样的。

这种封闭性的文化加上 20 世纪 90 年代中期的经济衰退也解释了在科尔领导下的基督教社会联盟（CDU-CSU）和联合政府试图进行第一次能源改革时遭到了既得利益集团的强烈反抗，特别是那些市政府和其关联的"城市公共设施"（Stadtwerk）。这一时期市政府正在遭遇财政危机。当联合政府准备将 1995 年的欧盟能源条例进行国内立法的时候，市政府集体强力反抗。它们声称，新的法律损害了其自治权，将会制造一个不均衡的竞争平台。但其实问题的关键是，新的法律会使市政府收入减少并阻止它们将天然气和电力行

---

❶ 有关德国主要公用事业在自由化前夕的态度的有趣证词，见"Wir schaffen es schneller"，*Der Spiegel*，September 9，https://m.spiegel.de/spiegel/print/d- 9089520.html。这篇文章报道了公用事业公司莱茵集团的迪特玛·库恩特（Dietmar Kuhnt）与德国电信的罗恩·萨默（Ron Summer）之间的辩论。库恩特认为自己的行业具有高度竞争力，而他将德国电信描绘成他打算与之竞争的垄断。然而具有讽刺意味的是，此时电信行业的竞争的开始已经导致价格下降，而电价却在上涨，原因是库恩特坚持认为与缺乏竞争无关。

业的利益输送到市政服务上，比如公共交通。有关能源法的斗争持续了三年。[1]

在执行 1998 年第一个天然气和电力指令中有两个主要问题：管网准入和长期合同。从 1998 年到 2003 年，这两个问题都是重要的障碍，但是从 2003 年到 2008 年，每个问题都开始得到解决。接下来介绍的就是 2003 年到 2006 年所发生的变化，这期间标志着整个事件的突破。

管网准入攻坚战

改革的主要障碍是天然气管网准入的问题。当 1998 年第一个指令发布的时候，德国政府还没有建立管制机构，取而代之的是第三方谈判准入模式。但是行业联合会并不同意一个真正能容纳新市场参与者和促进竞争的体系。洛曼评价道，"四个管网运营主体和管网使用者之间的谈判就是一场噩梦"。[2]

行业联合会代表生产者和消费者的利益是德国行业政治中的鲜明特色，谈判中任何的重要分歧都会让行业联合会参与其中并发表意见。在第三方准入问题上代表了既有的大跨境运输公司和大工业客户的行业联合会扮演了领导角色。市政府和其他管网使用者也有发言权，但是代表贸易商的联合会（它们最希望第三方准入的实施）则发现自己被边缘化和被忽略了。

真正能够推动谈判的是是否允许"第三方准入"。当所有人原则上都同意一个能够鼓励"竞争、公平、透明、简化"[3]作为目标的时候，各方却为一个可操作的模式争得不可开交。大的运输公司反对任何改变。主要反对点包括

---

[1] 上网电价补贴是电力公司有义务回购太阳能装置发出的电力时的优惠价格。考虑到1996年至1998年之间的新《能源法》中的政治，见Nadja Daniela Klag, *Die Liberalisierung des Gasmarktes in Deutschland*（Marburg：Tectum Verlag，2003），pp. 249- 253. 绿党当时还在反对党的位置，反对上网电价补贴一开始限制在10%。（p. 249）

[2] Heiko Lohmann, *The German Gas Market Post 2005：Development of Real Com- petition*，Report NG-33（Oxford：Oxford Institute for Energy Studies，2009），p. 4，https://www.oxfordenergy.org/wpcms/wp-content/uploads/2010/11/NG33- e germangasMarketPost2005DveleopmentofRealCompetition-HeikoLohmann -2009.pdf.

[3] Heiko Lohmann, *The German Gas Market Post 2005：Development of Real Com- petition*，Report NG-33（Oxford：Oxford Institute for Energy Studies，2009），p. 27.

建立天然气交换、储气准入和多元化的竞争性运费计价公式。❶斗争从 1999 年到 2003 年持续了 5 年，最终还是破裂了。谈判显然没有达到成效。❷

但是期间，布鲁塞尔方面开始提速。2001 年欧盟委员会竞争总司提交了对 5 家运输公司的投诉，其中 3 家是德国公司。尽管各方花费了 4 年时间才达成和解，但是当尘埃落定的时候很多成效却已经形成了，其中特别重要的一点是进出口关税系统，而对这一系统从德国产业界到政府都是一直极力抵抗的。在进出口关税系统下，一个运输者的存储能力被分为两部分：第一部分是指将气从节点到一个虚拟平衡枢纽的运输能力，被称为进口储存能力；而第二部分是指从一个虚拟平衡枢纽到出口的储存能力，被称为出口储存能力。这一进出口体系是建立一个流动并具有竞争性的天然气市场的重要前提条件。当德国政府非常不愿意行动的时候，欧盟委员会竞争总司起到了关键的作用。

在德国公司在和欧盟委员会竞争总司的和解中，另外一个值得关注的方面是互联网和在线服务所扮演的日益重要的角色。在 2001 年，第一个达成和解的公司蒂森燃气提供了在线平衡和在线地图。到 2003 年，第二个达成和解的公司 BEB 引入了免费在线平衡和在线电子公告牌，同时在线发布可用运力。同时，BEB 还引入进出口关税体系，这也使得次年引入第一个场外交易系统成为可能，而这些如果缺乏高级运算能力和信息技术能力是不可能实现的。在德国天然气行业中出现竞争是一个政治现象，也是一个技术现象。

---

❶ 技术细节和详细的谈话过程见Lohmann，*The German Path to Natural Gas Liberalization*，chapters 3 and 4. 正如洛曼（Lohmann）指出的那样，不仅监管制度的内容受到威胁，而且还有意识形态的组成部分。代表工业和工业消费者的德国协会原则上反对政府干预。因此，很明显在无法达成妥协之后，他们坚持谈判。相反，在电力部门进行监管工作的当地分销商和市政当局原则上没有这种反对意见。Heiko Lohmann，*The German Gas Market Post 2005：Development of Real Com- petition*，Report NG-33（Oxford：Oxford Institute for Energy Studies，2009），pp.31 and 33.

❷ 但是洛曼观察到，没有正式的协议并不能阻止第三方准入在实际中发生（同上，p.34-38.）。它发生"并不是因为体系是透明且具有清晰显而易见的规则，而是一小部分人和公司获得竞争力以管理解决自身的运输问题"。尽管如此，他也认为这远不是个成功的事情。Heiko Lohmann，*The German Gas Market Post 2005：Development of Real Com- petition*，Report NG-33（Oxford：Oxford Institute for Energy Studies，2009），中的结论部分，p.47-48。

在 2003 年，欧盟委员会采纳了第二条天然气和电力指令并推翻了第一条指令，强制引入管制下的准入。一直采取消极姿态的德国经济部积极介入。❶德国管网的运营者拼命抵抗新的管网模式，并成功地将其付诸实施延后了三年。洛曼在总结 2006 年的情况时说：

> 消费者和承运商既无法取得重大的改善，同时也没法达成管网准入的目标。整个体系仍旧缺乏透明并为准入制造壁垒……运输合同的数量仍然很低，同时也没有具有流动性的场外交易系统。改进主要是由公司和布鲁塞尔的竞争总司和公司之间勾兑的个案所推动。❷

所有的问题归根结蒂就是一个说起来有点技术性但是对建立真正的市场又非常重要的概念：流动性。如果要能体现传达供需关系中稀缺性的信号的作用，市场中必须有足够多的交易者，而且进行基于实时信息的交易，这也就是说没有单一的交易者或者群体可以操纵市场。高水平的透明度和活跃程度就叫作流动性。一个典型的具有流动性的市场就是原油市场，在这样的市场中有很多通过即时信息相互连接在一起的交易者。

对于流动性的争论也是文化冲突的核心。在一个现货贸易市场的形式上，欧洲第一个流动性的天然气市场诞生在 20 世纪 90 年代的英国。市场参与者和交易数量的不断攀升，使得英国的天然气市场具备流动性。伦敦金融城在其中是一个主要的推手，因为银行积极支持这样的平台。更大的流动性也创造了更多的市场信心，而这样反过来又成就了更大的流动性。到2000年的时候，英国市场的流动性已经达到置信级别。❸

但是，由于受到一些上面谈过的特质的影响，德国的天然气市场在 21 世

---

❶ Heiko Lohmann, *The German Gas Market Post 2005：Development of Real Com- petition*，Report NG-33（Oxford：Oxford Institute for Energy Studies，2009），p.32.该部会在历史中频繁更换名称，本书中作者称其为德国经济部，以求简便。

❷ Heiko Lohmann, *The German Gas Market Post 2005：Development of Real Com- petition*，Report NG-33（Oxford：Oxford Institute for Energy Studies，2009），p.47。

❸ 流动性的技术度量是所谓的流失率，即市场中金融交易与基础实物交易的比率。流失率约为15的市场被认为是可靠的流动性。此问题的背景，见Simon Blakey，"The Appeal for Liquidity in German Gas Markets"（IHS Markit White Paper，July 2004），esp. pp. 11-12。

纪初完全走在流动性的对立面。结果是，天然气价格无法体现其经济功能。没有一个流动的市场和透明的贸易体系，买卖双方都无法估算价格、评估和规避风险。德国天然气行业一直对标原油价格给天然气定价。为了能让天然气有地方放，德国的市场参与者也需要和买家建立双边关系。这样的话没有真正的天然气市场。

为长期合同而战

接下来的斗争是关于合同的。直到 20 世纪末，典型的天然气进口合同的期限都在 20 ~ 25 年。❶ 买方在需求方的合同中同时购买天然气和管输能力，价格自然也同时包含两者，这种价格主要参照所谓的"市场价值"或称"市场承受能力"（Anlegbarkeit）。这种定价机制就是参照最接近的有竞争性的产品定价，而对于天然气定价来说这个参照物往往是取暖用燃料油。❷ 这种长期合同产生的结构强化了在各个层面上这些原本就紧密联系的公司之间的整体模式。同时，这种结构也排斥第三方进来搅局。

从 1998 年到 1999 年，在欧盟委员会压力和一些国内的竞争（主要来自 Wingas）下，局面开始改变。来自传统供应商和分销商的反对力量并不像第三方准入议题那么引人注目，然而它发生在公司的个体层面，特别是在和客户进行价格谈判的时候。供应商和分销商开始提供部分长期合同的解约（一般是 20%），同时还伴随着一些折扣。

但是在 2003 年，几个事件汇聚在一起对更激进的改革提出了要求。这个运动首先是由德国的基层法院推动，因为法律专家认识到长期合同和欧盟的竞争法相违背。第一个感到这种压力的是电力行业，最早从 1999 年开始，基层法院开始推翻长期合同。接下来的几年中，在电力行业的长期合同开始

---

❶ 生产及出口商和进口商之间的长期合同一般会在20 ~ 25年，但是进口商和国内消费者之间的合同则会更短同时期限也更为多样。

❷ 就像第1章解释过的，"市场承受能力"是指天然气的价格不能超过其竞争性的燃料，在实际中则是主要包括燃料油在内的一篮子燃料价格。

消失。天然气的采购者受此鼓舞也开始反抗，一系列诉讼在 2001 年年初浮出水面。德国经济部也加入战局，在 2003 年甚至连鲁尔燃气也开始提供部分解约和折扣，尽管一开始它尝试将几个合同卖给同一买家，也就是所谓的"装订"策略。

主要的拐点在接下来几年来到。德国联邦卡特尔局（Bundeskartellamt）开展了一系列调查，涉及 16 个公司的 750 个供货合同，其中超过四分之三的合同是违背竞争原则的。一开始当局并未诉诸法律而主要以规劝为主，到 2005 年联邦卡特尔局开始为法院起草清晰的指导。"装订"策略被彻底禁止。

毫不意外的是，以鲁尔燃气为代表的大公司开始主张长期合同有助于实现供应安全，这一如俄罗斯天然气工业股份公司几年之后的说辞。它们同时认为，在理论上德国联邦卡特尔局的制度是在侵犯缔约的自由。但是联邦卡特尔局不为所动，在 2006 年禁止了鲁尔燃气的全部长期合同，并在 2008 年生效。之后有着一连串对于长期合同的挑战，到 21 世纪第一个十年后期，整个长期合同的结构已经被决定性地削弱了，除了在进口合同领域斗争还在继续。❶

意昂收购鲁尔燃气

当各种事态都在发展之中的时候，第二个对于既有体系的重大打击发生在 2001—2003 年间。这个事件所产生的深远影响甚至超过了十年前 Wingas 的建立，这就是德国第二大电力公司意昂对鲁尔燃气的恶意收购。这个事件对整个德国的天然气行业产生了重大的影响。洛曼评论："鲁尔燃气是德国天然气大家族的领袖，这个收购产生的结果之一就是这个大家族开始分崩离析。"❷

要想理解意昂收购鲁尔燃气这个德国天然气巨头的动机，人们必须回到

---

❶ 合同期限在大多数情况下都降到两年或者更短。但是，俄罗斯天然气工业股份公司和欧洲买家之间的进口合同则依然保持为长期，现有的俄罗斯天然气工业股份公司和德国之间的合同则会作为一个稳定因素保留下来，直到最后一个合同在2035年到期。

❷ Lohmann, *The German Path to Natural Gas Liberalization*, p. 127.

当初的背景下。意昂当时下了两个赌局。德国政府宣布有意要退出核电促成了第一个赌局。作为在德国拥有五座核电站的企业，[1] 意昂感到在后核电的环境中需要确保其电力供应。可再生能源在当时并不显山露水。因此，天然气看似是一个正确的选项，特别是复合循环燃气锅炉（CCGT）在燃气发电时代的效率上产生革命性的影响。（英国的"燃气热"就是一个令人信服的模式）但是确保天然气供应就十分必要。第二个赌局是有关天然气价格，和油价相挂钩的天然气价格可能上涨（这点被证明是对的）。当时还不存在天然气市场，但是天然气的供应最后也注定是无法回避的问题。因此鲁尔燃气当时是一个具有吸引力的目标，无论是从短期看还是长期看，鲁尔燃气看起来还是控制着长期供应合同。另外，大型企业的收购当时很时髦，因此银行也都愿意提供支持。

在被意昂收购之前，鲁尔燃气在德国天然气工业中占有独特的地位。它甚至感觉上是德国天然气行业经济利益的守护者。但是在被收购之后，鲁尔燃气仅仅是一个上市公司的天然气分公司，而其母公司的主干业务是电力。独立地位的缺失标志着其迅速衰落的开始，而最终这家从前的天然气巨头连品牌都消逝了，这对那些将毕生都献给这家公司的员工来说是非常悲伤的。

这桩收购如此引人注目是因为之前大多数观察家都认为这桩收购不会完成。像其他德国公司一样，鲁尔燃气被一个大燃气行业外各种公司交互持股的紧密网络保护着。意昂用了 18 个月才完成这桩交易，而战斗则在两个战线打响。[2] 第一，在一系列收购和交换中，意昂拆分了鲁尔燃气复杂的股权结构并获得了控股股东的地位［当时意昂的董事长乌尔里希·哈特曼（Ulrich Hartmann）是著名的公司交易操盘手，并且因为这桩收购声名鹊起 [3]］。第二，

---

[1] 这些分别是Brokdorf，Grohnde，Unterweser以及Isar的一号和二号工厂. Unterweser以及Isar一号工厂已经除役。

[2] 对这些收购的细节讨论可见Lohmann，*The German Path to Natural Gas Liberalization*，chapter 7。

[3] 意昂收购BP在鲁尔燃气中股份的关键步骤是一个有趣的例子，这里卖家和买家尽管有着不同的期待但却可以走到一起。对于BP来说，当意昂开始接洽的时候，鲁尔燃气是个没有未来的公司，BP急着出售以换取意昂手中的石油资产。意昂估算当时鲁尔燃气还有十年的垄断红利，这也算是不错的买点。即便如此，意昂还是让德国的观察家们大吃一惊，因此在此前不久，意昂管理层还在招摇其石油资产作为成功多元化战略的关键。关于当时德国商业圈子里对意昂战略的观察和批评，见Frank Dohmen，"Lieber schnell was Neues，"*Der Spiegel*，July 23，2001，https：//m.spiegel.de/spiegel /print/d-19699010.html。

意昂陷入一场司法苦战，对手是由意志坚定的公私股东组成的反对阵营，并且他们希望得到政府的支持。虽然当时政府在这个问题上是分裂的，经济部最终还是有条件地批准了这项收购。即便如此，法庭上的缠斗依旧。但是在2003年1月，意昂和对手达成了庭外和解："在法院管辖计划公布前的一个小时，最后一个上诉被收回了。"❶ 这是一个戏剧性的结局。

回头看，这桩收购的两件事情特别重要。第一，尽管德国工业中存在着股权关系复杂且不透明的问题，但是只要下决心，仍然是可以厘清并实现控制的。在意昂收购的背景下，发生了几桩外部收购的案例。❷ 第二，新自由主义思想开始进入德国政府，特别是经济部。关键时刻是经济部通过特别程序顶住了强大的联邦卡特尔局，给这桩交易一锤定音。❸

洛曼在总结意昂收购鲁尔燃气的时候，说这是"德国天然气工业最有意思的一幕。"❹ 它开启了收购的十年,特别是电力公司收购天然气公司。❺ 而全部的含义可能需要许多年之后才能显现。但是对于俄罗斯人来说有一个立竿

---

❶ Lohmann, *The German Path to Natural Gas Liberalization*，p. 112.庭外和解也被德国媒体关注. 例如见 "Alle neune!," Manager Magazin, January 30, 2003, http：//www.manager-magazin.de / unternehmen/artikel/a-232974.html; and "Der Ruhrgas-Deal ist besiegelt," Manager Magazin, January 31, 2003', http：//www.manager-magazin.de/unternehmen /artikel/a-233079.html. 传闻当时施罗德亲自插手此事，他在最后一刻给芬兰政府打电话，之后主要上诉人Fortum撤回了诉讼。见 "Der Kanzler half," *Der Spiegel*, February 10, 2003, http：//www.spiegel.de/spiegel/print/d -26329180.html。

❷ 相关描述见Lohmann, *The German Path to Natural Gas Liberalization*，chapter 7。

❸ 见Frank Dohmen and Christian Reiermann, "Ganz, ganz schwierige Kiste," *Der Spiegel*, July 1, 2002，https：//www.spiegel.de/spiegel/print/d-23011339.html. 当时有人说，经济部的友善的决定是施罗德忠实盟友的政治支持的结果，施罗德通过所谓的部长决定批准了合并，绕过了正常程序。德国媒体上的文章也强烈暗示，施罗德支持合并的决定受到了他过去与能源行业的联系的强烈影响。见Cerstin Gammelin, "Die Erdgas-Connection," *Die Zeit*, December 15, 2005, https：//www.zeit. de/2005/51/Erdgas。

❹ Lohmann, *The German Path to Natural Gas Liberalization*, p. 109。

❺ 其中一个收购是东德的VNG公司。在一系列难以描述的复杂过程后，在2008年，VNG成了两家西德天然气设施EWE和EnBW的合资资产。这不是一桩愉快的"婚姻"，在当年有传言说VNG可能是俄罗斯天然气工业股份公司的收购对象。见Peter Dinkloh, "German VNG May Be Gazprom's First EU Takeover," Reuters, June 20, 2008, https：//www.reuters.com/article/us-gazprom-germany / german-vng-may-be-gazproms- rst-eu-takeover-idUSL2059012120080620.但是俄罗斯天然气工业股份公司并没有展现出兴趣。经过更多的冒险之后，EWE将其权益出售给了EnBW，从而使EnBW拥有VNG 75％的份额，保持至今。

见影的结果：现在是他们掌握着欧洲最大的燃气和电力设施，而不再是鲁尔燃气。

突破：建立独立管网监管

在 2005 年，德国天然气行业的市场自由化迎来了突破，这就是建立了独立的管网监管机构——联邦管网局（Bundersnetzagentur，BNA）。长久以来，德国商界和历任政府都对建立这样的能源监管机构持反对态度。但是到了2003 年，来自欧盟委员会的压力骤增，加上普遍认为谈判而来的关税协议并没有降低天然气的价格，这些都让德国的领导层转换政策并接受新的监管原则。最终是联邦和各州之间的妥协使之成为可能，而各州一直反对建立这样的监管机构，因为这样会弱化它们的权威。在 2005 年，双方同意拆分这样的任务：各州在本地层面实施监管（特别是那些城市公共设施），联邦政府则处理跨地区层面的监管。❶

但是德国根本转变的最显著特征是将联邦管网局建立成一个独立机构。独立机构在德国行政体系中并不常见。虽然联邦管网局在形式上受经济部管辖，它的判决是由其准司法机关的管辖庭做出，不能被政治权威推翻。它有很强的法律强制性（能源工业法），同时由于它的决策都是通过公开程序进行，因此它的独立地位也得到了增强。❷

然而到最后联邦管网局的角色并不取决于它在形式上的地位，而是其中的人和这些人所带来的想法。在这方面，联邦管网局变成了一个强有力的机构，它克服了公用事业设施和它们的联合会的阻挠，将新自由主义理念转化为德国的政策实践当中。在之前的十年中，当新的市场化和自由化学说逐步占据德国学术圈并和老旧的"秩序自由主义"教义相竞争，新一代的经济学家强烈地受到欧洲其他地方，特别是英国同行的影响。在经济和能源部中，中层

❶ Eva Ruffing, "How to Become an Independent Agency: The Creation of the German Federal Network Agency," *German Politics* 23, nos. 1-2 (2014)：43-58.

❷ Ruffing, "How to Become an Independent Agency," p.43.

官员已经接触到在欧洲其他地方的思维，如马德里论坛。他们已经敏锐地意识到，由于缺乏监管机构，德国已经被排除在讨论监管议题的圈子之外。在经济和能源部，政治层面和技术层面仍然存在分歧，前者反对监管而后者越来越对德国不合作的姿态感到不耐烦。

因此，联邦管网局的建立为这些人和思想提供了一个机会，让他们可以到能够实现影响力并做出改变的位置上去。联邦管网局第一任局长马蒂亚斯·库尔特（Matthias Kurth）代表了这种延续性。他是一名富有经验的法官，同时也作为社会民主党政治家长期在黑森州担任议员，从 2000 年开始他领导联邦管网局的前身，这个机构同样监管邮政和电信行业。但事实上，他代表了最强的变革之声。邮政和电信一直是德国在自由化和私有化方面走在前列的两个部门。❶库尔特曾经在一家私人电信公司担任高管，他将这方面丰富的经验带到了监管天然气和电力的新岗位上。几年间，他为建立一个更大的监管网络而发起声势浩大的公共运动，呼吁对公用事业设施实施更强的监管。❷2005 年后，他很愿意把自己比喻成为挑战歌利亚的大卫，为了公众利益挑战既得利益的电力和天然气公司。❸

库尔特得到了由经验丰富的经济学家和政府公务员组成的团队的支持，他们都认为改革早就应该开始了。他在联邦管网局的副手马丁·克罗恩伯格（Martin Cronenberg）来自经济部，领导起草了 1998 年第一部能源法。❹克劳斯·彼得·舒尔茨（Klaus–Peter Schultz）曾经在联邦卡特尔局担任类似的职位，在那之前也为经济部工作，他领导了管网准入的工作并且也帮助起草了第一部能源法。❺最后，联邦管网局主席库尔特·施密特（Kurt Schmidt）曾

---

❶ 对于电子通信和电力行业自由化的对比，见Peter Humphreys and Stephen Padgett，"Globalization，the European Union，and Domestic Governance in Telecoms and Electricity，" *Governance* 19，no. 3（July 2006）：383-406。

❷ Lohmann, *The German Gas Market Post 2005*, p. 6.

❸ 例如，见Karsten Langer，"Die Davids müssen kämpfen，" *Der Spiegel*，February 19，2006，http://www.spiegel.de/netzwelt/web/bundesnetzagentur-chef-kurth-die-davids-muessen-kaempfen-a-401553.html。

❹ Lohmann, *The German Gas Market Post 2005*.

❺ Lohmann, *The German Gas Market Post 2005*.

经否决该行业关于限制第三方准入的保护性建议，这一决定被称为"改变德国天然气世界"，他在到联邦管网局前也曾经在经济部任职，所负责的行业是电信业。[1] 简单说，这四位联邦管网局的领军人物在对抗天然气行业中起到了关键的作用，他们都是真刀真枪干过的，能给这个扩大的机构带来信念和经验，同样也有挫败的十年。在他们看来，他们的时机来了。

因此，到 2009 年的时候，洛曼在后续研究中颇有些吃惊地写到，"竞争实际上已经开始了"。[2] 长期在鲁尔燃气任职的领导布尔克哈德·伯格曼在他 2008 年 2 月的退休演讲中评价这是"德国天然气市场在竞争上革命性的变化"。[3] 他的退休也标志着一个时代的结束。

接下来十年发生的事情是令人震撼的，看起来亘古不变的德国"天然气俱乐部"整个乱了套。曾经被束缚在天然气行业三级结构（跨地区进口商、地区运输商和市政分销商）上的关联所有制和协议都消失了，而这些曾经都被看作是德国莱茵资本主义缩影。

这些转型对欧洲的国际贸易产生了直接的影响，在 2008—2009 年的经济衰退背景下，欧洲突然出现了天然气过剩，这进一步推动了国际贸易的发展。美国的页岩革命使那些本将流向美国的液化天然气流向欧洲，而欧洲低迷的需求让这些液化天然气流向新兴的现货市场。像意昂、鲁尔燃气和 VNG 这样的传统进口公司发现自己陷入困境。在上游，它们被那种昂贵的、和油价绑定并且带有最低"照付不议"条款的长期合同困住。由于在它们之下的二级分销商可以在交易所出售部分长期合同的天然气，而它们的客户可以越来越自由地在现货市场购买便宜得多的天然气，因此，它们不得不做出重大调整。

---

[1] Stefan Lennardt, *Strategische Kommunikatsion in regulierten Märkten*（Münster, Germany：Litverlag Dr. W. Hopf, 2009）, pp. 77-78. 施密特在接受管网准入的案子的时候已经接近退休年龄，因此这也是他最后一个案子。他亲身经历了行业协会的长期反对，并抱怨他们对媒体监管机构的人身攻击。

[2] Lohmann, *The German Gas Market Post 2005*.

[3] Lohmann, *The German Gas Market Post 2005*. p.3n3. 到2007年，这已成为伯格曼公开演讲的主题。例如"鲁尔燃气首席执行官伯克哈德·伯格曼昨日在公司年度新闻发布会上说：'我们目前看到我们业务的一场真正的革命，我们希望促进德国天然气市场的竞争。'"（詹姆斯·鲍尔（James Ball）, "E.ON Ruhrgas Predicts Revolution in Business Model," *Gas Matters*, May 2007）. 关于伯格曼的背景，见詹姆斯·鲍尔, "The Bergmann Era Draws to a Close," *Gas Matters*, October 2007。

这些进口商在无以为继的财务压力下，开始叫嚷着要改变合同。随后出现了一波仲裁案，这些仲裁案使得进口商可以和俄罗斯天然气工业股份公司谈一个更低的价格，这些会在第 10 章讲到。

这对那些老牌天然气公司来说是很悲伤的。在天然气买卖中浸淫了一辈子，这些老牌公司已经习惯了那种世界，在其中像鲁尔燃气那样大型跨地区进口商称王称霸，客户低眉顺眼。但是在马德里论坛上，伯格曼在和一位大客户的谈话中，感到了权力关系的巨大转变。据说事情是这样的：

> 就在伯格曼像往常一样雄辩而流利地解释着德国建立行业方式的优点的时候，他突然被一位客户打断了，"伯格曼先生，您说什么都可以。但问题的是您正在夸夸其谈，而我是您的客户，您的位置应该是在倾听。"突然这个世界好像乾坤颠倒。一向刚强的伯格曼据说脸红了。❶

但是天然气行业并不是个案。在同时期，包括天然气、电力、核能、煤炭和可再生能源在内的整个德国能源部门都在巨变当中。老牌公司要么消失，要么被兼并，曾经如雷贯耳的企业都游走在破产的边缘。当有关能源的获取、运输和销售的规则和结果都发生无法想象的变化的时候，能源政策变得不可预知。曾经年复一年暮鼓晨钟般古板的德国能源部门突然被搅进一场全国的试验。

到 21 世纪第一个十年末期，德国攻坚战以自由化取得了绝对的胜利告终。而这个胜利是在许多因素共同作用下完成的，这些因素包括欧盟委员会的压力、德国法院的行动、监管机构的干预、企业的并购和新思想在德国各部委和公用事业内部的传播。

当回顾过去十年或更久远的时候，一个令人惊奇的事实是德国天然气市场自由化的攻坚战完成得如此之快，以至于很快就变成了貌似久远的历史。故事的高潮也就是它的结局，新自由秩序的胜利如摧枯拉朽般击溃了传统势力的抵抗，尽管这一切都还刚刚发生，但看起来颇有些奇怪的年代感。能给出的解释应该说是因为胜利实现得如此彻底，为开放的天然气市场的战争突

---

❶ 和西蒙·布雷基的私人通信，他见证了这次谈话。

然由于缺乏对手而结束了，只留下了自由主义者在战场上支配战局。

但是德国天然气市场也不太平，争论的战线转移到三个方向。第一，自由化的战斗继续向东，转战到东欧、波罗的海地区和乌克兰。第二，在德国现在争论的焦点是环境，焦点不再是竞争而低碳。第三，安全重新成为问题，乌克兰的乱局重新勾起地缘政治的紧张。❶

无论是对俄罗斯人、俄德关系还是俄欧天然气桥的通畅，以上每一个问题都有着重大含义。就像我们在第 7 章中看到的，在德国攻坚战中俄罗斯人是消极的旁观者，也没有直接感受过欧盟委员会的强硬姿态。但是随着 2004 年东欧国家加入欧盟，欧盟委员会 2007 年对天然气的行业审查、2008 年的第三个一揽子计划和 2009 年乌克兰和欧洲天然气断供都改变了这一切。从 2010 年起，俄罗斯天然气工业股份公司和俄罗斯在监管和安全上两线作战。这些事态发展，加上 2008—2009 年金融危机导致天然气需求下降，导致俄德天然气贸易在数十年后出现严重紧张状况。正如我们将要看到的，在德国和欧洲发生的变化让莫斯科感到警觉、难以理解和敌意。由于没有参与过德国内部关于天然气政策的讨论，甚至也很少关注过它们，俄罗斯人因此对这些变化感到吃惊，特别是 2005 年默克尔领导的大联盟政府成立不久之后。

具有讽刺意味的是，施罗德执政年代（1998—2005 年）一方面标志着俄德友好关系的高峰，这一时期俄德关系在贸易和投资上双丰收，这种关系似乎也要促成俄欧之间的美好时代（见 11 章）。但是另一方面，在这期间在天然气行业中发生的潜移默化但是根本性的变化即将很快动摇整个关系，而这又是俄罗斯人看不到的。在 21 世纪第一个十年结束的时候发生的两件点燃导火索的大事，2008 年欧盟通过了第三个能源一揽子方案，2011 年欧盟委员会竞争总司开始调查俄罗斯天然气工业股份公司（见第 12 章和第 13 章）。

---

❶ 这是来自德国国际与安全事务研究所柯尔斯滕·韦斯特法尔（Kirsten Westphal）的论题。她的主要观点是欧洲和德国的制度和管制政策随着能源变革的变化，已经在安全考量之上。她认为这一结果是德国天然气政策失去了平衡，未来可能造成脆弱的来源。本书同意其大部分观点，但对最后一点存疑，这主要在第12章围绕俄德关系展开。见柯尔斯滕·韦斯特法尔，"Institutional Change in European Natural Gas Markets and Implications for Energy Security: Lessons from the German Case," *Energy Policy* 74 （2014）：35-43。

第 9 章

俄罗斯天然气工业股份公司
的存活与逃脱

列昂尼德·勃列日涅夫发起天然气战役时，他几乎没有想到他在为一个资本主义俄罗斯的未来做好准备。但这就是事情发展的结果。勃列日涅夫的天然气政策对于保持俄罗斯城市在 20 世纪 90 年代最黑暗的日子里，采暖和照明以及工业发展至关重要。❶ 当时的天然气是俄罗斯虚拟经济的主要引擎。如果没有勃列日涅夫的遗赠，俄罗斯遭受的磨难会比苏联解体的实际冲击更为严重。天然气是使俄罗斯经济得以度过痛苦转型的救命燃料。❷

俄罗斯以世界最大（也是最年轻）的天然气工业进入 20 世纪 90 年代。这是一份独特的遗产：占全球储备的 40%，西西伯利亚的三个超级气田供应 80% 以上的俄罗斯国内和出口需求，以及一个独一无二的由世界上 20 条最大口径管道构建的输气网络。在苏联经济的最后十年中，天然气发挥了关键作用。在苏联解体后的第一个十年，随着其他能源的步履蹒跚，其作用就更加凸显。

---

❶ Clifford Gaddy and Barry Ickes, "Russia's Virtual Economy," *Foreign Affairs* 77 (1998) : 53-67.

❷ Thane Gustafson, Vadim Eskin, and Aleksandr Rudkevich, *Gazprom's Dilemma: Too Much Gas or Too Little?* (IHS Markit Private Report, June 1993) .

1990 年天然气占俄罗斯一次能源消费总量的 42%，2000 年增至 53% 左右（表 9.1）。1990 年，国内消费量占俄罗斯天然气产量的 74%，而在 2000 年，这一份额为 69%。简而言之，苏联解体后第一个十年的最大故事是俄罗斯变得越来越以天然气为燃料，❶ 还有它的巨型天然气公司——俄罗斯天然气工业股份公司因出口而成为俄罗斯最富有、最强大的公司。

表 9.1　按燃料和天然气份额计算的俄罗斯一次能源消费（1990—2018 年）

单位：百万公吨油当量

年　份	1990	1995	2000	2005	2010	2015	2018
天然气	384.7	334.1	330.3	354.0	383.1	362.8	390.6
原油和石油产品	267.0	147.5	122.3	121.8	127.8	119.7	144.6
煤炭	185.9	120.6	111.5	114.8	107.9	114.5	119.2
主电力	63.2	45.4	48.8	51.7	49.7	52.4	55.1
其他（泥炭、木材等）	14.2	7.2	4.8	3.9	3.2	3.0	3.0
合计	915.0	654.8	617.7	646.3	671.7	652.4	712.6
天然气份额	42.0%	51.0%	53.5%	54.8%	57.0%	55.6%	54.8%

数据来源：埃信华迈。

注：由于四舍五入，数字加总可能不等于总和。该表显示明显消费（产量减去净出口）。

　　但是，我们这里要讲述的是俄罗斯天然气故事诸多谜团中的第一个。在苏联体制崩溃和紧随其后对各共和国资产的争夺战中，天然气工业当然是最大的战利品。20 世纪 90 年代上半叶，石油工业被瓦解并被疯狂的官僚企业家、一夜暴富的金融大亨、当地政客和黑帮迅速私有化，但天然气行业没有遭遇此劫。❷ 它从未支离破碎，甚至从未被完全私有化。这是为什么？

　　这里有两个原因。根本的原因是，与石油相比，天然气本质上是一个更加集中的行业。但是，仅仅是这一原因未必能在 1991—1992 年苏联解体和其

---

❶ 更准确地说，尽管天然气在人烟稀少的俄罗斯东部三分之二地区（俄罗斯天然气工业股份公司的管道系统无法到达）仅扮演很小的角色，但该国西部三分之一（该国大部分人口和财富都集中在此）依靠天然气。

❷ Thane Gustafson，*Wheel of Fortune：The Battle for Oil and Power in Russia*（Cambridge MA：Harvard University Press，2012）.

资产被掠夺的氛围中保全整个天然气行业。第二个原因是在旧体制已经崩溃而新体制尚未形成的短暂而又重要的几个月内一些关键人物发挥的作用。实际上，最重要的是两个人。一个是伊戈尔·盖达尔（Yegor Gaidar），他领导了俄罗斯向市场经济的激进转型。另一个是天然气工业部部长维克多·切尔诺梅尔金，他成为俄罗斯天然气工业股份公司的第一任掌门人，后来成为俄罗斯联邦政府总理。在这二人之后，为解释俄罗斯天然气工业股份公司的部分私有化，我们将介绍第三个关键人物，20 世纪 90 年代俄罗斯私有化之父阿纳托利·丘拜斯。

为什么天然气是不同的？

天然气不同于石油。与石油不同，天然气生产相对容易，但运输困难而且昂贵。除非存在消费天然气的现有分配系统，否则天然气是不值钱的。20世纪初，天然气被视为石油的有害副产品，是只能被烧掉或者被再次注入地下的一种麻烦物质，而且气田往往是人们避之不及或随意丢弃的对象。只有建成大型管道将天然气带入主要市场，天然气才开始获得它的价值而被开发。在将天然气变为液态形式（液化天然气）的技术开始出现之前，天然气是完全依赖管道运输的。即使是现在，天然气的经济和政治仍主要是围绕管道运输和分配展开——尽管随着液化天然气在全球天然气市场上的份额不断增加，这种情况正在迅速改变。

天然气管道如同一条脐带，将生产者和消费者紧密地联系在一起。一旦铺设到位，天然气管道将无法被移动来寻找更好的市场，而且建立与之平行的竞争性管道也没有意义。因此，天然气管道系统与铁路和电网一样，属于自然垄断的典型例子。

苏联计划者从未遇到过他们不喜欢的一种垄断，无论是自然垄断还是其他形式的垄断。在苏联，天然气市场及其管制的传统问题从未存在过。20世纪 70 年代和 80 年代建成的大批管道，并没有像西方那样分成和细分为供给居民和小型商业的无数低压管道，而是直接进入大型工厂和发电厂，这些工厂每年都会获得天然气输送配额，以满足其指定的产量计划。在长期处于供应紧张状态的苏联体系中，没有人担心过天然气的销售，至少管理天然气行业的所有工程师都是如此。他们的工作是生产和运输天然气；它在管道终端变成什么样，这不是他们关心的问题。计划者唯一需要考虑营销他们的产品，是在他们出口天然气的时候。然而，与苏联体制下的所有对外贸易一样，天然气出口也是由外贸部的专业外贸人员处理。他们通过与欧洲主要天然气公司的长期合同出售天然气，后者负责进行实际营销。

这些关于天然气的基本事实，以及天然气在苏联体制中成长为天然气部门的完全不同的方式，非常有助于解释，随着苏联体系开始解体，天然气在1989年至1991年不断加剧的混乱中为何与石油走上了不同路径。俄罗斯石油生产商和贸易商很快就找到运输石油的方式，通过公路、铁路和油轮等方式将石油运到俄罗斯边境，然后进入具有众多现成买家的发达全球市场。正如俄罗斯主要改革者丘拜斯所言，"您几乎可以将油倒到桶里，把它带离油田并卖掉。"[1] 但是天然气生产商没有这样的出口渠道，他们受制于管道系统的垄断控制。即使成功地将天然气运至边境，他们将会发现，在现有的长期合同框架之外，他们无法向任何其他人出售天然气，因为即使在那时的十年之后，欧洲也还没有出现天然气现货市场。因而，从一开始，迅速瓦解苏联石油工业的贪婪力量，在天然气方面却受到了阻碍。

但这并不意味着不可能进行市场改革。许多事情可能发生。干线管道系统可能已经变成对所有生产者开放的一个共同载体（就像石油工业一样）。当向管道系统输入天然气时，生产者本可以保留其对天然气的所有权（如石油生产商一样）。代表所有生产者行事的单一天然气贸易代理本可以根据现有长期出口合同出口天然气。在国内市场，生产者本可以在管道另一端找到自己的买主，以公开市场设定的价格买入。

所有这些事情本可以与改革者的激进市场原则保持一致，这些改革者在

---

[1] 引自 Valerii Paniushkin，Mikhail Zygar'，and Irina Reznik，*Gazprom：Novoe russkoe oruzhie*（Moscow："Zakharov，" 2008），p. 21。

1991 年年末和 1992 年年初发动了所谓的俄罗斯休克疗法。确实，我们将会看到，这些问题被讨论过。但是它们没有发生。为什么没有？刚被提出的一个原因是天然气系统的结构性特征。另一个是切尔诺梅尔金。

俄罗斯天然气工业股份公司之父维克多·切尔诺梅尔金

切尔诺梅尔金是俄罗斯天然气工业股份公司得以创建和生存的关键。20年来，他一直是俄罗斯天然气工业的推动力，作为高级共产党官员，随后担任天然气工业部部长。1989 年，他成立了国营公司苏联天然气工业部（现俄罗斯天然气工业股份公司），一直经营到 1992 年［当时鲍里斯·叶利钦（Boris Yeltsin）任命他为副总理，1992 年年底担任部长］。切尔诺梅尔金担任总理直到 1998 年，他保护着俄罗斯天然气工业股份公司免受众多敌人的侵害。只有在 2000 年之后，当弗拉基米尔·普京派遣他前往基辅担任俄罗斯驻乌克兰大使时——实际上，这是名誉式流放，在那里他任职十年——切尔诺梅尔金对天然气和俄罗斯天然气工业股份公司的影响才最终结束，权力转移到新人手上。

切尔诺梅尔金于 1938 年出生在奥伦堡的一个村庄，奥伦堡是位于俄罗斯与哈萨克斯坦边境附近的一个农村州。他最初在奥尔斯克（Orsk）的一家地方炼油厂工作，然后在该市党委工作，随后被分配到天然气行业。1978 年，切尔诺梅尔金时来运转，开启了辉煌的职业生涯。他被调动至莫斯科，在苏联共产党中央委员会机关工作。这是苏联体制的实权部门，支持该国最高领导层——中央政治局及其最高领导总书记——的政策性工作机构。突然，切尔诺梅尔金进入了快车道。他那朴实的头衔——重工业指导员（instructors）——丝毫没有显示出这项工作的重要性。实际上，在勃列日涅夫将天然气列为苏联体制中国内事务的最优先发展方向时，切尔诺梅尔金成了天然气部门幕后的主要监督者。中央委员会指导员通常会升任他们所监管行业的最高职位。1982 年，切尔诺梅尔金被任命为天然气工业部副部长，三年后升任部长。

因此，当 20 世纪 80 年代下半叶米哈伊尔·戈尔巴乔夫制定其改革政策时，切尔诺梅尔金在快速发展的天然气行业中确立了自己的领导地位。这些年里，天然气成为苏联能源供应中最重要的燃料以及苏联经济不可或缺的支柱。像其他苏联高级管理者一样，切尔诺梅尔金越来越担心地看着戈尔巴乔夫修补现有体制。1987 年通过的《社会主义企业法》对切尔诺梅尔金这类人群的震撼如同敲响了丧钟，戈尔巴乔夫寻求授权地方管理者并让他们竞选职位。他后来回忆说："当他们开始选举企业经理时，我明白我们百分之百会完蛋。随着工厂经理的第一波选举完成，最好的领导人被取代，民粹分子接管了企业。"❶切尔诺梅尔金开始采取措施保护他的行业不受改革者的影响："我们必须建立这样一个系统，即使一个傻瓜来了，他也无法摧毁它。"❷

"切尔诺梅尔金不是傻瓜。"盖达尔回忆说："他意识到旧的部委体制正在崩溃……高压一旦消失，就无法通过旧的'指令方法'进行管理。切尔诺梅尔金看到，为了保护天然气行业，必须依靠自利、而不是高压让人们工作。"❸切尔诺梅尔金开始派人前往意大利和德国寻找西方管理模式。意大利能源巨头埃尼集团对他尤其具有吸引力，该集团结合了国家所有权和私人企业家精神。他制定了一个计划，将天然气工业部转变为埃尼模式的半自治型国家公司，并在大力游说之后，设法说服了苏联部长会议批准了该计划。❹

1989 年，苏联天然气工业部向国家康采恩转变，在当时看来这只是一个招牌的更换，但是两年后，它产生了第一个影响深远的结果。1991 年 8 月政变未遂后，部长会议因同情紧急状态委员会而被解散。但是切尔诺梅尔金不再担任部长。作为俄罗斯天然气工业股份公司国家公司主席，切尔诺梅尔金

---

❶ 引自 Valerii Paniushkin, Mikhail Zygar', and Irina Reznik, *Gazprom*: *Novoe russkoe oruzhie*（Moscow："Zakharov,"2008），p. 11。

❷ 引自 Valerii Paniushkin, Mikhail Zygar', and Irina Reznik, *Gazprom*: *Novoe russkoe oruzhie*（Moscow："Zakharov,"2008），p. 17。

❸ 引自 Valerii Paniushkin, Mikhail Zygar', and Irina Reznik, *Gazprom*: *Novoe russkoe oruzhie*（Moscow："Zakharov,"2008）。

❹ 帕纽什金（Paniushkin）、季卡瑞斯（Zygar's）和瑞兹尼克（Reznik）详细介绍了切尔诺梅尔金总理克服尼古拉·雷日科夫（Nikolai Ryzhkov）抵抗的方式（ibid., pp. 17-19）。列姆·维亚希列夫证实了这个情节："他不明白我们要干什么——你有一个部委，他说，而你想建立某个集体农场。最后，他放弃了，说道：'见鬼去吧。想做什么就做什么。'"。（引自 Irina Malkova and Valerii Igumenov,"Poslednee interv'iu Rema Viakhireva："Putin kogda uslyshal, chto ia ukhozhu, tak obradovalsia,'"*Forbes Russia*, September 11, 2012, http://www.forbes.ru/sobytiya/lyudi/116511-eksklyuzivnoe-intervyu-rema-vyahireva-putin-kogda-uslyshal-chto-ya-uhozhu-tak-。）

毫发未损。

对俄罗斯天然气工业股份公司的威胁

1991年秋天和1992年年初，俄罗斯在混乱的边缘上摇摇欲坠。1991年8月政变未遂后，共产党总书记戈尔巴乔夫被边缘化，这位大权旁落的人物越来越看起来像一个时代错误。在各方的攻击下，苏联政府大厦将倾。与此同时，戈尔巴乔夫的主要竞争对手叶利钦将俄罗斯联邦政府——直到那时，苏联联邦制的虚拟结构只剩下一片无花果叶——变成了一支敌对的政治力量，等待掌权的影子政府。俄罗斯联邦政府现已成为莫斯科的主导力量。到1991年年底，苏联政府已经不复存在，而俄罗斯联邦作为其成功继任者在莫斯科独自伫立。❶

在接下来的几个月中，俄罗斯政府被掌握在市场激进分子的手中，其中大多数人以前从未担任过领导职务。实际上，他们当中的少数人甚至在执政方面没有任何经验。他们自诩为"神风敢死队"，对长期掌权的期望不高。但是他们决心利用短暂的转折（即他们的历史时刻）摧毁苏联体制的基础，并阻止其再次复辟。

这些市场激进分子的典型特征是——通常被称为"偶然的人"——他们像气泡一样升到顶部，然后在短短几个月内突然消失。瓦列里·切尔诺戈罗德斯基（Valerii Chernogorodskii），一个在军工综合体长期任低级官员的人，突然发现自己在新的俄罗斯政府中被提拔为新成立的反垄断委员会（AMC）领导，其使命是鼓励即将创建的新私营部门内的竞争。❷ 切尔诺戈罗德斯基将

---

❶ 参见Michael McFaul，*Russia's Unfinished Revolution：Political Change from Gorbachev to Putin*（Ithaca，NY：Cornell University Press，2001）。

❷ 在仪器制造部（军工联合体的9个部委之一）从事20年的温和职业生涯之后，到20世纪80年代末，切尔诺戈罗德斯基被选为部长委员会的工作人员。但在1990年10月，他进入刚刚组建的俄罗斯政府，在叶利钦领导下开始挑战戈尔巴乔夫领导下的苏联政府。切尔诺戈罗德斯基接管了新成立的反垄断委员会。在1991年8月的政变未遂和随后的政府重组之后切尔诺戈罗德斯基将反垄断委员会变成进行市场改革的激进声音。然而，当切尔诺梅尔金在1992年6月底就任总理之后，切尔诺戈罗德斯基显然已落在其后。他于1992年7月被委员会解雇。从那时起，他在私营部门工作，特别是担任Optimum-Finans的负责人。他于2002年10月去世，享年62岁。

拆解苏联天然气工业部作为他的个人使命。在他看来，苏联天然气工业部是苏联邪恶的化身。对于激进的改革者来说，一个处于共产党总书记监督下的无所不能的垄断巨头，是危险信号。1992年3月，反垄断委员会迎来了它的辉煌时刻，它阻止了苏联天然气工业部注册为股份公司。反垄断委员会反对天然气行业资产被移交给一个单一垄断者。❶ 该委员会的主要反对意见是该过程是自上而下的，而不是自下而上的，并且苏联天然气工业部雇员在新结构中被排除在股权之外。因此，该委员会指控它是"官僚私有化"的典型案例。

激进改革的另一个温床，是一种与众不同的类型——国有资产委员会。解体苏联天然气工业部的计划在1992年年初在莫斯科盛传，可能是该委员会及其西方顾问的一项工作，它与英国的同类计划极为相似。在英国，天然气行业的长期丰碑英国天然气公司（British Gas）刚刚不久前被分解为单独的天然气生产商、运输商和营销商，而且创建了一个竞争激烈的天然气市场。❷ 俄罗斯改革者计划把苏联天然气工业部转变为控股公司，将单独生产者变为独立的股份制法人实体，隶属于燃料和电力部的单一国有控股公司，将管道系统变为一个公用事业，并通过诸如透明的天然气拍卖方式鼓励气对气（gas-on-gas）的竞争。❸

但是，尽管市场激进分子占据了前台，但在后台，苏联官僚机构的残余却寻求一种截然不同的议程。八月政变失败后，苏联天然气工业部已移交至新成立的俄罗斯燃料和电力部的管辖范围，当时后者已经由改革者接管。对于切尔诺梅尔金而言，这是一个非常危险的情况，可能使自己受到他们的掌控。早在1991年10月，政变失败后的几个星期，他与第一任副总理奥列格·罗波夫（Oleg Lobov）接触，计划将苏联天然气工业部变为一家合资股份公司——

---

❶ "Anti-Monopoly Committee Slams the Door on Gazprom," *Russian Petroleum Investor*, April 1992, pp. 18ff.

❷ 1992年春，在奉世界银行之命访问俄罗斯期间，我有幸与一位英国天然气公司的前董事一起旅行，他曾在英国天然气行业的最初自由化中发挥了领导作用。即使与俄罗斯天然气工业股份公司官员进行了清晰的会谈之后，他仍不可动摇地坚信自由主义以及俄罗斯天然气工业股份公司将很快走上同样道路。

❸ Elena Chernova and Leonid Skoptsov, "Moroz po kozhe ot reformy v gazovoi otrasli," *Moskovskie Novosti*, no. 6, 1992, p. 4.

由切尔诺梅尔金设计，保留其自上而下的结构和垄断控制。换句话说，除了术语"股份制"之外，什么都不会改变。罗波夫不得不签署必要的法令。❶

在苏联最后那些混乱的日子里，切尔诺梅尔金的举动不仅具有防御性，而且具有攻击性，这揭示了他对苏联天然气工业部更广泛的战略野心。1991年秋天，政变失败后，利用苏联机构向俄罗斯联邦的大规模转移之机，切尔诺梅尔金吃掉了一个令人垂涎的目标，即苏联对外贸易部下属的苏联天然气出口联合。从1991年12月开始，在这个机构（更名为 Gazeksport）的领导下，天然气出口成为苏联天然气工业部不可或缺的一部分。❷ 这被证明是切尔诺梅尔金的一手妙棋，因为在整个20世纪90年代至今，天然气出口一直是俄罗斯天然气工业股份公司的主要收入来源。 由于这段历史的结果，俄罗斯天然气工业出口公司（GazpromExport）（今天众所周知）的历史比俄罗斯天然气工业股份公司本身更长，并且具有独特的企业文化。正如俄罗斯天然气工业出口公司喜欢开的一个玩笑："我们可能是一家子公司，但我们是唯一比母亲大的女儿。"

切尔诺梅尔金的野心不止于此。20多年来，苏联人在德国边境向德国出售天然气，沮丧地看到他们的贸易伙伴——巨大的欧洲天然气运输商获得天然气价值的最大份额，或者他们是这样想的。只要出口一直由对外贸易部掌管，天然气工业部的天然气人士便对此束手无策。但是在1991年，由于切尔诺梅尔金吸收了天然气出口商，他有机会去完成俄罗斯出口商在苏联时代未能做的事情——直接进入德国市场并挑战当地市场的中间人来分享蛋糕。如第8章所述，其结果是 Wingas 合资企业的诞生。

---

❶ 罗波夫是来自斯维尔德洛夫斯克（Sverdlovsk）党机构的叶利钦长期下属。从1991年4月至11月担任第一副总理。尽管与叶利钦有联系，但他对激进改革计划几乎不抱任何同情，在盖达尔任职期间未曾任职。在切尔诺梅尔金总理的领导下重返政府，随后担任安全理事会主席（1993年9月至1996年6月）。在改革者于1997年春重新掌权后，他再次离开政府。随后，他在莫斯科开始了作为房地产开发商的新的成功职业。

❷ Sergei Emel'ianov, "Eksport rossiiskogo gaza：Istoriia, sostoianie, perspektivy，" *Neftegazovaia Vertikal'*, no. 6（2003）. 戈尔巴乔夫早在1988年就开始放松对对外贸易部的外贸垄断控制，而且在1991年实际合并之前，苏联天然气出口联合体很可能已经处于俄罗斯天然气工业股份公司的影响下。

切尔诺梅尔金在创建苏联天然气工业部中的角色，被西方媒体抹黑，把他的所作所为描绘成官僚私有化的最终典范。尽管从某种意义上讲确实如此，但是像切尔诺梅尔金这样的人，动机是复杂的。在 1991 年年末和 1992 年年初的混乱时期，他的第一个想法是保存他一生的事业免遭毁灭。切尔诺梅尔金比任何人做得都多，培育了苏联的天然气工业，作为工程师和经营者，他不仅为此感到自豪，而且还认为他对于保持国家运转具有至关重要的作用。在当时的危机中，他的主要目的是确保苏联天然气工业部保持完整。他坚信天然气工业作为一个完整的整体才能有效地运行。

为了应对改革者的威胁，苏联天然气工业部进行了反击，把将导致天然气行业解体的混乱的惊人图景展现给媒体：

> 从乌连戈伊供应天然气的人，将不得不监控卡卢加州或图拉州的天气条件，以确定是否应提供更多或更少的天然气。16 个管道协会迎合了100000 个营销组织。现在每个天然气生产商将不得不单独谈判合同并处理全部客户。生产商将不得不经营庞大的商业结构。来自不同供应商的天然气，通过同一条管道被抽取，无人能告诉哪个供应商准时交货，哪个将失败。在某个晴朗的天气，一个不满意的供应商或泵站将转身并关闭天然气流。❶

这是一个很有启发性的引述，因为它显示了苏联天然气工业部离了解市场机制如何运作的距离有多远，这是一种建立在枢纽之上并得到现代计算机和信息技术支持的市场机制。但那是毫不奇怪的。欧洲的天然气行业——甚至英国——都处于同样的早期阶段。

苏联天然气工业部的领导人还加强了对公司的内部控制。他们没有遇到所谓的"石油将军"的大规模叛乱。当俄罗斯政府批准了《罗波夫法令》时，苏联

---

❶ Chernova and Skoptsov，"Moroz po kozhe ot reformy v gazovoi otrasli." 从技术上讲，苏联天然气工业部的发言人毫无疑问地提供了这个情景，他提出了一个观点：天然气人士认为，在管理市场化的天然气系统中，最具挑战性的任务之一是设计各种平衡机制，以使供求最终平衡，不仅月复一月或年复一年，而且是日复一日和小时复小时。从这个意义上讲，除了部分天然气存储在地下、部分存储在管道中，天然气系统与电网本质上没有什么不同。

天然气工业部总部根据"他们工人合作社的要求"迅速吸收了所有的天然气生产子公司。与苏联石油部前负责人试图建立的不幸的俄罗斯石油公司不同，苏联天然气工业部从一开始就完全控制了它的企业、预算、利润、投资，甚至所有重要的现金流。与此相反，没有证据表明"天然气将军"会准备起义。虽然到处都是缕缕硝烟，但在各个省份并没有燃起像扫荡石油省份一样的熊熊大火。

基本原因很简单：生产商完全不可能在苏联天然气工业部之外销售天然气。有一些短暂的尝试：1991 年 12 月成立了一家股份制公司拍卖天然气，并于 1992 年 2 月举行了拍卖。其最初的股东包括乌连戈伊天然气工业公司（Urengoygazprom）等生产商和秋明天然气运输公司（Tyumentransgaz）等 6 家管道公司（总共 19 家）——以及苏联天然气工业部本身。在 2 月的拍卖中，有 4400 万立方米的天然气合同（按俄罗斯的总量标准，可忽略不计）以国家固定价格的 10 ~ 15 倍的价格交易。❶（今天的此类历史注脚引起了人们的兴趣，因为苏联天然气工业部在十年后重新回归天然气拍卖的想法。）

位于西西伯利亚最北端的天然气生产商，不仅完全依赖母公司市场，而且依赖母公司的生活必需品。对于任何在冬天经历过亚马尔—涅涅茨地区冰冻荒凉的人来说——更不用说这个地方在夏天变成了蚊虫出没地和无法穿越的沼泽——很明显的是，该地区的天然气人士如果没有大陆事无巨细的生命线供给是无法生活或工作的。当我在 1992 年访问秋明苏联天然气工业部时，列姆·苏莱曼诺夫（Rem Suleimanov）总经理自豪地从他的温室里为客人提供西红柿和黄瓜，但他承认除了这些，所有食物都是从苏联天然气工业部在俄罗斯南部的农场运来的。据前董事长列姆·维亚希列夫（切尔诺梅尔金的继任者）称，当时的苏联天然气工业部拥有 200 多个农场。❷ 亚马尔—涅涅茨的少数几个城镇实际上是公司城，其程度可能比西方任何地方都更为极端——完全由苏联天然气工业部供养、提供住房、就业和融资。确实，在如此高纬度的北方，永久定居点的存在是苏联时代的遗产，并只能通过苏联式的权宜

---

❶ Pavel Gorbenko, "Eshche odna rossiiskaia birzhevaia struktura reshila nazhat' na gaz," *Kommersant*, no. 8 (February 17-24, 1992), p. 14.

❷ Malkova and Igumenov, "Poslednee interv'iu Rema Viakhireva."

之计来维持。如果当地的"天然气将军"产生过任何独立的想法，那么将被驳回，因为这仅仅是幻想。❶

相反，在1992年年初的莫斯科，似乎没有什么实验因为太过激进而不能尝试。然而，改革者们未能拆解苏联天然气工业部，即使是在他们的影响力达到顶峰的时候。原因极具讽刺意味：保持苏联天然气工业部完整的关键决定是当时的代总理盖达尔做出的，他主导神风敢死队，扮演休克疗法设计师，他的名字将永远与俄罗斯市场改革相关联。

盖达尔与其他市场激进分子不同。虽然他在苏联时期从未担任过职务，但是他熟悉权力走廊。作为苏共中央委员会官方月刊《共产主义者》的经济学编辑，他是一名内幕人士，精通政治。他从一开始就意识到，进行市场改革需要保持权力，即使只是关键的几个月——保持权力需要做出妥协。例如，从一开始，他就同意作为战术性让步（他希望这是一项临时性让步），将一小部分战略商品排除在放开价格的大规模计划（他的主要政策主张）之外。处于被豁免行业首位的是能源。

但盖达尔选择与苏联天然气工业部打交道的方式却截然不同。1992年5月和6月，盖达尔否决了政府中的市场激进分子，果断干预苏联天然气工业部。在六大主要文件中，俄罗斯政府重申了苏联天然气工业部作为国有垄断的地位，赞许苏联天然气工业部设计的私有化计划和保留苏联天然气工业部的集中结构以及当前领导地位的新章程。它授予苏联天然气工业部获得外国信贷和硬通货收入的广泛权利，以及享有重大税收优惠。简而言之，盖达尔承认苏联天然气工业部的独特地位，以及它作为向受伤的俄罗斯经济提供天然气的战略作用，于是采取了行动。

盖达尔采取行动的时机很重要。可以肯定的是，他的行动部分受到了胁

---

❶ 苏莱曼诺夫和其他"天然气将军"并非完全没有独立资源。在20世纪90年代初，他们建立了一条有利可图的副业，通过铁路将凝析气出口到芬兰。天然气行业传统上将凝析气视为几乎一文不值的副产品，并有效地将其倾倒至最近的原油管道中，从而浪费了其作为石化原料的价值。但在20世纪90年代初期，"天然气将军们"自行出资建立了一批私人有轨电车出口凝析气。但这对"天然气将军"和苏联天然气工业部的企业核心地位之间的总体力量平衡没有产生重大影响。

迫。1992 年春末，改革的潮流已经减弱，市场化的反对者克服了最初的混乱，重新集结，盖达尔迅速失去了叶利钦总统的支持。到了 5 月，他被迫在几个关键性问题上退出激进的改革计划——特别是放开能源价格管制，他曾希望在第二阶段实现这一目标。但是后来，盖达尔从未否认他决定保留俄罗斯天然气工业股份公司的完整，也没有将这一决定描述为撤退。即使是在卸任后，盖达尔仍然坚持认为拆解俄罗斯天然气工业股份公司将会是一个错误。"天然气工业是一种自然垄断"，他在 1995 年下半年接受采访时坚持这样认为，当时他已经卸任总理三年。"拆解俄罗斯天然气工业股份公司不符合我们的利益。"❶ 在同一次采访中，盖达尔继续阐明他的思考："但是，当然，人们的钱应当理智地花掉，这符合我们的利益，因为天然气不仅是天然气人士的财产，更是整个人民的财产……看看有多少钱被转移至国外用于采购从未被运回国的机械设备，花在从未被履行的合同上！"❷

他的目标不是去垄断化，而是监管。尤其引人注目的是盖达尔将天然气描述为"全体人民的财产"——被视为俄罗斯市场改革之父的卓越词汇。言外之意，石油则不是，或至少是程度不同的。石油使预算保持平衡，但是天然气保持照明、为房屋供暖。最终，盖达尔是一个实用主义者，而不是新自由主义者。❸

两个至关重要的认知

俄罗斯天然气工业股份公司与俄罗斯政府之间交易的核心，奠定了两个关键的认知。一是俄罗斯天然气工业股份公司将力所能及地保证俄罗斯的天

---

❶ "Problemy i perspektivy TEK glazami vedushchikh rossiiskikh politikov," *Neft' i kapital*, no. 11 (November 1995), p. 11.

❷ 引自"Problemy i perspektivy TEK glazami vedushchikh rossiiskikh politikov," *Neft' i kapital*, no. 11 (November 1995), p. 11。

❸ 我可能在这里展示下我的美国色彩。欧洲人认为，自然矿产资源是国家资产，而美国人则认为，地下的东西属于个人，就像家里的后院一样。欧洲人对此感到奇怪。从这个意义上讲，盖达尔的"全体人民财产"可能与英国人所说的属于王室或挪威人所说的不可剥夺的国家权利没有太大不同。对于欧洲人来说，生产、拥有和出售石油和/或天然气（或钻石或煤炭）的私人权利是来自集体（属于自然所有权）的个人特许权。

然气供应。二是俄罗斯天然气工业股份公司将成为一家俄罗斯公司。对于普京以及他的前任们来说，这两种认识塑造了自此以后的天然气政治。

供应协议对俄罗斯天然气工业股份公司和俄罗斯政府都至关重要。是这样计算的：俄罗斯天然气工业股份公司生产的五分之四的天然气将以管控低价输送到俄罗斯国内市场（以及天然气匮乏的乌克兰和白俄罗斯等）。另外五分之一将注定要出口到欧洲。为了弥补俄罗斯天然气工业股份公司在国内市场上可能遭受的任何损失，俄罗斯政府对出口收入给予必要的税收优惠，以保证俄罗斯天然气工业股份公司的正常运转，而不会过多询问资金的去向。

很难说，供应协议有多明确。当然，它并未被公开，但莫斯科普遍认为它是真实的。俄罗斯评论员称其为"未公开的协议"。1996 年，俄罗斯的一篇文章以以下方式总结了这一术语：

> 根据该协议，俄罗斯天然气工业股份公司支持不切实际的国内天然气价格，从而减缓了［工业］生产的下降和通货膨胀率，同时还通过同意向天然气匮乏的苏联加盟共和国的实际自由供给，支持苏联政府的利益。另一方面，俄罗斯天然气工业股份公司天然气的出口价格不包括保持产出水平稳定以及运输体系功能的实际成本，其结果是，它从中获得巨大的出口利润。直到最近，俄罗斯天然气工业股份公司还被允许通过稳定与发展基金，而不是向央行上交 50% 的方式将自己所有的硬通货收入花费在投资项目上。❶

随后，俄罗斯天然气工业股份公司供应国内市场的义务被编纂在 1999 年的《天然气法》（Law of Gas）中，但由于明显的原因，该交易的另一面从未被公开过。

---

❶ Georgii Smirnov，"Dve pravdy ob effektivnosti eksporta gaza iz Rossii，" *Neft' i kapital*，no. 1（January 1996），p. 59. 实际的安排比斯米尔诺夫（Smirnov）在这句话中描述的要复杂得多。俄罗斯天然气工业股份公司实际上索求高昂的运输成本，并将其分配给其全资运输子公司。其结果是，俄罗斯天然气工业股份公司系统地低估了真正的利润。即使在今天，俄罗斯天然气工业股份公司也通过控制运输系统和将运输关税作为管道附属公司的成本，从出口价值链中拿走了一大笔钱。

俄罗斯天然气工业股份公司与俄罗斯政府之间的供应协议，就像连体双胞胎一样，将二者捆绑在一起。关于国内廉价天然气的供给承诺，确保了俄罗斯经济依赖于价格被低估的资源。放任和完全不透明的出口收入，提供了获得非法收益的途径。最重要的是，这笔交易意味着俄罗斯天然气工业股份公司绝不会成为一家真正的私人公司，无论它在形式上将如何被私有化。

盖达尔理解这种安排的含义，并且他在卸任后的言论暗示了他持有相同的基本观点，即低廉气价对俄罗斯来说是一个福音。"我们有天生的优势，一个纯粹的地理的资产，"盖达尔在1995年宣布：

> 当运输费是成本的最大组成时，靠近大型气田使得俄罗斯天然气和天然气发电价格较低，这是一个纯粹的市场机制，因为这就是我们经济体的构建方式，而不是因为某些行政决定使然。力求使我们的气价提升至西欧水平是不符合我们的利益的。这既不必要，也不自然，而且不仅如此，这在经济上将是不合理的。但是逐步走向市场结算价格，是一个正常的过程。❶

20年后，普京的看法并无二异。

第二种认知——俄罗斯天然气工业股份公司将继续是一家俄罗斯公司，也产生了深远的影响。苏联解体后，最具争议的问题之一是，是否有必要维持苏联经济空间，也就是管道系统、电网、供应关系等将指令性经济连接在一起的结构。20世纪90年代初，这个问题特别严重。无论从经济还是心理上，中断联系都很难做到。例如，进入1993年，新独立的共和国认为卢布是它们的共同货币。然而，这一安排很快被证明是无法实现的，新中央银行除了印制更多卢布之外无法达成任何协议，这助长了近乎超级通货膨胀（1992年，俄罗斯通货膨胀率达到2500%并在20世纪90年代上半叶保持三位数的水平）。因此，并不令人惊讶的是，俄罗斯政府内部的主导观点转向一群所谓的爱国者，

---

❶ Georgii Smirnov, "Dve pravdy ob effektivnosti eksporta gaza iz Rossii," *Neft' i kapital*, no. 1（January 1996）, p. 59.

后者主张迅速与其他加盟共和国分离。

天然气是苏联一体化的最终象征。在西西伯利亚产量占据主导的同时，中亚共和国也成为主要生产商，向俄罗斯南部省份和俄罗斯高加索地区以及新独立的南高加索各共和国提供天然气。最重要的是，俄罗斯严重依赖乌克兰，但不是天然气供给，而是运输和采购。俄罗斯天然气工业股份公司约 40% 的机械和管道以及 70% 的研发和设计服务来自乌克兰。俄罗斯天然气工业股份公司位于乌克兰土地上的资产，以及最关键的、与出口系统相连的管道网络和地下蓄水池将会如何处置？这个威胁是真实的和直接的。苏联解体后，新独立共和国开始控制其领土并提高了跨境货物流通的障碍。1992 年年初，土库曼斯坦的天然气工业脱离俄罗斯天然气工业股份公司，通过提高价格和压缩输送来显示它是认真的。乌克兰因自身经济衰退，开始从出口管道抽取天然气，这引发了长达十年以上的复杂纠纷（见第 11 章）。

切尔诺梅尔金的第一个本能是试图将俄罗斯天然气工业股份公司保留为一家跨国公司。俄罗斯天然气工业股份公司的第一个计划于 1992 年 1 月起草，设想了一家跨国公司，乌克兰共和国和白俄罗斯将拥有一小部分股份。公司将根据一致同意原则采取决策。该计划被俄罗斯政府拒绝，理由是这将使两个非俄罗斯共和国拥有否决权。[1] 接下来，1992 年夏，跨国公司概念被放弃，转向成立一家纯粹的俄罗斯公司，而俄罗斯天然气工业股份公司以前在非俄罗斯共和国的资产被悄悄放弃。在这一点上，切尔诺梅尔金和盖达尔毫不困难地达成协议：市场改革者主要也是"俄罗斯优先者"（Russian firsters）。

但是到了此时，盖达尔已经离下台不远了。1992 年 6 月底，当西伯利亚"石油将军"对他发动叛乱时，他被迫抛弃了他的能源部长弗拉基米尔·洛普欣（Vladimir Lopukhin），并接受叶利钦任命切尔诺梅尔金作为负责能源和自然资源的副总理。[2] 切尔诺梅尔金当政之后，激进分子瓦解俄罗斯天然气工业股份公司的努力被彻底摧毁。7 月，切尔诺梅尔金免去了反垄断委员会负责人的职

---

[1] Gustafson, Eskin, and Rudkevich, *Gazprom's Dilemma*.

[2] 关于如何发生的具体细节，参见 Thane Gustafson，*Wheel of Fortune*：*The Battle for Oil and Power in Russia*（Cambridge，MA：Belknap Press of Harvard University Press，2012），pp. 75-78。

务，而当委员会在整个秋天继续抗议反对俄罗斯天然气工业股份公司的私有化时，几乎没有人能听到它的声音。[1]1992年11月，一项总统令将创始性交易和切尔诺梅尔金的胜利编入法律。它宣布俄罗斯天然气工业股份公司为俄罗斯股份公司，并授权建立一项稳定基金。这也为俄罗斯天然气工业股份公司的正式私有化开辟了道路。[2]

盖达尔的最后行动是在1992年12月，当时他被迫放弃代总理职务，由切尔诺梅尔金适时取代。切尔诺梅尔金的接任并非一帆风顺：他是继叶利钦的两任候选人被日益敌对的立法机构否决后被推上这个职位的，而切尔诺梅尔金的任命只不过是双方勉强接受的一种妥协。但在接下来的五年半里，俄罗斯天然气工业股份公司的缔造者将担任总理。

俄罗斯天然气工业股份公司的私有化

当切尔诺梅尔金就任时，还有另一项任务。俄罗斯天然气工业股份公司一直受到保护，没有被拆分。现在，俄罗斯天然气工业股份公司的创始人将努力成为它的所有者。

苏联解体后，俄罗斯——曾将苏联指令经济传播到整个国家且在国内保持最极端形式——现在却采用了快速私有化的极端形式。而且，直到市场改革的象征盖达尔被苏联官僚体制最具象征性的成员切尔诺梅尔金取代之后，俄罗斯私有化运动才真正开始。

这些矛盾的关键在于俄罗斯私有化运动的主要设计师阿纳托利·丘拜斯，

---

[1] 作为对1992年10月27日总统令的回应，宣布苏联天然气工业部为俄罗斯天然气工业股份公司（参见 Dmitrii Chernov-Andreev， "Gazprom izmenil svoi status，" *Kommersant-Daily*，October 28，1992，p. 2），在11月28日，反垄断委员会抗议该法令违反了1992年的私有化计划条款，根据该计划，包含国有企业的康采恩（kontserny）不符合转换为股份公司的资格（参见 "Antimonopol'nyi komitet sporit s Gazpromom，" *Kommersant-Daily*，December 12，1992，p. 4，https：//www.kommersant.ru/doc/33209）。但是，抗议活动被政府和议会都忽视了。

[2] Presidential Decree No. 1333，November 5，1992. 总统令随后通过政府令（1993年2月17日第138号）正式生效。后一日期标志着俄罗斯天然气工业股份公司作为股份制公司的正式成立之日。顺便说一句，该法令是确认"第三方准入"原则（即天然气管道系统对所有用户开放）诸多法令中的第一个（曾在第8章中讨论）。

当时他是国有资产委员会的年轻主席。丘拜斯是圣彼得堡经济学家初始团队中的一员，20世纪80年代后期来到莫斯科，分享了他们对激进式自由市场的信念。事实证明，丘拜斯是一个可怕的官僚式战斗机和杰出的政治战术家。他很快重新发现了政治的最古老秘密——赢得胜利的最佳方法是将对手变成盟友。但是他当然有他的敌人。俄罗斯天然气工业股份公司的维亚希列夫在谴责丘拜斯时尤其坚持不懈："再没有人、短期内也不会再有人比丘拜斯对俄罗斯国家的伤害更大……他们都想拆散俄罗斯天然气工业股份公司。他们只知道如何减和除，但不知道如何加或乘。"❶

但是在1993年至1995年，所有这些仍然存在。国有资产委员会——在丘拜斯和一支由年轻俄罗斯人组成并得到西方顾问支持的理想主义者的领导下——推动了盖达尔的未竟事业，推动了历史上最大规模的国家资产的散发。1992年至1996年，超过114000家国有公司转为私有，到1996年年底，俄罗斯工业的90%已经被私有化。❷

丘拜斯和他的团队设计了私有化运动，遵循三个实用的原则：迅速、简单和透明。为了避免漫长而代价高昂的拖延，首先对公司进行私有化，然后进行重组。为了防止国有资产落入外国人或犯罪分子之手，他们将被赠予而不是出售。为了使整个过程在公众面前合法，丘拜斯团队借鉴了捷克斯洛伐克的证券私有化案例，并在俄罗斯向每个男人、女人和孩子发放了免费的私有化证券，他们可以在公开拍卖中交易股份。但要通过越来越有抵抗力的立法机构（当时仍称为最高苏维埃）进行私有化运动，丘拜斯同意了一个将大部分股份留给公司员工的方案。不管他是否意识到这一点，这实际上保证了苏联时代的圈内人将继续掌权。到第一阶段私有化结束时，此期间被私有化的前50家公司中只有5家最终落入局外人之手。

内部人控制正是俄罗斯天然气工业股份公司所发生的事情。俄罗斯天然

---

❶ 引自Malkova and Igumenov，"Poslednee interv'iu Rema Viakhireva"。

❷ 关于这一主题的诸多著作，参见Joseph R. Blasi，Maya Kroumova，and Douglas Kruse，*Kremlin Capitalism：Privatizing the Russian Economy*（Ithaca，NY：Cornell University Press，1997）。又见Thane Gustafson，*Capitalism Russian Style*（Cambridge：Cambridge University Press，1999）。

气工业股份公司股份的内部发行始于 1993 年，而私有化证券拍卖则在 1994年春。1995 年私有化过程第一阶段结束时，股份的分配方式如下：

- 出售给俄罗斯天然气工业股份公司管理层：俄罗斯天然气工业股份公司 10% 的股票被这部分人收购。

- 封闭式认购：俄罗斯天然气工业股份公司 15% 的股权被分配给 282000 名现职员工和老职员，包括退休人员，部分是换取现金，但主要是用于换取凭证。

- 私有化证券拍卖：在俄罗斯 60 个地区举行的拍卖会上，拍卖了 32.9% 的俄罗斯天然气工业股份公司股份以换取私有化证券（747000 人以这种方式成为股东）。

- 政府最初仍控制着俄罗斯天然气工业股份公司超过 40% 的股票；随后这个数字下降到 38.7%。

第一阶段结束时，超过 100 万俄罗斯公民成为俄罗斯天然气工业股份公司股东。乍一看，这似乎恰恰是丘拜斯和市场改革者所希望的大规模所有权。❶总而言之，该公司约 40% 的股份是通过私有化证券获得（相比之下，全国范围的所有私有化证券拍卖的比重是 20%）。此外，与许多其他公司的拍卖流程中出现的丑闻，尤其是石油行业相比，俄罗斯天然气工业股份公司股票拍卖相对透明和诚信。总体的想法是，在任何给定地区，私有化证券拍卖会上的股份是与俄罗斯天然气工业股份公司雇员的数量大体成比例，这一标准总体来说得到了遵守。❷因此，俄罗斯天然气工业股份公司拍卖是私有化本应发生、但较少发生的一种相对模式。

但是，大规模所有权并不意味着股东控制。俄罗斯天然气工业股份公司

---

❶ 这里与英国天然气工业改革的第一阶段存在一些相似之处。1986年，英国天然气公司被私有化并作为一个垄断者出售给大众所有。当时还没有自由化，第三方准入是一纸空文，而天然气现货市场的开端是未来整整三年之后的事情。

❷ 拍卖的结果因地区而异，不仅取决于当地需求，还取决于俄罗斯天然气工业股份公司提供的股份供给。因此，在秋明州的一张凭证获得了2100股，每张股票的面值是10卢布。在阿尔泰州，兑换比率高达6000股，而在彼尔姆边疆区，一张凭证仅值16股。参见Sergei Savushkin, "Vy mozhete kupit' sebe mnogo aktsii 'Gazproma,' no vladet' kontsernom vse ravno budet gosudarstvo," *Neft'i kapital*, no. 1（January 1995）, pp. 37-40。

对转售股票实行严格的限制，以防止外来者通过在二级市场买入股份在公司占据一席之地的任何可能。那些在私有化证券拍卖会上获得俄罗斯天然气工业股份公司股份的人，并未收到实际的股票凭证，而只是获得以股东名义在俄罗斯天然气工业股份公司银行中存放股份的保证书，未经俄罗斯天然气工业股份公司同意股东不得出售。这个保证书没有投票权——换句话说，俄罗斯天然气工业股份公司管理层投票表决了这些股票。

这种安排不仅使俄罗斯天然气工业股份公司的昔日经理层仍旧掌权，而且随后使他们能够将俄罗斯天然气工业股份公司股份集中到自己手中。在接下来的几年中，许多俄罗斯天然气工业股份公司股东出售了他们的证书，个人股东数量从超过 100 万人降至 50 万人。十年后，个人只拥有俄罗斯天然气工业股份公司 15% 的股份，而 34% 的股份则由各种"法人实体"（使用俄罗斯法律术语）持有，据推测，其中一些附属于管理层。❶

这种私有化方法产生了更多的后果，这影响到俄罗斯天然气工业股份公司以及所有其他公司。首先，作为决定放弃而不是出售的结果，政府和俄罗斯天然气工业股份公司都未能从初始的股权转让中获得任何注资。对于多数处于相同情况之下的其他公司来说，这是一个严重的问题。然而，由于俄罗斯天然气工业股份公司被保护的出口权，它从鲜为人知的出口中获得丰厚收入。

仅仅十年后，政府恢复对出口权的安排并提高对俄罗斯天然气工业股份公司的税收，该公司需要资金来投资下一代天然气，这时，俄罗斯天然气工业股份公司开始感到这种挤压。

其次，对于俄罗斯天然气工业股份公司来说更为严重的是，重组之前的私有化决定意味着俄罗斯天然气工业股份公司以一家私营公司身份开始经营，像一艘布满藤条的旧船一样，承载着苏联几十年来积累起来的非核心资产——惊人的 7200 万平方英尺房屋，245 个幼儿园和可供 34000 名儿童使用的许多

---

❶ 然而，在2001年维亚希列夫被解雇后，维亚希列夫管理团队在离开公司时是否带走所持股份（如果是，则多少股）是一个有趣的问题。

日托中心，共有 2852 个床位的 17 家医院，每个班次可容纳 4700 人的 20 个诊所以及大量的工作人员，48 家度假村和养老院，数十家建筑公司，还有 200 多个农场。被私有化时，俄罗斯天然气工业股份公司雇用的人数超过 40 万人。❶

最后的结果是国家仍持有俄罗斯天然气工业股份公司 38.7% 的剩余股份。同样，这是一个典型的结果：1995 年年末，当证券私有化结束时，在 50 家最大的公司中，国家平均持股三分之一。1996 年 3 月和 4 月，他设法通过了两项总统令，禁止国家出售其在俄罗斯天然气工业股份公司中的任何股份，而将其股权委托给俄罗斯天然气工业股份公司管理。❷ 内部人的胜利完满结束。

在得出如下结论——俄罗斯天然气工业股份公司私有化只是 20 世纪 90 年代内部工作（inside jobs）的一种变体——之前，还应考虑到俄罗斯天然气工业股份公司作为一家天然气公司的特殊性。如我们所看到的，当时欧洲整个天然气行业仍被类似的垄断者所主导。自从 20 世纪 60 年代建立天然气出口系统以来，将欧洲和俄罗斯连接起来的这条"钢铁管网"，就由俄罗斯天然气出口垄断企业"苏联天然气出口联合体"和欧洲主要天然气公司（如埃尼集团、鲁尔燃气和法国天然气公司）所签订的大型长期合同所管理。这意味着没有多少空间留给小型参与者。而且当时尚无天然气现货市场，将少量天然气出口至消费者。直到十年后，第一批现货天然气才从俄罗斯出售给西欧的消费者。

苏联时期两个主要贸易机构的命运截然相反：石油领域的苏联石油出口联合体和天然气领域的苏联天然气出口联合体。它们的不同命运揭示出两种商品和两种外部市场之间的根本区别。苏联石油出口联合体被分解成几十个彼此竞争的小型贸易机构以及围绕它们迅速扩散的数十种其他石油贸易机构。没有什么可以让既有的石油贸易商团结在一起，所有一切都驱动他们各自为政。也没有什么可以防止任何人插手配额、涉足油罐车或内河油轮业务。

---

❶ 俄罗斯天然气工业股份公司的背景文件保存在 *Ekspert* 杂志的网站上。
❷ Presidential decrees Nos. 399 of 26 March 1996 and 599 of 22 April 1996. Source：Gazprom website, op. cit.

1991 年至 1992 年，俄罗斯石油出口贸易陷入混乱。相反，没有了长期照付不议合同的这一熟悉的世界，苏联天然气出口联合体就无法生存。于是，1992 年发生了合乎逻辑的结果：苏联天然气出口联合体被俄罗斯天然气工业股份公司兼并，成为天然气垄断的出口臂膀——该公司苏联时代管理层手中的又一个王牌。因此，与国家垄断消失的石油领域不同（尽管普京尽力挽救至少其中的一部分），在天然气行业，俄罗斯国家至今实际上仍保留了对天然气出口（液化气除外）的垄断权，这要归功于国家保留对俄罗斯天然气工业股份公司的总体控制权。（表 9.2）

表 9.2　2018 年俄罗斯天然气工业股份公司的股权结构

股权	持股（%）
俄罗斯联邦国家财产管理局 [a]	38.37
俄罗斯石油天然气公司 [a]	10.97
俄罗斯天然气标准化公司 [a]	0.89
美国存托凭证（ADR）持有人	25.20
其他注册持有人	24.57

数据来源：Andrew Neff, *Gazprom: Upstream Strategy Assessment* (IHS Markit Upstream Companies & Transactions Profile, November 2018); Gazprom。

注：ADR= 美国存托凭证。

a—由俄罗斯政府控制的公司。

但这还不是谜团的终点。就算没有现货天然气出口的可能性，天然气行业还可能发生其他三件事，使天然气生产商有可能转型为独立企业。首先，他们本可以向乌克兰和苏联的西部几个加盟共和国出口，并学会如何在那个市场上赚钱。这实际上是 20 世纪 90 年代下半叶俄罗斯天然气工业股份公司管理层偏好的一个独立创业企业伊特拉公司（Itera）学会了的事情。（但这正是重点：俄罗斯天然气工业股份公司管理层的支持是伊特拉公司最初取得成功的关键。[❶]）其次，天然气生产商可以将天然气以现货基础出售给俄罗斯商品生产商，后者可以利用天然气制造出用于出口的化肥、金属和石化产品，

---

❶ 第11章讨论了伊特拉公司的故事。

并有能力以美元支付。（但是截至本书撰写时，这种国内现货市场仍未孕育成熟。）最后，天然气生产商可能在欧洲市场找到新的长期买家，就像俄罗斯天然气工业股份公司在德国所做的那样。但是当时，成熟的欧洲买家不愿以除长期合同之外的任何形式做生意。

只有在回顾的时候，我们才会发现，这些机会都只能是理论上的存在。当时，这三座桥都太远了。必须记住，苏联时期，"天然气将军们"从未拥有过与"石油将军们"同等程度的自主权和特权。他们一直更加严格地服从莫斯科及其部委。无论如何，由于种种原因，所有这些自由化途径在 20 世纪 90 年代都不存在。

俄罗斯天然气工业股份公司内部人私有化的下一阶段始于切尔诺梅尔金被任命为总理，他迅速任命自己的门生列姆·维亚希列夫接替他管理俄罗斯天然气工业股份公司。维亚希列夫时代一直持续到普京上台，并标志着俄罗斯天然气工业股份公司事实上的内部人私有化的最终阶段。它也标志着俄罗斯天然气向欧洲，尤其是德国出口大幅增长的开始。

奇怪的组合：切尔诺梅尔金和维亚希列夫

他们看起来不像是一对组合。切尔诺梅尔金体型健壮，有着坚毅的方形下颌，看起来像是一个典型的苏联官僚。他的门生、俄罗斯天然气工业股份公司继任者维亚希列夫相貌平平。短小而矮胖，波浪形的头发，一张圆圆的、有斑点的脸，维亚希列夫看上去像一个地中海的店主，只有在钢框眼镜背后不断转动的眼睛，透出他的警觉和狡猾。❶

他们俩都来自俄罗斯村庄（维亚希列夫的父母是乡村教师），而他们俩的事业都发端于伏尔加河边的萨马拉（当时称为古比雪夫）。他们相识于奥伦堡，在那里，他们都投入到新兴的天然气工业之中。维亚希列夫晋升为奥伦堡俄

---

❶ 关于维亚希列夫出色的批评性简介，参见Elizaveta Osetinskaia, Iuliia Bushueva, and Tat'iana Lisova, "Kto v strane glavnyi," *Vedomosti*, June 1, 2001, https：//www.vedomosti.ru/newspaper/articles/2001/06/01/kto-v-strane-glavnyj。

罗斯天然气工业股份公司的总工程师。由于奥伦堡的第一口气井发生爆炸，他的职业生涯几乎提前中止，他差一点被开除党籍并投入大牢。但是，当天然气工业部部长萨比特·奥鲁杰夫视察现场并免除了他对事故的责任时，他才如释重负。❶ 后来的几年中，切尔诺梅尔金和维亚希列夫，以及与他们一同崛起并组成俄罗斯天然气工业股份公司领导层的少数门生被称为"奥伦堡黑手党"。

随着切尔诺梅尔金的崛起，维亚希列夫紧随其后。从 1983 年开始，他的职业生涯与切尔诺梅尔金的步调一致。切尔诺梅尔金腾出的每一个职位，维亚希列夫都会立即填补，从天然气副部长到第一副部长然后是俄罗斯天然气工业股份公司副总裁。1992 年，当切尔诺梅尔金担任能源部部长和副总理时，维亚希列夫顺利接管了俄罗斯天然气工业股份公司。直到切尔诺梅尔金于 1992 年 12 月成为总理时，这种模式终于被打破。根据当时的谣言，切尔诺梅尔金邀请维亚希列夫接任政府中他的前任职位，但是维亚希列夫选择留在俄罗斯天然气工业股份公司。维亚希列夫第一次拥有自己的权力宝座。尽管仍然是切尔诺梅尔金的人，但是随着时间的流逝，随着两者进入新角色，微妙的变化开始发生。这是 20 世纪 90 年代俄罗斯天然气工业股份公司故事的关键之一。

最初，切尔诺梅尔金和维亚希列夫之间的"保护人—门生"关系，象征着俄罗斯政府和俄罗斯天然气工业股份公司之间的纽带。切尔诺梅尔金为俄罗斯天然气工业股份公司辩护并反对它的敌人，而作为交换，维亚希列夫向切尔诺梅尔金提供用于紧急情况、自然灾害和竞选活动的备用现金，对于资金永远短缺的政府来说，这个是无价的储备国库。

没有人会说切尔诺梅尔金有超凡魅力，尽管在他晚年的生活中，他直率的讲话习惯和他的标志性用词错误为他赢得了一定程度的爱戴。他的一些说法已经成了俄语的习惯用法，例如他的感叹："我们想要最好，但一切都是照旧。"当他试图带领一个政党参加 1995 年议会大选时，他发展政治魅力的尝

---

❶ 被撤职十年后，在维亚希列夫最后一次采访中讨论了这一情节。参见 Malkova and Igumenov, "Poslednee interv'iu Rema Viakhireva"。

试导致了一场灾难。他的组织毫无头绪。为竞选造势的一份政治海报，显示总理双手合十坐着，手指交叉形成屋顶状。他的本意是展示让人放心的手势，甚至是父辈式手势——保护俄罗斯大厦的男人的标志。但是，正如每个俄罗斯人都知道的，"屋顶"（krysha）一词代表着由组织犯罪提供的某种特殊保护伞，而莫斯科的好事之徒欣喜地抓住了切尔诺梅尔金所领导政党口号的小辫子，将"我们的家园俄罗斯"改成了"我们的家园俄罗斯天然气工业股份公司"。切尔诺梅尔金和他的政党最终在选举中落败。

俄罗斯人不认为切尔诺梅尔金本人是一个腐败分子。这本身是了不起的，国家官员十年来一直公开贪腐。普京总统在一次新闻发布会上曾经痛陈，"那时……许多所谓的精英们忙于偷窃任何可以被偷窃的东西，并将其藏匿在某个地方"，或把他们的孩子安排在某个"轻松的地方"。❶ 的确，切尔诺梅尔金的孩子在 20 世纪 90 年代表现出色，就像维亚希列夫一样。但是当时还未被认为特别可耻。关于高级官员应将自己的资产放于信托中或使自己避免具有利益冲突领域这个西方理念在俄罗斯至少可以说是一个新鲜的想法。以此为衡量标准，如果一位在俄罗斯天然气工业股份公司的创建中发挥了如此关键作用的人不成为自己公司的利益攸关者，这才令人震惊——甚至有点不公平。

切尔诺梅尔金不仅仅是政府中的寡头。在 20 世纪 90 年代的俄罗斯，"寡头"一词是指非政府人士通过接管国有资产创造私人财富，因政府高级官员对此屡开后门，其资产数倍激增，它们的分配构成了租金攫取，而不是投资财产。但是切尔诺梅尔金是不同的。他实际上是在与当时失败政府的战斗中一手创建了俄罗斯天然气工业股份公司，将一个行业联合起来，并将毕生献给了它。后来，他作为总理继续捍卫盖达尔与俄罗斯天然气工业股份公司建立契约条款——出口垄断、唯一的运输控制权及最为重要的，政府在俄罗斯天然气工业股份公司的股份由公司代持。因此，通过这些方式，切尔诺梅尔金不是经典意义上的寡头——他的继任者列姆·维亚希列夫更符合这个类型。

---

❶ Putin press conference, Sochi, March 27, 2004, http://kremlin.ru/events/president/transcripts/22400.

管理天然气的最初泡沫和支付危机

在过去的四分之一个世纪，俄罗斯天然气平衡发生了两次变化，从过剩到短缺，然后再到过剩，这是 20 世纪 90 年代及之后俄罗斯天然气工业股份公司行为的重要线索。苏联解体后，立即出现了俄罗斯天然气泡沫，其主要原因是巨大的遗产气田、来自中亚的天然气进口以及俄罗斯的所谓"近邻"国家的国内消费减少。然后，从 20 世纪 90 年代中期到 21 世纪第一个十年中期，随着俄罗斯天然气工业股份公司传统气田减少以及中亚天然气消失、国内消费触底并开始恢复，俄罗斯天然气盈余也消失了。这导致 21 世纪第一个十年后半期富有活力的反应，因此，俄罗斯天然气工业股份公司和独立的天然气公司开始对亚马尔地区和亚马尔半岛的下一代天然气进行大量投资（参见第10 章）。结果是，今天俄罗斯的天然气平衡再次出现过剩。根据俄罗斯的一些估计，2017 年，仅俄罗斯天然气工业股份公司一家每年就有近 1500 亿立方米的开发能力，但目前已减少至约每年 1000 亿立方米。简而言之，今天再次出现了俄罗斯天然气泡沫，尽管俄罗斯天然气工业股份公司不再是这些泡沫的唯一主人。

但在 20 世纪 90 年代上半叶，所有这些仍将还是未来的事情。从苏联体制中退出后，俄罗斯天然气工业股份公司拥有的天然气比它知道如何利用的数量要多。[1] 由于前十年的大量投资，它的三个主要西西伯利亚超级巨型气田仍处于鼎盛时期，大规模的管道系统仍然相对较新。然而，国内需求却随着经济陷入严重萧条而下降。当经济触底时，国内需求下降超过 1000 亿立方米，或者说21%，从 1991 年的约 4770 亿立方米降至 1997 年的约 3770 亿立方米（按明显的需求定义进行测度；产量减去净出口）。那是第一次天然气泡沫的起源，从 20 世纪 90 年代早期一直持续到 90 年代末（表 9.3）。

---

[1] Jonathan P. Stern, *The Russian Natural Gas Bubble: Consequences for European Gas Markets* (London: Royal Institute of International Affairs, 1995).

表 9.3　俄罗斯联邦天然气平衡（1990—2018 年）

单位：10 亿立方米

年份	1990	1995	2000	2005	2010	2015	2018
产量	640.6	595.5	583.9	641.0	650.7	635.5	725.2
出口	205.6	190.6	217.9	222.7	220.7	211.7	264.8
管道出口	205.6	190.6	217.9	222.7	207.3	197.2	237.9
非苏联国家	109.3	117.4	129.0	154.3	138.6	159.6	202.3
苏联国家	96.3	73.2	88.8	68.4	68.7	37.7	35.6
液化气出口 （所有非苏联国家）	0.0	0.0	0.0	0.0	13.4	14.5	26.9
进口	36.4	2.9	37.3	25.2	36.2	19.2	16.3
净出口	169.2	187.7	180.6	197.6	184.5	192.6	248.6
消费	471.4	407.8	403.4	443.4	467.4	443.4	477.5

数据来源：Matthew J. Sagers, *Eurasian Gas Export Outlook, May* 2019（IHS Markit Market Briefing, May 2019）。

注：由于四舍五入，数字加总可能不等于总和。该表使用俄罗斯每立方米 8850 千卡的测量单位（总热量值）。产量不包括燃烧量。苏联国家包括三个波罗的海共和国。消费是明显的国内消费（产量减去净出口）。液化气 = 液化天然气。

天然气过剩产生了大量的租金。尽管国内市场的慢性损失，俄罗斯天然气工业股份公司的出口仍足以使其成为俄罗斯最赚钱的业务。俄罗斯天然气工业股份公司经理们被各种寻求帮助者所包围。正如十年后维亚希列夫所回忆：

> 与欧洲人的合同，特别是与德国人的合资企业，挽救了俄罗斯天然气工业股份公司。在俄罗斯，没人对任何人付钱，或者在苏联也是如此。但是由于欧洲，俄罗斯天然气工业股份公司有了钱。为了这笔钱，人们排起了长队：我们开始纳税；我们支付工资；甚至有剩余资金用于资本投资。而且国家不断盘剥我们。每个人都在向我们要钱——海关官员和将军，所有人。我所有的朋友也来了，包括电影导演尼基塔·米哈尔科夫（Nikita Mikhalkov）……我办公室里有个小巧的小布置——我在门旁

放了一张小圆桌。任何新来的想管我要东西的人——我通常会让他们在那张小桌子旁坐下。我们会进行谈判，然后他们会离开，说再见。❶

但是，国内市场是赤字的无底洞。首先的问题在于，在通货膨胀率过高的情况下，国内气价最初仍受严格管制。1992 年，一般价格水平上涨了 25 倍，而天然气批发价格仅上涨了 4 倍。到 1992 年年底，国内公布的气价跌至仅是出口价格的 2.3%。但是国内价格几乎不意味着什么，因为消费者无法付款。即使价格随后在十年的中期有所回升，俄罗斯天然气工业股份公司也继续在国内市场付出血本。❷ 它的国内收入甚至无法支付运营成本。1995 年 11 月，俄罗斯国内消费者欠俄罗斯天然气工业股份公司 135 亿美元。那一年，切尔诺梅尔金试图通过签署新规定，授权俄罗斯天然气工业股份公司切断拖欠贷款消费者的天然气供应来减轻一些压力，但选举政治介入了此事。在 1995 年关键性议会选举和 1996 年总统大选中，切尔诺梅尔金和维亚希列夫都没有准备好因为欠费而切断他们的联系，从而疏远有影响力的工业和消耗天然气的选民。但俄罗斯天然气工业股份公司无权切断对拖欠债务的消费者的供应。❸

俄罗斯天然气工业股份公司开始接受任何商品的付款，只要这些商品最终可以出口，或者变成现金或房产，而不是积累欠条——因为这些欠条相当于不确定的承诺，要支付无论如何都会贬值的卢布。❹ 几年之内，俄罗斯天然气工业股份公司的贸易商已成为构建精致的易货交易链的专家，以便从国内

---

❶ 引自 Malkova and Igumenov，"Poslednee interv'iu Rema Viakhireva"。
❷ 价值流失的另一个原因是政府针对非工业用户（即市政和居民用户）的定价政策。非工业客户的气价未与通胀指数化，而是不定期地进行调整。因此，1995 年 3 月，即使非工业价格被一次性地提高十倍，仍比工业价格低 5.5 倍。随着时间的流逝，这已成为越来越严重的损失来源，因为在 20 世纪 90 年代下半期，居民和市政消费已成为天然气需求增长最快的部门。
❸ 关于大规模欠费及其对俄罗斯天然气工业股份公司现金流量的影响，参见 Jonathan P. Stern，*The Future of Russian Gas and Gazprom*（Oxford：Oxford University Press，2005），pp. 49-50。又见 Thane Gustafson and Vadim Eskin，*Russia's Gazprom Turns Inward：Can It Bring the Domestic Market under Control?*（IHS Markit Private Report，March 1997）。
❹ 参见 Stern，*The Future of Russian Gas and Gazprom*，pp. 38-39。

市场至少获取最小的价值。❶ 结果，俄罗斯天然气工业股份公司在各种行业（尤其是电力）和其他领域（包括房地产）中积累了大量非天然气资产组合，其中很大一部分是在俄罗斯境外。此外，俄罗斯天然气工业股份公司还系统地利用了当地天然气分销商的累积债务来购买这些天然气的股权。到 20 世纪末，俄罗斯天然气工业股份公司已经从拥有管道干线的上游公司发展成为一个几乎完全控制天然气运输和分配以及许多消费天然气行业的公司。❷

地方州长是易货贸易链、债务和准货币链的重要组成部分。大部分本地分销商都隶属于地区权力机构。为了在地方层面减少损失，俄罗斯天然气工业股份公司一直被迫与州长进行谈判，以获得天然气付款。当俄罗斯天然气工业股份公司接管当地资产时，它需要当地州长的保护，以摆平当地反对收购的反对派。地区当局纵容了非付款消费者。1995 年年初，俄罗斯天然气工业股份公司一位高级官员抱怨说："所有地方政府都竭尽所能，以确保当地债务人不向我们付款。"❸ 即使在消费者付款的情况下，分销公司——在地方政府的压力下——有时也会向地方预算或地方项目转移付款。❹ 当承受着越来越大的压力时，俄罗斯天然气工业股份公司会试图变得强硬，这时州长会退居幕后，通过检查、税务审计和其他骚扰形式打击俄罗斯天然气工业股份公司在

---

❶ 顺便说一句，不应想当然认为，俄罗斯普通消费者和企业对天然气账单一笑置之，并享受免费的天然气和供热。在俄罗斯天然气工业股份公司和最终燃烧尖端的消费者之间具有一排中间商，即所谓的市政天然气（gorgaz）和州天然气（oblgaz）公司。这些当地的分销商从俄罗斯天然气工业股份公司的高压干线中攫取天然气，并将其带给最终消费者。这些参与者（在苏联时代曾是微不足道的地方机构）获取租金的潜力并不输给地方权势，后者很快接管了它们，并利用当地权力和作为中间商的地位从当地消费者那里获取付款——但不必将收益转给俄罗斯天然气工业股份公司。由于分销商与当地政治家有很好的联系，而俄罗斯天然气工业股份公司需要他们的善意，因此最初几无能为力。但是随着20世纪90年代的继续，俄罗斯天然气工业股份公司努力绕过市政天然气和州天然气公司，或者接管它们。

❷ Vadim Eskin and Thane Gustafson, *Gazprom Goes for the Gold* (IHS Markit Private Report, February 1996).

❸ 对俄罗斯天然气工业股份公司管理委员会主要成员弗拉基米尔·雷祖年科（Vladimir Rezunenko）的采访，引自Ol'ga Bolmatova，"'Gazprom' sozdaet sebe usloviia dlia spokoinoi raboty,"*Neft'i Kapital*，no. 1（January 1995），p. 63。

❹ 对俄罗斯天然气工业股份公司管理委员会主要成员弗拉基米尔·雷祖年科（Vladimir Rezunenko）的采访，引自Ol'ga Bolmatova，"'Gazprom' sozdaet sebe usloviia dlia spokoinoi raboty,"*Neft'i Kapital*，no. 1（January 1995），p. 63。

当地的分支机构。甚至在某些情况下，地区州长威胁要派遣特种部队到供气站，以防止俄罗斯天然气工业股份公司关闭向非付费用户的天然气供应。因此，从 20 世纪 90 年代中期开始，俄罗斯天然气工业股份公司的高级管理人员开始系统地穿越各省，并与地方政府签署相互合作协议。在所有地方，基本思想都是相同的：俄罗斯天然气工业股份公司同意投资当地管道项目（特别是地区天然气化规划）并从当地购买设备供应，以换取地方当局在征收天然气债务方面的支持。作为一头"天然气奶牛"，俄罗斯天然气工业股份公司的日子并不好过。

俄罗斯天然气工业股份公司通过将自己的出口从本地市场转向利润更大的欧洲市场，实现了出口利润最大化。在此过程中，俄罗斯天然气工业股份公司关闭了对中亚天然气生产商的欧洲出口市场，并鼓励后者出口到本地市场，从而取代俄罗斯天然气。20 世纪 90 年代上半期，在俄罗斯天然气工业股份公司看来，这些市场都是垃圾市场，因为在那里获得报酬比在俄罗斯国内市场还要困难。考虑到俄罗斯天然气工业股份公司在 20 世纪 90 年代初的处境，这是一个足够合理的策略。通过抢占高价值出口流（即对欧洲出口）并迫使中亚人进入低价值流（向非俄罗斯苏联的出口），俄罗斯天然气工业股份公司实际上迫使中亚人吸收了俄罗斯天然气过剩的后果。

在此期间，俄罗斯天然气工业股份公司削减了对新天然气的投资并使自己的产量降了下来。俄罗斯全国天然气产量从 1991 年 6429 亿立方米的峰值，降至 1997 年的 5711 亿立方米；其中，俄罗斯天然气工业股份公司自己的产量降幅更大。这不是被迫的撤军，而是一种战略。俄罗斯天然气工业股份公司所谓的三大气田已经达到顶峰，并开始下降。最糟糕的年份是 1999 年至 2001 年，在此期间，俄罗斯天然气工业股份公司的产量从 5460 亿立方米下降到 5120 亿立方米。十年内没有开发新气田，直到启用扎波利亚诺（Zapolyarnoe）——这是 2001 年 11 月被称为"纳德姆—普尔—塔兹（Nadym-Pur-Taz）"三角的西西伯利亚主要天然气产区的最后一个传统巨型气田。

缺乏投资被证明是致命的。20 世纪 90 年代末，俄罗斯经济恢复增长，内需开始恢复，而天然气泡沫则突然消失。俄罗斯，这个具有世界上最大天然

气储藏的国家，突然发现自己严重缺气。❶

国家压榨"天然气出口"收入

尽管存在问题，但与俄罗斯其他企业相比，俄罗斯天然气工业股份公司还是幸运的——只要它的出口收入相对不受税收的影响。但1994年夏秋出现的迹象表明，俄罗斯天然气工业股份公司的特权地位正在减弱。正如我们所看到的那样，抨击俄罗斯天然气工业股份公司一直是媒体中自由主义者和政府的一项时髦活动，❷但俄罗斯天然气工业股份公司来自总理办公室的支持却看似不可撼动。❸然而到1994年12月，令观察家们以及俄罗斯天然气工业股份公司自身感到惊讶的是，政府突然将天然气出口税提高了三倍。有报道说，总理办公室最初打算将出口税提高十倍，但维亚希列夫最后时刻孤注一掷的游说赢得了让步。❹

切尔诺梅尔金为何要削弱对俄罗斯天然气工业股份公司的支持？简要的回答是切尔诺梅尔金已经变化了。在担任总理的这些年中，从苏联技术官僚的最初世界观（将市场经济称为"集市"）转向更加总理式的视角（市场导向），他历经了很长的一段路。他从不了解市场经济学的精髓，但他确实意识到通货膨胀是有害的，认识到平衡预算是恢复政府和经济健康的首要任务。最后，

---

❶ Vadim Eskin and Thane Gustafson, *Russian Gas: From Feast to Famine* (IHS Markit Private Report, February 1996)；Vadim Eskin, Thane Gustafson, and Matthew J. Sagers, *Outlook for Gas Production from Gazprom's "Big Three" Fields: What Will Be the Rate of Decline?* (IHS Markit Decision Brief, December 2002)．

❷ 1994年夏，一直有传言称维亚希列夫即将被撤职，甚至俄罗斯的主要新闻主播叶甫盖尼·基谢列夫（Evgenii Kiselev）也宣布即将离开俄罗斯的黄金时段新闻节目 "Itogi"。1994年11月，俄罗斯天然气工业股份公司的"长期敌人"国家财产委员会散发了一项总统令草案，命令解散俄罗斯天然气工业股份公司。参见Aleksandr Ol'gin，"Igry vzroslykh liudei，" *Neft'i kapital*，no. 0（1994），pp. 8-9。但这样的报道是如此普遍，以至于它们实际上成了背景噪音。

❸ 即使作为总理，切尔诺梅尔金经常陪同俄罗斯天然气工业股份公司代表团前往俄罗斯的主要天然气合作伙伴。因此，在1994年上半年，他与俄罗斯天然气工业股份公司代表一起前往芬兰和意大利。

❹ Marina Latysheva，"Novaia eksportnaia poshlina oboidetsia 'Gazpromu' v 340 millionov dollarov，" *Neft'i Kapital*，no. 3（March 1995），pp. 64-66.上涨以总统令的形式出现，但没有暗示它起源于总理办公室。该法令包含一些豁免。例如，根据国家间协议交付、以主权信用付款的天然气无须缴纳出口税。但在适用的地方，出口税直接超出俄罗斯天然气工业股份公司的底线，因为长期供应合同中的气价与以石油为基础的参考篮子挂钩，因此无法被提高以涵盖该税负。

他的转变被证明是不完整的，他的管理也是如此疲软，以至于无法阻止政府对赤字支出的依赖。但对俄罗斯天然气工业股份公司而言，总理演变所带来的影响是一种不详的噩兆：1992—1994年，它一直是税务人员无法碰触的机构，但到1995年，它已成为主要目标。

整个1995年夏，俄罗斯政府缩小了导致俄罗斯天然气工业股份公司在20世纪90年代上半叶成为俄罗斯最富公司的漏洞。在国际货币基金组织的坚持下，自1996年1月起，取消了由所谓的稳定基金授予俄罗斯天然气工业股份公司的税收优惠。开始征收25%的生产税，然后迅速提高到35%。出口税被扩大并增加。[1] 随着新税的到来，新的攻击也随之开始。评论家指责俄罗斯天然气工业股份公司严重滥用其从稳定基金获得的资金。一项调查显示，俄罗斯天然气工业股份公司已经系统性地支付了在国外购买设备的费用，但没有接受该设备的交货，这意味着卖方正在享受无息贷款——而且也许为了这份优惠给了某人好处。[2]

为了向政府施压，俄罗斯天然气工业股份公司削减了它以政府名义的资助计划，例如国防换算（defense conversion）、农村天然气化和所谓的"扬堡协定"，在这个协定下，当地基础设施投资是以地方政府名义并用天然气出口支付的。[3] 但是，这种硬碰硬的尝试未能起到作用。例如，俄罗斯天然气工业股份公司能不为叶利钦在1996年竞选连任做出贡献吗？俄罗斯天然气工业股份公司来自克里姆林宫的庇佑可能已经削弱，但仍然需要花钱。甚至1998年金融崩溃前，较高税收和未付款项的总和已经超过俄罗斯天然气工业股份公司的出口收入。这种变化将俄罗斯天然气工业股份公司推向更深的赤字深渊。[4]

危难之际，只有一种选择——转向中亚。

---

[1] Sergei Kolchin, "Chei dom—Gazprom?," *Neft'i kapital*, no. 12 (December 1995), p. 35.

[2] Sergei Kolchin, "Chei dom—Gazprom?," *Neft'i kapital*, no. 12 (December 1995), p. 35. 俄罗斯天然气工业股份公司的采购代理是俄罗斯天然气工业股份公司在20世纪80年代后期和90年代上半叶建立的众多开放式和隐形子公司。当阿列克谢·米勒于2001年春取代维亚希列夫时，发现有成千上万的此类公司。

[3] Sergei Kolchin, "Chei dom—Gazprom?," *Neft'i kapital*, no. 12 (December 1995), p. 35.

[4] Gustafson and Eskin, *Russia's Gazprom Turns Inward*.

维亚希列夫在阿什哈巴德的卑躬屈膝

"如果在俄罗斯有天然气泡沫的话，"俄罗斯天然气工业出口公司强硬派负责人斯蒂潘·杰列佐夫在 20 世纪 90 年代初当着我的面说过："我们将让中亚人吞掉它。"❶ 但那时俄罗斯的需求正在下降，而俄罗斯天然气工业股份公司有大量天然气可用作储备。1999 年年底，情况发生巨大变化，维亚希列夫陷入麻烦。在对新天然气的投资停滞十年之后，俄罗斯天然气工业股份公司的产量正在下降。在削减天然气配额方面，维亚希列夫在与电力部门的战役中败北，突然之间，他无法满足 2000 年预期的天然气。作为孤注一掷之举，维亚希列夫飞到天然气丰富的土库曼斯坦，执行一项紧急任务，与古怪而又不可预测的萨帕穆拉特·尼亚佐夫（Saparmurat Niyazov）（自称是土库曼斯坦之父）就短期供应合同进行谈判。

尼亚佐夫喜欢这一刻的讽刺意味。过去六年中，俄罗斯天然气工业股份公司一直阻止土库曼斯坦的天然气出口，迫使土库曼人吞下俄罗斯的过剩天然气，或将其出口到乌克兰和高加索地区的低价值市场。现在，俄罗斯天然气工业股份公司负责人来到他的首都，毕恭毕敬。尼亚佐夫尽其所能地利用这次访问。他将维亚希列夫推上土库曼斯坦电视台进行直播，整个土库曼斯坦公众都在观看这场与众不同的对话。以下摘录——也许是天然气谈判史中独一无二的——直接引自土库曼斯坦政府发布的速记：❷ "我会坦率地告诉你：土库曼斯坦被您冒犯了"，尼亚佐夫开始发言，"你在新闻发布会上曾说过诸如'土库曼人会吃沙子'之类的话。我们对此保持了沉默。""我已经老了并很快会退居二线。"维亚希列夫回答说："我犯下了一个大错，那就是为土库曼斯坦天然气提供市场……如果我说错了什么，请原谅我。"但尼亚佐夫毫不

---

❶ 1994年，在俄罗斯天然气工业股份公司总部举行的一次会议上，杰列佐夫发表了上述讲话。当时我在场。

❷ WATAN（Turkmen Television）press release，December 17，1999. 在电视上看到交流的人向我保证，由阿什哈巴德的一位同事提供给我的这份笔录是真实的。

留情："我会告诉你你说过的话：'他们别无选择；他们会爬到我们身边……'你知道这些话是从您的采访中摘录出来……""不，不——我想我没有说过这样的话，"维亚希列夫拼命解释，"我不再与记者交谈。"随之，尼亚佐夫的语气变缓，电视对话转向价格。维亚希列夫大概松了一口气，带着一份为期一年的天然气合同回到莫斯科。

维亚希列夫的访问标志着俄罗斯天然气与中亚的关系开始发生巨变。维亚希列夫出访数月后，俄罗斯天然气工业股份公司重回土库曼斯坦，这次是为了谈判长期合同。这曾是尼亚佐夫最初努力要获取的。在同一时间，乌克兰人和西方公司也向他示好，这促使他相信土库曼斯坦的天然气出口可以绕开俄罗斯，向西通过跨里海管道经阿塞拜疆至土耳其，或者向南通过管道经阿富汗至巴基斯坦。但是到了 2000 年，尼亚佐夫对这种新出口路线的前景失去希望，并且随着 2000 年俄罗斯大选和普京的崛起，他的注意力重新聚焦到北向。❶普京就任总统后的几天内对阿什哈巴德进行了简短的礼节性访问，尽管他的使命最终是相同的——采购天然气，但背景已经完全不同。20 世纪 90 年代，被迫吞下俄罗斯天然气泡沫之后，中亚人现在已经准备好反击。但是中亚的喘息只是权宜之计。又过了近十年，俄罗斯天然气工业股份公司才开始投资亚马尔地区的下一代俄罗斯天然气，而在此期间，俄罗斯天然气工业股份公司一直处于天然气短缺的状态。

结语：20 世纪 90 年代的俄罗斯天然气工业股份公司

十年间，关于生存与控制之战几乎耗费了俄罗斯天然气工业股份公司管理层的全部精力。他们的注意力是有选择性的——生存第一，其他都是次要的。随着 20 世纪 90 年代走向尾声，该公司面临一系列被忽略或推迟的挑战，这些挑战需要尽快得到解决。首先是政府废除俄罗斯天然气工业股份公司独特的财政特权所引起的金融危机。在这十年的前半期，该公司在上游投资或管

---

❶ 尼亚佐夫本人可以说是圣彼得堡精英的成员，在圣彼得堡受过水电工程师的教育。

道维护上花费很少；在下半期，它几乎没有花费。但是此外，正如我们所看到的，俄罗斯天然气工业股份公司已经成为经济体其余部分的"天然气奶牛"。这些问题在1998—1999年达到了顶点，当时全球经济衰退导致欧洲天然气价格下降，国内市场的未付天然气账单增多，最后国家违约并暴跌。

20世纪90年代对于塑造俄欧未来天然气关系而言同样重要。俄罗斯天然气工业股份公司并没有挑战欧洲现有天然气体制——在任何情况下，这都是相当令人舒适愉快的。它甚至与德国巴斯夫集团（BASF）建立了Wingas合资企业，尽管这挑战了鲁尔燃气公司作为俄罗斯天然气工业股份公司合作伙伴的垄断地位，但很快又重新回归到已确定的排序。俄罗斯天然气工业股份公司与交易所的早期实验旨在使俄罗斯天然气直接接触消费者。当遭到现任者的抵制时，这些实验逐渐褪色。❶经过十年半的事后思考，乔纳森·斯特恩在2014年写就的书中总结了20世纪90年代俄欧天然气关系的主要后果："俄罗斯联邦忙于建立有关天然气的后苏联秩序，而欧盟和天然气公司都在努力迈出通向天然气工业自由化的第一步。"❷换句话说，双方都是内向收敛的。当双方开始更加密切地关注彼此时，他们对自己的发现感到惊讶。

20世纪90年代后期，维亚希列夫时代即将结束。只要切尔诺梅尔金担任总理，他会继续为维亚希列夫提供必要的（尽管逐渐减少）保护以使其免受政治和财政压力。但是在1999年，切尔诺梅尔金辞职，维亚希列夫的失误使他失去工作：在1999年选举中，他支持反对派——叶甫盖尼·普里马科夫和尤里·卢日科夫，反对克里姆林宫统一党及其候选人弗拉基米尔·普京。当他的合同于2001年5月到期时，他被叫到克里姆林宫，并被告知不会续签。从那一刻起，俄罗斯天然气工业股份公司的实际负责人就成了普京。这是我们第10章的主题。

---

❶ 关于交易所的兴衰，参见Jonathan P. Stern，"The Impact of European Regulation and Policy on Russian Gas Exports and Pipelines，" in James Henderson and Simon Pirani, eds., *The Russian Gas Matrix*：*How Markets are Driving Change*（Oxford：Oxford University Press for the Oxford Institute for Energy Studies，2014），pp. 88-90。

❷ 关于交易所的兴衰，参见Jonathan P. Stern，"The Impact of European Regulation and Policy on Russian Gas Exports and Pipelines，" in James Henderson and Simon Pirani, eds., *The Russian Gas Matrix*：*How Markets are Driving Change*（Oxford：Oxford University Press for the Oxford Institute for Energy Studies，2014），pp. 82-83。

第10章

压力下的俄罗斯天然气工业股份公司

21 世纪的前 20 年，俄罗斯天然气工业股份公司和俄罗斯整个天然气行业都面临三个新的压力。一是由于苏联时代气田开始不可避免地衰退，俄罗斯天然气工业股份公司面临天然气供应的威胁。二是在西欧市场自由化进程中产生的挑战和机遇。三是国内新竞争对手的兴起削弱了俄罗斯天然气工业股份公司的传统垄断地位。

在这 20 年中，俄罗斯天然气工业股份公司成功地应对了前两个挑战。到 2020 年，通过开发亚马尔半岛的巨大天然气资源，俄罗斯天然气工业股份公司已经确保下一代供应的舒适盈余。在西欧——它的主要出口市场，俄罗斯天然气工业股份公司已经适应了那些改变欧洲天然气工业市场结构和商业模式的根本性变化。但是第三个挑战仍然隐约可见，而且还在不断加剧。国内竞争对手已经占领国内天然气市场的一半以上，并在液化天然气的开发和出口上占据领导地位，打破了俄罗斯天然气工业股份公司天然气出口的传统垄断。俄罗斯天然气工业股份公司与国家签订的历史性协议（即第 9 章中讨论的"盖达尔交易"）逐渐减弱，并可能很快消失。根据该协议，俄罗斯天然气工业股份公司供给令其亏损的国内市场，以换取对运输和出口的垄断控制。

　　俄罗斯天然气工业股份公司经常被描绘成铁板一块和一成不变的恐龙，是苏联天然气工业部直接且不变的继承者。按照这种叙述方式，如果 2000 年至 2020 年期间发生什么变化，那么这种变化就是俄罗斯天然气工业股份公司重回苏联模式。由于鲍里斯·叶利钦时代俄罗斯天然气工业股份公司的准自治地位在弗拉基米尔·普京任下被撤销，俄罗斯天然气工业股份公司重新变成克里姆林宫的政策工具。此外，俄罗斯天然气工业股份公司被描述为高度集中的单一角色。这种观点塑造了过去 20 年来对俄罗斯天然气工业股份公司和俄罗斯在西方天然气政策的主导观点。❶

　　这种观点虽然有一定的根据，但只是一种讽刺，并没有抓住已经发生的变化。像俄罗斯天然气工业股份公司这样的大型组织是非常复杂的，每个部分都有自己的历史和文化。俄罗斯天然气工业股份公司更像是一个封建贵族，其中各个部门都由具有坚强个性的人物领导，每个人都与当权者具有政治联系，而且行政长官的控制是不完善的并经常引起争议。做一个粗略的估计，俄罗斯天然气工业股份公司至少由三大部分组成：第一个部分由工程部门组成，负责生产和运输；第二个部分是出口和对外关系；第三个部分是中央管理，负责整体政策、安全以及与克里姆林宫的关系。此外，还有俄罗斯天然气工业股份公司负责国内分配和销售的部分，我们在这里不做讨论。三大部分通常在政策和个人抱负上存在分歧，俄罗斯天然气工业股份公司作为对其压力的整体回应是由三个部分的不同行为和复杂互动决定的。

　　然而，俄罗斯天然气工业股份公司总体上仍然坚守其传统操守：生产天然气并通过管道输送到国内市场及其首选的西欧出口市场。结果，俄罗斯天然气工业股份公司对变革压力做出的反应缓慢，如两位敏锐观察者所描述的，

---

❶ 牛津能源研究所的工作是一个值得欢迎的主要例外，尤其是乔纳森·斯特恩、詹姆斯·亨德森（James Henderson）、西蒙·皮拉尼（Simon Pirani）、卡特娅·亚菲玛瓦以及其团队过去30年来的研究。我在这里以及整本书中从他们的工作中汲取了灵感。很多内容可以在研究所网站上找到。特别是James Henderson and Simon Pirani, eds., *The Russian Gas Matrix: How Markets Are Driving Change*（Oxford：Oxford University Press，2014）。另一个值得注意的例外是优秀的史学著作Per Högselius, *Red Gas: Russia and the Origins of European Energy Dependence*（New York：Palgrave Macmillan，2013），我对这本书引用很多。

"一种较小的可接受适应步骤的战略"——除了作为贸易商的俄罗斯天然气工业股份公司活动的重要例外，公司这部分的适应可以被标榜为"巨大的灵活性和创造力"。❶ 因此，不应忽视这些年来已经发生的非常真实的演进过程。时间在流逝；新领导人开始负责；新技术出现；而且慢慢地，俄罗斯天然气工业股份公司在一步步发展。

俄罗斯天然气工业股份公司下属的天然气出口公司是主要的例子，它负责俄罗斯天然气工业股份公司的出口和贸易活动。令人惊讶的是，自苏联天然气出口部（当时是苏联对外贸易部的一个分支机构）开始替代苏联天然气工业部（后来的俄罗斯天然气工业股份公司）向欧洲出口天然气的半个世纪以来，基本上只有四个人曾负责过俄罗斯的国际天然气出口业务。一个是管道工程师斯蒂潘·杰列佐夫，是他在20世纪60年代白手起家建立了俄罗斯的天然气出口业务。直到2001年俄罗斯天然气工业股份公司董事长列姆·维亚希列夫时代，杰列佐夫一直主持俄罗斯天然气工业股份公司的国际运营业务。第二个是尤里·科马罗夫，随后是维亚希列夫的儿子尤里，20世纪90年代转型时期领导天然气出口公司。第四个是投资银行家亚历山大·梅德韦杰夫，他于2002年接任小维亚希列夫，在出任天然气出口公司负责人之前，他在维也纳从事金融工作13年之久。❷ 尽管回到莫斯科时，他是天然气业务的新手，但在所有商业方面很快成为专家，尤其深谙管道合同奥秘。面对内部对液化天然气发展的抵制，梅德韦杰夫领导创立了俄罗斯天然气工业股份公司的子公司——俄气市场和贸易公司（GM & T），借此俄罗斯天然气工业股份公司可以学习如何交易液化气（即使尚未生产），还可以学习西欧自由化市场中的天然气贸易技巧，我们将在本章后面看到。伊莲娜·布尔米斯特罗娃（Elena Burmistrova）自2014年以来一直担任俄罗斯天然气出口公司负责人，象征着第四代的崛起。她不是来自管道业务，但作为梅德韦杰夫及其维也纳合作伙

---

❶ Tatiana Mitrova and Tim Boersma, *The Impact of US LNG on Russian Natural Gas Export Policy* (New York: Columbia University Center on Global Energy Policy, 2018), p. 27.

❷ 整个故事有点复杂。梅德韦杰夫最初被派往维也纳，为三家"苏联外国银行"（*Sovzagranbanki*）之一的多瑙银行（Donaubank）工作。多瑙银行是资助各种苏联友好组织的渠道。苏联解体后，多瑙银行的许多工作人员成了实际的投资银行家，将资金重新打包进行国际投资。

伴安德烈·阿基莫夫的门徒，负责俄罗斯天然气工业股份公司不断增长的液化天然气和液体燃料贸易。作为新生代成员，她带来了一套全新的技能和经验，可以发挥俄罗斯天然气工业股份公司的潜在力量。❶

由于这种内部多样性，俄罗斯天然气工业股份公司对天然气新世界的适应，在许多方面比严格的商业逻辑所显示的要缓慢。因此，本章的目的是试图梳理变与不变、停滞与动态、商业与政治动机的一种混合，因为俄罗斯天然气工业股份公司各个部分之间——俄罗斯天然气工业股份公司管理层、市场和政治中心相互关联。

本章重点讨论的时段是从 2000 年到 2020 年的 20 年，始于普京出任总统、列姆·维亚希列夫作为俄罗斯天然气工业股份公司主席被清洗。这 20 年也许是俄罗斯天然气工业股份公司历史上最重要的时刻，甚至超过 20 世纪 90 年代。先前的管理团队被替换。进入维克多·切尔诺梅尔金朋友和亲属腰包的资产被追回。为了创建国有石油天然气巨头，克里姆林宫几乎将俄罗斯天然气工业股份公司与俄罗斯石油公司进行合并。中亚天然气进口先涨后降：随着俄罗斯天然气工业股份公司努力应对日益迫切的问题（抵消西西伯利亚苏联时代巨型气田的产量下降），中亚不再是主要的供给者。❷ 俄罗斯天然气行业出现独立公司，对其构成新的竞争性挑战。随着俄罗斯天然气工业股份公司的生产垄断结束、对国内市场的控制减弱，部分出口垄断被打破。

在大部分时间里，俄罗斯天然气工业股份公司在战略上出现内部分裂。公司内部的强大参与者为究竟遵循哪条道路展开战斗——是否向北前往亚马尔半岛并发展下一代常规管道天然气，或者通过液化天然气向西销往美国和其他全球市场。随着该公司采取首个迟疑步骤进入增长迅速的欧洲现货市场，

---

❶ 2019年2月，梅德韦杰夫突然被辞退，与其一道被辞退的是他的国内对应者瓦列里·戈卢别夫（Valeriy Golubev）。梅德韦杰夫被布尔米斯特罗娃取代，后者成为国际关系的高级主管和管理委员会副主席，据说后者击败了对手巴维尔·奥德洛夫（Pavel Oderov），国际商务部主管兼俄气市场和贸易公司总经理。两者都可被认为是第四代的一部分。

❷ 关于俄罗斯的中亚天然气进口的后续演变，参见Stanislav Yazynin, Matthew Sagers, Julia Nanay, and Anna Galtsova, *Russia's Need for Central Asian Gas Diminishing, but Has It Disappeared?*（IHS Markit Insight, November 2014）。

俄罗斯天然气工业股份公司领导人对出口战略争论不休。由于俄罗斯天然气工业股份公司试图提高气价，与乌克兰的长期冲突导致俄罗斯两次中断向欧洲输送天然气，自维亚希列夫伊始，这种冲突赋予俄罗斯天然气工业股份公司政策以新的动力——建设绕过乌克兰通往欧洲的替代管道。最后，面对全球液化气兴起和随后美国页岩气的新挑战，俄罗斯领导人努力制定液化气战略。公平地说，当今俄罗斯天然气工业正在发生的一切几乎是由 2000 年至 2015 年间做出或未做出的决定所驱动的。

变革的主要催化剂是普京。他几乎刚当选总统就列出一个优先事项清单，这与切尔诺梅尔金和维亚希列夫的优先清单不同。第一项任务是改变管理模式。第二项是重新控制天然气行业。然而说普京试图重新控制，并非是指他已经实现目标，更不是确切地说他会用它来做什么。就对天然气行业的盎然兴趣和深厚知识而言，普京在世界领导人中独树一帜。然而他的力量受到制约，而且他的动机庞杂。他本人也随着时间的推移而不断演变。

本书的主要观点之一是，尽管具有地缘政治意义，俄罗斯天然气说到底还是一项生意，而且是一项高技术和高度复杂的生意。国有天然气公司可能是政府推行政策甚至实现地缘政治野心的工具，但它感兴趣的还有利润和市场份额及其商业声誉、工程技术实施以及庞大而复杂的系统管理。普京显然是俄罗斯天然气政策的首席决策者。但是与任何大型组织一样，在日常业务中，俄罗斯天然气工业股份公司有能力延迟、抵抗并重塑克里姆林宫的命令，如果它们有悖于俄罗斯天然气工业股份公司的商业目标、商业模式和核心竞争力的话。当两个层次衔接顺利时，俄罗斯天然气政策就会发挥最有效的作用。在过去 20 年中，最主要的例子就是建设绕过乌克兰通往欧洲新管道系统的策略。相反，普京在说服俄罗斯天然气工业股份公司开展远东液化气项目方面则要困难得多。他越来越转向其他竞标者，特别是迅速崛起的诺瓦泰克公司。本章的主要挑战之一是试图了解动机与行为之间的相互作用。

本章包括三个部分。第一部分描述了开始征服亚马尔半岛和俄罗斯下一代供应之前俄罗斯天然气工业股份公司长期的犹豫不决。第二部分叙述了俄罗斯天然气工业股份公司对欧洲天然气市场自由化带来的机遇的反应。第三部分讲述了俄罗斯天然气工业股份公司对美国页岩气革命的不情愿反应，及对其液化天然气战略的影响。在第一个问题上，俄罗斯天然气工业股份公司的反应可被总结为传统性，第二个为创新性，第三个——至少是最初——是否定。每一个回应都对当前产生深远的影响。

最后，在最初的积极阶段之后，21世纪的第一个十年以东西方关系的严重降温为特征。这也成为俄罗斯天然气工业股份公司行为中的主要因素，但是我们在本章中对此将不做重点处理，在第11章和第12章中将对其进行更全面的讨论。

首先，我们从描述俄罗斯天然气工业股份公司领导层的变化开始。

克里姆林宫反对维亚希列夫

从普京任总统开始，他的政府成员就一直在思考如何与维亚希列夫打交道。他没有表现出对政府部长、甚至对总理的尊重。而且，他显然与克里姆林宫的新兴优先事项（尤其是普京优先事项）不一致。例如，2000年6月，在普京就职典礼后不久，维亚希列夫便提出一项计划，修改俄罗斯天然气工业股份公司章程以允许他出售各个子公司——大概是与家人和朋友的利益有关。俄罗斯天然气工业股份公司董事会阻止了他的计划，因为这是一个明显使现有管理层受益的策略。❶但是，维亚希列夫计划更严重的战略问题是，他旨在分权，而普京的意图则是重新集权。

这不是立即显现的。上台之初，普京似乎倾向于自由化改革，并且组建了以具有改革思想的经济学家戈尔曼·格列夫（German Gref）为首的自由化智囊团，研究经济自由化的各种建议。❷解散俄罗斯天然气工业股份公司在他们的清单中排名首位。但是令他们惊讶的是，普京决定解决天然气行业问

---

❶ Valerii Paniushkin, Mikhail Zygar', and Irina Reznik, *Gazprom: Novoe russkoe oruzhie*（Moscow："Zakharov，"2008），p. 104.

❷ 关于格列夫及其在21世纪第一个十年初期所扮演角色的刻画，参见Thane Gustafson, *Wheel of Fortune: The Battle for Oil and Power in Russia*（Cambridge, MA: Belknap Press of Harvard University Press，2012），pp. 254-255. 自2007年，格列夫一直是俄罗斯联邦储蓄银行的首席执行官。

题的方法不是解散，而是在克里姆林宫的直接控制下变得更加集中——首先，这意味着要排挤维亚希列夫。❶普京决定保留俄罗斯天然气工业股份公司的完整性，是他最终会成为国家主义者而不是自由主义者的第一个迹象。

维亚希列夫担任首席执行官的合同将在第二年到期，这时候已经开始寻找替换人选。只要切尔诺梅尔金担任总理，维亚希列夫会一直受到保护。但是随着他的保护人离任，维亚希列夫感到自己的地位岌岌可危。他不在普京的核心圈子里，也不是让普京掌权的"家族"成员，❷因此他知道自己是脆弱的。维亚希列夫试图亲自讨好新总统，但普京用嘲笑般的蔑视对待他。❸2000年6月，切尔诺梅尔金不再担任俄罗斯天然气工业股份公司董事会主席，由德米特里·梅德韦杰夫接任，他是圣彼得堡的律师，当时以担任普京成功竞选总统活动的经理而闻名。第二年春天，切尔诺梅尔金被派往乌克兰担任大使，这实际上是一种"光荣流放"。新任董事会主席德米特里·梅德韦杰夫，❹毫无疑问对普京想要的东西心知肚明：

> 您还记得俄罗斯天然气工业股份公司值多少钱吗？如何被管理？政府对此没有监督；它的股票市场完全混乱。就在那时我们决定国家必须重新控制。考虑到它的角色和职能，像俄罗斯天然气工业股份公司这样的公司，只能有一个所有者：那就是国家。❺

---

❶ 从一开始，普京似乎对天然气比对电力更感兴趣。答案可能在于这样一个事实，即从一开始他就将天然气视为地缘政治影响力（和资源租金）的工具，而电力则不是。他意识到天然气行业对乌克兰和中亚的艰难依赖，而电力行业却并非如此。天然气为国家赚取了出口收入，而电力却没有。有传言说普京早在1999年就曾说过想成为俄罗斯天然气工业股份公司的负责人，而不是总理或总统。关于对普京电力政策的宝贵背景介绍，并对普京的优先事项持不同观点，参见Peter Rutland，"Power Struggle：Reforming the Electricity Industry，" in Robert Orttung and Peter Reddaway，eds.，*The Dynamics of Russian Politics：Putin's Reform of Federal-Regional Relations*，vol. 2（Lanham，MD：Rowman and Littlefield，2005），pp. 267-294。

❷ "家庭"一词是指一群与叶利钦关系密切的国家官员和家庭成员，在招募当时不为人知的普京作为叶利钦继任者方面，他们发挥了作用。关于与参与者访谈的生动报道，参见Mikhail Zygar'，*All the Kremlin's Men：Inside the Court of Vladimir Putin*（New York：PublicAffairs，2016。

❸ Paniushkin, Zygar', and Reznik, *Gazprom*, p. 103.

❹ 与亚历山大·梅德韦杰夫无关。

❺ Paniushkin, Zygar', and Reznik, *Gazprom*, pp. 104-105.

就普京而言，最后一根稻草是 2000 年当选总统后不久，维亚希列夫试图迫使政府提高国内天然气价格。维亚希列夫称，如果不提高气价，俄罗斯天然气工业股份公司将无法向电力部门提供过冬的足够天然气："这个冬天我们能活下来……但是到 2001 至 2002 年冬天，我们将会遇到严重问题。再过一年之后，我们将没有任何东西来取暖。但这不会是我的担心——届时我将退休。" ❶他的语气是挑衅式的，完全证明了总统的人对他的反对正确无疑。维亚希列夫必须离开。当普京决定找人取代维亚希列夫时，他从圣彼得堡的前同僚——如往常一样——物色到一个相对陌生的人选，一位名叫阿列克谢·米勒的人。

当普京任命阿列克谢·米勒担任俄罗斯天然气工业股份公司负责人时，他对天然气行业一无所知。在普京眼中，那可能是他具有吸引力的特质之一：他在俄罗斯天然气工业股份公司没有熟人，不受先前联系或忠诚的束缚，也不会卷入任何先前的交易。他是为打算成为真正老板的人而领导俄罗斯天然气工业股份公司的理想人选。普京就任总统之前，就对天然气行业的细节表现出极大兴趣，在过去 20 年中，他反复干预，将权力掌握在自己手中。俄罗斯总统对天然气事务的精通令每个到访者印象深刻。

米勒有一种天赋，考虑到他的环境，这种天赋是无价的，所有认识他的人都低估了他。20 世纪 80 年代，他最初是阿纳托里·丘拜斯圣彼得堡改革团队中的成员。当丘拜斯移居莫斯科推行私有化计划后，他留在了圣彼得堡。米勒被吸收到圣彼得堡市对外关系委员会，该委员会负责人普京迅速成为事实上的圣彼得堡市长。但是米勒是团队的二线成员，并且当普京也前往莫斯科加入总统办公厅时，米勒再次被抛在后面。在委员会里，他并非众人瞩目的人物，他是一个害羞、犹豫不决的人，没有人注意到他。他早早上班，待到很晚，努力工作。"但像阴影一样地活着，像阴影一样地工作,沿着墙壁潜行。"

---

❶ 引自 Paniushkin, Zygar', and Reznik, *Gazprom*, p. 105。一个月前，政府通过推动对俄罗斯天然气工业股份公司宪章的修正，为维亚希列夫领导下的滑道加油。到那时为止，首席执行官只能由董事会的一致投票取代，这实际上确保了维亚希列夫的职位永久存在。但是在新规则下，简单多数就足够了。

市长办公室的一位前同事说。"他是理想的副手"，另一位总结说。❶

　　然而，正是他的勤奋、谨慎和忠诚的特质使普京在离开圣彼得堡前往莫斯科时，任命米勒担负起他的第一份具有真正责任感的工作——圣彼得堡港发展主管。1999 年，他被任命为波罗的海管道系统总经理，这是普京大力支持的一条石油管道。此后不久的 2000 年，普京将他带到莫斯科担任能源部副部长。当时人们普遍认为，普京已经选定米勒来接替他的位置。❷

　　在过去的 20 年中，米勒已成长为首席执行官。米勒与维亚希列夫风格迥异，维亚希列夫是一名工程师，看上去似乎熟悉俄罗斯天然气工业股份公司每厘米的管道系统。而米勒则将工程细节交给他的副手，但在所有其他事务上，他都是一个事必躬亲的管理者，有着对细节的执迷。在最初低估米勒之后，西方天然气专业人士已经学会尊重他关于深奥的商业要点知识以及他处理问题的能力。最重要的是，他们开始欣赏他作为幸存者的素质。媒体对米勒即将被解雇的报道数不胜数，健康问题也成了反复出现的话题——然而在 2016 年，普京续签了米勒的董事长合同，续任了五年。❸ 因此在本书撰写时，尽管传言仍在满天飞，但米勒作为俄罗斯天然气工业股份公司负责人的职业生涯尚未结束。

后维亚希列夫的清洗和再集权化

　　从 2001 年到 2005 年，因为维亚希列夫的"老战士"被排挤，以便为米勒的新任团队腾出位置，俄罗斯天然气工业股份公司管理委员会的规模被削

---

❶ 引自Paniushkin, Zygar', and Reznik, *Gazprom*, pp. 111-112。关于同样的描述，参见Boris Vishnevskii, "Ten', znaiushchaia svoe mesto," *Moskovskie novosti*, September 24, 2004, http://www.compromat.ru/page_11389.htm。维什涅夫斯基（Vishnevskii）特别否认米勒在吸引西方投资者到圣彼得堡方面发挥了重要作用。尽管他最终被任命为委员会副主席，但由于丑闻而罢免了他的直接老板亚历山大·阿尼金（见Vishnevskii, "Ten", znaiushchaia svoe mesto）。米勒和他对俄罗斯天然气工业股份公司管理的冗长档案出现在Aleksey Grivach and Andrei Denisov, "Upravliaiushchii natsional'nym gazovym dostoianiem," *Vremia novostei*, May 25, 2006, p.8, http://www.vremya.ru/2006/89/8/152813.html。

❷ 这个叙述主要基于Paniushkin, Zygar', and Reznik, *Gazprom*，但与许多其他来源的同样叙述相吻合。有关普京统治下对外关系委员会的描述，参见Gustafson, *Wheel of Fortune*, chapter 6。

❸ "Aleksey Miller Elected as Gazprom Management Committee Chairman for Another 5-Year Term," February 16, 2016, http://www.gazprom.com/press/news /2016/february/article266936/。

减一半。而生产和运输领域的技术专家则基本保持原状，或至多被来自当地生产子公司的其他专家替代，而更具战略性的负责财务、资产和安全的职位，都是由米勒从原来在圣彼得堡工作时的同事中安插进来的。伊莲娜·瓦西列娃（Elena Vasileva）是他在圣彼得堡港的首席会计师；她在俄罗斯天然气工业股份公司担任了相同职位。米哈伊尔·谢列达（Mikhail Sereda）曾是波罗的海管道系统的财务总监；他已经成为管理委员会主席。具有同一背景的 32 岁新兴财务专家安德烈·克鲁格洛夫（Andrei Kruglov）担任首席财务官。基里尔·谢列兹涅夫（Kirill Seleznev）曾在圣彼得堡港担任对外关系主管，负责波罗的海管道系统的税收政策；他成为米勒的办公室主任，然后负责俄罗斯天然气工业股份公司的天然气分配和销售。只有两个真正的局外人，也许是克里姆林宫提名的：亚历山大·梅德韦杰夫，从维也纳返回后接管俄罗斯天然气出口公司，而他在维也纳的合伙人安德烈·阿基莫夫成为俄罗斯天然气工业银行的负责人。在随后 20 年的大部分时间里，该团队保持了非常稳定的状态。直到 2019 年，与米勒的圣彼得堡背景不同的新一代经理人，才在公司里登上了最高职位。❶ 这对俄罗斯天然气工业股份公司行为的影响尚不得而知。

在清除维亚希列夫残存势力的同时，米勒着手恢复被旧管理层的亲戚朋友接管的公司资产。2001 年 5 月，普京主持扎波利亚诺气田的生产启动仪式，这是西西伯利亚四大常规超级巨型气田中的最后一个和自苏联解体后开始生产的第一家主要气田。普京转向刚被任命的米勒，此时维亚希列夫陪同身边。他指示说："钱在哪里？我们卖的天然气怎么如此便宜？区别在哪里？" ❷ 普京深信各种中间商攫取了俄罗斯天然气价值的一半或更多。米勒的任务很明确：找到中间商，追回公司在俄罗斯国内外遭受的损失。

---

❶ 这个趋势不仅局限于俄罗斯天然气工业股份公司。在21世纪的第一个十年宣布的高级人事任命中，"圣彼得堡人"的支配地位在21世纪第二个十年的整个政府中逐渐消失。

❷ 引自Paniushkin，Zygar'，and Reznik，*Gazprom*，115ff。

在随后的清洗中，普京明显是操盘手。米勒被任命的几天内，联邦安全局（FSB）特工出现在俄罗斯天然气工业股份公司的主要办公室并接管了这些账目。维亚希列夫团队的主要成员被解雇。❶从曾短暂领导天然气出口公司的维亚希列夫之子尤里开始，维亚希列夫和切尔诺梅尔金的亲戚朋友被迅速解聘。维亚希列夫的兄弟维克多（领导俄罗斯天然气工业股份公司布尔加斯钻井局），他的女儿塔基扬娜（俄罗斯天然气工业股份公司的建筑承包商——俄罗斯天然气运输建设公司（Stroytransgaz）的主要股东）和切尔诺梅尔金的两个儿子（他们同样在俄罗斯天然气运输建设公司持有主要股份）——所有这些人都占据着拥有大量现金流的职位。❷

至于维亚希列夫和切尔诺梅尔金，2001—2002年，他们迅速从福布斯的年度亿万富豪榜中消失。❸福布斯富豪榜是一个有趣的晴雨表。1996年以前，它完全没有报道过任何俄罗斯亿万富翁。叶利钦连任后，1997年出现了第一批俄罗斯人。那一年有五人上榜，其中包括第四名的维亚希列夫。2001年，八名俄罗斯人进入榜单。据报道，尤科斯石油负责人米哈伊尔·霍多尔科夫斯基是俄罗斯首富，身价24亿美元；维亚希列夫位居第三，15亿美元；而切尔诺梅尔金排在第八，拥有11亿美元。但是维亚希列夫和切尔诺梅尔金并未出现在2002年榜单上。具有讽刺意味的是，就在几年前，他们的股票和期权还几乎一文不值，而现在它们让这两个人变得富有了，但随即又被剥夺了。

脱离俄罗斯天然气工业股份公司帝国的前子公司名单很快被米勒恢复，这显然是在普京的幕后协助下完成。很快，米勒重新控制了"西布尔"公司（西伯利亚乌拉尔油气化工股份公司，Sibur）、布尔天然气公司（Purgaz）和西西伯利亚工业公司（Zapsibprom）等曾散落在旧管理层亲朋手中的重要天然气和石化资产。2002年5月，轮到了俄罗斯天然气运输建设公司

---

❶ 关于细节，参见Grivach and Denisov，"Upravliaiushchii natsional'nym gazovym dostoianiem"。

❷ Paniushkin, Zygar', and Reznik, *Gazprom*, pp. 119-120.

❸ 参见Konstantin Smirnov and Alena Miklashevskaia，"Forbes opiat' soschital vsekh bogatyx，"*Kommersant-Daily*，June 23，2001，p. 3; and Fedor Kotrelev，"Bogatye stali bednee—a russkie bogache，"*Kommersant-Daily*，March 2，2002。

（Stroitransgaz），它是俄罗斯天然气工业股份公司的主要管道建设承包商。1995年，它仅用200万美元就收购了俄罗斯天然气工业股份公司4.83%的股份。几年后，这些股份的市值估计高达10亿美元。通过多次对该公司的收购，国家越来越接近恢复对公司的多数控制权。这为国家在公开市场上出售美元计价股票开辟了道路，从而增加俄罗斯天然气工业股份公司股票对外国投资者的吸引力。同时，俄罗斯天然气工业股份公司出售了成为其投资组合一部分的小型银行，以此换取公司的少量股份。这一步步地帮助国家重新获得了俄罗斯天然气工业股份公司多数股权。❶

那些接管俄罗斯天然气工业股份公司资产的人比其他人更难让人信服。列姆·维亚希列夫之子尤里·维亚希列夫未经战斗就表示屈服。但维切斯拉夫·谢里梅特（Vyacheslav Sheremet）——切尔诺梅尔金的发小，维亚希列夫任职时的副主席，在监狱里待了三个晚上，而雅科夫·戈尔多夫斯基（Yakov Goldovskii）在交出西布尔公司财产之前被关押数月。据报道，俄罗斯天然气运输建设公司前负责人阿恩格特·贝克（Arngolt Bekker）被阿利舍尔·奥斯曼诺夫（Alisher Usmanov）说服为普京做事。他将他拥有的股份归还给俄罗斯天然气工业股份公司，并巩固了国家对俄罗斯天然气工业股份公司的股权控制。❷

所有这些活动的发生基本上都是在欧洲人视野之外，除了少数从事俄罗斯天然气业务的能源公司——主要是壳牌公司（活跃在萨哈林岛），温特沙尔公司（俄罗斯天然气工业股份公司在Wingas的合资伙伴）和BP公司（活跃在东西伯利亚）——甚至它们也只能远远地观望。少数西方专业媒体报道了俄罗斯天然气工业股份公司内部的情况，但在布鲁塞尔，特别是在欧洲成员国的首都，很少有人对俄罗斯天然气工业股份公司在总统的控制下实际上重

---

❶ Maria Braslavkaia，"Spisok Millera，"*Rusenergy*，May 20-26，2002. *Rusenergy*是新闻和评论通讯，是21世纪第一个十年—21世纪第二个十年关于俄罗斯天然气工业股份公司和其他能源问题的重要分析来源。它的创始人兼总编米哈伊尔·克鲁蒂欣（Mikhail Krutikhin）仍在当今能源新闻领域保持重要的独立声音。

❷ Paniushkin，Zygar'，and Reznik，*Gazprom*，pp. 120-121.

新国有化的事实有深入的了解。❶ 例如，《金融时报》在社论中警告："普京先生必须抵挡住从克里姆林宫施加完全控制的诱惑。俄罗斯天然气工业股份公司作为一个国有公司是无法繁荣的。而且，如果俄罗斯天然气工业股份公司不繁荣，俄罗斯也不会繁荣。"❷ 但具有讽刺意味的是，《金融时报》的这些话总结了普京计划的本质内容及其依据。到了 2001 年 5 月俄罗斯天然气工业股份公司召开董事会会议的时候，"克里姆林宫的全面控制"已经进展顺利。

同时，普京政府中的自由主义者，特别是他的首席改革家格列夫曾设想，随着俄罗斯天然气工业股份公司再次被政府控制，他们可以按照西方的路线对其进行现代化改造，就像市场改革者从 20 世纪 90 年代初建议的那样。公司将被肢解；上游将被私有化，不同生产者将互相竞争；管道系统将变成受管制的公用事业。❸ 但是普京对俄罗斯天然气工业股份公司有不同的计划。他保持俄罗斯天然气工业股份公司对出口的完全垄断，同时鼓励公司作为俄罗斯的国家能源冠军继续扩张。❹ 但是，在这十年的初期，这一切都不是显而易

---

❶ 西方新闻界为数不多的杰出记者之一是《华盛顿邮报》的戴维·霍夫曼（David Hoffman），他不久后将出版《寡头》（The Oligarchs），这本开创性的著作为维亚希列夫领导的俄罗斯天然气工业股份公司提供了充足的空间。见 David Hoffman，"Foreign Investors Criticize Deals by Russian Gas Giant，"*Washington Post*，December 24，2000，https：//www.washingtonpost.com/archive/politics/2000/12/24/foreign-investors-criticize-deals-by-russian-gas-giant//e98cf51e-efd1-45f5-b4e8-84d2edec8f77/?utm_term=.3b90aa0aba6c。关于维亚希列夫和切尔诺梅尔金亲属和盟友的股份，霍夫曼在那篇文章中写道："这些人包括维亚希列夫，他的女儿塔基扬娜·德迪科娃（Tatiana Dedikova）拥有俄罗斯天然气运输建设公司6.4%的股份；切尔诺梅尔金的儿子维塔利（Vitaly）和安德烈（Andrei）各自拥有5.96%的股份；俄罗斯天然气运输建设公司董事长兼俄罗斯天然气工业股份公司董事会成员阿恩格特·贝克拥有20%的股份，他的三个孩子各自拥有2.6%至6.9%的股份。俄罗斯天然气工业股份公司董事会成员兼副首席执行官维切斯拉夫·谢里梅特的亲戚拥有俄罗斯天然气运输建设公司的6.4%股份。"霍夫曼的主要资料来源似乎是已故的财政部部长、著名改革家鲍里斯·费奥多罗夫（Boris Fyodorov），当时他刚刚当选为克里姆林宫的董事会代表，是反对维亚希列夫掌权的重要声音。

❷ "Leader：Fire Up Gazprom，"*Financial Times*，May 29，2001.

❸ 关于改革计划的描述，参见 Rudiger Ahrend and William Tompson，"Unnatural Monopoly：The Endless Wait for Gas Sector Reform in Russia，"*Europe-Asia Studies 57*，no. 6（September 2005），pp. 801-821。

❹ 只是在普京第二任期内，他才开始允许其他利益——尤其是与根纳季·季姆申科和俄罗斯银行的一些主要股东有关的利益——在天然气领域扮演越来越重要的角色，而俄罗斯天然气工业股份公司对其资产的控制再次开始削弱。

见的,而自由主义者仍然相信他们在总统的支持下,继续实行他们的计划。[1](我记得2004年在一位高层改革者办公室里参加过一次平安夜聚会,他发誓说:"明年我们会解散俄罗斯天然气工业股份公司。"但这至今仍未发生。) [2]

扩大俄罗斯天然气工业股份公司霸权：
几乎接管俄罗斯石油公司

从就任总统的那一刻起,普京就鼓励俄罗斯石油公司和俄罗斯天然气工业股份公司共同努力。这是全球趋势。与石油不同,天然气长期以来一直是区域性产业,但是它发展迅速,随着技术进步——主要是液化天然气的增长,天然气日益全球化。所有主要的国际公司都同时经营石油和天然气业务。在俄罗斯,油气分离似乎是不合时宜的。从一开始,普京就表现出想要打造单一冠军的迹象。

但是俄罗斯天然气工业股份公司和俄罗斯石油公司不太可能成为合作伙伴。20世纪90年代,在维亚希列夫及其同僚的管制下,俄罗斯天然气工业股份公司秉承了苏联时代的传统:西西伯利亚的天然气通过管道输送到俄罗斯西部和欧洲。俄罗斯天然气工业股份公司与俄罗斯的东部地区没有任何联系,尽管偶尔会发布内容相反的新闻稿,但它并没有表现出建立这种联系的真正兴趣。至于与天然气伴生的贵重的天然气凝析气,俄罗斯天然气工业股份公司传统上将其视为毫无用处的令人讨厌的副产品。俄罗斯天然气工业股份公司没有继承大量的石油生产,也没有兴趣获得石油许可证或投资石油勘探或开发。实际上,20世纪90年代,俄罗斯天然气工业股份公司投资了除碳氢化

---

[1] 本部分基于我在21世纪第一个十年初与改革者的互动,包括与当时的经济部长格里夫以及当时负责天然气重组计划的首席副执行官安德烈·沙罗诺夫（Andrei Sharonov）的对话。

[2] 在这一点上,在2005年前夕以及此后的一或两年,俄罗斯天然气工业股份公司似乎已经达到其权力的顶峰。 关于总结当时情况的两份消息灵通的分析,参见 "Kto ne s Gazpromom, tot protiv nego," *Neftegazovaia vertikal*, No. 25（December 16, 2005）; and Viktor Somov and Nikolai Sudarev, "Kak podelit' 'Gazprom': Minekonomrazvitiia vpervye predlozhilo real'nyi plan sozdaniia gazovogo rynka," *Rusenergy Praim-Onlain*, March 27, 2003。

合物以外的所有东西，但连自己的天然气资源都几乎没有投资，更不用说石油了。

迄今为止，俄罗斯石油公司和俄罗斯天然气工业股份公司几乎没有任何接触。但在 2004 年下半年，普京显然酝酿了一个完全不同的计划——将俄罗斯天然气工业股份公司与俄罗斯石油公司合并。这个故事开始于 2004 年 9 月中旬的一天，当时俄罗斯总理米哈伊尔·弗拉德科夫（Mikhail Fradkov）和米勒一起在新奥加廖沃官邸拜会普京。两人向普京提出一项提案，这个主题纯粹是技术性的，几乎不值得亲自去拜访总统。问题是俄罗斯天然气工业股份公司的股份 "栅栏限制"。五年前，俄罗斯通过了一项法律，规定外资在俄罗斯天然气工业股份公司的持股比例不得超过 20%，该法律无法预见其后果，公司和政府都被难住了。❶ 这实际上导致了两类俄罗斯天然气工业股份公司股票，一类是以美元计价的股票（ADR），政府在伦敦和纽约证券交易所出售并在俄罗斯之外交易，另一类是仅在国内市场流通的股票。自 1997 年以来，公司国内股票的价值一度低至外国股票的 10%。其结果是，公司的市值远低于该公司股票自由交易时的市值。但是如果可以取消 "栅栏限制"，俄罗斯天然气工业股份公司会一跃成为（以市场资本化计算）世界最大的公司之一——毋庸讳言，一些俄罗斯精英也将身价倍增。❷ 此外，俄罗斯天然气工业股份公司将拥有更多资本开发下一代的天然气供给。

但是，在不确定国家是否已经控制俄罗斯天然气工业股份公司多数股权之前，普京不愿取消 "栅栏限制"。到 20 世纪 90 年代末，俄罗斯天然气工业股份公司和政府控制了该公司 38% 的股份。在普京的领导下，阿列克谢·米勒又获得了高达 17% 的额外份额，使得俄罗斯天然气工业股份公司具有多数

---

❶ 1999年关于 "俄罗斯联邦天然气供应" 的联邦法律设定了此限制。但是，20世纪90年代后期的两项总统令略微改变了数字。1997年5月28日第529号总统令，将外国所有权限制在俄罗斯天然气工业股份公司的9%。1998年8月10日第943号总统令，通过允许向外国人再出售5%的规定放宽了限制。

❷ 2003年3月，俄罗斯天然气工业股份公司董事会成员鲍里斯·费奥多罗夫在接受Interfax采访时说，俄罗斯天然气工业股份公司的股票完全自由化将使公司市值有可能在一年内 "至少翻番"。引自 "Gazprom Makes First Step towards Liberalizing Share Market，" *Interfax Petroleum Report* 12, no. 10（March 14-20，2003），p. 16。由于全面自由化的时间比预期长了两年，费奥多罗夫的预测直到2005年才实现。

控制权。❶但是这位谨慎的总统担心重蹈覆辙，想要完全合法地掌握在国家手中。困难在于如何对此进行偿付。委员会自2001年以来一直在研究"栅栏限制"，但在竞争激烈的提案中陷入困境。❷

米勒和弗拉德科夫带给总统的计划本身是简单的。俄罗斯国家拥有俄罗斯石油公司100%的股份。它所要做的一切就是用俄罗斯石油公司的股份交换等价的俄罗斯天然气工业股份公司股份。俄罗斯天然气工业股份公司将拥有俄罗斯石油公司，而国家将直接获得俄罗斯天然气工业股份公司与俄罗斯石油公司合并后的实体的所有权。按照米勒的计算，这将需要俄罗斯天然气工业股份公司股票10%多一点的股票，因为当时俄罗斯天然气工业股份公司的市值远远高于俄罗斯石油公司。弗拉德科夫对总统说，此举最终将使俄罗斯天然气工业股份公司变得透明，对投资者具有吸引力并适应市场条件。

这个想法对于普京来说很有吸引力，其原因主要有几个。首先，它消除了"栅栏限制"。但更重要的是，它一举创造了普京认为至关重要的能源巨无霸。从他的角度来看，拥有两个国家冠军毫无意义。俄罗斯石油公司当时被认为是虚弱和无效的。就其本身而言，它是一个空间狭小、前途有限的公司。同样，俄罗斯天然气工业股份公司本身只是"西西伯利亚管道天然气公司"，在东部没有任何业务，也没有处理液化气的能力。但是如果团结一致，俄罗斯天然气工业股份公司和俄罗斯石油公司可以提供一种吸引普京的统一碳氢化合物发展路径。

然而，令普京感到惊讶的是，起初似乎纯粹是加强国家对统一能源巨无霸控制的金融策略，变成了主要来自圣彼得堡的两个克里姆林宫派系之间的激烈政治斗争。在普京的亲信伊戈尔·谢钦（Igor Sechin）的支持下，俄罗斯石油公司被莫斯科视为"强力部门"（意指国家安全部门的成员和前成员）的石油公司。2004年7月，当普京任命谢钦为俄罗斯石油公司董事会主席时，

---

❶ "Gazprom Makes First Step towards Liberalizing Share Market，" *Interfax Petroleum Report* 12，no. 10（March 14-20，2003），p. 16.

❷ 参见Varvara Aglamish'ian and Aleksey Tikhonov， "El'tsin poterial 'Gazprom，' a Putin ego vernul，" *Izvestiia*，September 15，2004，https：//iz.ru/news/294144。

这种联系被得到象征性确认。相反，俄罗斯天然气工业股份公司被视为自由主义圣彼得堡商业精英的公司，其成员之一德米特里·梅德韦杰夫担任董事长。从这个角度考虑，米勒和弗拉德科夫关于将俄罗斯石油公司并入俄罗斯天然气工业股份公司的提议，绝非表面上看起来很狭隘的技术性构想。对于倾向于看到每个举动背后政治内幕的莫斯科媒体而言，这相当于将强力部门的主要能源资产移交给对手。

由于俄罗斯石油公司及其首席执行官谢钦的反对，整个计划最终破灭。❶但有三个方面值得我们持续关注，这有助于理解俄罗斯天然气工业股份公司的发展历程以及克里姆林宫对待俄罗斯天然气工业股份公司的方式和普京的态度。第一个是普京当时对单一油气巨无霸的热情。第二个是面对谢钦的坚决反对，普京最终愿意放弃该计划。第三个是自此以后，普京越来越多地接受天然气行业存在多个参与者。其结果是当时俄罗斯天然气行业国内竞争意想不到地加强了，俄罗斯天然气工业股份公司传统出口垄断被弱化了。我们下面探讨这个主题。

确保下一代天然气供给

一旦米勒奉普京指示清除了切尔诺梅尔金—维亚希列夫时期的管理层并建立起自己的团队，他便转向其他事宜。迄今为止，最紧迫的问题是未来的天然气供应。在展望未来之前，我们不妨回想一下，20 世纪 90 年代初，俄罗斯天然气工业股份公司曾有大量盈余，但到 90 年代末，盈余变成了赤字。俄罗斯天然气工业股份公司的管理层对上述每个阶段都做出了不同的反应。接下来，我们将回顾俄罗斯天然气工业股份公司在 2000—2006 年期间所做的决定，当时天然气短缺即将来临，导致公司决定进军亚马尔半岛。

在后苏联转型时期的大部分时间里，俄罗斯一直依赖苏联天然气工业的传承，这归功于苏联时代最后 20 年间的大量投资。该行业的核心现在位于西西伯

---

❶ 关于中止收购细节的描述，参见Gustafson，*Wheel of Fortune*，pp. 341-351。

利亚北部。这个主要产气区被称为纳德姆—普尔—塔兹（Nadym–Pur–Taz）地区，来自三条流经该地区的河流的名称。那里的三个超级气田——梅德维季耶（Medvezhye）、乌连戈伊和扬堡（Yamburg）——20年来这里一直是俄罗斯天然气工业的支柱。但是前两个气田的产量已开始下降，而在2000年，三个气田中最新开发的扬堡气田终于达到峰值，之后其产量也开始下降。

俄罗斯天然气工业股份公司严重依赖这三大气田：2001年，它们的产量超过公司总产量的71%。该公司有大量未开发的储量，但面临成本上升的困境，并缺乏开发新气田并使之投产的资金。俄罗斯天然气工业股份公司的战略家很悲观：他们预测三大气田的产量将从1999年的4100亿立方米下降到2020年的900亿立方米。但除了尝试通过额外支出减缓减产速度之外（例如额外开钻和重新加压现有钻井），俄罗斯天然气工业股份公司集中资源开发苏联时代的最后一个巨型气田扎波利亚诺，同时推迟了下一步行动的决定。

最终的战利品位于三大气田的北部亚马尔半岛。它包含着巨大的天然气宝藏，还有丰富的凝析气，位于北冰洋沿岸，向北延伸几百英里进入喀拉海。苏联时期，就对这一地区进行了勘探，但一直未曾开发。❶总而言之，有25个大型气田在亚马尔半岛被发现，可采储量超过10万亿立方米——足以满足俄罗斯和欧洲一代人的天然气需求。

但是在亚马尔半岛作业的困难很大、成本很高。第一个困难是气候和地貌的挑战。当人们沿着目前连接大陆和半岛的铁路向北行驶时，可以说就跨越了一道隐形的气候和地质鸿沟。在北极的短暂夏季形成的湖沼之下，地下的土地仍永久冻结（因此得名"永冻土"），这极大地增加了施工难度和铺设管道的成本。用于铺路和固定钻台的碎石和石材十分稀缺。物资运输的无冰季节只有数周。冬季，当狂风呼啸并且温度骤降到 –50° F 或更低时，一切作

---

❶ 关于一再推迟发展亚马尔半岛的故事，参见Thane Gustafson, *Crisis amid Plenty*: *The Politics of Soviet Energy under Brezhnev and Gorbachev*（Princeton, NJ：Princeton University Press，1989），chapter 5。

业都得停止。❶一旦沿海岸向西北移动，情况就会变得更加严峻。❷在气田所在的西海岸，大风吹起的海潮将陆地冻结在海冰之下。断断续续的永冻土变成了连续不断的沙子和冰的冰冻混合物，里面又充满了盐水。在更深的地方，人们会遇到"冰冻"——在压力下滑动的液态盐晶，进一步削弱了土壤的承重能力。正如一位苏联时代的官员曾经说过的一句名言：与亚马尔半岛相比，乌连戈伊简直就是"小菜一碟"。

一代人以来，亚马尔半岛一直是俄罗斯天然气行业的圣杯，光芒四射却又遥不可及。1988 年，时任苏联天然气工业部部长的切尔诺梅尔金宣布亚马尔半岛最大气田、离大陆最近的博瓦年科沃（Bovanenkovo）气田将于 1991 年开始商业化生产。但随着苏联中央计划机器衰弱然后崩溃，博瓦年科沃气田的资金和供给随之中断。俄罗斯天然气工业股份公司试图继续推进该项目，但到 1994 年，很明显，它既没有资金也没有需求进行开发，维亚希列夫管理层随即推迟了该项目。1994—2002 年，亚马尔半岛大部分地区被废弃，而俄罗斯天然气工业股份公司内部仍继续研究和讨论最佳解决办法。2002 年，在普京总统的直接要求下，俄罗斯天然气工业股份公司恢复了开发亚马尔的经济可行性研究。

因此，亚马尔的主要障碍在于后勤和经济方面，而不是技术层面，而这些障碍在运输方面尤为凸显。这里有两个问题——获得进入气田的设备和人力，然后将天然气和液体运回市场。第一个问题需要铁路，但铁路尚不存在。在博瓦年科沃气田开始大规模建设之前，必须完成从奥斯卡亚现有铁路的 520 千米的铁路连接（在奥斯卡亚河的西岸）。铁路建设始于 1986 年苏联时代的最后一个五年计划，但在苏联解体后停止。直到 2006 年，经过 20 年的投资和报道的 10 亿美元，只有 268 千米的铁路完成了铺设。

---

❶ A. V. Epishev, "The Impact of Geographical Conditions and the Need for Environmental Protection in the Development of the Natural Gas Industry in the Northern USSR," *Izvestiia AN SSSR* (seriia geograficheskaia), No. 4 (1979), pp. 52-63; translated in *Soviet Geography* 22, no. 2 (February 1981), pp. 67-80. 又见 "Uroki Bovanenkovo," *Rusenergy*, November 28, 2012.

❷ E. G. Altunin, "Strategiiu vybrat' segodnia," *Ekonomika i organizatsiia promyshlen nogo proizvodstva*, No. 2 (1979), p. 18.

就像许多维亚希列夫时代的资产一样，铁路已经落入当地要人之手，他们因国家对建设项目的补贴变得富有。该项目承包商亚马尔运输建筑公司（Yamaltransstroy）在20世纪90年代初期已经私有化。弗拉基米尔和伊戈尔·纳克（Igor Nak）父子拥有该公司41%的股份，并且外部投资者分散，主要与当地建筑行业有关。国家拥有10%的股份，但在拍卖中两次出售失败。纳克家族势力强大，在亲普京的统一俄罗斯党的地方领导层中处于领导地位。2005年5月，普京批准了一项加速铁路建设的计划，但纳克家族说，在铁路线建成之前需要额外资金。他们说，即使所有必要资金都可以立即使用，建设周期也将需要五年时间。简而言之，亚马尔半岛的发展要求清除纳克家族。克里姆林宫的劝说有所奏效，这项工作终于在2006年下半年加快步伐得以恢复。❶

更大的问题是对生产出来的石油和天然气的运输路线选择。多年来，俄罗斯天然气工业股份公司考虑过但又拒绝了包括从在沿海开发克鲁仁什特恩（Kruzenshtern）和哈拉萨韦耶（Kharasavey）气田的液化天然气项目，到沿半岛东南方向建设管道并在鄂毕河下方连接到扬堡的现有管道系统的多种选择。最雄心勃勃的管道路线将沿西南方向穿越拜达拉茨湾（Baydaratskaya），并绕过乌拉尔山脉的北端连接到乌赫塔（Ukhta）网络干线。多年来，俄罗斯天然气工业股份公司的规划师和工程师就各种选择进行辩论。❷最终，他们选择了第三项。尽管这是最昂贵的，但它是迄今为止通往欧洲市场的最短路线。在使博瓦年科沃气田如今成为欧洲低成本天然气的主要来源方面，这一决定发

---

❶ 对于奥斯卡亚—博瓦年科沃（Obskaya-Bovanenkovo）铁路和纳克家族的背景，参见Liudmila Iudina, "Severnyi reportazh: Doroga zhizni," *Trud*, June 2, 2000。弗拉基米尔·纳克（Vladimir Nak）是遥远北方的传奇建筑商之一。当他于2010年去世时，米勒和普京都对他的成就表示敬意。到那时，铁路终于建成了。参见Tat'iana Netreba, "Vladimir Nak: Posleslovie k ispovedi," *Rossiiskaia gazeta*, February 24, 2010。但是直到最后，该项目被丑闻所困扰，其中包括指责纳克家族被与米勒管理层有关的利益所取代、铁路的成本远远超过预算。参见Roman Shleinov, "Kak obschitali 'Gazprom,'" *Vedomosti*, August 26, 2013, p. 20, https://www.vedomosti.ru/newspaper/articles/2013/08/26/kak-obschitali-gazprom; "Rodstvenniki-podriadchiki," *RBK Daily*, February 27, 2015, p. 13。

❷ Thane Gustafson, Matthew J. Sagers, and Sergej Mahnovski, *Conquering Yamal: Gazprom's Strategy for Developing the Next Generation of Russian Gas Supply* (IHS Markit Private Report, September 2007).

挥了主要作用。

因此，这是俄罗斯天然气工业股份公司考虑其 21 世纪第一个十年上半段供应战略时面临的一些障碍。 最初，无论是从经济还是后勤上看，亚马尔半岛似乎都遥不可及。尽管普京在 2002 年呼吁俄罗斯天然气工业股份公司向北移动，但直到 2006 年才做出征服半岛的最终决定。❶ 然而，在核心资产不断下滑的情况下，俄罗斯天然气工业股份公司如何才能满足需求？

命运的转折：俄罗斯天然气工业股份公司和独立生产商

直到 21 世纪第一个十年中期，俄罗斯天然气工业股份公司在俄罗斯上游和国内市场的垄断地位一直没有受到挑战。天然气分析师詹姆斯·亨德森（James Henderson）这样描述：

> 俄罗斯天然气工业股份公司主导俄罗斯天然气行业达到如此程度，以至于根本不知道"独立"的第三方供应商这一概念为何物。俄罗斯任何天然气生产商或进口天然气供应商，都依赖俄罗斯天然气工业股份公司在年度天然气余额中分配空间，在管道中提供空间，通常还要自己购买天然气。俄罗斯国有天然气公司在国内和出口市场上享有有效的独家分销权。❷

但是，从 20 世纪 90 年代后期开始，三件事逐渐改变了这一情况。第一，正如我们所看到的，俄罗斯天然气工业股份公司的遗留资产开始减少。第二，随着俄罗斯经济开始从衰落中复苏，国内天然气需求开始增加，而且这个增

---

❶ 用于从博瓦年科沃到乌克塔（Ukhta）管道的第一条钢管是在2008年春季施工季节交付的。这是一个让人相当自豪的事，因为与前几代苏联和俄罗斯管道不同，这条钢管完全是由俄罗斯制造的大口径管道。关于细节，参见see Sergei Smirnov，"'Gazprom' poluchil pervye truby dlia 'Yamala'，"*Vremia novostei*，April 22，2008，http：//www.vremya.ru/2008/69/4/202360.html。

❷ James Henderson，"Non-Gazprom Russian Producers：Finally Becoming Truly Independent?，" in James Henderson and Simon Pirani，eds.，*The Russian Gas Matrix：How Markets Are Driving Change*（Oxford：Oxford University Press，2014），p. 314.

长一直持续到 1998 年至 1999 年危机之后。第三，正如已经观察到的那样，俄罗斯天然气工业股份公司缺乏在亚马尔半岛进行大规模投资的资本，并且它一再推迟向北进发的启动时间。由于上述原因，21 世纪第一个十年，俄罗斯天然气工业股份公司的供应平衡承受着越来越大的压力。

在新管理层下，俄罗斯天然气工业股份公司内部就如何推进存在分歧，它首先转向临时性解决方案。首先是用扎波利亚诺的新天然气代替三大气田的产量下降，再加上西西伯利亚"纳季姆—普尔—塔兹"三角地带的一些小型卫星气田。第二个是依靠从中亚、主要是土库曼斯坦增加进口。但是第三个方案被证明是决定性的，这一决定对于公司的未来产生了重大后果：为满足国内需求，俄罗斯天然气工业股份公司把目光转向了"独立生产商"。❶

21 世纪第一个十年初，独立生产商由各种各样的石油公司（这些公司主要生产伴生气）以及少数小型私有天然气公司组成。正如亨德森所言，称它们为"独立"是一个谬称。它们生产了少量天然气，俄罗斯天然气工业股份公司勉强将其纳入管道系统并出售给国内消费者。随着需求增加和国内价格开始上涨，独立生产商设法实现了微薄利润，但它们基本上随时听命于俄罗斯天然气工业股份公司。通过邀请它们向国内市场提供更多天然气，俄罗斯天然气工业股份公司正在重复一种熟悉的操作，就像 20 世纪 90 年代将中亚天然气引入乌克兰市场一样：俄罗斯天然气工业股份公司的目标是保持其向欧洲的出口流量，同时将俄罗斯独立生产商分派到吸引力较小的国内市场。

俄罗斯天然气工业股份公司认为这是安全的：毕竟，它控制了管道系统，除非俄罗斯天然气工业股份公司允许进入，否则任何独立生产商都不能向

---

❶ 关于小型气田，参见Matthew J. Sagers and Thane Gustafson, *Small Is Big*：*The Last of Russia's Cheap Natural Gas*（IHS Markit Private Report, July 2005）。关于俄罗斯天然气工业股份公司转向独立生产商的更详细的叙述，参见Henderson, "Non-Gazprom Russian Producers," pp. 314-346。这个故事一直延续到2016年，参见James Henderson and Arild Moe, "Russia's Gas 'Triopoly'：Implications of a Changing Gas Sector Structure," *Eurasian Geography and Economics* 58, no. 4（2017）, pp. 442-468。

用户输送天然气。尽管俄罗斯《天然气法》承认第三方准入，但却无法强制执行。俄罗斯天然气工业股份公司只需声称其系统中没有空间，就无法提供运输。由于系统能力信息属于公司机密，谁能与它相抵触呢？❶ 因此，依赖独立生产商的政策最初似乎是一个不错的选择，在 21 世纪第一个十年上半叶，它们的产量一直稳定增长。维亚希列夫抢购包括石油公司在内的独立生产商以及贬斥"它们生产臭气多于天然气"的日子，现在已成为遥远的记忆。

回顾过去，依靠独立生产商的政策被证明是俄罗斯天然气工业股份公司的战略性错误。早期，一切似乎都进展顺利。从 1999 年的只有 450 亿立方米，独立生产商的产量缓慢增长。但是到 2005 年，威胁已经显而易见：那年，除俄罗斯天然气工业股份公司之外的天然气生产商的总产量达到 940 亿立方米，约占俄罗斯 6410 立方米总产量的 15%，并且正在快速增长。此外，独立生产商实际上是在赚钱。这打破了俄罗斯天然气工业股份公司声称国内市场亏钱的说法，从而削弱了其始于上个十年与俄罗斯国家达成的君子协议，即应继续自由支配出口市场以换取对国内市场的亏损供气。❷

到 2005 年年底，独立生产商和俄罗斯天然气工业股份公司之间的关系到了紧张关头。三大独立企业——卢克石油、诺瓦泰克公司和俄罗斯秋明英国石油公司（TNK-BP）——宣布 2006 年计划整体生产超过 1000 亿立方米天然气（前一年俄罗斯天然气工业股份公司为 5520 亿立方米）。但俄罗斯天然气工业股份公司则宣布将接受不超过 15 亿立方米天然气的增量进入其管道

---

❶ 在这方面，俄罗斯天然气工业股份公司的行为与在英国、德国和意大利的西欧国家对应者没有什么不同，因为它们面临着开放管道系统准入的第一个立法要求。

❷ 关于21世纪第一个十年俄罗斯国内天然气市场发展的背景，参见Philip Vorobyov, *Waking Giant：The Russian Domestic Gas Market*（IHS Markit Decision Brief, August 2004）；Vitaly Yermakov, *Russia's "New Deal" in the Domestic Gas Market：The End of Cheap Gas*（IHS Markit Decision Brief, January 2008）；Vitaly Yermakov, Matthew J. Sagers, and Tatiana A. Mitrova, *Near-Term and Long-Term Outlooks for Russian Gas Consumption：Did 2006 Launch a New Trend?*（IHS Markit Private Report, June 2007）。

系统。❶它希望迫使独立生产商以低价将天然气出售给俄罗斯天然气工业股份公司，以换取进入俄罗斯天然气工业股份公司管道系统。另外，俄罗斯天然气工业股份公司宣布，如果独立生产商分担建设新管道的投资成本，那么，它则准备授权准入。但俄罗斯天然气工业股份公司并不准备降低独立生产商的运费以扩大其在国内市场的地理覆盖范围。换句话说，后者将承担越来越大的服务国内市场的负担，而俄罗斯天然气工业股份公司将继续享受其出口垄断。

俄罗斯天然气工业股份公司最终被迫做出让步——部分原因是克里姆林宫施加政治压力的结果，部分原因是一个简单的事实，即它没有足够的可用天然气来满足所有需求。但是，俄罗斯天然气工业股份公司仍不认为这个困难是威胁其安危的。其长期计划预计，到2030年，独立生产商的总产量份额将不超过全俄产量的四分之一。❷

从那时起，谷仓的大门打开了。独立生产商不断涌现并持续到下一个十年（表10.1），到21世纪第一个十年下半段，它们在国内市场上的份额超过了50%。它们的秘笈在于已经学会如何在国内市场的品质终端（quality end）赚钱——在最接近生产且价格最高的位置把天然气出售给大型工业企业——这使俄罗斯天然气工业股份公司蒙受损失，并实际上将其变成了服务最遥远、价格最低市场的机动生产商。❸此外，独立生产商开发了越来越有利可图的产品：凝析气。这种趋势的领导者是一家成立不久但迅速蹿红的诺瓦泰克公司。

---

❶ 参见Aleksey Grivach, "Nastoiashchaia nezavisimost', "*Vremia novostei*, December 7, 2005, http：//www.vremya.ru/2005/228/8/140695.html。关于两年后迅速演变的情景，参见Mikhail Krutikhin, "Davidy i Goliaf：Razmer uchastiia nezavisimykh kompanii v balanse gaza v Rossii stanovitsia kriticheskim, "*Rusenergy*, October 15, 2008。关于此后两年的情景，参见 "Zavisimost' ot nezavisimykh："'Gazpromu' prorochat sokrashchenie doli v dobyche gaza, "*Rusenergy*, October 19, 2010。

❷ Krutikhin, "Davidy i Goliaf." 这个原因是国内市场不统一。独立生产商通过向可靠的大客户（例如钢厂、化肥厂和发电站）提供基本负荷量来赚钱。俄罗斯天然气工业股份公司正在亏损，究其原因，以补贴价格向民众出售天然气，为支付纪律较弱的地区提供服务，不得不适应越来越高的季节性波动，以及独立生产商抢走稳定客户。

❸ "Zavisimost' ot nezavisimykh."

表 10.1　俄罗斯联邦的天然气产量（2010—2018 年）

单位：10 亿立方米

年　份	2010	2011	2012	2013	2014	2015	2016	2017	2018
俄罗斯总计	650.7	670.5	654.5	668.2	640.2	635.5	640.2	691.1	725.2
俄气	508.7	510.1	478.8	476.2	432.0	405.9	405.6	470.8	497.6
其他	142.0	160.5	175.7	192.0	208.2	229.6	234.6	220.3	227.6
石油公司	58.2	63.7	66.7	76.2	81.6	83.4	87.1	93.7	92.9
合资企业或 PSA	37.7	28.7	36.9	37.8	37.8	27.3	36.4	19.0	26.2
独立生产商	46.1	68.1	72.1	78.0	88.9	118.9	111.1	107.5	108.4
诺瓦泰克	37.8	53.5	51.3	53.0	53.6	51.9	49.9	45.5	49.9
其他独立生产商	8.4	14.6	20.9	24.9	33.3	67.0	61.2	62.0	58.5

数据来源：埃信华迈。

注：由于四舍五入，数字加总可能不等于总和。该表使用俄罗斯每立方米 8850 千卡的测量单位（总热量值）。产量不包括燃烧量。PSA = 产量分成合同。

诺瓦泰克公司的崛起

作为独立生产商以及俄罗斯液化气工业的领军企业，诺瓦泰克公司的崛起与其创始人列昂尼德·米赫尔松（Leonid Mikhelson）的名字紧密相关。米赫尔松的职业生涯始于天然气管道制造商。当 20 世纪 80 年代末米哈伊尔·戈尔巴乔夫改革伊始，米赫尔松是古比雪夫（现为萨马拉）管道建设信托基金的负责人："我父亲是古比雪夫管道建设公司——俄罗斯天然气工业股份公司旗下最大建筑单位的负责人。不管公司在哪里建设管道，他都带着我。我上学前就经常去各地的油气田。"[1] 他迅速意识到丘拜斯私有化改革带来的机遇。1991 年，古比雪夫管道建设公司是最早私有化的苏联企业之一并成为米赫尔松的资产。当时公司命名为"诺瓦"（Nova），后来更名为诺瓦泰克（Novatek）。

---

[1] 引自 Irina Reznik，"INTERV'IU：Leonid Mikhelson, gendirektor i sovladelets kompanii 'NOVATEK,'" *Vedomosti*，November 2，2005，https：//www.vedomosti.ru/newspaper/articles/2005/11/02/intervyu-leonid-mihelson-gendirektor-i-sovladelec-kompanii-novatjek。

20 世纪 90 年代中期那些年，由于没有钱可以用来建造管道，米赫尔松进入了天然气行业，生意主要是在秋明州。他熟悉西西伯利亚（工学院毕业后的第一份工作是在乌连戈伊—车里雅宾斯克管道工作，并迅速升为总工程师），并通过在秋明州的关系开始获得未开发气田的许可证。当时，即使是相对较大的勘探区，也几乎可以按要求获得许可，特别是当地的地质组更是这样。地下有如此之多的天然气，但由于同主要管道系统之间还没有管道相连，因此天然气几乎分文不值。诺瓦泰克公司专注于购买未开发的机会，而不是苏联时代的生产性资产，这是米赫尔松的标志，也帮助他避免了后来与俄罗斯天然气工业股份公司开始收回先前所控资产时可能出现的问题。

诺瓦泰克公司和其他独立生产商在 21 世纪第一个十年初提出的经营理念是基于以下事实：独立生产商被允许以不受管制的价格出售其天然气。这创造了以诱人利润向主要管道沿线的工厂和市政当局出售天然气的可能性——特别是 21 世纪第一个十年初俄罗斯天然气工业股份公司天然气短缺，并压缩了向工业用户的供应。[1] 此外，诺瓦泰克对其承包商和自己的业务严格管理，它是一个低成本生产商。[2] 米赫尔松擅长交际，特别是与地方政治领导人，例如亚马尔—涅涅茨的副州长优素福·列文森（Yosif Levinson），后者加入了诺瓦泰克董事会。[3] 米赫尔松也成功地与俄罗斯天然气工业股份公司建立了良好关系，并以适时承诺和联合项目方式解决了任何潜在的纠纷。[4] 它有助于使诺瓦泰克公司的主要生产型资产位于俄罗斯天然气工业股份公司产量不断下降的气田附近，进而使诺瓦泰克公司可以利用管道系统中的可用空间，而且与俄罗斯天然气工业股份公司的摩擦降至最小。

21 世纪第一个十年初期，诺瓦泰克公司还开始作为一个凝析气生产商和

---

[1] 随后几年，国内价格上涨，因为俄罗斯采纳了将国内价格提高到出口净回值水平的目标。这为独立生产商创造了有利的价格环境。

[2] Troika Dialog Research, *Novatek: Gas-Fired Growth*, December 2004.

[3] Reznik, "INTERV'IU: Leonid Mikhelson."

[4] 例如，当诺瓦泰克公司开设新的凝析气处理厂时，它欢迎俄罗斯天然气工业股份公司的天然气。参见 Oleg Smirnov, "Partnery: 'Gazprom' + 'Novatek,'" *Rossiia*, July 14, 2005。

出口商，开拓有利可图的市场。这是一个越来越具吸引力的商业机会。随着人们在西西伯利亚沉积层中越深入，天然气的含水量越来越高——即冷凝水增加。俄罗斯天然气工业股份公司习惯于在"干气"中进行开采，通常将凝析气当作废物处理。它产生的凝析气被收集到管道中并运至苏尔古特（Surgut）的天然气处理设施。随着独立生产商的凝析气资源增加，这种安排对于它们来说越来越无法满足需求：苏尔古特的处理设施太小，而且处于俄罗斯天然气工业股份公司控制之下。

因此，诺瓦泰克公司管理层面临的挑战是找到向欧洲稳定出口凝析气的出口途径，在那里炼油厂将凝析气看成是对北海产量下降的一种宝贵替代品。2005 年，诺瓦泰克公司通过建立自己的凝析气加工厂实现了突破，此后扩大与巴伦支海海运码头的铁路连接。[1] 这是该公司十年后在发展液化气方面展示出的创新性冒险能力的一个早期展示。这也是该公司受欢迎的缓冲区。当2007 年至 2009 年经济衰退期间天然气需求下降时，凝析气收入（即使国际价格较低）使公司维持其现金流量。

诺瓦泰克公司在开发和销售凝析气方面的成功及其液化气计划吸引了法国道达尔公司的兴趣。当时，除了在俄罗斯西北地区涅涅茨地区的小规模合资企业之外，道达尔公司在俄罗斯的业务有限。它进军俄罗斯——主要与俄罗斯天然气工业股份公司就开发什托克曼离岸气田进行了扩展谈判——但该项目最终以被放弃告终（请参见下文）。道达尔公司正在寻找合作伙伴。这时，诺瓦泰克公司成为俄罗斯最大的独立天然气生产商：2010 年，其 380 亿立方米的产量占国内供应的 10%。两家公司彼此熟悉，因为 2004 年道达尔公司几乎就要收购诺瓦泰克公司的股权。2011 年，在普京（当时担任总理）见证下，道达尔公司的首席执行官克里斯托夫·德·马哲睿（Christophe de Margerie）与诺瓦泰克公司创始人米赫尔松签署了一项协议，道达尔公司收购了诺瓦泰

---

[1] Ivan Igor-Tismenko, "Ne upuskaia moment: Rossiiskii kondensat vospolnit spros na vysokokachestvennuiu neft' v Evrope," *Rusenergy*, June 30, 2005.

克公司 12% 的股份。❶

　　作为协议的一部分，道达尔公司还购买了诺瓦泰克公司子公司亚马尔液化气公司 20% 的股份，以开发位于亚马尔半岛的南坦别伊（south Tambey）气田。该气田拥有 1.25 万亿立方米天然气储量，位于亚马尔半岛东北海岸的战略要地。自 20 世纪 90 年代初到 2009 年被诺瓦泰克公司收购之前，该气田的许可证被多次易主。它作为液化天然气项目的潜力从一开始就很明显，但是之前所有者的早期开发计划将目标锁定在页岩革命之前的北美市场，当时有人认为美国将供气不足。米赫尔松及其合作伙伴的创新之处在于，南坦别伊可以同时向东和向西出口——在核动力破冰船的协助下冬季向西出口到欧洲，夏季则通过北冰洋航道到达亚洲。这是一个大胆的理念，因为穿过北极的东方路线从未被用于液化天然气运输。尽管如此，自 2014 年起，由于诺瓦泰克公司与道达尔公司之间的合作伙伴关系以及俄罗斯政府的大力支持——政府提供税收减免并为发展亚马尔半岛萨贝塔（Sabetta）港提供融资——该项目进展很快。2017 年，第一艘液化天然气油轮投放亚洲市场。该油轮以道达尔公司已故首席执行官克里斯托夫·德·马哲睿命名，他此前在莫斯科的一次飞机失事中丧生。❷

---

❶ "Russia: Total Enters into a Strategic Partnership with the Independent Gas Company Novatek," March 2, 2011, https://www.total.com/en/media/news/press-releases/russie-total-sengage-dans-un-partenariat-strategique-avec-lindependant-gazier-novatek. 诺瓦泰克公司在一段时间里一直在寻找国际合作伙伴，但没有成功。与道达尔公司之间存在着长期的求爱关系：如文中所述，这家法国公司早在 2004 年就已几乎要收购诺瓦泰克公司的股份。但是，在反垄断局未能批准交易之后，道达尔公司撤回了其收购诺瓦泰克公司股份的出价（参见https://sputniknews.com/analysis/2005080541096318/），而诺瓦泰克公司则在伦敦进行了首次公开募股。当时，道达尔公司交易的重点是凝析气，而不是液化天然气。相反，仍然普遍认为南坦别伊液化气项目（在下文中讨论）是不经济的。参见 "Ledovaia ob stanovka: Dlia iamal'skogo proekta SPG razrabatyvaiut kontseptsiiu," *Rusenergy*, May 13, 2010, and "Bystro ne poluchitsia: Proektu 'Yamal SPG' ne khvataet gazovykh resursov i inostrannykh partnerov," *Rusenergy*, September 29, 2011。
❷ Dena Sholk, Mikhail Kuznetsov, and Matthew J. Sagers, *NOVATEK's Yamal LNG: Russian "Mega" Project Remains on Track Despite Challenges*（IHS Markit Strategic Report, January 2017）.

俄罗斯天然气工业股份公司对欧洲天然气自由化的反应

现在，我们转向俄罗斯天然气工业股份公司对欧洲市场正在发生变化的反应。维亚希列夫领导下的俄罗斯天然气工业股份公司经理层对 1998 年欧盟第一个天然气和电力指令以及欧洲自由化的开始非常恐慌。在第一阶段，欧洲自由化的重点主要在于削减终端消费者的天然气和电力成本。对于焦虑的俄罗斯人，这听起来很像一个联合生产者来迫使其降低供给价格的计划。维亚希列夫的第一反应是大发雷霆。他对"欧洲的愚蠢"火冒三丈并暗示，俄罗斯天然气工业股份公司即使冒着市场份额下降的风险，也不会"在集市上"出售廉价天然气以支持欧洲自由化和低气价。俄罗斯天然气工业出口公司的欧洲天然气贸易首席专家尤里·科马罗夫尽管同样感到惊慌，但更为务实。他担心，如果没有了熟悉的长期照付不议供给合约，下一代天然气开发会采取何种方式。当时，多数西欧天然气公司都普遍认同这份担忧，因此俄罗斯天然气工业股份公司在这方面与欧洲天然气行业的主流想法是一致的。

当米勒接管管理层后，俄罗斯天然气工业股份公司的最初恐慌开始消减，因为欧洲当时的参与者，特别是德国，明显成功抵制了欧洲大陆天然气市场的变化。俄罗斯人因此误以为欧洲市场改革是他们可以放心忽略的东西。在这方面，他们被证明是错误的。就在俄罗斯天然气工业股份公司放松警惕之际，欧盟委员会却在准备其第二项天然气指令，并准备对能源行业展开调查。这最终导致了第三项指令的出台，以及俄罗斯与欧盟委员会之间新一轮更严重的冲突。❶

但是，与此同时，到 2002 年，俄罗斯天然气工业出口公司的策略师们也开始在不断发展的欧洲现货市场——尤其是英国——看到了机遇。俄罗斯天然气工业股份公司开始与温特沙尔结盟，尝试向英国进行现货销售。到 2004

---

❶ 参见Simon Blakey and Thane Gustafson, *Securing the Future：Making Russian European Gas Interdependence Work*（IHS Markit Special Report, September 2007）。

年至 2005 年，俄罗斯天然气工业股份公司已经在英国建立贸易机构，并准备利用北海天然气产量下降带来的市场机会。2004 年，尤里·科马罗夫表示，俄罗斯天然气工业股份公司正在考虑在英国租用天然气储备库，并计划到 2010 年在英国现货市场上出售多达 80 亿至 100 亿立方米天然气。❶

适应：俄罗斯天然气工业股份公司的两张面孔

当我们观察俄罗斯天然气工业股份公司在 2000 年至 2008 年期间的行为时，我们看到了两张面孔。一面是保守的俄罗斯天然气工业股份公司，它继续被苏联时期专注于干天然气和管道的工程文化所主导。另一面是俄罗斯天然气工业股份公司在国内事务上的主导地位，并在很大程度上决定了总体投资政策。但这远非全部。俄罗斯天然气工业股份公司专门从事出口和对外关系的部门具有不同的历史和文化。俄罗斯天然气工业出口公司尤其如此，正如我们从切尔诺梅尔金身上捕捉到的。即使在今天，俄罗斯天然气工业出口公司仍自认为是与俄罗斯天然气工业股份公司其他部门不同的组织，具备公司其他部门不具有的技能和知识。俄罗斯天然气工业出口公司以其对全球天然气趋势和市场的熟稔而自豪。总体而言，这是俄罗斯天然气工业股份公司的进步分子，首个意识到全球市场中的挑战和机遇并主动适应的部门。

那么，在任何给定的问题上，占据主导地位的是哪张面孔呢？在本章的下一部分，我们将考察两个早期案例。第一个是俄罗斯天然气市场和贸易公司（GM&T）的创立。第二个是关于围绕液化气发展政策俄罗斯天然气工业股份公司内部两个派系之间的斗争。在第一个案例中，进步者有一个明确的领

---

❶ Aleksey Grivach, "Yuriy Komarov: My davno gotovimsia k liberalizatsii rynka v Evrope, " *Vremia novostei*, January 30, 2004, p. 6. 在这一点上，科马罗夫仍然是俄罗斯天然气工业出口公司的负责人和副主席，尽管不久他将被梅德韦杰夫取代。作为Wingas的前共同负责人，他当时是俄罗斯天然气工业股份公司的高级官员，拥有欧洲天然气市场自由化最长的持续经验。正如他在接受Grivach采访时所说，俄罗斯天然气工业股份公司扩大在英国下游业务的目标之一就是为"北欧天然气管道"做准备，当时，俄罗斯天然气工业股份公司曾设想将英国作为终端。（以被截断形式，该管道最终成为北溪1号，终端设在德国。）

域并对其充分利用。在第二个案例中，在激烈的冲突后，保守派赢得胜利。

俄罗斯天然气工业股份公司向市场进军

俄罗斯天然气工业股份公司设有专门负责创新的部门。最引人注目的例子是俄罗斯天然气工业出口公司的全资子公司——俄罗斯天然气市场和贸易公司。俄罗斯天然气市场和贸易公司成立于 1999 年，英国现货市场快速增长的时期。它似乎为俄罗斯天然气工业股份公司实现其成为分配和销售直接参与者的十年目标提供了黄金机会。它的主要天然气来源是俄罗斯天然气工业股份公司在比利时泽布吕赫和英国巴克顿（Bacton）之间管道的 10% 产能。

面临的挑战是学习如何在英国新兴自由化天然气市场中交易天然气。最初，俄罗斯天然气市场和贸易公司共有两名员工，基本上只是一个桥头堡，缺乏交易技巧。后来担任俄罗斯天然气市场和贸易公司总经理的安德烈·米哈列夫（Andrey Mihalev）在享有声望的古布金石油研究所（Gubkin Institute）获得了石油工程学位，并在全苏对外贸易学院获得了硕士学位。换句话说，他是俄罗斯天然气工业股份公司最聪明的人之一，但他从未在现货市场上交易过天然气。2001 年，俄罗斯天然气市场和贸易公司的第一个外国人加入了米哈列夫的团队，他就是丹尼尔·戈尔尼格（Daniel Gornig）。最初来自德国，他在那里获得了商科学位。俄罗斯天然气市场和贸易公司的伦敦办事处的员工很快超过三百多名，其中有一部分是外国人。他们是欧洲主要油气公司的贸易商，其中一些是资深人士，例如壳牌公司的基思·马丁（Keith Martin）和法国天然气公司的弗雷德里克·巴诺德（Frédéric Barnaud）。❶

随着英国和欧洲大陆天然气现货市场的发展，俄罗斯天然气市场和贸易公司也随之成长。在接下来的五年中，它迅速采取行动，获得了可以在欧洲

---

❶ 我记得在21世纪第一个十年中期访问俄罗斯天然气市场和贸易公司时，公司总部位于泰晤士河边，并被告知现场管理只有三名俄罗斯人。

新生现货市场交易的必要许可证和会员资格。2001 年，俄罗斯天然气市场和贸易公司获得使用英国国家运输系统的许可证，该管道网络通过沿海天然气终端向英国 40 个发电站、不同的工业行业和 2000 万家庭供给天然气。2002 年，该公司在英国天然气枢纽——英国国家平衡点（UK National balance Point）推出了第一单天然气交易。2003 年，俄罗斯天然气市场和贸易公司获得进入比利时泽布吕赫枢纽的权限，这使它通过巴克顿和泽布吕赫之间的互联设施运输天然气。2005 年，俄罗斯天然气市场和贸易公司进入所有权转让设施枢纽的荷兰现货市场。2006 年，法国首次向最终用户进行直销，俄罗斯天然气市场和贸易公司完成第一笔交易。

同时，俄罗斯天然气市场和贸易公司在英国的业务迅速扩展。2006 年 3 月，亚历山大·梅德韦杰夫接替科马罗夫出任俄罗斯天然气出口公司负责人。他自豪地向俄罗斯天然气工业股份公司董事会汇报，俄罗斯天然气市场和贸易公司上一年在英国现货市场已售出 40 亿立方米天然气，最近在英国赢得了 600 个零售消费商，其中包括威廉希尔博彩公司，德本汉姆百货公司和桑德兰足球俱乐部。❶

梅德韦杰夫将俄罗斯天然气市场和贸易公司视为履行其学习"新天然气"使命的工具——首先是现货交易，随着俄罗斯天然气工业股份公司变得更加积极，他开始更多地学习液化天然气业务。但是伦敦只是总部。不久，俄罗斯天然气市场和贸易公司就在休斯敦和新加坡开设了办事处，该公司有 90 名员工在全球范围内从事液化天然气贸易。

随着俄罗斯天然气市场和贸易公司的使命和业务不断扩展，2004 年，梅德韦杰夫任命一位名叫维塔利·瓦西里耶夫（Vitaly Vasiliev）的门生担任全球首席执行官。瓦西里耶夫是一颗冉冉升起的新星。他曾就读于莫斯科国际关系学院国际经济专业，该校是俄罗斯培养外交官的摇篮。2003 年，也就是

---

❶ Aleksey Grivach，"'Gazprom' priobrel 600 klientov v Velikobritanii，"*Vremia novostei*，June 23，2006，p. 8，http：//www.vremya.ru/2006/108/8/154910.html. 俄罗斯天然气工业股份公司的新客户群是从Pennine天然气公司获取的。参见James Wilson，"Pennine Puts Backbone into Gazprom，"*Financial Times*，June 23，2006。

在加入俄罗斯天然气市场和贸易公司的前一年，他在斯坦福大学获得管理学硕士学位。在随后的13年中，俄罗斯天然气市场和贸易公司在瓦西里耶夫的领导下建立了一支由经验丰富的高管组成的干部队伍，他们在英国和欧洲的贸易环境如鱼得水。❶

梅德韦杰夫和俄罗斯天然气工业股份公司管理层当时面临一项战略性选择。自20世纪90年代以来，俄罗斯天然气工业股份公司在整个欧洲大陆开设了贸易公司。但是贸易公司的商业模式被证明是无利可图的，而且一直被腐败的传闻所困扰。梅德韦杰夫坚决主张转向直接收购外国子公司，作为在欧洲开展业务最快和最安全的方式。他的第一个目标是英国森特理克集团（Centrica），该公司是现已倒闭的英国天然气公司的销售部门，拥有1700万天然气和电力客户。

但在这一点上，梅德韦杰夫的战略遭到了英国的怀疑。戈登·布朗首相警告称，他的政府将很难考虑一家俄罗斯公司的任何收购。❷英国议会同样持怀疑态度。2006年7月闷热的一天，瓦西里耶夫在其首席交易员基思·马丁的陪同下，试图说服英国议会下院贸易和工业委员会，他们说俄罗斯天然气工业股份公司不是俄罗斯政府的地缘政治工具，而是同任何其他具有高度国家控制权的公司——例如法国电力公司或挪威国家石油公司——一样受到商业驱动。他们坚持认为，❸来自遥远西西伯利亚的天然气完全是安全和经济的，而俄罗斯天然气工业股份公司的目标仅限于英国市场10%的最高份额。

所有这些都无济于事。2006年1月份第一次切断对乌克兰天然气供给的事件（将在第11章中讨论过）让所有解释都于事无补。尽管那个夏天炎热，但英俄关系已经明显变冷。而未来的情况更加糟糕。2006年11月，曾在英国寻求政治庇护的俄罗斯联邦安全局前特工利特维年科被毒杀，有证据表明这是俄罗斯联邦安全局特工所为。到2007年年初，俄英关系深陷僵局。

---

❶ 在俄罗斯天然气工业股份公司出口业务进行重组（据报道涉及将俄罗斯天然气市场和贸易公司总部迁至圣彼得堡的计划）之后，2018年年初，瓦西里耶夫离开了俄罗斯天然气工业股份公司。

❷ "Gazprom Pursues UK but Brown Issues Warning," *Financial Times*, June 7, 2006.

❸ Christopher Adams, "Russian Energy Chief Seeks to Melt MPs' Hearts on Gas Supplies," *Financial Times*, July 19, 2006.

回想起来，收购英国森特理克集团的失败尝试，标志着俄罗斯天然气工业股份公司的雄心达到了顶点，该公司希望通过入股欧洲主要公司，在欧洲不断发展的天然气市场上成为一个全面整合的参与者。从那以后，类似尝试再也没有重复过。❶然而，俄罗斯天然气市场和贸易公司的历史贡献，是它已成为俄罗斯天然气工业股份公司多年来学习如何在自由化市场中经营和销售新产品（包括液化气）的工具。

液化气和管道气之间的争斗

21世纪第一个十年初，对俄罗斯天然气工业股份公司的管理层来说，液化天然气是一个既熟悉又陌生的概念。❷俄罗斯（及其之前的苏联）曾目睹液化气行业跨越国界发展壮大，且间歇性地研究过将部分天然气资源开发为液化气的想法。早在20世纪60年代中期，苏联人已计划在远东建设液化气设施。苏联科学家甚至开发了低温技术（低温技术被认为是一种军事工业，被视为军工综合体的一部分）。但是，它们在天然气工业中的应用仍处于试验阶段。然而，苏联人对从俄罗斯将液化气运至美国的想法很感兴趣。20世纪70年代，提出了北极星项目，即将西西伯利亚天然气液化并运到北美，然后进行了许多基础研究。但是，当时美国出现了临时性天然气泡沫，再加上苏联入侵阿富汗以及随后的美苏关系趋冷，该项目在20世纪80年代终止。❸

长期以来，俄罗斯天然气工业股份公司的一些计划者一直考虑使用亚马尔半岛液化气出口天然气。20世纪90年代中期，俄罗斯天然气工业股份公司

---

❶ 对于俄罗斯天然气工业股份公司从2007年年底至2008年年初国际战略成败的清晰总结，参见Aleksey Grivach and Andrei Denisov, "Uspekhi i neudachi 'energeticheskoi sverkhderzhavy,'" *Rossiia v global'noi politike* 6, no. 2（2008），pp. 101-112。

❷ 关于了解欧洲市场上液化天然气和俄罗斯管道天然气之间的竞争背景，参见Shankari Srinivasan and Michael Stoppard, *Testing the Boundaries for Gas to Europe：Russian Pipeline versus LNG*（IHS Markit Private Report，July 2007）。

❸ Joseph T. Kosnik, *Natural Gas Imports from the Soviet Union：Financing the North Star Joint Venture Project*（New York：Praeger，1975）. 关于20世纪70年代末期美国天然气泡沫，参见Daniel Yergin, *The Quest：Energy，Security，and the Remaking of the Modern World*（New York：Penguin, 2011），chapter 16。

长期项目负责人布莱安斯基赫（V. E. Brianskikh）委托进行了一项研究，即建立一个浮动的气化设施以开发一个亚马尔气田的液化气项目，但该项目没有引起维亚希列夫及其同事们的重视，他们有更加紧迫的事宜需要处理。

即使在米勒和新管理团队抵达俄罗斯天然气工业股份公司之后，液化气概念仍不是很重要。2003 年春，米勒提到进军液化气业务的总体计划，其中包括 3 月向欧洲议会发表的演讲以及 5 月在东京世界天然气大会上的发言，俄罗斯天然气工业股份公司派出了一支由 100 多人组成的代表团出席大会。❶ 到 2003 年年中，米勒被说服，液化气应该成为俄罗斯天然气工业股份公司供应战略的一部分，他命令成立一个专门的液化气委员会来研究全球液化气市场以及俄罗斯天然气工业股份公司在其中的潜在作用。2003 年年底，委员会提出了两项关键性建议。美国被确定为俄罗斯液化气的主要目标市场——讽刺的是，鉴于后续的发展——他们当时认为美国很快就会出现天然气短缺，因而似乎是液化气的未来市场选择。至于气源，委员会指出，自摩尔曼斯克向海里延伸 550 千米，巴伦支海有一个被称为什托克曼的大型深水气田。

由于俄罗斯天然气工业股份公司没有开发此类项目的经验，与外国公司的合作似乎必不可少。关于什托克曼替代战略的讨论已经持续数年，包括修建一条从摩尔曼斯克附近俄罗斯大陆通往欧洲的海底管道，但是似乎没有办法使气田变得更有经济性，因此讨论被搁置了。但是，2002 年年底和 2003 年年初恢复了与外国公司关于什托克曼的讨论。这次什托克曼的新主题是液化天然气及其向美国的出口。这个时候，有两件事发生了变化。美国天然气短缺——或者当时看来如此——而且液化天然气技术已经成熟，价格比 20 年前便宜了一半。美国市场看起来是稳操胜券。实际上，与此同时，美国人正准备建造大量的再气化终端，预计不久将需要进口液化天然气。在美国，"美俄

---

❶ Tat'iana Golubovich and Il'ia Khrennikov, "'Gazprom' otkroet Ameriku," *Vedo mosti*, March 11, 2003. 又见 Aleksey Grivach, "Otchet o komandirovke: Poezdka v Tokio tolknuka 'Gazprom' na mirovoi rynok szhizhennogo gaza," *Vremia novostei*, June 16, 2003, p. 8. 在此期间，米勒与康菲石油公司的首席执行官詹姆斯·穆尔瓦（James Mulva）进行了探讨性谈判，商讨可能向美国出口的液化天然气项目。美孚公司的劳·诺托（Lou Noto）也在20世纪90年代与俄罗斯天然气工业股份公司进行了讨论。

能源对话"的讨论进一步支持了这一想法。

在俄罗斯天然气工业股份公司管理层内部，一位高级经理积极拥护液化气和什托克曼项目。亚历山大·梁赞诺夫（Alexander Ryazanov），这位主管液化气项目和其他非核心产品的副董事长对这项新技术的前景充满热情，同时也相应地对亚马尔半岛管道的经济可行性表示怀疑。在他的敦促下，2004年上半年，俄罗斯天然气工业股份公司公开表示有必要与西方公司结成开发液化气的伙伴关系。因此，2004年5月，梁赞诺夫首次宣布俄罗斯天然气工业股份公司有意与什托克曼的外国伙伴完成谈判并在年底前组成一个财团。与此同时，据梁赞诺夫说，亚马尔已经被搁置，以支持什托克曼项目。

但是梁赞诺夫出言过早。他对液化天然气的热情与以负责传统生产的副总裁亚历山大·阿纳年科夫（Alexander Ananenkov）为主的一些天然气高级技术专家所持的传统立场背道而驰。此外，梁赞诺夫是俄罗斯天然气工业股份公司的较新成员，而阿纳年科夫崛起于苏联时代西西伯利亚天然气和管道的核心业务。双方意见相左。阿纳年科夫和俄罗斯天然气工业股份公司管理层的技术部门无意放弃亚马尔半岛，并把公司的未来押在一个偏远复杂的海上项目中尚未试验过的技术上。但在梁赞诺夫看来，保守派人士对液化天然气成本迅速下降的威胁反应过于迟缓。梁赞诺夫警告称，液化天然气是一种前景广阔的东西，实际上，它可能对俄罗斯天然气工业股份公司传统的管道业务构成威胁。[1]

到2004年夏，俄罗斯天然气工业股份公司在液化天然气方面仍然存在分歧。这导致公司内部职责分工的折衷分配。俄罗斯天然气工业股份公司将花费数年时间发展生产液化气所需的技术专长，但与此同时它将学习如何销售液化气。快速进入液化天然气市场的方法之一是通过用俄罗斯管道气与欧洲互换液化气，然后转运至美国。受到梁赞诺夫和米勒的认可，该计划的一部分被委托给俄罗斯天然气工业出口公司及其新负责人梅德韦杰夫。当时的

---

[1] Mikhail Krutikhin，"V ozhidanii gazovoi ataki：Desheveiiushchii szhizhennyi gaz ugrozhaet truboprododnym ambitsiiam 'Gazproma,'" *Rusenergy*，June 25，2003.

想法是到 2005 年从西方公司购买一些液化气并将它们运送到北美。2004 年秋，俄罗斯天然气工业股份公司与外国公司（包括道达尔公司以及两家挪威公司——挪威国家石油公司和挪威氢能公司）签署了一系列谅解备忘录。

针对一项不熟悉的新技术，获取经验的另一种方法是与老牌玩家合作。壳牌公司是当时世界经验最丰富的液化天然气公司。在与俄罗斯政府签订产量分成协议的基础上，壳牌公司成立了一个财团，在萨哈林岛开发石油和液化天然气。在该财团中，壳牌公司是主要股东和运营商。21 世纪第一个十年初，普京在萨哈林召集了一次国际会议。在会上，他对基于产量分成协议的外国投资（特别是在远东）表示赞同。但与此同时，他重申了俄罗斯和外国公司享有平等机会的原则以及雇佣俄罗斯人员和使用俄罗斯设备的重要性——这是 20 世纪 90 年代最初产量分成协议中的部分原则，但在实践中被忽略。作为对普京表态的回应，俄罗斯天然气工业股份公司表示希望加入以壳牌公司为首的财团。在接下来的几年来，两家公司进行了谈判，但毫无结果。到了 2006 年，克里姆林宫明显准备对壳牌公司施压使其放弃多数股权。利用在萨哈林岛的一系列成本超支，俄罗斯政府宣布打算起诉壳牌公司，以获得超过 300 亿美元的环境损害赔偿，并称正在考虑对壳牌高管提出刑事指控。对于壳牌公司及其日本合作伙伴而言，这场游戏很明显要结束了。2006 年 12 月 21 日，它们签署了一项协议，以 74.5 亿美金将多数控制权转交给俄罗斯天然气工业股份公司。❶ 环保起诉也随之不了了之了。❷

通过获得萨哈林项目的多数股权，俄罗斯天然气工业股份公司获得了一个学习液化气业务的现成平台。之前几年，壳牌公司在整个亚太地区为萨哈林液化气签署了供应合同。它对液化气生产和运输技术的精通使其成为没有经验的俄罗斯天然气工业股份公司的理想选择以及进一步扩展的基础。但在接下来的十年中，俄罗斯天然气工业股份公司几乎没有发扬光大的迹象。迄今为止，萨哈林岛仍是俄罗斯天然气工业股份公司唯一的液化天然气来源。

---

❶ 关于总体上产量分成协议的传奇故事，尤其是萨哈林岛上一项协议的命运，参见Gustafson，*Wheel of Fortune*，chapters 4 and 11。

❷ 该情节的叙述出现在Gustafson，*Wheel of Fortune*，pp. 397-399。

关于低优先级别的印象来自俄罗斯天然气工业股份公司的内部结构。直到 2005 年年初，俄罗斯天然气工业股份公司内部都未设立专门的液化气部门，这表明该公司对液化气的态度还不是很重视。2005 年 4 月发生了变化，当时俄罗斯天然气工业股份公司宣布创建液化天然气部门。但是即使那时，关于这个决定仍存在模棱两可的氛围：尤里·科马罗夫被宣布领导新部门，他刚从俄罗斯天然气工业股份公司管理团队辞职，以便为梅德韦杰夫腾出位置，后者被提拔为俄罗斯天然气工业股份公司对外关系部负责人兼俄罗斯天然气工业出口公司负责人。科马罗夫是俄罗斯天然气工业股份公司最有知识和活力的高管之一，他最近对液化天然气表现出浓厚的兴趣，但很难不让人想到他的任命是一种荣休形式，液化天然气委员会缺乏影响力。

确实，在俄罗斯天然气工业股份公司内部，关于液化天然气仍存在争议。液化气和干气两大阵营的分歧不仅在于液化天然气，还在于俄罗斯天然气工业股份公司中石油和一般液体天然气的角色。[1] 在收购俄罗斯石油公司的争端中，梁赞诺夫坚定地站在支持收购一边，而当计划破产时，他同样赞成一个聊以慰藉的解决方案：收购另一家石油公司——西伯利亚石油公司。保守派则想拆分西伯利亚石油公司（现在改名为俄罗斯天然气工业石油公司），并将其分散到俄罗斯天然气工业股份公司各部门。但梁赞诺夫击败了阿纳年科夫和干气派。事实上，他是如此认同收购西伯利亚石油公司，以至于米勒任命他领导该公司。但在这个敏感时刻，梁赞诺夫被卷入了一起涉及俄罗斯南部资产的丑闻。他在公司内的政治地位被突然削弱了。老保守派抓住这个机会，说服米勒把他解雇。2006 年 11 月中旬，梁赞诺夫的合同被撤销，他离开了公司。

这一出人意料的突然结果使阿纳年科夫成为该领域的唯一指挥者，公司决定投资亚马尔油田，而不是优先考虑液化天然气或什托克曼气田。从 2006 年开始，什托克曼项目在公司内部失去了支撑，尽管与西方公司的谈判仍在继续。事实上，到 2007 年，两个外国合作伙伴与俄罗斯天然气工业股份公司

---

[1] Krutikhin，"V ozhidanii gazovoi ataki." 该公司关于将优先权给干气还是湿气存在内部分歧。阿纳年科夫（Ananenkov）和老警卫都喜欢使用干燥的 Cenomanian 天然气，而负责液态气的梁赞诺夫是开发阿奇莫夫（Achimov）天然气的液态气的有力支持者。

合作成立一家联合运营公司。但俄罗斯天然气工业股份公司越来越矛盾。在接下来的三年里，就诸如拟议中的液化天然气厂选址和气田使用技术等关键问题，合作伙伴争论不一。双方原计划在 2010 年春季达成最终投资决定，但当时机到来时，双方并未接近达成协议。到 2012 年夏天，双方都放弃了，什托克曼项目被无限期推迟。❶

液化气阵营和亚马尔开拓者之间的战斗，实际上是同一公司内部两种文化和两个组织之间的霸权争夺战。在这种情况下，进步的一方败北而保守的一方获胜，但作为妥协，俄罗斯天然气工业出口公司的子公司——俄罗斯天然气市场和贸易公司获得对第三方出售液化气的控制权。顺便提一句，优先考虑亚马尔的决定比首次提及美国页岩气革命的时间早了大约四年。美国页岩气的消息直到 2010 年才开始传到俄罗斯天然气工业股份公司。因此，击败液化气派系的不是美国页岩气，而是关于公司未来取决于西西伯利亚管道天然气的最终看法，这一信念代表了自苏联时代以来的连续性。北美的"页岩飓风"是我们的下一个主题。

"页岩飓风"到达俄罗斯

2007 年至 2008 年，美国天然气行业意识到，此前一直在下降的国内天然气产量正在发生变化。这是蔚为壮观的"页岩飓风"的开始，一场天然气技术革命在仅仅几年内就将美国推向世界第一大天然气生产国的地位。❷

但美国天然气行业出现转机的消息并没有立即到达俄罗斯。而当它到达时，到那时，它花了一段时间才渗透到俄罗斯政策制定者的各个层级，所需

---

❶ 关于什托克曼项目漫长而（至今）失败的艰苦旅程，参见Thane Gustafson, *Off Again*, *On Again...The Ever-Surprising Saga of Shtokman*（IHS Markit Decision Brief, November 2007）。

❷ 有关美国页岩气的背景、起源及其对美国和世界的意义，参见Yergin, *The Quest*, chapter 16。美国页岩气兴起的第一个消息在2007年至2008年间开始到达美国天然气界。关于"页岩飓风"的早期影响，参见Robert Ineson et al., *Fueling North America's Energy Future*: *The Unconventional Natural Gas Revolution and the arbon Agenda*（IHS Markit Special Report, January 2010）, https: //assets.publishing.service.gov.uk/government/uploads/system/uploads/attachment_data/file/43227/1296-ihs-cera-special-report.pdf。

时间取决于他们与天然气部门的距离。天然气出口专业人士早在 2008 年便知道美国这一消息，但直到 2009 年 10 月在布宜诺斯艾利斯举办世界天然气大会之际，俄罗斯媒体才开始注意到页岩气现象及其对俄罗斯液化天然气战略的影响，而俄罗斯天然气决策者也才开始对此公开评论。

他们最初的反应是不屑一顾。米勒在布宜诺斯艾利斯重申，俄罗斯液化天然气生产与销售的长远目标是到 2020 年达到 8000 万至 9000 万吨，而在此期间，俄罗斯天然气工业股份公司官员对页岩气的重要意义也是轻描淡写。俄罗斯天然气工业出口公司负责人❶梅德韦杰夫表示：“生产页岩气需要不断钻探；如果你不钻探，产量就会立即下降 80%。我相信，液化天然气将在全球市场保持绝对的竞争力。”❷

2010 年 2 月中旬，在由德米特里·梅德韦杰夫总统主持的高级别能源会议上，美国页岩气革命的消息终于经由俄罗斯天然气工业股份公司以外的渠道传到俄罗斯政府高层。重要的是，被指定对页岩气发言的演讲者是时任俄罗斯秋明英国石油控股公司天然气业务主管的维克多·维克塞伯格（Viktor Vekselberg）。由于米勒旁观，维克塞伯格将美国页岩气的到来描述为不亚于一场“革命”，对俄罗斯的整个天然气出口战略将产生深远的影响——不仅对俄罗斯在欧洲的传统天然气市场，而且在东方也将如此。❸

随着页岩革命的规模被确定，俄罗斯天然气工业股份公司在什托克曼项目上的兴趣终于化为乌有，尽管如上所述，甚至在美国页岩消息到达莫斯科之前，它的兴趣已经减少。2010 年 2 月，当时的什托克曼开发集团主席尤里·科马罗夫公开承认页岩气革命已经迫使做出“新的决定”。

因此，在仅仅几个月内，页岩气现象及其对欧洲可能产生的影响，从最初在莫斯科被斥为一个谣言变为一个公开讨论的话题和最高领导层的行动项目。到 2010 年 4 月，俄罗斯媒体掀起了页岩飓风。莫斯科举棋不定，搜寻对“页

---

❶ Gazeksport在2006年更改为GazpromEksport。

❷ Aleksey Grivach, "Shtokman zatiagivaetsia," *Vremia novostei*, October 9, 2009, p. 8, http://www.vremya.ru/2009/186/8/239283.html.

❸ Alexander Vertiachikh, "Indeks nedeli," *Sankt-Peterburgskie vedomosti*, February 24, 2010, p. 3.

岩飓风"英语表达的对应词语，想出了"斯兰涅茨—乌拉干涅茨"（Slanets-uraganets）。❶

到2010年6月，俄罗斯高层决策者有时间消化页岩气现象，并权衡其可能对俄罗斯天然气出口的影响。在当月举行的圣彼得堡经济论坛上，在包括俄罗斯和世界主要能源公司多数首席执行官在内的高层听众面前，谢钦副总理就天然气问题发表了一次重大演讲。这是一份深思熟虑和完整记录的讲话。谢钦认为，页岩气是真实的，但说它会成为一场真正的革命为时尚早。即使是一场革命，它很可能主要局限于北美。谈论页岩革命蔓延到欧洲并导致天然气的长期供过于求，是极度夸张的。❷

谢钦演讲的意义在于，这是一位高层俄罗斯重量级人物首次公开承认俄罗斯天然气工业股份公司向美国出口液化气战略已经死亡。然而，即便如此，俄罗斯天然气工业股份公司的高级决策者仍然坚持这样的观点：页岩飓风将很快过去。"我们必须用现实主义缓和过度乐观主义"，2010年3月亚历山大·梅德韦杰夫在一份意见书中写道，"一旦北美能够消化由价格驱动的页岩气繁荣带来的适度产能过剩，供需失衡将在很大程度上得以自我纠正，液化天然气将在价格上与国内常规和非常规天然气生产展开竞争。"

俄罗斯天然气工业股份公司的其他人士同样怀疑页岩气现象在美国的长期意义。他们坚持认为，页岩气是昂贵的，只对供应本地需求而言是经济的。俄罗斯人继续辩论说，随后美国气价的大幅下跌将使得一些页岩气先驱者面临财务困难。此外，俄罗斯人相信，环保主义者将反对页岩气生产的扩大。简而言之，他们得出结论，到2020年，页岩气现象将自生自灭。然而，直到

---

❶ 关于俄罗斯媒体对页岩气的报道及其对俄罗斯液化天然气政策和对欧洲出口的影响，参见Ol'ga Khvostunova, "Slantsevyi klondaik, " *The New Times*, March 11, 2013, pp. 40-43, https://newtimes.ru/articles/detail/63966。关于来自页岩气的美国液化气和俄罗斯管道天然气在欧洲市场上的竞争前景，我能找到的最早参考文献是Oleg Nikiforov, "Bitva za Evropu, " *Nezavisimaia gazeta*, May 31, 2010, p. 9。在更专业的媒体，例如*Interfax Petro Leum Report*中，对页岩气的引用始于2009年年末，但频率最初缓慢增加，在2012年达到顶峰，然后下降——就像页岩气不再是新闻一样。

❷ 我在2010年6月圣彼得堡会议上的笔记。

2012 年秋天，普京召开了总统能源委员会会议，❶ 天然气出口政策是会议的首要议程之一，页岩气的故事才被完全纳入俄罗斯的战略。❷ 公允地讲，在美国也曾有过这种怀疑的观点。然而，在随后的几年里，美国页岩飓风只是吹得更加猛烈，直至目前仍没有偃旗息鼓的迹象。❸

俄罗斯天然气工业股份公司适应"黑天鹅"：2008—2016 年

2019 年 2 月，在新加坡举行的投资者会议上，俄罗斯天然气工业股份公司的董事会成员兼未来发展部门负责人奥列格·阿克休金（Oleg Aksiutin）被问及，"什么会让俄罗斯天然气工业股份公司的高管们夜不能寐？"他回答说："尤其是黑天鹅，我想知道我们如何能把这些天鹅变白，并期待它们出现。"❹他对"黑天鹅"一词的使用很能说明问题：这是剧本作者广泛使用的一个比喻，用来形容一件令人不快的重大意外事件。❺

事实上，在整个过去的十年里，俄罗斯天然气工业股份公司一直在应对"黑天鹅"。新的意想不到的挑战开始于关键的 2008 年和 2009 年。由于经受了由美国房地产泡沫破裂导致的大萧条以及随后的金融动荡，欧洲天然气需求下降。结果是，欧洲天然气市场供给过度，现货价格开始下降。令供应过剩雪上加霜的是，从亚洲转移来的没有买主的液化天然气也运抵欧洲。2009 年，

---

❶ 该委员会的全称是燃料和能源部门战略发展委员会以及环境安全委员会。

❷ 参见委员会会议的笔录，可在总统网站上找到： "Zasedanie Komissii po voprosam strategii razvitiia TEK i ekologicheskoi bezopasnosti," October 23, 2012，http：//kremlin.ru/events/president/news/16702。在那次会议上，谢钦严厉批评俄罗斯天然气工业股份公司的出口战略。

❸ Samuel J. Andrus, *Shale Gas Reloaded：The Evolving View of North American Natural Gas Resources and Costs*（IHS Markit Strategic Report，February 2016）. 关于最新的更新，参见Daniel Yergin and Samuel Andrus, *The Shale Gale Turns 10：A Powerful Wind at America's Back*（IHS Markit Strategic Report，July 2018）。

❹ Olga Tanas, "Three Things Keeping Gazprom Managers Awake at Night," *Bloomberg News*, February 28, 2019, https：//www.bloomberg.com/news/articles/2019-02-28/three-things-keeping-gazprom-managers-awake-at-night.

❺ 关于"黑天鹅"比喻的历史，参见 "Black Swan Theory," https：//en.wikipedia.org/wiki/Black_swan_theory.

俄罗斯天然气出口自 20 世纪 60 年代以来首次下降。2007 年，俄罗斯在欧洲的市场份额为 30%，而在 2009 年则降至 23%。2009 年至 2012 年，俄罗斯天然气出口下降了 12%，直到 2016 年，它们才恢复至 2008 年金融危机前的水平。俄罗斯天然气价格仍与石油挂钩，这使得它们对欧洲天然气买家缺乏吸引力。在这些市场因素之上浮现出来的是 2006 年和 2009 年中断对乌克兰天然气供应的政治后遗症，我们将在第 11 章讨论。

与此同时，在欧洲，现货和混合市场迅速增长的作用正在创造新的价格基准和更高的价格透明度。[1] 从 2009 年开始，欧洲天然气买家逐渐意识到其他买家的付款方式，并承受着日益萎缩的市场带来的压力，开始利用与俄罗斯天然气工业股份公司合同中的"重启条款"要求降低价格。在公开场合，俄罗斯天然气工业股份公司极力维护其传统模式——梅德韦杰夫甚至谴责欧盟委员会主导的监管政策，称其为"共产主义"——但在幕后，俄罗斯天然气工业股份公司不得不面对现实，并为保持其市场份额进行谈判。根据天然气专家塔基扬娜·米特罗娃（Tatiana Mitrova）和蒂姆·波尔斯马（Tim Boersma）的说法，"对俄罗斯天然气工业股份公司官方报告的分析显示，该公司的谈判立场比人们通常认为的要灵活得多。2013 年，俄罗斯天然气工业股份公司开始实施新的价格折扣模式，并附有所谓的追溯性支付，这实际上为客户提供了对现货和与油价挂钩价格之间差价的部分补偿。"[2]

在接下来的七年里，俄罗斯天然气工业股份公司与 40 家主要买家签订的几乎全部出口合同都被修订，俄罗斯天然气工业股份公司认可了 25% 的平均折扣率，将现货构成引入价格公式，并放宽照付不议条款。俄罗斯天然气工业股份公司的一步步妥协已经改变了整个欧洲天然气价格的基础。现货和混合指数的天然气供给份额从 2008 年的 20% 升至 2015 年的近 70%。这导致俄

[1] Jonathan Stern and Howard Rogers, "The Transition to Hub-Based Gas Pricing in Continental Europe" (Oxford Institute for Energy Studies, March 2011), https://www.oxfordenergy.org/wpcms/wp-content/uploads/2011/03/NG49.pdf.

[2] Mitrova and Boersma, *The Impact of US LNG on Russian Natural Gas Export Policy*, p. 17. 又见 Tatiana Mitrova, Vyacheslav Kulagin, and Anna Galkina, "The Transformation of Russia's Gas Export Policy in Europe," *Proceedings of the Institution of Civil Engineers—Energy* 168, no. 1 (2015), pp. 30-40。

罗斯天然气工业股份公司出口价格水平和收入急剧下降以及对俄罗斯预算的贡献减少。❶一个后果是俄罗斯天然气工业股份公司在未来几年内削减资本投资，并减缓了博瓦年科沃气田的发展步伐。❷

这就是 2012 年普京再次就任总统时的情况。无论是否巧合，他的回归带来了天然气政策基调的急剧变化，因为俄罗斯天然气工业股份公司不断恶化的财务状况导致越来越多的来自国内工业消费者和政府的批评。联邦反垄断局开始调查有关俄罗斯天然气工业股份公司违背第三方准入的报告，该公司面临的政治压力增加。与此同时，俄罗斯天然气工业股份公司在国内天然气生产中的份额继续下降，从 2005 年的 85% 降至 2017 年的 68%，而独立生产商在国内销售的份额超过 50%。俄罗斯天然气工业股份公司的一个主要象征性转折点出现在 2013 年 12 月，关于液化天然气出口自由化的法律打破了俄罗斯天然气工业股份公司对出口的垄断——到目前为止进展仅限于液化天然气，但可能导致更广泛的影响。❸

液化气进展持续缓慢

俄罗斯人又花了几年时间才研制出液化气的替代方案。当他们这样做时，这个倡议来自俄罗斯天然气工业股份公司之外，而且重点是东亚，而不是美国。❹俄罗斯"向东看"是由政治因素（与西方分崩离析）和经济因素（市场规模、特别是在中国）推动的。关于转向的完整说明超出本书范围，但有必要说的是，当发生时，它是普京强烈和持续的压力以及俄罗斯石油公司和最重要的是诺瓦泰克公司这两大企业雄心壮志不断增长所共同作用

---

❶ Mitrova and Boersma, *The Impact of US LNG on Russian Natural Gas Export Policy*, p. 16.

❷ 经过数次推迟，生产终于在 2012 年年底开始。博瓦年科沃教训（"Uroki Bovanenkovo"），还有许多需要克服的基础设施挑战，主要是永久冻土的不稳定性质。俄罗斯天然气工业股份公司的工程师将开发博瓦年科沃称为反复试错的过程。

❸ 参见 Henderson and Moe，"Russia's Gas 'Triopoly'"。

❹ Thane Gustafson, Vitaly Yermakov, and Nicholas Naroditski, *Pivot to the East: Russia's New Emerging LNG Strategy* (IHS Markit Private Report, December 2013), p. 6.

的结果。❶2012 年再次入主克里姆林宫时，普京呼吁大幅增加在东西伯利亚的天然气投资。他主要有两个理由。首先是他越来越担心该国东部三分之一地区经济落后。第二个是他越来越坚信液化天然气是天然气工业的未来。有时，事实上，他似乎把液化天然气放在管道天然气之前。因此，在 2012 年 10 月，当与俄罗斯天然气工业股份公司首席执行官阿列克谢·米勒讨论俄罗斯东部天然气项目时，他说："我们将建立一个面向亚太地区的新的天然气出口通道……并首先要开发液化天然气项目。"至少可以说，与俄罗斯对管道的传统关注相比，这是语言上的显著变化。自此之后，普京对液化气的优先排序不断增加。❷2017 年 12 月，他主持了亚马尔液化天然气的首次出口运输仪式。值得注意的是，它不是由俄罗斯天然气工业股份公司生产，而是由诺瓦泰克公司生产的。同时，普京发布了一份"液化天然气项目开发指令清单"，旨在刺激俄罗斯液化天然气增长，以此确保俄罗斯联邦在中期内进入世界液化天然气生产和出口的领导者行列。❸

　　相比之下，俄罗斯天然气工业股份公司在液化天然气和"向东看"方面，仍是一个极不情愿的新兵——除了由俄罗斯天然气市场和贸易公司领导的天然气出口以外。直到经过克里姆林宫的几年敦促，俄罗斯天然气工业股份公司的高管层最终才致力于开发东西伯利亚的一个重大项目——通向中国的"西伯利亚力量"管道，而不是液化天然气。当普京推动俄罗斯天然气工业股份公司在符拉迪沃斯托克（海参崴）建立液化天然气厂时，俄罗斯天然气工业股份公司退缩了，该项目最终被搁置。直到今天，俄罗斯天然气工业股份公司已经落后其竞争对手。如上所述，它唯一的液化气生产来自萨哈林 2 号项目，该项目于 2006 年从壳牌公司接管。

---

❶ 在俄罗斯，"独立生产商"一词在使用上有些宽松。实际上，它是指俄罗斯天然气工业股份公司以外的任何天然气生产商。因此，即使俄罗斯石油公司（Rosneft）是一家大型国有公司，也被称为"独立生产商"。

❷ Matthew Sagers, Dena Sholk, Anna Galtsova, and Thane Gustafson, *Russia's New LNG Strategy: Breaking the Ice* (IHS Markit Strategic Report, April 2018) .

❸ "Perechen' poruchenii po itogam soveshchaniia o razvitii proektov proizvodstva szhizhennogo prirodnogo gaza," December 25, 2017, http: //kremlin.ru/acts/assignments/orders/56501.

俄罗斯天然气工业股份公司不情愿的原因有如下几个。一是其旨在建设绕开乌克兰通向欧洲的多条管道战略方面的财务需求（第 11 章讨论）。二是俄罗斯天然气工业股份公司的核心专业技能仍然是其通过管道出口欧洲的传统干气业务。它花了几年时间在东亚建立一支有经验的团队。但也许最重要的原因是米勒，他一直是传统方法和技术的赞成者。俄罗斯天然气工业股份公司关于液化天然气和东亚的基本观点有待实现根本性转变。

俄罗斯天然气工业股份公司长期抵制液化天然气，并持续将管道天然气作为其核心业务，这已经给其在俄罗斯内部的地位造成严重后果。如上所述，俄罗斯天然气工业股份公司已经失去液化天然气的出口垄断。此外，随着液化天然气在俄罗斯政策中优先地位的持续上升，俄罗斯天然气工业股份公司与克里姆林宫之间会越来越步调不一。在普京的明显支持下，诺瓦泰克公司实际上已成为俄罗斯液化天然气开发和出口的全国冠军。从促进俄罗斯天然气工业股份公司与俄罗斯石油公司合并以创建单一的国有油气垄断行业的那个人一路走来，普京走过了一段很长的路。

俄罗斯天然气工业股份公司已显示出越来越多的恐慌迹象。2019 年春，俄罗斯天然气工业股份公司副主席维塔利·马尔科洛夫（Vitaliy Markelov）写了一封愤怒的公开信，指责诺瓦泰克公司的液化天然气出口正在取代俄罗斯天然气工业股份公司在欧洲市场的管道天然气，并由于诺瓦泰克公司享受了俄罗斯天然气工业股份公司未享受的税收优惠，导致国家预算收入正在被侵蚀。[1] 诺瓦泰克公司首席执行官米赫尔松以外交方式给予回应，强调诺瓦泰克公司支持保留欧洲市场作为管道出口的原则，因此，诺瓦泰克公司无意挑战俄罗斯天然气工业股份公司在那里的主导地位。然而，他尖锐地指出，诺瓦泰克公司的液化天然气出口得到俄罗斯政府、特别是普京总统本人的支持。[2]

---

[1] Yurii Barsukov，"'Gazprom'vidit v SNG istochnik poter'biudzheta，"*Kommersant*，April 8 2019.诺瓦泰克公司支付增值税，但免征出口税和矿物提取税（MET）。

[2] Statement by Leonid Mikhel'son, "'Novatek' ne vidit konkurentsii svoego SPG s gazom 'Gazprom, '" reported by RIA Novosti, April 9 2019.

进一步的潜在威胁即将浮出水面。2019年3月，圣彼得堡矿业大学校长弗拉基米尔·利特维年科（Vladimir Litvinenko）致信普京，呼吁在亚马尔半岛建立一个"液化天然气集群"，作为"北极国家项目"的一部分，使俄罗斯在全球液化天然气市场中处于领先地位。❶ 利特维年科在普京圣彼得堡的历史职业生涯中占有独特的地位：20世纪90年代末，他领导了圣彼得堡市长能源政策研究小组，并指导了普京和俄罗斯石油公司总裁伊戈尔·谢钦的副博士论文。他以顾问身份有机会继续与总统接触。他的提议是否会被政府采纳还有待观察，但米勒强烈反对，强调俄罗斯天然气工业股份公司需要亚马尔半岛来支持下一代管道天然气出口。❷ 围绕液化天然气政策、液化天然气和管道天然气的优先顺序，以及对北方天然气资源的控制，可能会出现一场重大斗争。

尽管地平线上云层弥漫，但到2020年，俄罗斯天然气工业股份公司在适应新挑战方面仍可能取得巨大成功。它在欧洲的竞争地位有了很大的提升，欧洲仍是其主要市场。它在亚马尔半岛建造了新一代的天然气供应基地，并修建了一套新的管道将天然气供应带到欧洲。通过及时向客户做出让步（无论多么不情愿），俄罗斯天然气工业股份公司已经成功地适应了欧洲的新商业模式。与此同时，俄罗斯天然气工业股份公司设法保持了长期合同的传统结构，这种结构可能会持续到未来十年及更长。正如米特罗娃和波尔斯马所言，在新的混合制度下，"数量是由长期合同决定；而价格则由现货市场决定。"❸

但欧洲天然气市场的革命仍在继续，俄罗斯天然气工业股份公司的混合解决方案（相当于压力下的临时方案）不太可能在欧洲天然气买家的持续挑战下生存下去。引用埃信华迈的最近一份报告，"到21世纪20年代初，多数欧洲天然气客户将具有潜在供应商和运输路线的更广泛选择，从而增加在竞

---

❶ "Putin Orders Energy Ministry to Study Idea of Arctic National Project," *Interfax Russia and CIS Oil and Gas Weekly*, no. 9 (February 28 2019), p. 7.

❷ 米勒在声明中包括了从亚马尔向中国的管道出口前景，但这是不现实的，除非俄罗斯天然气工业股份公司建造所谓的通往中国西部的阿尔泰管道。俄罗斯天然气工业股份公司已经推动这个项目多年，但是中国人对此不感兴趣。然而，如果没有从亚马尔到亚洲的管道出口，仅欧洲将无法证明将亚马尔半岛专门用于管道天然气。

❸ Mitrova and Boersma, *The Impact of US LNG on Russian Natural Gas Export Policy*, p. 28.

争性供应中进行选择的机会。"❶ 经过 20 年的监管自由化和反垄断改革，欧洲多数天然气消费者现在享有高度流动性和竞争力的天然气市场，价格反映了与全球天然气市场相关的供需平衡。这些条件尚未在整个欧盟实现（东南欧仍是一个例外），但在实现统一运作的市场方面，正在取得稳步进展——特别是通过建设双向连接管道（包括乌克兰，尽管它不是欧盟成员国）和更广泛实施网络编码（network codes）。因此，尽管欧洲的本土供应继续下降、其对进口依赖增加，但它的供应保障却更加安全。今天，是谁供应天然气已经不再重要，重要的是市场力量创造了制衡关系。

欧洲新秩序的一个后果是，它把风险转嫁给供应商，首先是俄罗斯。长期合同不断被重新谈判。随着买方诉诸仲裁，这一程序越来越具有诉讼性。在这个传统上以长期合作关系为基础的行业中，新的参与者出现了，他们的利害关系更小，在不了解他们对手的情况下搭建天然气桥。生产商和客户之间的关系已经减弱，在地缘政治紧张时期，这种关系尤其危险。如今，俄罗斯天然气工业股份公司面临的一个紧迫挑战是，寻找创新的方式，重新设计长期合同，并建立新的关系。❷

本章专门讨论了 2000 年至 2020 年的一些关键性年份。对于这样一个庞大而复杂的组织来说，俄罗斯天然气工业股份公司对面临的多重挑战做出各种不同的回应，这是不足为奇的。基本上，这展现出该公司的三个方面。第一，俄罗斯天然气市场和贸易公司的创建和壮大是俄罗斯天然气工业股份公司，或者更恰当地说是俄罗斯天然气工业出口公司的渐进式面孔。第二，亚马尔开拓者与液化气开拓者之间的争端，显示出俄罗斯天然气工业股份公司内部保守派的力量，以及公司内部不同文化之间分歧的重要性。第三，对页岩气长期否认的现实表明，尽管克里姆林宫强烈敦促，该公司仍不愿对遥远但革命性的发展做出回应，由此推迟了其对页岩气的反应。

---

❶ Simon Blakey, Alun Davies, Laurent Ruseckas, Shankari Srinivasan, and Michael Stoppard, *European Natural Gas—The New Configuration* (IHS Markit Strategic Report, April 27, 2018), p. 1.

❷ Simon Blakey, Alun Davies, and Shankari Srinivasan, *The Future of Long-Term Contracts and the European Midstream* (IHS Markit Strategic Report, January 2016) .

　　但现在，俄罗斯天然气工业股份公司面临三只新的黑天鹅。2016 年，首批美国液化天然气抵达欧洲，揭开了俄欧天然气桥的历史新篇章。在未来十年及以后，天然气桥的未来将首先取决于俄罗斯管道天然气和液化天然气之间的竞争，而且这受到日益增强的美国制裁威胁的影响。第二个是气候变化成为一个主要政治议题，特别是在欧洲，那里的天然气已经失去作为良性过渡燃料的光环，并日益遭受环保主义者的攻击。第三是俄罗斯天然气市场不断演变，国内竞争对手正在挑战俄罗斯天然气工业股份公司的长期垄断地位。关于这些挑战，我们将在结论中谈及。

　　但首先，我们谈谈乌克兰这个关键问题，在过去 30 年里，乌克兰比任何其他问题都更加深刻地塑造了俄欧天然气关系。

第 11 章

俄罗斯和乌克兰：冲突与合谋

这是一个漫长而艰难的"离婚"故事。过去 30 年来，俄罗斯与乌克兰的天然气关系一直是冲突与合作并存。[1]事实上，这是一体两面的事情：一场在俄罗斯和乌克兰之间围绕苏联时代天然气利益分配的持续斗争。但问题的根源更深。这是以前作为一个整体被分解为两个部分的结果，一方控制天然气，另一方控制过境运输。直到 2014 年，随着维克多·亚努科维奇总统的政府倒台，乌克兰与俄罗斯的天然气关系才开始朝着其他方向发展。尽管确切的条款还远未明确——而且将受到政治和经济冲击的影响——但其本质可以这样总结：苏联的天然气遗产正在无情地消退。[2]乌克兰已经停止从俄罗斯进口供本国国内使用的天然气。到 21 世纪 20 年代中期，如果不是在此之前的话，俄罗斯天然气将结束经乌克兰过境。因此，过去 30 年来，作为俄欧关系中最不稳定的因素，俄乌天然气贸易逐渐消失。[3]长时间的天然气"离婚"正在变成一项最终决定。

---

[1] 感谢菲利普·沃罗比约夫（Philip Vorobyov）在本章以及本书其余部分的写作中耐心阅读草稿和提出的明智建议。我还要感谢牛津能源研究所的西蒙·皮拉尼和埃信华迈（IHS Markit）的洛朗·卢塞卡斯（Laurent Ruseckas）对本章草稿富有洞见的评论。

[2] 参见 Thane Gustafson and Anna Galtsova, *The Changing Future of the Gas Problem in Russian-Ukrainian Relations*（IHS Markit Private Report，November 2014）。

[3] 在最后一章中，我将论证，如果欧洲对俄罗斯天然气的需求持续增加并超过绕道管道的容量，那么俄罗斯可能会在21世纪20年代末或30年代初恢复经乌克兰的过境复苏。但到那时，任何俄罗斯经乌克兰的过境都将按照欧盟规定进行，这将带来完全不同的局面。

俄罗斯天然气，乌克兰过境

理解俄乌天然气冲突的关键是，俄罗斯和乌克兰的天然气部门曾经属于一个整体。苏联解体时，苏联天然气工业是世界上最大的、高度一体化的天然气工业。❶ 统一国家的解体立即改变了俄罗斯和乌克兰之间的天然气关系。虽然乌克兰是苏联天然气工业的发源地，但到苏联的最后十年，随着天然气田的减产，乌克兰本土天然气产量正在下降。苏联解体后，乌克兰一夜之间成为过境国和一个巨大的进口国。俄罗斯拥有天然气；乌克兰拥有管道。乌克兰急需俄罗斯的天然气，却无力支付。但它控制了俄罗斯对欧洲最重要的过境管道。苏联解体时，从俄罗斯流向欧洲的天然气80%以上通过乌克兰过境。与此同时，1992 年，乌克兰消费了 1100 亿立方米的天然气（迄今为止是欧洲最多的），而当地产量只有 160 亿立方米（表 11.1）。

表 11.1 乌克兰天然气进口和过境量（1990—2018 年）

单位：10 亿立方米

年　份	1990	1995	2000	2005	2010	2015	2018
进口	94.5	65.5	59.2	60.2	36.5	18.1	16.3
俄罗斯	60.8	52.8	58.8	25.1	36.5	7.8	2.7
其中：实物过境付款	0.0	30.0	27.9	20.4	0.0	0.0	0.0
土库曼斯坦	33.7	12.7	1.9	35.1	0.0	0.0	0.0
来自欧洲的"回流"	0.0	0.0	0.0	0.0	0.0	10.3	10.6
至欧洲（非独联体国家）的乌克兰天然气过境量（据报道）	102.1	110.2	109.3	121.5	95.4	64.2	83.8
俄罗斯对欧洲（非独联体国家）管道运输中的乌克兰过境量（%）	84.7	90.4	81.4	75.9	66.8	39.2	40.8

数据来源：Matthew J. Sagers, *Eurasian Gas Export Outlook, May* 2019（IHS Markit Market Briefing, May 2019）。
注：由于四舍五入，数字加总可能不等于总和。该表使用俄罗斯测量每立方米 8850 千卡（总热量值）。
CIS= 独联体。

---

❶ 至少在该国西部三分之一的地区是这种情况。苏联东部三分之二的地区与天然气网络的其余部分没有任何联系，直到今天仍然如此。

苏联对乌克兰在解体后的处境负有责任，这反过来又为随后看似无休止的谈判和天然气战争埋下了隐患。苏联计划经济者用重工业经济的挥霍式消耗方式使用乌克兰的天然气资源，在整个20世纪70年代和80年代不计成本地扩大城市燃气基础设施和工业，似乎廉价天然气会永远存在。在这个过程中，他们耗尽了乌克兰的天然气田，从而导致它依赖从西西伯利亚进口天然气。

鉴于乌克兰对天然气的庞大需求（以及无力支付），这是造成冲突局面的重要原因。此后，俄罗斯和乌克兰一直在天然气进口和过境方面相互斗争。对于那些不相干的人来说，这似乎是一个不断重复的争吵和谈崩的循环。2006年、2009年和2014年，相继出现三次明显的供应中断，在此之前，还有几次较小的供应中断。❶当双方精英停止争吵时，他们常常通过一系列可疑的中间商和地下交易进行合谋。❷多年来，天然气不仅是俄罗斯与乌克兰之间冲突的最大根源，也是其腐败的最大单一来源。❸

然而，本章的中心论点是，所有这一切的根源正在消失。过去30年来，乌克兰的天然气需求大幅下降，已经停止从俄罗斯的直接进口。乌克兰本土

---

❶ 第三次中断始于乌克兰，从6月中旬持续至2014年10月底。关于2014年危机对天然气贸易的影响，参见Laurent Ruseckas, Matthew J. Sagers, Shankari Srinivasan, Michael Stoppard, Thane Gustafson, and Daniel Yergin, *Ukraine Crisis: What It Means for Europe's Gas Supply*（IHS Markit Special Report, March 2014）。有关2009年合同的进口和过境数据，参见Simon Pirani, *After the Gazprom-Naftogaz Arbitration: Commerce Still Entangled in Politics*（Oxford: Oxford Institute of Energy Studies, March 2018）, p. 3。

❷ 主要政治家和寡头的参与一直是令俄罗斯和乌克兰媒体着迷的原因，并且有大量关于天然气妥协（gazovyi kompromat）的文献（即与天然气有关的所谓妥协资料），它们中没有一个可以被信赖，但总的来说，这并没有形成一幅难以置信的图景。新角度不断出现。关于最近的例子，参见Mariia Zholobova and Roman Badanin, "Peterburgskie znakomye Putina okazalis' benefitsiarami ukrainskogo gazovogo transita v 2000x.," *Dozhd*', April 19, 2018, https://tvrain.ru/articles/peterburgskie_znakomye_putina_okazalis_benefitsiarami_ukrainskogo_gazovogo_tranzita_v_2000_h-462135/?utm_source=facebook&utm_medium=social&utm_campaign=news&utm_term=462135。

❸ 有人可能会提出一个很好的论据，即武器和金属、甚至煤炭，在俄乌关系中同样是腐败租金的重要来源。但在20世纪90年代，这些基本上是易货贸易同一复杂链条的一部分。例如，在20世纪90年代末和21世纪第一个十年初，尤利娅·季莫申科是源自莫斯科的国际刑警逮捕令的对象，因为她没有向合同中指定的俄罗斯国防部提供制服和其他物资以换取天然气。（毋庸置疑，当季莫申科在2005年以总理身份首次访问莫斯科时，这项现有逮捕令在谈话中是尴尬的组成部分。）

天然气生产的潜力越来越大，这最终可能使乌克兰实现自给自足。[1] 与此同时，俄罗斯绕过乌克兰修建了一系列管道，对乌克兰的过境依赖已经从其对欧洲出口的 80% 减少到 40% 左右。随着俄罗斯以另外两条管道完成其迂回政策，这一份额将继续下降。尽管其监管体制仍然脆弱，但乌克兰自己的天然气经济正逐渐走向更加自由和商业化。这些事态发展的影响是显而易见的：乌克兰已经不再需要俄罗斯的天然气，不久俄罗斯也就不再需要经乌克兰过境。再过十年，俄乌关系中的天然气因素就会消失。

这并不是说前路将会一帆风顺。俄罗斯吞并克里米亚，支持乌克兰东部两个州的分离主义政权，导致两个国家之间产生了极大的敌意和不信任。俄罗斯和乌克兰仍在进行一场不宣而战的战争，没有迅速结束的迹象。这已经扩展到天然气领域。乌克兰天然气市场现在分为两部分。其中一部分来自欧洲的"反向"天然气（大部分是由欧洲贸易公司从西方"回收"的俄罗斯天然气[2]）以及主要在哈尔科夫和波尔塔瓦生产的本地天然气。由顿涅茨克和卢甘斯克的部分地区组成的被分离的东部地区，由俄罗斯天然气工业股份公司几乎无偿地从东部供应天然气。到 2019 年年底，俄罗斯和乌克兰之间的天然气关系已经跌至新低。两者之间的十年天然气合同即将到期，而且续约的可能性很小。同时，乌克兰国家石油天然气公司和俄罗斯天然气工业股份公司就正在进行的仲裁程序发生争执。似乎有可能再次中断向欧洲的供应。幸运的且超乎预期的是，由于普京总统本人的直接干预，双方在 12 月达成了最后一刻的协议，避免了进一步的冲突。

然而，这些事件的更大意义是，乌克兰作为天然气桥的作用——事实上，正如我们在本书中所看到的，作为几十年来俄罗斯—欧洲天然气桥的基础——正在迅速消失，取而代之的是绕过乌克兰的多座桥梁，而乌克兰也不再依赖俄罗斯的天然气。天然气将继续从俄罗斯流向欧洲，但乌克兰在这方面的战

---

[1] 关于乌克兰天然气市场结构以及乌克兰自身的生产潜力，参见Philip Vorobyov，"Ukraine at the Crossroads，" *Petroleum Economist*，November 2014，pp. 11-15，"Lilliputians in the Land of Giants，" *Petroleum Economist*，June 2013，pp. 4-8。

[2] 我们将在本章的后面部分回到这一点。当然，我们无从标记从西方进入乌克兰的天然气分子。关键是，一旦被欧洲买家购买，根据欧盟法律，俄罗斯将不再具有限制其向何处转售的任何法律手段。

略作用已经大大减弱，并可能很快完全消失。❶ 苏联的遗产将最终不复存在。

本章的结构

在过去的 30 年里，天然气工业在全球和欧洲都发生了变化。俄罗斯和乌克兰也是如此。为了理解这段动荡和混乱的日子——其中所有变量似乎都在同时变化，我把本章分为三个阶段。在这三个阶段，整个俄乌天然气关系是由以下趋势所驱动：

一是苏联内部经济关系逐步正常化，从通过私人贸易中间商进行易货贸易演变为更传统的货币和商业关系。随着后苏联经济体走向市场化，每个阶段的进展都停滞不前，冲突不断，但总体方向是明确的。这适用于俄罗斯和乌克兰。

二是俄罗斯天然气平衡发生的变化。在 20 世纪 90 年代之前，俄罗斯长期使用传统天然气，然后到了 21 世纪，由于其遗留资产减少，天然气开始短缺。21 世纪第二个十年，新一代俄罗斯天然气涌现，但成本更高。其结果是，系统中的遗留租金不断缩水，减少了腐败范围。

三是向乌克兰提供的价格条件随着时间的推移而发生变化。在苏联解体后的前 15 年，俄罗斯继续向乌克兰提供优惠价格，以期保留政治影响力。到 21 世纪第一个十年中期的主要事件是俄罗斯对乌克兰提高气价的压力越来越大，这反过来又导致乌克兰天然气消费量自 2006 年大幅下降。俄罗斯的价格压力也是导致 2006 年和 2009 年供应中断的直接原因。

四是俄乌政治关系持续恶化。过去 30 年来，通过利用乌克兰国内选举的政治权力震荡，俄罗斯一再干预乌克兰政治，这加剧了乌克兰的长期政治不稳定。俄罗斯最近在乌克兰的行动使整个关系变得比以往更加困难。

---

❶ 这并不一定意味着俄罗斯天然气将不再通过乌克兰过境（还有待观察），但与乌克兰过境所占比例较高以及俄罗斯最初缺乏替代路线有关的影响力，将不再具有同样的战略意义或对整体关系产生相同的有害影响。

　　五是天然气市场化和监管改革以及支持这些改革的信息技术逐步从西欧向东欧扩展。21世纪第二个十年，它们最终到达乌克兰，也给俄罗斯带来了变化。与之相伴的是，欧盟在俄罗斯—欧洲天然气贸易和监管中扮演了日益重要的角色，同时，双方之间关于这一角色的冲突也日益加剧。

　　六是从20世纪90年代末开始，俄罗斯方面一直决心绕过乌克兰过境，修建通往欧洲的替代管道，同时试图获得对乌克兰过境系统的控制。由于后者没有成功，俄罗斯绕过乌克兰的努力有增无减。

　　贯穿所有三个阶段的背景是，俄罗斯政治的重新集权和俄罗斯国家从20世纪90年代的近乎混乱到普京时代的加强，这与乌克兰国家的长期软弱和混乱形成鲜明对比。这两个国家都由强大的精英主导，他们更关心财富和权力，而不是改革经济或政治制度。然而，俄罗斯拥有更强大的体制基础，这使得普京在2000年执政后能够迅速重建中央行政权力。相比之下，乌克兰作为一个国家，继续与软弱的遗产斗争（部分原因在于其作为苏联行政制度的次级的历史地位）。此外，乌克兰在地理、语言、政治方面仍然处于分裂状态。因此，它一直无法建立有效或稳定的政治或经济机构。正是这一弱点最终使乌克兰无法比现在更加果断地脱离苏联时代，并实现对更强大俄罗斯的更大自治。❶

　　好消息是，自2014年亚努科维奇政府倒台以来，乌克兰开始克服自身的一些弱点。克里米亚的吞并和俄罗斯对乌克兰东部叛乱分子的支持，产生了形成统一乌克兰身份的效果。乌克兰以前与俄罗斯的牢固经济联系因冲突而削弱，而这正逐渐使乌克兰经济转向欧洲。在过去五年中，乌克兰开始改革其经济和制度，尽管这一进程目前仍步履蹒跚，但乌克兰不太可能像2014年之前那样因受俄罗斯影响而退缩。天然气行业的进展最引人注目，改革仍在继续，西方捐助者也在大力推动。我们将在本章的最后一节中回到这一主题。

---

❶ 尽管已经过时十年，仍是关于乌克兰政治的最佳分析之一，参见Paul D'Anieri, *Understanding Ukrainian Politics：Power，Politics，and Institutional Design*（Armonk，NY：M. E. Sharpe，2007）。又见Paul D'Anieri，ed.，*Orange Revolution and Aftermath：Mobilization，Apathy，and the State in Ukraine*（Washington，DC：Woodrow Wilson Center Press，2010）。有人可能会说，这一弱点使乌克兰政治更具竞争力，并阻止了普京式的控制再集中化。

然而，人们不应低估俄罗斯干涉所造成的破坏和东部省份事实上的损失。俄罗斯在很多方面通过令其背负沉重的军事负担，使乌克兰经济陷入瘫痪。乌克兰似乎注定仍将处于地缘政治和经济边缘，悬浮在对其口头支持的欧盟与处于政治和军事冲突的俄罗斯之间。

正是这些主题之间的互动，使俄乌天然气故事如此复杂，但又如此令人入迷。从一个到下一个阶段如同章回小说，随着对事件和机会做出反应，角色在调整和改变，然而，正如我们将看到的，每个时期都有一个逻辑，从一个阶段到下一个阶段是不断演进的。

第一个十年：易货国家，1991—1999 年

20 世纪 90 年代，随着苏联分崩离析、双方都在为两国关系寻找新的基础，俄乌天然气关系陷入混乱。天然气贸易受政府间协定而不是合同管辖，但经常遭到违反。这是俄罗斯和乌克兰第一批私人天然气贸易商崛起的时代。这一时期于 1998 年至 1999 年结束，全球大宗商品价格暴跌，俄罗斯政府拖欠债务。在这十年中，乌克兰进口天然气及其分配受到私人贸易商的支配，他们把政治联系融入易货链条，使他们能够不择手段地从乌克兰进口的天然气中攫取价值。

易货系统是如何运作的？它的核心是，将对买方有价值的东西（此处为天然气）换成另一件有价值的东西，这次是对卖方而言。后者可能是食品、制成品、服装、借据或国家债券。这通常需要构建易货链条，真正的货币在其中只在最后现身。例如，天然气可以交换电力，电力反过来又可以交换钢材，而钢材可以被出口来换取美元，所得收益将被存入卖方账户的离岸银行。唯一的限制是中间商的聪明才智和关系网。❶ 就天然气而言，一种特别重要的易货形式涉及从天然气分销商处用天然气交换借据，最终它又被计入乌克兰国

---

❶ 关于20世纪90年代末俄罗斯易货经济的描述，参见Clifford Gaddy and Barry Ickes, *Russia's Virtual Economy*（Washington, DC：Brookings Institution Press, 2002）。在乌克兰，易货体系的运作方式与在俄罗斯基本相同，并且出于相同的根本原因——也就是，已建立的商业和法律关系中断以及总体缺乏可靠的货币。

家债务当中。这说明了政治庇护在各级链条中的核心作用。

正是在这一早期阶段，某些政治主题首次出现，此后一直是乌克兰的特色。❶ 乌克兰政治基本上是建立在支持独立的改革者与苏联时代官僚精英之间的妥协之上。1994 年，作为后者之一的前总统列昂尼德·库奇马（Leonid Kuchma）——曾在工业城市第聂伯彼得罗夫斯克担任南方机械厂战略导弹项目负责人，在亲俄罗斯的基础上当选为总统。他统治乌克兰十年。库奇马的崛起是苏联晚期技术官僚的典型，且在他执政期间一直延续这种模式。正如在列昂尼德·勃列日涅夫时代一样，库奇马的许多亲信和盟友来自第聂伯彼得罗夫斯克的精英阶层——正如我们下面看到的，包括私人天然气贸易商女王尤利娅·季莫申科。❷

乌克兰受到后苏联萧条的打击比俄罗斯更为严重，因为它的工业经济以制造业为基础。1991 年至 1997 年间，它的实际国内生产总值下降了三分之二以上。到 1998 年，实际人均收入只有俄罗斯的一半（尽管在这两种情况下，必须允许非正式的、所谓的影子经济发挥强有力的作用。目前在这两个国家，影子经济继续发挥着强有力的作用）。与在俄罗斯一样，由于软信贷和补贴，恶性通货膨胀更加严重，因为新独立的乌克兰中央银行与俄罗斯一起无节制地开印钞票。像俄罗斯一样，资本逃离乌克兰。直到 20 世纪 90 年代末期，乌克兰才开始复苏，当时全球商品价格开始再次上涨。

然而，对乌克兰来说，商品价格上涨是一把双刃剑。虽然乌克兰的钢铁和化学品等出口产品在商品价格上涨时表现良好，但乌克兰缺乏足够的本土

---

❶ 关于乌克兰政治，大致有两种思想流派。其中一个聚焦乌克兰政治制度的弱点。其他指出了总统层面领导层的系统性失败，导致崩溃的反复模式。关于出色的论文，参见Lucan Way, *Pluralism by Default：Weak Autocrats and the Rise of Competitive Politics*（Baltimore：Johns Hopkins Press, 2015），pp. 43-91; Serhiy Kudelia and Taras Kuzio, "Nothing Personal：Explaining the Rise and Decline of Political Machines in Ukraine," *Post-Soviet Affairs* 31, no. 3（2015），pp. 250-278。答案显然是两者都应被谴责。

❷ 第聂伯罗彼得罗夫斯克（"第聂伯河上的彼得市"）是乌克兰中东部的一个工业城镇，从历史上看，它一直是苏联时期以及包括勃列日涅夫时代以来乌克兰精英中一些最重要人物的领地。参见 Orysia Kulick, "When Ukraine Ruled Russia：Regionalism and Nomenklatura Politics after Stalin, 1944-1990"（PhD diss., Stanford University, 2017）。在2016年，第聂伯罗彼得罗夫斯克被更名为第聂伯罗，但我在本书中保留了更早的名字。

能源资源，不得不从俄罗斯进口碳氢化合物。在苏联指令式经济中，天然气以低价被供应给乌克兰用于工业和居民供暖，而且这一政策一直持续到下个十年的中期。正如我们说过的，俄罗斯继承的天然气资源最初是可观的：20世纪90年代，俄罗斯人享受着相当于天然气泡沫的天然气资源，其中一部分以折扣价格出口到乌克兰。❶从早期开始，相当一部分天然气以易货形式支付，因为两个经济体都遭受严重的去货币化。

到20世纪90年代中期，乌克兰天然气贸易在外界看来是一片混乱，然而，这却具有一种基本逻辑。乌克兰消费俄罗斯的天然气，但大部分都没有支付。俄罗斯继续向乌克兰运送天然气，因为它需要向欧洲输送天然气，而且它有天然气剩余；当没有天然气时，乌克兰人就采取了"未经批准的获取"（天然气专业人士这样称呼）过境天然气的方式，但俄罗斯人称其为"盗窃"，对此他们以威胁和定期切断供应作为回应。随着乌克兰的天然气债务不断累积，俄罗斯天然气工业股份公司利用这些债务收购乌克兰工业以及其他特许权，例如控制塞瓦斯托波尔的一个重要海军基地。但俄罗斯人最渴望的是乌克兰天然气管道系统。年复一年，俄罗斯天然气工业股份公司试图说服乌克兰用天然气债务换取对过境线路的控制——作为回报，俄罗斯承诺保持像对白俄罗斯一样的低气价。但乌克兰议会持续否决任何投降，认为这是对国家主权的背叛，管道仍掌握在乌克兰手中。❷

1996年库奇马政府试图用一种天然气贸易特许制度来取代这种混乱，根据这种制度，选定的贸易商被给予在分配给他们的地区进口和销售天然气的独家权利。这是一种旨在瓜分市场的措施，而且效果明显，它引入了批发贸易商的卡特尔，使与其相关的商业集团从中获利。到1998年，贸易特许权制

---

❶ Jonathan Stern，*The Russian Natural Gas "Bubble"*：*Consequences for European Gas Markets*（London：Royal Institute of International Affairs，1995）.

❷ 玛格丽塔·巴尔马塞达（Margarita Balmaceda）的著作是有关20世纪90年代和21世纪第一个十年的重要信息来源，她对苏联东部国家的能源贸易进行了深入研究。关于在此期间俄乌天然气贸易的重建，参见*Energy Dependency*，*Politics and Corruption in the Former Soviet Union*：*Russia's Power*，*Oligarchs' Profits*，*and Ukraine's Missing Energy Policy*，*1995-2006*（London：Routledge，2008），*The Politics of Energy Dependency*：*Ukraine*，*Belarus*，*and Lithuania between Domestic Oligarchs and Russian Pressure*（Toronto：University of Toronto Press，2013），chapter 4。

度被认为是失败的。同年，乌克兰令乌克兰国家石油天然气公司（Naftogaz）控制了从俄罗斯和中亚购买的天然气。然而，天然气关系很快就比以前更加糟糕。正如乔纳森·斯特恩所评论的，"1998 年后期至 2000 年之间的阶段，算得上是俄乌天然气关系中最紧张的一个时期。"这主要是因为 1998 年经济崩溃对双方的影响，打乱了大部分易货系统。[1] 然而，一个重大改革被首次尝试。俄罗斯和乌克兰在制定管理进口和过境方式上达成了一定的进展。俄罗斯天然气工业股份公司同意用乌克兰消耗的大量天然气支付输往欧洲的费用。过境关税和进口价格是相互联系的。这项改革得到了国际货币基金组织的大力支持——它曾为改革乌克兰天然气系统做过众多尝试，而这也并非最后一次。

在此期间，涉及土库曼斯坦（和其他中亚生产国）以及俄罗斯和乌克兰的贸易三角令天然气贸易更加复杂。原因很简单：在天然气泡沫时期，俄罗斯天然气工业股份公司希望避免来自中亚供应商在欧洲市场的竞争。因此，它安排贸易商将中亚天然气运到利润较低的苏联市场，那里的天然气价格较低并包括相当一部分易货贸易。乌克兰就是其中最重要的一个。[2] 土库曼人别无选择，只能默许这个相当于榨取租金的计划，这有利于列姆·维亚希列夫时代与俄罗斯天然气工业股份公司领导层有联系的俄罗斯和乌克兰参与者。直到中国人出现在阿什哈巴德，提出要修建一条通往中国的出口管道，土库曼人才获得了对本国天然气的一些控制，并停止向俄罗斯和乌克兰输送天然气。[3]

最后，正是在这一期间，俄罗斯因与乌克兰打交道的挫折感感到愤怒，开始与欧洲伙伴合作建设绕过乌克兰的新出口管道。第一个是亚马尔—欧洲管道，该管道经波兰和白俄罗斯，并且早在 1992 年就开始规划。其次，1997 年年末，俄罗斯开始与土耳其谈判在黑海海底修建一条管道。这条被称为"蓝溪"的项目有三个目标：向土耳其市场提供更多的俄罗斯天然气；阻止西方

---

[1] Jonathan Stern, *The Future of Russian Gas and Gazprom* (Oxford: Oxford University Press, 2005), p. 88.

[2] 有关苏联天然气贸易三角时期的有益概述，参见Jonathan Stern, *The Future of Russian Gas and Gazprom* (Oxford: Oxford University Press, 2005), pp. 66-108。

[3] 截至2019年春，土库曼斯坦已恢复向俄罗斯有限地出口天然气。

在里海海底修建管道的计划；最重要的是，提供另一个绕道乌克兰的过境系统。"蓝溪"项目于2003年2月开始运输天然气——考虑到在黑海深海海底铺设管道的技术难度，这是一项非常迅速的成就。❶前两条管道凸显出整个俄罗斯—乌克兰故事的一个关键点：俄罗斯的绕行政策已持续20多年，在整个这段时间里，俄罗斯几乎不计成本地一直在积极推进。

尤利娅·季莫申科："天然气公主"如何发迹

在后苏联时代的第一个十年里，就乌克兰经济和政治体系的混乱状态而言，没有任何事情比尤利娅·季莫申科（Yulia Tymoshenko）的早期职业生涯更具象征意义。一个铁腕女人，从默默无闻中成长起来，成为2004年橙色革命期间乌克兰追求民主与独立的象征。季莫申科自两次担任总理以来，一直是乌克兰政坛的一支政治力量，也是总统竞选的有力竞争者。但就本书的目的而言，故事的重要部分是20世纪90年代她在天然气易货贸易中所扮演的角色，当时她成为保罗·拉扎连科（Pavlo Lazarenko）总理的亲信，然后受到库奇马总统的庇护。她的统一能源公司（UES）成为全国最成功的天然气分销商之一。那些年里，季莫申科被称为"天然气公主"。

独立乌克兰未来政治和商业阶层的大部分来自第聂伯彼得罗夫斯克市的共青团。季莫申科，一个从贫穷家庭成长起来的普通女孩，就是一个例子。1988年，在米哈伊尔·戈尔巴乔夫改革的鼎盛时期，季莫申科和她的丈夫创立了一个名为"终端"（Terminal）的共青团合作社，其目的是进行石油产品贸易。正是通过这家公司，她第一次接触到燃料贸易。然后，她共同创立了一家名

---

❶ 这是通往欧洲的第二条绕道乌克兰的管道。第一个是亚马尔—欧洲（或Europol），于1997年开始运营，它的一部分是从德国—波兰边界重建的（与苏联时代的出口管道相对，后者是从生产气田开始建造）。关于亚马尔—欧洲管道的规划始于1992年。1993年，俄罗斯、白俄罗斯和波兰签署了政府间协议。1994年，俄罗斯天然气工业股份公司和巴斯夫公司温特豪斯的合资企业Wingas开始建造管道的德国部分。第一批天然气于1997年经白俄罗斯—波兰走廊输送到德国。白俄罗斯和波兰段于1999年9月完工，在全部压缩机站完工后，该管道在2005年达到其额定年产能的约330亿立方米天然气。参见https://en.wikipedia.org/wiki/Yamal%E2%80%93Europe_pipeline。

为乌克兰汽油公司（称为 KUB）的较大贸易公司。由于当地政治家拉扎连科的支持，乌克兰汽油公司垄断了第聂伯彼得罗夫斯克农业部门的燃料供应。

1992 年，拉扎连科被任命为该州的总统代表，他很快成为该州事实上的老板。至此，他已经建立了一个遍布全州的商业帝国，其中就包括乌克兰汽油公司和季莫申科。拉扎连科在 1994 年的总统大选中为库奇马工作，作为犒赏，库奇马任命他为负责能源的副总理。1996 年 5 月，库奇马任命他为总理。❶

随着拉扎连科的崛起，季莫申科也和他一起冉冉升起。她最初是乌克兰汽油公司的商业总监；然后成为总经理。拉扎连科被任命为副总理两个月后，乌克兰汽油公司变成一家名为乌克兰联合能源系统的英国—乌克兰合资企业，注册资本为 1000 万美元。季莫申科很快就成为无可争议的老板。到这个时候，乌克兰汽油公司的业务范围已经从第聂伯彼得罗夫斯克的石油产品转移到更有利可图的全国天然气销售。突然之间，季莫申科名声大噪。

作为政治领袖，库奇马总统的风格是发挥所有领域的作用，用租金和津贴奖赏不同的商业派别，并在它们中间不断转换。作为保护人，他变化无常，无法预测——当总统指控他犯有巨额贿赂和其他罪行时，拉扎连科很快发现了这一点。拉扎连科先是逃往瑞士。随后，他被驱逐到美国，在那里他因洗钱、电信欺诈和敲诈勒索罪被判处 6 年监禁。没有了他的支持，乌克兰汽油公司的天然气业务倒闭了。此后，季莫申科的职业生涯从商业转向政治。❷

季莫申科的故事和其生动的个性，自然而然地满足了乌克兰和俄罗斯媒体的想象力。自 20 世纪 90 年代中期以来，她作为政治家始终是众人瞩目的焦点，最近一次是作为 2019 年总统竞选的失败者。作为一名天然气贸易商，她曾迅速成为乌克兰东部地区天然气供应的最大参与者，但很快，与库奇马和乌克兰最终天然气供应商——俄罗斯天然气工业股份公司和土库曼斯坦关

---

❶ 有关拉扎连科事业的更多信息，参见谢尔盖·列申科（Sergei Leshchenko）的传记，*Amerikans'ka saga Pavla Lazarenka*，*serialized in Ukrains'ka Pravda in Ukrainian* in 2012，https：//www.pravda.com.ua/articles/2012/09/13/6972637/。

❷ 季莫申科非凡职业生涯的各个阶段都是曲折的，不可能在短短的几段中展现。本节中的传记材料取材自 Dmitrii Popov and Il'ia Mil'shtein，*Oranzhevaia printsessa*：*Zagadka Iulii Timoshenko*（Moscow：Izdatel'stvo Ol'gi Morozovoi，2006）。

系较好的那些人，盖过了她的风头。然而，作为后苏联燃料生意的第一批新参与者之一，她的事例比任何人都更清楚地说明苏联时代与 20 世纪 90 年代易货时代之间的关系。从一开始，它就是一个基于个性和政治关系以及运气的业务。这三个因素，季莫申科全都有。

乌克兰汽油公司消亡后，它在天然气贸易业务中的角色被一家名为伊特拉的公司接管，该公司由俄罗斯人伊戈尔·马卡罗夫（Igor Makarov）创立，他早年与土库曼斯坦有联系。马卡罗夫曾是苏联国家奥林匹克队的自行车冠军，他将私人关系融入国际天然气贸易业务，将俄罗斯和土库曼斯坦天然气出口到乌克兰和苏联的其他共和国，用天然气交换食品和其他产品再运回俄罗斯和中亚。这需要俄罗斯天然气工业股份公司的合作。早期，马卡罗夫曾获得俄罗斯天然气工业股份公司董事长维亚希列夫的支持，后者将伊特拉公司看成从中亚天然气流动中获取价值的手段，同时又可以免于直接介入到乌克兰混乱的复杂情况。❶

在俄罗斯天然气工业股份公司的赞助和库奇马总统的支持下，伊特拉公司接管了向乌克兰供应天然气的业务。此后的八年里，在阿列克谢·米勒接替维亚希列夫担任俄罗天然气工业股份公司负责人之前，马卡罗夫的伊特拉公司一直是俄罗斯天然气工业股份公司在乌克兰的首选贸易商。早年，伊特拉公司与季莫申科密切合作：供应她分销的天然气。❷此外，伊特拉公司还为自己获得了乌克兰市场的一部分。

伊特拉公司不仅仅是一个天然气贸易商。在维亚希列夫和俄罗斯天然气工业股份公司的支持下，马卡罗夫还被引入上游并很快成为俄罗斯主要的天然气生产商。但与这一阶段的其他情况一样，这是一个基于易货贸易的机会。俄罗斯天然气工业股份公司向亚马尔—涅涅茨自治区（Yamal–Nenets Okrug）政府支付税款，但这些税款是以天然气形式支付的，该地区政府需要把天然

---

❶ 有关伊特拉公司和伊戈尔·马卡罗夫的详尽报告，参见 Jeanne Whalen, "Pipe Dream：How Gas Firm Itera Got So Huge, So Fast, " *Wall Street Journal*, October 24, 2000。

❷ 关于俄罗斯易货贸易的兴起和伊特拉公司角色起源，参见 Valerii Paniushkin and Mikhail Zygar', *Gazprom：Novoe russkoe oruzhie*（Moscow："Zakharov, " 2008），pp. 148-156。

气转化为食品、物资和钱。伊特拉公司利用它的关系将这些天然气输入到乌克兰市场及其他领域。在这种关系中，伊特拉公司扮演了使天然气货币化的重要角色，这最终令其控制了西西伯利亚的上游天然气许可，并成为一个天然气生产商。这是一个兴旺发达的利益链，一直持续到易货时期结束。但随着普京时代的到来以及米勒取代维亚希列夫担任俄罗斯天然气工业股份公司董事长（见第 10 章），马卡罗夫的明星光环很快消退。❶

第二个十年：俄罗斯提高赌注，2000—2013 年

从 2000 年至 2013 年的第二个阶段发生了四个关键性事件：2004 年的橙色革命❷ 及其随后的失败；自 2005 年，俄罗斯要求将对乌克兰出口的天然气价格提高至欧洲水平，对乌克兰施加的压力越来越大；2008 年至 2009 年世界经济的"大衰退"及其对俄罗斯和乌克兰经济的影响；最后，2009 年年初俄罗斯对乌克兰和欧洲的天然气出口以及随后俄乌天然气合同被中断。在这十年中，围绕日益强大的总统普京，俄罗斯政治明显实现了再集中化，但在乌克兰却并未如此，政治权力在政治家和寡头的敌对联盟之间不可预知地左右摇摆。最后，在这十年中，俄罗斯继续其绕开乌克兰的政策，建设另一条出口管道——北溪管道。普京和德国总理施罗德于 2005 年就输气管道达成协议，随后于 2009 年做出了投资决定。

1998 年经济崩溃后，俄罗斯的易货时代突然结束。然而，到 21 世纪第一个十年中期，易货贸易仍在乌克兰延续，特别是在俄乌天然气贸易中。在俄罗斯，大宗商品价格的上涨和一定程度的繁荣是伴随着重要的法律和金融改革而来的——值得注意的是，一项破产法限制了在 20 世纪 90 年代困扰这个

---

❶ 在以下文章中可以找到马卡罗夫的崛起以及后来的兴衰，Irina Mokrousova，"Miller dlia nego byl nikto，"*Vedomosti*，May 20，2013。

❷ 关于橙色"革命"到底是一场革命、还是仅仅是一场普遍的反抗，学者之间存在着很多争论。回想起来，更多是后者，但在本章中，我对这个术语的使用不带引号，因为这是既定用法。

国家并支持了易货经济的未付账单泛滥。[1] 乌克兰走了同样的道路，但却停滞不前：第一次有意义的经济改革是在自由派改革者维克多·尤先科的领导下进行，当时他担任乌克兰国家银行行长（1993—1999 年）、随后任库奇马政府总理（1999—2001 年）。商品出口在 21 世纪第一个十年给乌克兰带来了一定程度的繁荣，资金开始重新流入乌克兰经济。

然而，由于乌克兰长期未能提高其经济的能源效率，自由化改革被蒙上了阴影，进展不大。由于服务经济的扩张和工业能源价格的上涨，乌克兰经济的能源强度（energy intensity）稳定下来。事实上，从 2000 年到 2005 年，由于资金被投入到钢铁等能源最密集的行业，乌克兰的能源强度下降了 40%。即便如此，到了这个十年的中期，乌克兰仍以相当大的差距成为世界上能源最为密集的经济体——其强度几乎是德国的四倍。[2] 基本供暖和电力系统的效率实际上变得越来越低，究其原因，替代和维护方面的系统性投资不足，更不必说低电价和缺乏准确的电力测量。[3] 居民供暖部门的增长尤其明显，到 2004 年，该部门天然气份额已增加到 55%。[4]

这十年的开端非常平和。俄罗斯新任总统普京试图与库奇马总统建立个人关系，解决鲍里斯·叶利钦政府未完成的工作——尤其是两国边界划分和黑海舰队的地位，但最重要的是，为错综复杂的天然气关系带来秩序。在 21 世纪第一个十年前半期，库奇马和普京多次会晤，有时达到每月一次，两人成功缓解了导致冲突的一些最恶劣因素，乔纳森·斯特恩称之为"一种精心组织的试图打破无法无天的过去的尝试"。[5] 特别是，两人就建立一个财团来管理乌克兰过境系统进行了长时间谈判，甚至谈到可能以西方公司作为合作伙伴。[6]

---

[1] 参见 Thane Gustafson，*Capitalism Russian-Style*（Cambridge：Cambridge University Press，1999），chapter 2.

[2] Pirani，*After the Gazprom-Naftogaz Arbitration*，p. 11.

[3] International Energy Agency，*Ukraine Energy Policy Review*（Paris：International Energy Agency，2006），pp. 75-77.

[4] Pirani，*After the Gazprom-Naftogaz Arbitration*，p. 13.

[5] Stern，*The Future of Russian Gas and Gazprom*，p. 90. 斯特恩详细介绍了两位总统及其总理在橙色革命前夕达成的协议。

[6] Thane Gustafson and Matthew J. Sagers，*Gas Transit through Ukraine：The Struggle for the Crown Jewels*（IHS Markit Private Report，April 2003）.

　　但是橙色革命令普京的战略落空了。他试图说服库奇马竞选第三个任期，当失败时，普京竭力阻止亲西方自由派候选人尤先科的选举，支持东部候选人维克多·亚努科维奇，后者主张与俄罗斯结成紧密联盟。普京的政治技术专家肆无忌惮地操纵亚努科维奇的选举，在基辅的迈丹广场（Maydan），民众的愤怒情绪爆发了。随后，尤先科和其倾向西方的橙色联盟获胜。❶ 这是莫斯科的重大失败，人们认为，橙色革命是西方支持的"颜色革命"浪潮的一部分，这场革命将很快席卷莫斯科。❷ 在 2007 年慕尼黑安全会议上，普京激烈谴责西方，这是他相信自己被西方背叛的直接后果。❸

　　21 世纪第一个十年的第二件大事是，从 2005 年开始，俄罗斯施压乌克兰为天然气支付更高的价格。这是一个重大的转折点。俄罗斯天然气工业股份公司试图将价格提高至欧洲水平（当时仍主要是指欧洲边境的与石油挂钩的净回值价格）。俄罗斯进口天然气价格从 2005 年年初 44 美元 / 立方千米飙升至 2009 年的 232 美元 / 立方千米以上，并持续上涨。❹ 由于无力偿付，乌克兰开始减少天然气进口。从 2005 年的 602 亿立方米到 2009 年的只有 268 亿立方米，乌克兰从俄罗斯的天然气进口量下降了一半以上。❺ 这是导致 2008 年争端和 2009 年年初断气事件的主要原因之一。但是，这也标志着一个历史

---

❶ 橙色革命是我们传统上理解的革命，还是按照21世纪互联网革命模式的新政治现象的先驱？阐明后一种观点使我们远远超出本书的范围，参见Mark R. Beissinger，"The Semblance of Democratic Revolution：Coalitions in Ukraine's Orange Revolution，" *American Political Science Review* 107，no. 3（August 2013），p. 574-592. 关于相反的观点，参见Anders Åslund and Michael McFaul，*Revolution in Orange：The Origins of Ukraine's Democratic Breakthrough*（Washington，DC：Carnegie Endowment for International Peace，2006）；Anders Åslund，*How Ukraine Became a Market Economy and Democracy*（Washington，DC：Peterson Institute for International Economics，2009）。

❷ 当时莫斯科的一个笑话是："莫斯科会发生一场颜色革命吗？不——他们的颜色已用完。"

❸ 关于慕尼黑讲话的讨论，参见Angela Stent，*The Limits of Partnership：U.S.-Russian Relations in the Twenty-First Century*（Princeton，NJ：Princeton University Press，2014），chapter 6，*Putin's World：Russia against the West and with the Rest*（New York：Twelve，2019）。

❹ 关于21世纪第一个十年独联体内天然气贸易的演变，参见Simon Pirani and Katja Yafimava，"CIS Gas Markets and Transit，" in James Henderson and Simon Pirani，eds. *The Russian Gas Matrix：How Markets Are Driving Change*（Oxford：Oxford University Press，2014），pp. 181-216。

❺ 参见Simon Pirani and Katja Yafimava，"CIS Gas Markets and Transit，" in James Henderson and Simon Pirani，eds. *The Russian Gas Matrix：How Markets Are Driving Change*（Oxford：Oxford University Press，2014），table 7.2，p. 186。

性变革的开始——乌克兰对俄罗斯天然气的进口依赖逐渐下降。

这有两个主要原因。第一个是橙色革命的直接结果：面对基辅的不友好政权，俄罗斯不会再以补贴价格供给天然气。但俄罗斯天然气工业股份公司的涨价要求实际上是在更早时期就提出来了。这反映出一个事实，即到 20 世纪 90 年代末，俄罗斯的天然气泡沫已经消失。在此期间，俄罗斯天然气工业股份公司越来越缺乏已开发的天然气，而在这十年中的大多数时期，欧洲需求迅速增长。俄罗斯天然气工业股份公司需要资金投资下一代的天然气供应。这两个因素——俄罗斯供应受限和欧洲需求上升——解释了为何对乌克兰施加越来越大的压力迫使其支付更高价格。❶

20 世纪 90 年代，俄罗斯天然气工业股份公司能够以低价供应乌克兰和苏联的西部几个国家，而到 21 世纪第一个十年上半期，情况已经完全不同。一段时间里，中亚天然气部分取代了俄罗斯天然气。但是，中亚国家越来越不愿意以易货贸易来替代现金，因此，中亚的天然气价格越来越高。当土库曼人拒绝再次协商价格时，俄罗斯天然气工业股份公司切断了天然气输送。这个时候，中国正在提出富有吸引力的建议——修建一条从中亚到中国的输气管道。甚至在土库曼斯坦总统萨帕尔穆拉特·尼亚佐夫于 2006 年年底意外去世之前，❷ 中亚天然气的未来就已开始变得清晰起来，那就是向东对中国出口天然气，而不是向北和向西对俄罗斯、乌克兰出口天然气。

橙色革命的直接后果是导致天然气关系中旧有冲突再次爆发。俄罗斯和乌克兰就管理过境管道的财团结构、中亚天然气的输送价格和条件、乌克兰储气所有权、天然气价格"欧洲标准"的含义、债务结算等问题争吵不已。简而言之，俄罗斯—乌克兰天然气业务已恢复至以往的情况，尽管在这十年的前半期普京和库奇马之间的良好愿望曾占上风。这一时期恰逢世界油价迅速上涨——天然气价格仍倾向于以欧洲为基准——其结果是，到 2005 年晚些

---

❶ 参见Simon Pirani，"Russo-Ukrainian Gas Wars and the Call on Transit Governance，" in Caroline Kuzemko et al.，eds.，*Dynamics of Energy Governance in Europe and Russia*（Houndmills，UK：Palgrave Macmillan，2012），pp. 169-186。

❷ 据说他死于心脏病发作，尽管有更黑暗的解释。

时候，欧洲边境价格水平是白俄罗斯和乌克兰当时所支付价格的三至四倍。❶
从俄罗斯天然气工业股份公司的角度来看，它每个输送到乌克兰的天然气气
体分子都使其亏损。橙色革命后，克里姆林宫没有理由继续向乌克兰提供"兄
弟般的"低价，尤其是在乌克兰一再拒绝给予俄罗斯天然气工业股份公司对
乌克兰输送系统的控制权之后。从这时起，俄罗斯天然气工业股份公司开始
向乌克兰施加越来越大的压力，要求乌克兰支付更高的价格，最终目标是达
到欧洲的水平。

　　这些冲突导致两次供气中断，第一次是 2006 年新年，第二次是三年之后。
2006 年的断气源于乌克兰，乌克兰通过攫取更多的俄罗斯向欧洲输送的过境
天然气来弥补俄罗斯和中亚的供给短缺和价格上涨，俄罗斯以削减输气量的
方式对此予以回应。❷ 对峙时间很短暂——只有三天——但后果很严重，因为
欧洲人对这样的事件毫无准备，这导致僵局更加严重。匈牙利的天然气供应
损失了 40%，其他东欧国家损失了三分之一，法国和意大利的天然气供应短
缺了四分之一以上。❸ 幸运的是，那年天气暖和，俄罗斯天然气工业股份公
司迅速恢复了出口管线的压力。到 1 月 4 日，情况恢复正常。经过此次交锋，
俄罗斯天然气工业股份公司和乌克兰国家石油天然气公司签署了一份为期 5
年的新合同——尽管并非全部，但还是解决了一些有争议的问题。❹

　　但这项决议只是暂时的。到 2008 年晚些时候，尽管总统层面的努力促成

---

❶ Jonathan Stern, *The Russian-Ukrainian Gas Crisis of January 2006*, Oxford Institute of Energy Studies, https://www.oxfordenergy.org/wpcms/wp-content/uploads/2011/01/Jan2006-RussiaUkraineGasCrisis-JonathanStern.pdf（pp. 3-6）.

❷ 参见 Jonathan Stern, *The Russian-Ukrainian Gas Crisis of January 2006*, Oxford Institute of Energy Studies, https://www.oxfordenergy.org/wpcms/wp-content/uploads/2011/01/Jan2006-RussiaUkraineGasCrisis-JonathanStern.pdf（pp. 3-6）。

❸ 这些数字并不像听起来那样宏大。在冬季的中期，当从存储中抽取天然气时，每天四分之一的日常供气损失不是很重要。它可能几乎不必比改变管线组（即已经包含在管道中的天然气）具有更大的作用。因此，很难维持这种影响是严重的观点，尽管它具有强烈的象征意义。

❹ Stern, *The Russian-Ukrainian Gas Crisis of January 2006*, p. 8. 关于2006年争议余波中的天然气问题，参见 Christine Telyan and Thane Gustafson, *Russia and Ukraine's New Gas Agreement: What Does It Mean and How Long Will It Last?*（IHS Markit Decision Brief, January 2006）; Christine Telyan and Matthew Sagers, *Energy and the Ukrainian Economy: Obstacles and Opportunities Ahead*（IHS Markit Private Report, October 2006）。

了新的协议，双方还是再次发生冲突。2009 年 1 月 1 日，俄罗斯天然气工业股份公司切断了乌克兰消费的所有供应。乌克兰以抽取输入欧洲的天然气作为回应，俄罗斯天然气工业股份公司谴责其"盗窃"。[1] 1 月 6 日，俄罗斯天然气工业股份公司减少并切断了通过乌克兰向欧洲的天然气供应。由于天然气停止流动，国际社会对乌克兰和俄罗斯施加了越来越大的压力，要求双方达成协议。双方回到谈判桌前，协商了一份为期 11 年的合同。最后，俄罗斯在危机开始 20 天后，对乌克兰和欧洲恢复了全面运输。[2]

2009 年的断气和随后的合同是具有分水岭意义的事件。自 2009 年断气以来，在欧洲，俄乌关系，无论是商业还是政治，都用如下问题进行评估："我们还敢依赖俄罗斯天然气吗？断气风波会再次重演吗？"十年后，与俄罗斯天然气出口相关的地缘政治风险，在很大程度上取决于 2009 年天然气中断的影响。

具有讽刺意味的是，从严格的经济角度来看，欧洲大部分地区没有受到这种断气的影响：其影响主要在保加利亚和巴尔干地区。当时，欧洲天然气系统的大部分已经紧密相连，天然气可以被迅速交换到几乎整个欧洲，充足的储气为欧洲提供了缓冲。这种断气实际上对欧洲经济的伤害很小。欧洲西北部的现货价格保持不变。天然气在可能的情况下被转运到巴尔干地区（法国燃气集团供应克罗地亚，德国鲁尔燃气公司供应塞尔维亚，英国天然气公司和道达尔将液化天然气引入希腊），而工程师们努力恢复使用长期闲置的管道（例如，连接匈牙利和斯洛伐克的管道）或从奥地利储气库抽取天然气。欧洲天然气公司实际上在整个过程中节省了资金，因为 2009 年前几个月与石油挂钩的合同价格非常高。[3] 但在 2013 年至 2014 年以来政治关系全面恶化的

---

[1] 俄罗斯天然气工业股份公司一直使用"盗窃"一词来谴责这种承购。

[2] 关于2009年争端的详细分析，参见Simon Pirani，Jonathan Stern，and Katja Yafimava，"The Russo-Ukrainian Gas Dispute of January 2009：A Comprehensive Assessment"（Oxford Institute for Energy Studies，NY-27，February 2009），https：//www.oxfordenergy.org/wpcms/wp-content/uploads/2010/11/NG27-TheRussoUkrainianGasDisputeofJanuary2009AComprehensiveAssessment-JonathanSternSimonPiraniKatjaYafimava-2009.pdf.

[3] 价格在下个季度下降，因为其指数化公式中的时间滞后开始显现，以反映2008年末世界油价暴跌。他们的商业利益是在一月份减少使用俄罗斯天然气，迅速减少存储量，并在四月份用更便宜的天然气补充其存储量。我要感谢西蒙·布雷基的这些要点。

背景下，这些商业和技术细节已经并不重要。被铭记以及自那以后塑造行为的是断气风波。

2009 年的断气风波，比其他任何事件更多地决定了俄罗斯—乌克兰—欧洲三角关系。由于莫斯科和基辅均因此遭受太多损失，目前仍难以对这个事件给出解释。对两国（尤其是俄罗斯天然气工业股份公司和乌克兰国家石油天然气公司）来说，付出的代价是商业声誉的持久损失。对俄罗斯天然气工业股份公司来说，损失尤为惨重。40 年来，俄罗斯天然气工业股份公司在可靠性方面建立了独特的声誉。它几乎不会自行其是。因此，唯一合理的解释是，切断乌克兰（然后是欧洲）的决定直接来自高层。但这引发了更多的问题。普京真的相信欧洲会站在俄罗斯一边对抗乌克兰吗？人们必须记住，普京从上任那一刻起就亲自参与了每个阶段的俄罗斯天然气政策，因此，对于欧洲会如何对天然气政策进行回应，他肯定不会存有幻想。在过去十年中，对俄乌天然气关系中的每个令人失望的波折，普京都发挥了积极的作用，从他近乎每月与库奇马的会晤到 2004 年革命的屈辱、2006 年的争端，最后是在 2008 年晚期的摊牌。然而无论他多么努力，乌克兰都会在最终逃脱他的控制，这令他感到沮丧。❶

在 21 世纪第一个十年，与俄罗斯结盟的乌克兰利益集团能够利用天然气利润来收购各种天然气消费行业以及地区性天然气分销公司。这为中介机构创造了新的角色，他们发现新的机会不再是作为 20 世纪 90 年代那样的临时性贸易商，而是要成为俄罗斯天然气工业股份公司的合作伙伴。其中最臭名昭著的是德米特里·菲尔塔什（Dmitro Firtash）。

---

❶ 让普京行动更具神秘性的是在断气之前的几天里，鲁尔燃气公司首席执行官和副首席执行官分别在莫斯科和基辅度过了很多时间。他们知道从俄罗斯将预期什么，并试图说服乌克兰付款。关于 2009 年的断气及其后果，参见 Simon Blakey and Thane Gustafson, *Russian-Ukrainian Gas：Why It's Different This Time*（IHS Markit Decision Brief, January 2009）, *Lessons for Europe of the Russian Ukrainian Gas Crisis*（IHS Markit Decision Brief, February 2009）; Thane Gustafson and Simon Blakey, *It's Not Over Till It's Over：The Russian-Ukrainian Gas Crisis in Perspective*（IHS Markit Decision Brief, January 2009）。

服务所有总统的人：德米特里·菲尔塔什

德米特里·菲尔塔什在乌克兰寡头中是独一无二的，在乌克兰历届总统任职时都能顺风顺水。正如他曾经说的，"我只是在正确的时间出现在了正确的地点。"但自 2014 年以来，他一直被美国签发的国际逮捕令限制在维也纳的住所内，因此无法回到乌克兰。❶ 即便如此，他依然保持着强大的存在感。他是 20 世纪 90 年代唯一在过去 30 年里重塑自己和商业模式的重要天然气玩家，这证明了他具有相当强的政治和商业技能。❷ 但是，除了目前他在维也纳的官司之外，还有一个更根本的问题：随着乌克兰天然气市场开始自由化，菲尔塔什时代以及通常意义上的乌克兰天然气寡头时代是否已经成为过去？我们将在本章的第三部分"危机中的进展"中回到这个主题。

菲尔塔什与喜好炫耀的季莫申科正好相反。菲尔塔什内敛、谨慎，他很少接受采访。即使接受采访，他也口风极严。可以说，他是为数不多的知道如何赚取首个百万而非最后一个百万的企业家。菲尔塔什的职业生涯可以追溯到易货时代的开始。他于 1988 年至 1989 年做成了第一笔交易，用 4000 吨乌克兰奶粉换了乌兹别克棉花并随后在香港销售。菲尔塔什回忆说，他的利润是 5 万美元。不久之后，他搬到了莫斯科。当时，来自中亚的官员和有抱负的商人聚集在俄罗斯酒店。1994 年，菲尔塔什在那里与土库曼人达成他的第一笔交易——用乌克兰的食品来购买土库曼斯坦天然气，然后通过一位有

---

❶ 关于菲尔塔什可能与有组织犯罪早期联系的谣言的详细信息，参见Glenn R. Simpson，"U.S. Probes Possible Crime Links to Russian Natural-Gas Deals，"*Wall Street Journal*，December 22，2006。根据维基解密中接受美国大使威廉·泰勒（William Taylor）采访时显示的资料，菲尔塔什承认与犯罪头目谢蒙·莫吉列维奇（Semen Mogilevich）的早期接触，但以"在20世纪90年代需要莫吉列维奇的支持来开展业务"为由进行辩护（ibid.）。又见"Arest Firtasha：Novyi povorot v gazovoi voine，"Forbes.ru，July 7，2011，https://www.forbes.ru/mneniya-column/konkurentsiya/252012-arest-firtasha-novyi-povorot-v-gazovoi-voine。

❷ 关于菲尔塔什及其与俄罗斯利益集团关系的广泛但不一定可靠的报告，参见Stephen Grey，Tom Bergin，Sevgil Musaieva，and Roman Anin，"Putin's Allies Channelled Billions to Ukraine Oligarch，"*Reuters*，November 26，2014，https://www.reuters.com/article/russia-capitalism-gas-special-report-pix/special-report-putins-allies-channelled-billions-to-ukraine-oligarch-idUSL3N0TF4QD20141126。

影响力的中间商伊戈尔·巴卡伊（Ihor Bakay）——时任乌克兰总统列昂尼德·克拉夫丘克的朋友——在乌克兰转售。菲尔塔什开始前往土库曼斯坦首都阿什哈巴德，在那里他会见了伊特拉公司的创始人马卡罗夫，并成为他的商业伙伴。在接下来的十年里，在库奇马总统任期内，直到俄罗斯天然气工业股份公司更换掌门人，菲尔塔什和马卡罗夫并肩工作。马卡罗夫负责与俄罗斯天然气工业股份公司和土库曼斯坦之间的关系，而菲尔塔什则在乌克兰活动。❶

然而，到20世纪90年代结束时，乌克兰开始从地区性贸易商时代转向新成立的乌克兰国家石油天然气公司对天然气进口集中管理。该公司由菲尔塔什曾经的赞助人巴卡伊负责。这时，菲尔塔什与马卡罗夫的关系破裂了。此外，当尤先科成为反对库齐马总统的自由派政党领导人时，菲尔塔什与他建立了密切的关系，成为他在天然气事务上的非官方顾问。但对菲尔塔什来说，最重要的突破是阿列克谢·米勒成为俄罗斯天然气工业股份公司的新掌门人。2003年，米勒将土库曼斯坦天然气的进口专营权转让给了菲尔塔什的欧洲天然气运输公司（Euraltransgas）。突然，菲尔塔什控制了乌克兰天然气市场的一半以上。简言之，在橙色革命时期，菲尔塔什已经完成了第二次及时转型。2003年，当俄罗斯天然气工业股份公司结束与作为乌克兰首选贸易商伊特拉公司的关系时，在俄罗斯天然气工业股份公司的支持下，菲尔塔什已经做好了介入的准备。

此时，菲尔塔什的商业模式又发生了变化。2004年，欧洲天然气运输公司被一家新公司俄乌能源公司（RosUkrEnergo——RUE）所取代。俄罗斯天然气工业股份公司在其中拥有50%的股份，菲尔塔什及其合作伙伴占45%。❷换句话说，菲尔塔什不再仅仅是一个贸易商。他现在是俄罗斯天然气工业

---

❶ 关于菲尔塔什早年的描述，主要来自Andrei Krasavin，"V nuzhnoe vremia，" LentaCom.ru，December 11，2013，http：//www.lentacom.ru/print/news/22043.html。

❷ 俄乌能源公司创建于2004年，并获得了从中亚向乌克兰进口天然气的特许经营权。它最初是由俄罗斯天然气工业银行贷款资助。参见Mariia Rozhkova and Irina Reznik，"Truboukladchik Firtash，" *Vedomosti*，May 30，2006。到2006年，俄乌能源公司拥有通过俄罗斯天然气工业股份公司管道系统进口所有中亚天然气的特许经营权，以及高达170亿立方米的剩余天然气，用于在欧洲销售。它当时的资本价值估计超过70亿美元。它有向波兰、斯洛伐克和匈牙利出口天然气的合同。参见Irina Reznik，"Gazoobraznoe sostoianie，" *Vedomosti*，May 2，2006。

股份公司的合伙人，向乌克兰的中欧邻国出口产品——特别是通过匈牙利 Emfesz 公司。菲尔塔什借助一家不断扩张的企业集团 DF 控制着这家公司。

菲尔塔什与尤先科的关系只维持在"橙色总统"得势的情况下。到 2006 年，随着橙色联盟的瓦解，乌克兰东部地区党的影响力正在上升，2004 年落败的候选人亚努科维奇重新担任总理。不久，菲尔塔什转而效忠亚努科维奇，❶ 他的名字越来越多地与亚努科维奇联系在一起。俄罗斯天然气工业股份公司，大概还有克里姆林宫，提供了资金支持和低价天然气，❷ 菲尔塔什利用这些资金在乌克兰各地扩大了自己的股份。到 2008 年年底，在 2009 年关闭天然气前夕，他的 DF 集团拥有乌克兰州级天然气分销公司的四分之三。DF 集团向这些公司出售天然气。菲尔塔什还广泛投资化工和化肥业务，这甚至比零售天然气业务更有利可图。在他一次罕见的采访中，菲尔塔什声称，由于乌克兰市场的交叉补贴，自己在乌克兰市场销售每个天然气分子都赔钱。❸ 但现在，他越来越多地将天然气进口投入到"内涵天然气"中，即将他的工厂中由天然气制造的农产品和工业品出口到中东欧。❹

但在 2009 年，菲尔塔什的命运出现了逆转。第一个逆转是 2009 年与俄罗斯的争端，导致普京和季莫申科（当时两国总理）之间通过直接谈判重新协商整个俄乌天然气贸易。季莫申科长期以来一直是菲尔塔什的敌人和俄乌能源公司的对手。她与普京达成协议的结果是新的长达 11 年天然气合同；其

---

❶ 关于菲尔塔什转向效忠尤先科的程度，意见不一。西蒙·皮拉尼表示："2006年的交易加强了俄乌能源公司（Rosukrenergo）作为中介的地位，尤先科亲眼目睹该协议的签署，而对此却无能为力。菲尔塔什始终与地区党保持一致，该地区党是尤先科总统任期内乌克兰议会中最大的政党。［一个很好的指标］是菲尔塔什最亲密的政治盟友尤里·博依科（Yuri Boiko），在尤先科担任总统期间担任过许多重要职务，他的职务升至亚努科维奇统治下的副总理级别。"（Simon Pirani, personal communication, June 1, 2018）。

❷ 严格来说，俄罗斯天然气工业股份公司为菲尔塔什提供了对土库曼斯坦天然气的准入，以及经俄罗斯至乌克兰的过境服务，并为他在中欧国家出售该天然气的灰色计划提供了途径——所有这些是非常有价值的但间接的支持形式。

❸ Elena Mazneva and Vasilii Kashin, "Vtoraia gazovaia," *Vedomosti*, January 11, 2009（interview conducted by Irina Reznik）.

❹ 到2008年，中亚已基本上停止向乌克兰出口天然气。次年，菲尔塔什失去了对Emfesz的控制权，后者基本上一文不值。参见Irina Reznik and Viktoriia Sunkina, "Firtash proigryvaet," *Vedomosti*, August 5, 2009。

特点之一是废除俄乌能源公司。对菲尔塔什来说，这一点再糟糕不过了。乌克兰遭受了 2008 年至 2009 年大衰退的严重影响，菲尔塔什的化肥和化学品帝国受损严重。正是在这个时刻，2010 年，亚努科维奇当选为乌克兰总统。菲尔塔什可能认为，他会因与新总统的良好关系而受到更好的庇护，❶ 起初，随着他拥有更多的作坊和工厂，他的业务兴旺发达。但亚努科维奇的倒台、克里米亚被吞并以及东部省份的分裂，严重损害了菲尔塔什在东部的地位和股份。❷ 财务紧缩很快随之而来。菲尔塔什的 Nadra 银行（乌克兰第 11 大银行）在 2015 年破产并被清算。❸ 至流亡维也纳时，菲尔塔什的财富已经几乎耗尽，尽管他仍控制着乌克兰四分之三的地区性天然气分配公司。

2009 年合同

由于 2009 年合同引起了无休无止的争议和分歧，这里有必要讲述其重要意义。

2009 年合同第一个值得注意的特点是它是公开的。天然气合同通常是被严格保护的商业机密。但 2009 年合同在签订后不久便被泄露给乌克兰《真理报》，❹ 因此，整个天然气世界能够对它进行近距离观察。他们发现，季莫申科谈判达成的是一笔非常差劲的交易，它的基准价格太高。人们对相关原因持

---

❶ 路透社的一项调查称，根据对莫斯科和塞浦路斯文件的审查，克里姆林宫安排了110亿美元的新信贷额度，以换取菲尔塔什对亚努科维奇的支持。这些说法无法得到证实，但菲尔塔什对亚努科维奇的支持是毫无疑问的。参见 "Reuters：Firtash kupil svoi aktivy na krediti ot Putina，" November 26，2014，https：//glavcom.ua/news/202182-firtash-kupil-svoi-aktivy-na-dengi-putina---reuters.html。

❷ 关于东部省份未宣战对菲尔塔什资产的影响，参见RBK-Ukraina，October 13，2016，https：//daily.rbc.ua/rus/show/dmitriy-firtash-segodnya-skazat-neobhodim-1476301489.html。这是两次采访中的第二次，第一次是RBK-Ukraina，October 12，2016，https：//daily.rbc.ua/rus/show/dmitriy-firtash-menya-printsipialno-dokazat-1476224423.html。

❸ David Herszenhorn，"Even if Cease-Fire Holds，Money Woes Will Test Kiev，" *New York Times*，February 13，2015，https：//www.nytimes.com/2015/02/14/world/europe/even-with-cease-fire-economy-in-ukraine-is-crumbling.html。

❹ Roman Kazmin，"Details of Gazprom's Contracts with NAK Emerge，" ICIS Heren，January 23，2009，https：//www.icis.com/resources/news/2009/01/23/9309290/details-of-gazprom-s-contracts-with-nak-emerge/。

不同意见。一些人感到怀疑，他们回忆起她过去曾作为自由天然气贸易商与莫斯科关系密切。根据维基解密发布的一份解释，季莫申科同意以高指数价格换取最初折扣，该折扣在 2009 年年底之前适用并理应帮助她赢得总统宝座。尽管缺乏证据，许多乌克兰人直至今日仍对此深信不疑。❶ 其他人，包括多数天然气业界人士，认为这笔交易是技术无能或过分匆忙的例子。但亚努科维奇把它看成摆脱政治对手的机会：指控季莫申科腐败，把她投入到监狱，一直待到四年后亚努科维奇被推翻。

2009 年合同的另一个不幸结果是，它给乌克兰人戴上了"紧箍咒"，因为它把气价与油价联系在一起——当时这仍是天然气贸易的普遍做法。起初，一切似乎都很顺利，因为大萧条后油价已经下跌，而且似乎将进一步走低。但出人意料的是，油价在 2009 年晚些时候回升，并在接下来的五年里达到新高。乌克兰人上钩了，被迫支付越来越高的价格。只有通过向俄罗斯人做出政治让步，亚努科维奇才得以在 2010 年协商部分折扣，他用延长黑海海军基地租约换取俄罗斯降低天然气价格。这笔交易由俄罗斯政府、而不是俄罗斯天然气工业股份公司直接出资，这表明亚努科维奇时期政治对商业的支配性有多强。

然而，2009 年合同标志着俄乌天然气关系的重要转变，因为它集中体现出欧洲天然气合同的主要特点，并为乌克兰的一些重要改革提供了基础，我们将在下一节中看到。

第三个十年：危机中的进展，2010 年至今

随着 2010 年——第三个后苏联十年的开始，橙色革命失败了；亲俄罗斯的亚努科维奇在惊人的政治复兴中当选总统；普京开始第二次重大尝试，将乌克兰绑定在俄罗斯势力范围之内。这一尝试的失败、亚努科维奇政府解体，以及由波罗申科总统领导的亲西方、支持改革的联盟上台，决定了 2014 年至

---

❶ 参见Auyezov，"Ukraine-Russia Gas Deal"。

今的俄乌天然气关系的背景。

第三个十年难以在一个简短的概述中进行描述，因为它的主要特点是两个相反趋势之间的混合。一方面，随着亚努科维奇政府垮台，乌克兰和俄罗斯之间长期紧张的关系爆发升级为暴力冲突，克里米亚被吞并，俄罗斯支持的乌克兰分离主义分子接管了东部两州的部分地区，并一直为亚速海的划界而争吵不已。

然而，矛盾的是，政治关系的恶化在两个方向上加速了天然气关系的"离婚"进程。首先，俄罗斯和乌克兰都加倍努力结束两国在天然气和过境方面的相互依赖。乌克兰已经停止进口俄罗斯天然气，现在从西方购买天然气。与此同时，俄罗斯继续建设替代性出口管道，其中最近的是北溪2号管道和土耳其溪管道。其次，2014年乌克兰出现了一个倒向西方、具有改革思想的政府，为乌克兰天然气部门的市场化和自由化进程开辟了道路——无论多么不完善，这一进程远远超出了过去所实现的一切。❶ 从逻辑上讲，这两种趋势理应降低供应中断的危险，并减少非法套利和地下交易的机会，后者一直是困扰俄乌天然气关系的诅咒。然而，敌对的政治关系限制了可以达成的成就。具有讽刺意味的是，至少可以说，在俄乌天然气关系处于正常化的最佳时机，两国的关系变得比以往更加紧张和政治化。

在本章的最后一部分，我们将讨论这两个趋势。我们首先关注乌克兰国内天然气政策的发展，重点是天然气改革的最初步骤。然后，我们再来探讨俄乌天然气关系中的最新进展。

乌克兰开始天然气改革

2014年亚努科维奇倒台后，彼得罗·波罗申科的新政府开始对天然气行业进行广泛的改革。它别无选择：国际货币基金组织坚持对天然气市场进行

---

❶ 特别参见Simon Pirani，"Adversity and Reform：Ukrainian Gas Market Prospects"（Oxford Institute for Energy Studies，Energy Insight No. 7，March 2017），https：//www.oxfordenergy.org/wpcms/wp-content/uploads/2017/03/Adversity-and-reform-Ukrainian-gas-market-prospects-OIES-Energy-Insight.pdf。

改革，以此作为继续给予支持的条件。如果没有外部资金，经济就会崩溃，政府不得不赶紧遵守。短期内，从乌克兰经济最腐败的部门，天然气工业成为改革的领先实验田——或者至少其意图是好的。天然气改革仍然充满争议并面临强大的对手，而且还远未确定它们能否成功。但是，重要的变化已经发生，而且在乌克兰新总统弗拉基米尔·泽连斯基领导下将发生更多改变。利害关系怎么强调都不过分。如果天然气改革未来继续进行，它们将大有作为，为乌克兰的天然气自给自足创造条件。

乌克兰天然气改革计划的大部分是仿照欧盟自 20 世纪 90 年代中期以来采用的天然气和电力立法和实践。虽然乌克兰不是欧盟成员，但它遵守《能源共同体条约》，采用欧盟天然气和电力法的核心内容，特别是所谓天然气和电力的第三份能源改革方案。具有里程碑意义的乌克兰天然气改革于 2015 年 10 月启动，当时议会通过了一项名为《天然气市场法》的框架法。与俄罗斯和乌克兰典型立法一样，框架法只规定了一般目标，其实际执行需要详细具体的条例——即规定细节的管制措施。而这就是政治真正开始的地方。过去 5 年来，乌克兰一直被困于对这些具体条例的争夺之中。[1] 目前，四大改革正在进行：国内价格、进口政策、产业结构以及上游投资条件。[2] 我们以下逐一简要回顾。

放松价格管制

迄今为止最重要的改革是,放松对国内价格的管制和削减（尽管尚未取消）交叉补贴。这分两步进行。2015 年 10 月 1 日，当《天然气市场法》生效时，工业消费者和所谓的受预算资助者（例如学校和医院）的价格被立即取消管制。在以前，国家能源监管机构每月制定工业价格，而现在，供应商可以根据市场将承受的情况，向工业消费者和受预算资助者收取费用。7 个月后，即 2016 年 4 月 1 日，以美元计算的居民消费者的气价翻了两番还多，而热电经

---

[1] 参见Anna Galtsova and Thane Gustafson，*Gas Market Reform in Ukraine：Movinginto High Gear or Barely Moving*?（IHS Markit Strategic Report，July 2016.）
[2] 有关改革进程及其在2017年年初之前取得成就的概述，参见Pirani，"Adversity and Reform"。

销商的价格则翻了一番多。与国际货币基金组织商定的提价时间表，曾设想在 2017 年年中实行全面市场价格，但由总理弗拉基米尔·格罗斯曼领导的乌克兰政府决定直接跨越至市场价格。因此，导致市场扭曲和效率低下的最令人震惊的来源在一夜之间大大减少。

最近的价格改革与乌克兰过去时不时颁布的价格上调方式存在根本不同。这些都是一次性的管制性上涨，其影响很快被通货膨胀所抵消，因此国内天然气价格通常仍然像以前一样得到大量补贴。现在，在新的制度下，乌克兰国内价格基准是与以下因素明显关联的，它们是德国南部的枢纽价格以及乌克兰货币格里夫纳对美元汇率、美元对欧元汇率以及从德国枢纽到斯洛伐克、然后到乌克兰西部边境的运输费用。该价格按季度调整，以反映这些参数随着市场条件变化而发生的变化。为了抵消高气价对弱势群体的影响，政府对最贫穷家庭提供了直接补贴。

居民用气价格的上涨一直遭到普通消费者的强烈反对，并已成为一个政治问题。因此，价格改革在实践中没有得到充分实施。在国际货币基金组织和世界银行的敦促下，政府同意逐步提高居民用户和地区供热公司的价格，直到它们达到与进口价格相等的价格，然后取消双轨价格体系。到了 2016 年年底，居民价格确实接近进口价格水平，但随后政府退缩了。

尽管如此，部分改革的结果立即得以显现。最引人注目的是，国营的乌克兰国家石油天然气公司自 1998 年成立以来就亏损（2014 年创下 100 亿美元记录），然而突然实现了微薄盈利。这反过来又消除了乌克兰预算的重大负担：事实上，几乎一夜之间，乌克兰国家石油天然气公司成为预算的最大单一贡献方。[1] 另一个结果是，随着补贴的接近消失，特别是通过误报居民消费的一些欺骗动机已经减弱。然而，腐败的空间仍然存在。例如，各州经常无法偿付乌克兰国家石油天然气公司，因为据说消费者不支付天然气账单。这些州还被指

---

[1] Yuriy Vitrenko, "Naftogaz of Ukraine: What Are We Fighting For?," *Politico*, March 14, 2019, https://www.politico.eu/sponsored-content/naftogaz-of-ukraine-what-are-we-fighting-for/.

控谎报虚假的居民消费者，以便被分配的天然气比实际需要的多。❶

随着乌克兰新总统弗拉基米尔·泽连斯基于 2019 年春季上任，他收到了一份受欢迎的蜜月礼物。在选举的前几个月，欧洲天然气价格暴跌，使得乌克兰的民用气价格突然高于欧洲市场价格。这给了乌克兰一个意想不到的双赢机会，在继续满足与国际借款人、特别是国际货币基金组织商定的定价公式的同时，降低普通消费者的价格。然后，新冠肺炎疫情的爆发进一步降低了欧洲价格。结果，尽管新冠肺炎疫情给乌克兰带来许多困难，该国及其总统至少得益于天然气战线的可喜突破。这一结果将使乌克兰消费者和总统得到一个喘息之机。

进口政策："反向输气"

从俄罗斯直接进口的天然气，已被西方的私营部门供气所取代，通常被称为"反向输气"。实际上，这始于亚努科维奇政府，2012 年它与德国莱茵集团（RWE）达成了一项小规模协议，通过一条环形管道从匈牙利进口天然气。第二份合同是 2014 年 1 月通过斯洛伐克进口。❷ 通过利用斯洛伐克和乌克兰之间一条未使用的管道（东向而不是西向），这次进口规模更大。❸2015 年，"反向输气"的第一个整年，乌克兰从西方进口了 104 亿立方米天然气，其中 97 亿立方米通过斯洛伐克进口。❹

此后，反向天然气贸易业务不断成长和多元化。2017 年，反向流量达到

---

❶ Fabrice Deprez, "Interview: Naftogaz's Fragile Success," BNE Intellinews, March 6, 2018, https://www.intellinews.com/interview-naftogaz-s-fragile-success-137808/.

❷ 这涉及通过在布丁斯（Budince）的互联点恢复一条废弃的管道，因为在另一个互联点维尔克·卡普萨尼（Velke Kapusany）的所有容量都由俄罗斯天然气工业股份公司预定（尽管不是全部被使用）用于东西向的天然气。

❸ 回想起来，有趣的是，这些最初的合同是在亚努科维奇的领导下进行谈判的——2014年合同实际上是在他的政府垮台时缔结的。通常，亚努科维奇在各个方向同时下注。

❹ European Commission, *Quarterly Report on European Gas Markets*, vol. 9, issue 1 (fourth quarter 2015 and first quarter 2016), available in the reports archive of the following section of the European Commission's website, https://ec.europa.eu/energy/en/data-analysis/market-analysis.

近 130 亿立方米，[1] 由 80 多家各类民营企业提供。它们包括广泛的参与者和商业模式：有的销售给国有公司乌克兰国家石油天然气公司，有的直接卖给分销公司；有些是欧洲天然气巨头，如法国 Engie 集团和挪威 Equinor 公司，而有些是乌克兰贸易商。简言之，一个以前不存在的市场突然活跃起来。因此，自 2015 年 11 月以来，乌克兰没有直接购买俄罗斯天然气。

关于"反向输气"的天然气来自哪里，以及"反向输气"是否易受到俄罗斯的干预，一直争论不一。实际上，大部分天然气还是源于俄罗斯，由欧洲买家混合后再出售给乌克兰。那么，它会受到俄罗斯的干扰吗？法律上不会：欧洲买家完全有权在购买天然气后重新选择路线和转售天然气，无论天然气的气源是哪里。但是事实上呢？ 2015 年，俄罗斯通过削减同等数量的过境出口，曾一度试图阻止通过斯洛伐克的"反向输气"。但这一尝试失败了且很快就被放弃，显然是因为天气温和，而且可用的剩余传输能力充足。自那时起，威胁从未重演。然而，乌克兰人仍然表示担心，呼吁扩大运输能力——特别是通过新的波兰—乌克兰互联管道。[2]

重组：拆分问题

欧盟第三次能源改革方案的一个基本部分是重组传统一体化的天然气公司，其核心内容是拆分，即将其他业务部分（如天然气销售）与运输分离，从而形成两个独立的实体。[3] 在乌克兰，这意味着打破乌克兰国家石油天然气公司的既有框架，将其管道子公司乌克兰天然气运输公司（Ukrtransgaz）转变为一家新公司——乌克兰天然气管道公司（MGU）。

---

[1] European Commission, *Quarterly Report on European Gas Markets*, vol. 10, issue 4 (fourth quarter 2017), https://ec.europa.eu/energy/sites/ener/files/documents /quarterly_report_on_european_gas_markets_q4_2017_final_20180323.pdf.

[2] 参见Alla Eremenko and Leonid Unigovskii, "Tranzit i revers: Skovannye odnoi tsep'iu?," *Zerkalo nedeli*, December 23, 2016, https://zn.ua/energy_market/tranzit-i-revers-skovannye-odnoy-cepyu-.html。

[3] Anne-Sophie Corbeau, Shankari Srinivasan, and Simon Blakey, Legal Unbundling: Disassembling the European Gas Puzzle（IHS Markit Decision Brief, April 2004）.

2016 年颁布了一项政府法令，使拆分变为官方政策。但乌克兰国家石油天然气公司一再拖延，坚持将乌克兰天然气运输公司控制在自己手中。❶乌克兰国家石油天然气公司需要来自运输的收入，这抵消了它谨慎地称之为"公共服务义务"的损失，即以低于市场价格销售给居民消费者的剩余。如果它失去对乌克兰天然气运输公司的控制，乌克兰国家石油天然气公司将再次陷入亏损。❷与此同时，政府受到来自国际贷款机构越来越大的压力，要求其在改革中取得进展。2018 年 10 月，欧盟委员会、世界银行、欧洲复兴开发银行、能源共同体秘书处和美国国务院向乌克兰政府发出了一封不同寻常的联名信，"强调拆分的紧迫性"。信中要求乌克兰迅速采取行动，履行其作为受欧盟赞助的能源共同体成员国的拆分承诺。

由于不断地推动，过去两年已经取得进展。2018 年，乌克兰天然气管道公司成立，它是一家独立的公司，由欧洲能源监管机构合作署前负责人担任主席。2019 年，与五家欧洲过境系统运营商成立了联合工作组，使乌克兰天然气管道公司能够承担作为乌克兰过境系统运营商的责任。乌克兰天然气管道公司将在 2020 年从乌克兰天然气运输公司获得运输资产产权，并开始作为一个独立实体运营。

这个变化——如果发生的话——可能标志着乌克兰天然气行业新时代的开始。❸到目前为止，管道系统一直是一个摇钱树，支持政府内外的多种利益。它一直是传统系统中租金的主要来源之一。根据改革，乌克兰天然气管道公司将是一个受监管的公用事业。运费不是通过谈判确定，而是受全欧洲标准方法的管辖。俄罗斯天然气经乌克兰的任何过境剩余将遵循更加透明——希

---

❶ 乌克兰国家石油天然气公司是 2009 年与俄罗斯天然气工业股份公司运输协议的唯一交易方，据报道，俄罗斯天然气工业股份公司拒绝允许将此合同转让给新实体。为了加强对乌克兰天然气运输公司的直接控制，科博列夫解雇了经理并清除了该组织的领导层。参见 Dmitri Riasnoi，"'Naftogaz' smenil rukovodstvo 'Ukrtransgaza,'" *Ekonomicheskaia pravda*，April 16，2018，https：//www.epravda.com.ua/rus/news/2018/04/16/636055/。

❷ 2017 年，乌克兰国家石油天然气公司从过境中获得的税前利润超过其天然气销售损失的五比一。参见乌克兰国家石油天然气公司截至 2017 年 12 月 31 日的年度财务报表，http：//www.naftogaz.com/files/Zvity/2017%20ENG%20Naftogaz%20stand%20alone%20FS.pdf。

❸ Laurent Ruseckas，*Future Transit of Russian Gas through Ukraine：Risks May Be Larger Than They Appear*（IHS Markit Strategic Report，November 2018）.

望也更加稳定的规则。

上游投资

乌克兰拥有大量的天然气资源，如果被开发，长远来说，可以确保其天然气独立。以目前的生产速度来看，乌克兰已经确定了长达50年的可采储量。[1] 乌克兰天然气组合的主要缺点是，它高度成熟，而且大部分分布在数百个小型气田中，通常位于深处。然而，在正确的投资环境下，在十年内，乌克兰每年的本土产量可能达到400亿立方米。[2]

但这是建立在上游投资目前的障碍可以克服的假定上的。上游改革的努力才刚刚开始。与中游和下游相比，国际资助者和乌克兰改革者相对忽视了上游改革。然而，已经取得令人鼓舞的进展将对生产产生影响。

第一个突破实际上是价格改革的副产品。主要的国有乌克兰天然气开采公司（Ukrgazvydobuvannya–UGV）在其历史上首次不再被迫以母公司乌克兰国家石油天然气公司较低的转让价格出售其产品（多数时候，这些价格如此之低，乌克兰天然气开采公司甚至无法支付其运营成本）。其结果是，乌克兰天然气开采公司能够投入一个更雄心勃勃的上游勘探和开发项目。这反过来又预示着它的未来生产前景。

然而，乌克兰迄今未能在天然气上游吸引到大量外国投资或国内的企业家精神。最初，大型国际油气公司几年前表现出一些兴趣，但它们都离开了乌克兰。未来乌克兰天然气生产，将取决于一直扮演美国"页岩气革命"主角的小型公司。但是，上游投资被一系列令人生畏的法规、惩罚性税率、不确定政策以及高政治风险所扼杀。但也出现了一些令人鼓舞的早期变革。一个新的财政制度于2018年1月生效，它规定了6% ~ 12%的较低特许权使用

---

[1] 参见Vorobyov，"Lilliputians in the Land of Giants"。

[2] Anna Galtsova，Thane Gustafson，and Matthew Sagers，*Ukraine's Gas Production on the Rise in 2017：Is the Goal of Energy Independence within Reach?*（IHS Markit Insight，November 2017）。又见Vorobyov，"Lilliputians"。乌克兰的官方天然气生产计划"至2035年能源战略"预计到2020年将达到276亿立方米，而2016年为196亿立方米。

费（取决于井深）。乌克兰政府面临的挑战将是保持这一较低固定费率，以便给予潜在的生产者以投资资本以稳定预期。到目前为止，这种稳定性一直缺失。

此外，2018年年初，乌克兰通过了一项旨在放松上游监管的特别法律。该法和2017年至2018年的其他监管调整，大大减少了开发碳氢化合物储备所需的行政审批数量。它还引入了更加现代化的气田开发规则，使许可证发放过程更加公平和透明。

下一步将是为外国投资者提供一些有价值的东西。一种新的、透明的许可证发放制度已经被采用，许可证通过拍卖的方式发放。然而，在新规则下的第一次拍卖只有区区500万美元，而且没有外国公司参与。为了吸引外部参与者，乌克兰还需要提供上游数据，以便进行分析，但乌克兰官员对此不感兴趣。正如一位消息灵通的观察家所说，"这一切都需要时间和资本。"❶

最后，一些外国投资者一直在与国有企业讨论可能的许可证投资方式，这些公司仍然控制着大约80%的生产和储备。但迄今为止，尚未找到可接受的机制将外国资金直接投入到乌克兰国家石油天然气公司上游子公司（包括乌克兰天然气开采公司和Ukranafta）运营的上游项目，后者由强大的乌克兰寡头伊霍尔·科洛莫伊斯基控制。

尽管迄今取得了一定进展，但改革和应对之间的平衡仍然脆弱。在2019年总统大选中，季莫申科以民粹主义候选人的面目参选，承诺降低天然气价格增幅，但她在首轮选举中被淘汰——从而消除了对改革的最直接威胁。在本书撰写时（2020年夏季），新总统弗拉基米尔·泽连斯基和新议会的立场尚不得知，但只要乌克兰依赖外部资金，国际贷款机构就会继续施压，彻底的退缩似乎不太可能。

俄乌天然气关系不断演进

与此同时，俄乌天然气关系仍像以往一样充满争议。随着21世纪第二个十年接近尾声，俄罗斯天然气工业股份公司和乌克兰国家石油天然气公司像

---

❶ Vorobyov，"Ukraine at the Crossroads."

往常一样，在债务、罚款和关税方面发生了多次争吵。2017 年 12 月和 2018 年 2 月，斯德哥尔摩商会仲裁院的两项裁决，使基辅和莫斯科之间相互攻讦，这提醒欧洲旁观者意识到，俄欧天然气贸易如何易受到俄乌不良政治关系的影响。❶

仲裁院是一个了不起的机构。❷ 它成立于 1917 年，是斯德哥尔摩商会的一部分（虽然独立于它）。作为解决东西方商业纠纷的世界领先机构，它已经建立了无与伦比的声誉。虽然它不是一个法院，但经常被称为法院，表明它作为一个高度称职的机构几十年来获得了合法性，在《纽约公约》下各国政府被要求执行其决定。

第一项裁决涉及俄罗斯对乌克兰出口产品在 2009 年合同中的待遇。这在几个方面都是乌克兰的胜利，因为仲裁机构否决了俄罗斯天然气工业股份公司的多项主张。特别是它拒绝了俄罗斯要求乌克兰因未能遵守合同中的照付不议条款而支付 560 亿美元的要求。但仲裁院也做出了对俄罗斯天然气工业股份公司有利的裁决，乌克兰国家石油天然气公司对 2013 年 12 月和 2014 年第二季度交付的天然气存在支付不足或未支付款项，因此命令其支付包括利息在内的 20.2 亿美元。俄罗斯天然气工业股份公司将这一决定解释为一场胜利。"乌克兰国家石油天然气公司欠我们 20 多亿美元，"亚历山大·梅德韦杰夫（时任俄罗斯天然气工业股份公司副董事长）欣喜若狂地说："时间不等人。"❸

但两个月后，第二个决定对于莫斯科而言是一次失败。这次仲裁院发现，俄罗斯天然气工业股份公司未能履行 2009 年合同规定的天然气过境义务，并命令其因为过境运输不足支付 46.3 亿美元的过境费。在这里，仲裁院的裁决好坏参半：罚金远远低于乌克兰国家石油天然气公司要求的 160 亿美元，而且驳回了其关于审查 2009 年合同中过境费率的要求。每一方都可以夸耀自己

---

❶ 参见 "Stockholm Arbitration Orders Gazprom to Pay Naftogaz \$4.63 Bln for Insufficient Transit Shipments," *Interfax Russia and CIS Oil and Gas Weekly* no. 9, March 1-6, 2018, pp. 4-16。

❷ 参见 Arbitration Institute of the Stockholm Chamber of Commerce, "About the Arbitration Institute," http://www.sccinstitute.com/about-the-scc/（accessed April 28, 2019）。

❸ 引自 "Gazprom, Ukraine Spin Arbitration Outcome," *Nefte Compass*, 26, no. 51（December 28, 2017）, p. 10。

获得一定程度的胜利。但这两项裁决使俄罗斯天然气工业股份公司需要净支付 26.3 亿美元（目前包括利息为 28 亿美元），莫斯科对此反应愤怒。

在接下来的几天里，这个事件迅速升级。"斯德哥尔摩仲裁院做出了不对称的裁决"，米勒宣布。❶ 俄罗斯天然气工业股份公司发誓不会付款，并终止了对 2009 年合同的诉讼。然而，尽管双方互为敌对，向欧洲的天然气过境运输——在极其寒冷的寒潮中——并未受到影响。❷ 但整个争吵给俄欧天然气关系蒙上了一层阴影，因为欧洲需要考虑接下来会发生什么。

随着 2019 年即将结束，冲突似乎只会越来越严重。俄罗斯天然气工业股份公司向瑞典法院申诉仲裁程序，该程序将花费一年甚至更长的时间，从而使双方陷入诉讼之中。与此同时，乌克兰国家石油天然气公司开始将俄罗斯天然气工业股份公司资产附加到整个欧洲，并威胁将其拍卖。俄罗斯天然气工业股份公司和乌克兰国家石油天然气公司拒绝彼此谈判，❸ 而且如果没有新协议，2009 年合同将在年底到期。但在最后一刻，即 2019 年 12 月，由于普京总统的亲自干预，双方达成了和解。俄罗斯天然气工业股份公司被指示付款，并签订了新的运输合同。由于这一出乎意料的解决方案，得之不易的和平降临这片大地。另一场天然气战争得以避免。

30 年历史：总结

尽管存在最近的争议，但我们绝不能忽视长期趋势。自苏联解体以来的 30 年里，俄乌天然气关系发生了根本性变化。这些变化可被总结为以下五个要点。

---

❶ 引自 "Gazprom Hoping New Stockholm Litigation Will Correct Mismatch of Interests with Naftogaz，" *Interfax Russia and CIS Oil and Gas Weekly* no. 10，March 7-14，2018，p. 4。

❷ 至于对乌克兰的进口，法庭的裁决是，俄罗斯天然气工业股份公司应在合同期内每年向乌克兰国家石油天然气公司出售40亿立方米。与俄罗斯天然气工业股份公司讨论后，乌克兰国家石油天然气公司为第一个月发出了预付款。俄罗斯天然气工业股份公司接受了付款，但是在交付恢复的几分钟前，在一年中最冷时期的一天退还了现金，并表示不会交付。

❸ 关于2018年年末的更新，参见Simon Pirani，"Russian Gas Transit through Ukraine after 2019：The Options，" Oxford Institute for Energy Studies，November 2018，https：//www.oxfordenergy.org/wpcms/wp-content/uploads/2018/11/Russian-gas-transit-through-Ukraine-after-2019-Insight-41.pdf。

第一，天然气租金已经缩水。随着俄罗斯从苏联时期继承的天然气遗产日益缩水，俄罗斯从天然气盈余（1992—1998 年）变为短缺（1999—2008 年）。由于从 21 世纪第一个十年中期开始对新供给的投资，现在（自 2009 年以来）又再次变为盈余，但俄罗斯天然气的边际成本却稳步上升。苏联时代的天然气成本已不再下降。结果是，可用来向特殊利益分配的天然气租金实际上已经消失。随着时间的流逝，天然气越来越不是腐败的来源。

第二，随着天然气贸易转向货币化，易货贸易已经消失。自 1998 年（俄罗斯）和 2001 年（乌克兰）以来，两国的经济已经重新货币化，各种形式的易货——其中大多数是影子经济——大多被现金支付所取代，这是一种更加透明的交换方式。2006 年，剩余的最大的实物交易，即天然气过境费，最终被取消。结果，中间商已经消退，政治上受青睐的交易商的作用也逐渐减弱。

第三，自 2008 年以来，土库曼斯坦天然气作为乌克兰的替代天然气来源已经消失。这把曾经复杂而不断变化、具有许多中间商的三角关系，变成乌克兰和俄罗斯之间更直接的两人游戏。现在多数土库曼斯坦天然气都出口中国。❶

第四，俄罗斯对获取乌克兰出口管道系统控制权的兴趣已经消失。相反，俄罗斯过去 20 年的政策是建设绕过乌克兰的系统，随着北溪 2 号管道和土耳其溪管道的完成，这一目标将接近实现。

第五，乌克兰实行天然气改革可能最终改变俄乌天然气关系的基础。然而，政治目前已经战胜商业。只有时间才能证明，乌克兰天然气的改革，特别是建立一个独立的欧洲式运输系统运营商，能否在目前的敌对环境中存活下来，并最终产生新的商业关系。

---

❶ 参见Pirani and Yafimava，"CIS Gas Markets and Transit"。关于土库曼斯坦至中国管道建成后中亚天然气在俄罗斯和乌克兰方程式中的角色变化，参见Simon Pirani，"Central Asian and Caspian Gas for Russia's Gas Balance，" in Henderson and Pirani，*The Russian Gas Matrix*，pp. 347-367。从2008年到2009年，土库曼斯坦向俄罗斯出口突然下降了四分之三，从423亿降至118亿立方米（Simon Pirani，"Central Asian and Caspian Gas for Russia's Gas Balance，" in Henderson and Pirani，*The Russian Gas Matrix*，table 14.1，p. 348）。

乌克兰会走向天然气独立吗？

在西方，尤其是华盛顿，一个备受青睐的说法是，了解俄乌天然气关系的关键，是天然气赋予俄罗斯一个强大的地缘政治杠杆，它曾多次利用这个杠杆操纵乌克兰政治，将乌克兰绑定在其势力范围之内。毫无疑问，在普京总统执政下，俄罗斯确实一直在追求上述目标。但这个说法中的天然气武器是有问题的。每当俄罗斯真正试图影响乌克兰政治或政策时，在大部分情况下，它并未使用天然气作为武器。相反，它使用了从政治技术到秘密军事支持的一系列传统的遏制手段，包括造谣、电脑黑客、金融压力、贸易制裁、武器转让以及直接敲诈和贿赂。简言之，俄罗斯不缺乏武器，但并不诉诸天然气。

相反，俄罗斯运用天然气武器的少数例子，涉及与天然气贸易有关的具体问题，主要是天然气债务和过境管制。主要案例是，俄罗斯一再试图掌握乌克兰的天然气过境系统，这显然是为了削弱乌克兰在俄罗斯对欧洲天然气出口中的影响力。关于 2006 年和 2009 年的切断天然气供给，也可以做出同样判断，这主要是由天然气债务纠纷和合同条款适用所导致的。

事实上，作为地缘政治工具的天然气武器在乌克兰是无效的。在后苏联时期的前十年半的时间里，为赢得善意，俄罗斯对乌克兰的天然气出口定价过低。但可以说，他们没有获得作为交换的实际的地缘政治利益。这种策略在白俄罗斯和苏联较小的共和国奏效，那里的天然气与其他杠杆手段相结合。❶因此，俄罗斯转而开始实施一项绕过乌克兰的管道多元化计划，这一事实证明，天然气武器未能获得重要的地缘政治利益——而且，在这方面，也证明俄罗斯没有获得商业优势。

因此，将天然气视为武器的观点未能解释俄乌天然气关系的历史，特别是 2006 年和 2009 年的两次里程碑式冲突。正如西蒙·皮拉尼所写的那样，"在 2006 年和 2009 年的俄乌'天然气战争'中，后苏联转型、经济事件和商业关

---

❶ 关于立陶宛的精彩讨论，参见Balmaceda, *The Politics of Energy Dependency*，chapter 6。

系转移的动态发展比政治因素更为重要。" ❶

当然，天然气被间接地用于建立一种合谋关系，几代乌克兰统治者及其支持者从这种关系中直接受益，帮助保持乌克兰的腐败和混乱，并给俄罗斯提供了随时可以进行威胁的影响力。但是，这与人们通常理解的政策工具大相径庭，原因很简单，它令使用者和受用者都做出妥协。如果全面披露过去30年俄乌天然气关系背后的黑材料，可能会令双方都感到尴尬。

本章试图展示这些因素是如何主导故事发展的。因此，可以认为，俄乌天然气关系无休止的冲突的主要原因，是双方对苏联遗产的继承：一方面是乌克兰对俄罗斯天然气的依赖，另一方面则是俄罗斯在对欧洲出口方面对乌克兰的过境依赖。它的背景是俄罗斯最初的过剩天然气，以及乌克兰极度依赖天然气以发展其低效的经济。这些从苏联历史和苏联解体中继承的因素正在消退或完全消失。

与关于俄罗斯和乌克兰的其他一切一样，最后一段将提出多个警示。首先是乌克兰国内消费。自1992年以来，这一变化令人叹为观止：天然气需求从1992年的1100亿立方米下降到2016年的300亿立方米以下（不包括分离主义者控制的地区）。其原因包括整体经济下滑、服务业崛起和工业消费效率的提高。❷ 但最大的突破是取消国内价格管制和减少交叉补贴。即便如此，乌克兰仍然是欧洲效率最低的能源消费国之一，显然还有提高效率的空间。现在取得了最易实现的成果。进一步减少消费将需要对工业和地区供热系统进行更多投资。鉴于乌克兰可利用的外国资本严重短缺，这种投资不会很大，国内消费很可能在未来十年内保持相当于目前每年320亿立方米至330亿立

---

❶ Pirani，"Russo-Ukrainian Gas Wars and the Call on Transit Governance，" p. 169.

❷ 关于最近价格改革实施之前消费下降的早期阶段，参见Thane Gustafson，Matthew J. Sagers，and Sergej Mahnovski，*Ukrainian Gas Consumption Collapses in 2009：The Implications for Ukraine's Dependence on Russian Gas and for the EU-Ukrainian Gas Accord*（IHS Markit Decision Brief，September 2009）；Anna Galtsova，Matthew J. Sagers，Thane Gustafson，and Nick Naroditski，*Ukraine's Declining Gas Consumption：Where Does It Go From Here*?（IHS Markit Decision Brief，November 2014）。

方米的水平。本地生产增加的前景亦如此。❶ 然而，最终结果是乌克兰已经摆脱了对俄罗斯天然气的直接依赖，并用反向进口取代了俄罗斯的天然气。

第二个警示是，走向独立的进一步进展依赖于持续的天然气改革。随着季莫申科的失败和泽连斯基在 2019 年总统大选中的胜利，天然气改革已经克服了被公开的民粹主义总统打断或逆转的威胁。新总统大体上倾向于能够与欧盟保持密切联系，并延续改革议程。但他对天然气和天然气改革的看法尚不得而知。如果乌克兰滑向补贴的国内价格和交叉补贴，如果乌克兰国家石油天然气公司推迟其拆分和其他改革，最重要的是，如果基辅同意一个被认为对俄罗斯有利的新的过境合同，那么，新总统在外国贷款人和投资者一方的声誉将受到玷污，乌克兰在能源独立方面的进展将受到阻碍。

然而，苏联天然气遗产及其导致的串通和冲突的最终解体是不可避免的。从长远来看，这对乌克兰和欧洲，以及最终对俄罗斯来说都是积极的。

---

❶ 投资故事中未知的是隐藏在乌克兰床垫下的巨额影子资本，一些经济学家估计其价值约为800亿美元。这可能有助于解释为什么尽管缺乏外国直接投资，乌克兰经济近年来仍保持增长。

第 12 章

俄罗斯与德国的天然气关系

　　自 2000 年以来，关于俄德天然气关系的任何讨论都必须从两个谜题开始。第一个与当下的情况有关：一方面，自苏联时代结束以来，俄德政治关系从未像今天一样如此困难和不确定；然而另一方面，至少在新冠肺炎疫情暴发之前，俄德天然气关系确实一度蓬勃发展，并且导致美德关系的困难。2019 年，俄罗斯向德国的天然气出口已经打破所有记录，德国目前对俄罗斯天然气的依赖达到其天然气进口的近 38%，2015 年时为 35%。❶ 通向欧洲的俄罗斯北溪 2 号管道项目的五家合作支持者中有两家德国公司，它们获得德国工商界的支持——尽管欧盟和欧盟的一些东欧成员国以及美国政府表示反对。德国继续向俄罗斯出口用于其天然气管道和基础设施建设的管材和设备。

---

❶ 自2015年以来，德国联邦经济事务和出口控制办公室（德国首字母缩略词为BAFA）不再发布德国天然气进口的国别数据。 2015年，德国天然气进口的35%来自俄罗斯。参见Sören Amelang and Julian Wettengel，"Germany's Dependence on Imported Fossil Fuels，" Clean Energy Wire，March 8，2018，https://www.cleanenergywire.org/factsheets/germanys-dependence-imported-fossil-fuels。

同时，德国国际政治和安全事务研究所（SWEP）的最近分析显示，俄德政治关系是"陷入困境的特殊关系"。❶ 自 2014 年维克多·亚努科维奇统治被推翻以来，这种情况尤其明显，克里米亚被吞并，俄罗斯支持的分离主义者接管顿巴斯，俄罗斯导弹在乌克兰东部击落马来西亚 MH17 客机。直至最近，德国总理安琪拉·默克尔和多数商业团体支持美国和欧盟的对俄制裁。❷ 然而，在天然气领域，商业活动依然积极活跃。我们如何解释这种明显的矛盾呢？

第二个谜题来自由德国天然气市场自由化引发的德国天然气贸易管制和商业环境的革命性变革。这一问题已在本书第 8 章中讨论过。在整个欧洲以及德国，这宣告了长期石油指数化合约的格罗宁根时代结束，标志着天然气枢纽和现货市场的兴起。此前，在合同和价格等问题上，俄罗斯天然气工业股份公司与其欧洲客户存在长达十年的冲突。然而，尽管这些争端曾经十分激烈，但它们未曾导致或者甚至威胁过天然气贸易的中断。相反，尽管德国和俄罗斯之间的政治关系总体降温，天然气贸易中的主要冲突仍然在现有法律合同和商业对话框架内通过谈判或仲裁得到解决。为什么整体政治关系的冷淡并未对天然气关系产生更多的影响呢？

在这个背景中，隐约浮现出第三个谜题。直到最近，关于俄罗斯天然气的政策辩论由经济效率还是安全问题作为主导。然而，这两个问题都已被第三个问题取代，后者与环境和德国能源变革有关，被称为"能源变革"。这最终是比其他两个更为激进的挑战，因为它似乎对天然气在德国和欧洲经济体中的功能和未来提出质疑。一个可能的结果已经可以远远显现，但它是自相矛盾的。尽管环保倡导者越来越不看好天然气，但 2020 年代能源

---

❶ Aurélie Bros, Tatiana Mitrova, and Kirsten Westphal, "German-Russian Gas Relations: A Special Relationship in Troubled Waters" (Stiftung Wissenschaft und Politik ［SWP］, German Institute for International and Security Affairs, Research Paper RP 13, December 2017), https://www.swp-berlin.org/fileadmin/contents /products/research_papers/2017RP13_wep_EtAl.pdf.

❷ 关于德国人对北溪2号管道影响的评论，很好地说明了德国目前在与俄罗斯外交关系中面临的经济和政治困境，参见Peter Carstens and Konrad Schuller， "Gas und Rosen，" *Frankfurter Allgemeine Sontagzeitung*，May 20，2018。

变革的中期结果很可能增加德国对天然气的需求，特别是对俄罗斯天然气的需求。这里主要有三个原因。首先，2022年12月，德国最后余下的核电站行将关闭。其次，建设一个新的南北超高压直流输电线路（对可再生能源进一步渗透到电力部门至关重要）可能被推迟到2020年中期或后期。最后，公众反对煤炭的情绪日益高涨（德国决心提高其在限制温室气体排放方面的业绩表现），以及来自布鲁塞尔的压力，将加速德国燃煤发电厂退出历史舞台。这三个因素累加起来，将给德国的能源供应留下一个漏洞，而这个漏洞只能由天然气填补。到21世纪20年代末，俄罗斯对德国的天然气出口将很可能大大刷新今天的记录，这将增加对过境运输力的需求。我们在结论中将回到这个问题。

不用说，这一前景为效率和安全界提供了发人深省的思想养料。难怪，在上述提及的德国国际政治和安全事务研究所的报告中，德国能源分析师柯尔斯滕·韦斯特法尔和她的合著者奥雷利·布罗斯（Aurelie Bros）以及塔基扬娜·米特罗娃得出结论，"经济和商业方面的主要变化源于长期眼光的丧失。"❶ 然而，如果辩论的内容变得令人不安，就不可能有长期的愿景。

本章的计划是试图解开前两个谜题，把第三个留在结论中进行探讨。一个基本解释认为，德国对俄罗斯的天然气政策是两个不同价值观——安全与效率——以及维护每个价值观的不同共同体相互作用的结果。两者之间的平衡取决于讨论哪个问题以及在哪个时期讨论这个问题。但总体上，效率一直是实践中的主导价值。

效率抑或安全：两类观点共同体

在作为一个整体的欧洲，尤其是德国，关于俄罗斯天然气的议题，存在两类观点共同体——两个阵营。对于第一类共同体来说，经济和效率是对事件的最重要解释和最重要的政策指南。在此观点中，商业和监管是在天然气政策上

---

❶ Bros，Mitrova，and Westphal，"German-Russian Gas Relations."

将俄罗斯政府与欧盟、俄罗斯天然气工业股份公司与其欧洲客户区分开来的真正问题。价格和交易量是很重要的商业战略，而不是政府政策。管道是经济的或非经济的。冲突的发生首先是欧洲天然气市场变化的结果。对于那些持此类观点的人来说，中断供应对于尝试此类做法的一方来说无疑是商业自杀；任何中断的影响都可以通过联通和存储等修复措施来缓解，这在任何情况下都具有良好的商业意义。这是德国天然气工业和专门从事天然气经济学的分析师以及更多商业导向的德国政府部门（如联邦经济部）广泛持有的观点。

对于另一个共同体而言，俄罗斯—德国天然气贸易从根本上讲是关乎地缘政治和安全的，特别是天然气威胁可以被俄罗斯用作达到政治和战略目标的武器。因此，俄罗斯天然气工业股份公司在东欧的定价做法是给予或拒绝政治恩惠的系统性政策的一部分。它不愿接受欧洲自由化，仅仅反映出俄罗斯对以前卫星国和财产的歧视。在这种解读中，管道是一种政治影响力的手段，是一个能源超级大国武器库的一部分，它自然会试图利用它作为地缘政治资源，而出口战略是为主导进行出价。至于供应中断，问题在于它们是可能发生的，而忽视这种可能性是幼稚的。这是德国和整个西欧的外交和安全界广泛持有的观点。

学界和政策界之间在两类观点中的分歧是惊人的。很少有学者或机构试图弥合这一鸿沟。这在一定程度上是专业背景和职业差异问题：毫不奇怪，能源公司和经济研究所捍卫效率；政策智囊团强调安全；政府部门则根据部委有所不同。但这种差距也把欧洲分成了两个地理区域的两种不同的知识文化。[1] 在西欧，自由意识形态已经蔓延到上一代，效率观往往占主导地位，尤其是在商界。相比之下，在东欧，这场革命现在才刚刚开始渗透，第二种观点则占据了主导地位。当然，一国的观点也取决于它与俄罗斯的距离。例如，波兰就完全属于安全阵营。

德国处于一个特殊的位置，处于两个阵营的中心。因此，毫不奇怪，它

---

[1] 这部分是由于研究者—学者的专业定位功能。牛津能源研究所的工作显然属于经济学界。相比之下，德国国际政治和安全事务研究所主要属于安全界，其主要功能之一是向总理办公室提供安全事务咨询。法国国际关系研究所和英国查塔姆研究所也是如此。

的立场是矛盾和复杂的。正如我们已经看到的，市场自由化已经在德国如日中天，它倾向于加强有利于支持对俄罗斯天然气政策之效率论点的传统偏向。事实上，直到最近，德国整体上对后苏联时期的俄罗斯政策一直主要是经济主导，一种将创造天然气桥放在首要位置的历史性"东方政策"的延续。一本备受推崇的德俄关系著作完成于 2014 年乌克兰第二次迈丹示威和亚努科维奇政府被推翻以及东西方关系危机前夕。作者斯蒂芬·萨博（Stephen Szabo）是美国的德国问题专家。他写道，"经济是德俄关系的驱动力。"他接着说，"几乎所有德国的俄罗斯观察家都把这一因素视为不变的因素，并且倾向于采用地缘经济方法，而不是以（安全）为导向的方法。无论在更广泛的关系中出现何种起起落落，从德国的角度来看，经济关系仍是一个成功的故事，仍是它的锚。"❶

尽管俄德政治关系最近出现了令人痛苦的发展，但这种情况今天还会发生吗？在天然气方面，一个潜在的利益共同体继续推动天然气关系向经济方向发展。德国需要天然气，而俄罗斯拥有最廉价和最丰富的天然气。德国是俄罗斯天然气的最大欧洲进口国，是俄罗斯的第二大进口来源——主要是机械和制成品，实际上俄罗斯主要通过出口油气进行支付。❷ 俄罗斯天然气工业股份公司向德国的天然气销售继续由长期合同支付（其内部价格越来越多地由现货市场确定）。❸ 尽管美国和欧盟制裁旨在惩罚俄罗斯入侵乌克兰，但德国工业界仍始终致力于积极与俄罗斯贸易。某些主题几乎惊人地相似，例如，德国商界部分人士对美国加强对俄罗斯制裁的不满和华盛顿最近试图封锁俄罗斯的天然气管道(见下文)，如同 20 世纪 80 年代初天然气桥早期的状况一样。

---

❶ Stephen F. Szabo, *Germany, Russia, and the Rise of Geo-Economics*（London：Bloomsbury, 2015）, p. 62. 在对德国两个学界的开创性研究中，萨博（Szabo）是为数不多的专注分歧并试图弥合的分析师之一。

❷ 根据俄罗斯统计局（Rosstat）的数据，2016年，德国占俄罗斯出口的7.4%（仅次于中国和荷兰，因石油出口，荷兰具有最大的俄罗斯出口，这反映出荷兰北海终端基础设施在俄罗斯石油再出口中的关键作用）和俄罗斯进口的10.7%（仅次于中国）。参见the Rosstat statistical handbook, *Russia in Figures*, 2017, p. 482, http://www.gks.ru/free_doc/doc_2017/rusfig/rus17e.pdf。

❸ 俄罗斯天然气工业股份公司与Wingas的合同至2031年，而其与Uniper公司（意昂集团和鲁尔燃气公司的继任者）的四份合同至2035年。俄罗斯天然气工业股份公司与壳牌欧洲的20年合同是最长的合同，在2038年才到期。此外，俄罗斯天然气工业股份公司在德国天然气枢纽直接销售少量天然气。

然而，尽管俄德政治关系总体降温，今天的经济关系基础仍像过去几十年一样互为补充。

因此，从一个层面来说，德国认为目前的天然气状况不存在矛盾。正如安琪拉·斯登特在最近的一项分析中所写到的，"作为一个地缘经济大国，贸易被视为国家安全的一个重要方面，德国传统上主要以商业现实政治为标准来界定其利益，将追求经济利益视为其外交政策成功与否的最终标准。"❶这一点没有改变。

相比之下，对于另一个阵营来说，德国天然气的自由化只会增加其潜在的不安全感，尤其是在政治关系恶化的时候。因此，对于德国国际政治和安全事务研究所的柯尔斯滕·韦斯特法尔来说，德国天然气市场已经从"双边垄断"向不完全市场发展。她接着说，"俄罗斯天然气工业股份公司已经加强了其在德国市场的地位，在供应安全方面好坏与否，都取决于透明度、有效控制以及规则和管制的实施，但肯定需要密切监控。"❷但韦斯特法尔认为，这些条件在德国仍然不够强大，因为没有充分重视长期的制度性保护（这只能由国家提供）、适当的法律和政策。根据这一观点，目前天然气关系的薄弱环节是安全。因此，对于安全导向者而言，诱惑是试图采取对监管事务的更大控制，特别是在布鲁塞尔，使用诉讼作为武器（见下面关于 OPAL—波罗的海管道路线事件的讨论）。

最近，主要是由于乌克兰事件的结果，安全共同体的担心开始破坏支持经济优先的长期德国共识。直到 2011 年至 2012 年，一个共同的线索贯穿德国政策。天然气贸易是由一种互补的政治关系所支撑，即"东方政策"。但自那时起和最近十年的多数时期，德国对俄罗斯的政治政策越来越不信任，近乎敌意。然而，即使在最近十年里，德国人和俄罗斯人已经试图将天然气关系与东西方地缘政治隔离开来。天然气贸易目前的繁荣表明，今天情况依然

---

❶ Angela Stent, *Putin's World: Russia against the West and with the Rest* (New York: Twelve Books, 2019), p. 99.

❷ Kirsten Westphal, "Institutional Change in European Natural Gas Markets and Implications for Energy Security: Lessons from the German Case," *Energy Policy* 74 (2014), p. 41.

如此。天然气桥的基本原理仍然按照它们的传统方式运行。但如何解决日益紧张的局势呢？

我们将考察三个主要阶段。第一阶段从 20 世纪 70—90 年代德国统一和苏联解体，天然气贸易及其政治框架的运作与"东方政策"时期大体相同。第二阶段从 20 世纪 90 年代俄罗斯自由改革时期到 2005 年，俄罗斯天然气工业股份公司作为投资者和经营者进入德国，在弗拉基米尔·普京和总理格哈德·施罗德的领导下，德俄政治关系达到一个制高点。然而，在 2005 年，德国和俄罗斯进入第三阶段，一个不确定和不安全感加剧的时期。面对不断恶化的美俄关系和乌克兰出现的复杂局面，德国和俄罗斯都试图保持一个平衡的政治和经济路线。自 2012 年以来，不确定性和不适感激增。这种平衡仍有利于经济，但这种平衡会持续下去吗？

在回顾历史之后，我们将转向一个案例研究，即关于北溪 2 号管道的争端，它说明了俄德天然气关系中政治与经济之间的紧张状况。

本源：20 世纪 70—90 年代的继承结构

到 21 世纪第一个十年中期，俄罗斯和德国的天然气工业，已经在个人和机构层面上合作了四十年。他们习惯于在平衡利润和风险的基础上相互交易——在相当一段时期内——这些混合型安排已经证明了自身的价值。正如奥雷利·布罗斯和她的同事们对传统体制的描述：

> 合同关系是为长期而设计的，并且基于双边政治和商业共识的基础。市场结构是完美匹配的——具有地区垄断天然气市场的中央计划经济。双方的商业模式基于长期的石油指数化交货合同，具有 20 年、25 年或 30 年条款，包括明确数量的 75% ~ 85% 的最低照付不议比例……边境划分是清晰的：天然气在边境被交付。❶

---

❶ Bros, Mitrova, and Westphal, "German-Russian Gas Relations," p. 14.

在众所周知的公式中，"生产商承担价格风险，而进口商承担未能出售全部合同天然气的风险。"[1] 这一原则统治了几十年的天然气贸易。俄罗斯和德国天然气专业人士在他们的整个职业生涯中彼此熟悉，而由于非正式的谅解和妥协，天然气合同在法律上的严格性实际上有所缓和。

两国关系的核心是这样一个事实："在整个冷战期间，双方的政治和经济利益趋同。"[2] 然而，使得这种顺利趋同变得可行的是长期合同结构，在缺少天然气贸易商品市场时自动管理风险。石油指数化意味着合同价格不能由任何一方或一方的东道国政府，通过税收或监管制度进行操纵。长期合同中照付不议条款的存在，减轻了上游和管道系统的投资负担。非正式地讲，任何一方都不会因对方遭受损失而盈利，而关于何为公平存在着广泛的共识。如果全部其他事宜未能谈妥的话，合同包含重新谈判条款，使双方可以回到谈判桌前并根据不断变化的市场条件协商条款。因此，长期合同的结构以及这种结构培养而成的熟人和信任关系，使得双方能够保护自己免受商业和政治风险。从 20 世纪 60 年代后期至 1991 年，这个体制在冷战的市场波动和地缘政治的忽冷忽热中存活下来，这是一个了不起的事实。[3]

20 世纪 90 年代—2005 年：合作伙伴和希望高涨的时代

多事之秋的 20 世纪 90 年代和 21 世纪初以德国统一作为开端的标记；中间是普京—施罗德友谊和两国领导人之间良好感情的时代；最后是，如第 11 章所述，橙色革命后不断恶化的俄乌关系背景下普京与默克尔的紧张关系。[4] 如第 8 章所述，能源关系中的制高点是，通过在 Wingas 公司的股份及其与德国两家领先天然气公司巴斯夫 /（温特沙尔）和意昂集团（鲁尔燃气公司）不

---

[1] Bros, Mitrova, and Westphal, "German-Russian Gas Relations," p. 14.

[2] Bros, Mitrova, and Westphal, "German-Russian Gas Relations," p. 14.

[3] 关于对经典长期合同减轻和管理风险方式的深入讨论，参见Simon Blakey，*The Future of Long-Term Gas Contracts and the European Midstream*（IHS Markit Strategic Report，January 2016）。

[4] Angela Stent, *The Limits of Partnership: U.S. Russian-Relations in the Twenty-First Century* (Princeton, NJ: Princeton University Press, 2014) .

断增长的伙伴关系，俄罗斯天然气工业股份公司进入德国天然气市场的中游领域。随后是第二阶段，德国公司寻求在俄罗斯上游投资。在此期间，德俄政治和能源关系比以往任何时期都更加密切。

这是一个对俄罗斯的未来、东西方关系和世界自由变革潜力充满希望的时期。欧盟对各种条约、联合项目和制度建设的力量寄予厚望，认为它们会将俄罗斯纳入俄罗斯改革者所称的欧洲准则和价值观的"文明世界"。这一努力的象征是1991年《欧洲能源宪章》和1994年《欧洲能源宪章条约》、1997年《欧俄伙伴关系与合作协定》以及2003年圣彼得堡峰会的"四个共同空间"。❶

在德国，关于深化德俄关系并使其多样化的努力尤为明显，几乎在能源部门（包括能源效率）的所有领域都采取了多项协议的形式。然而，德国政府关于以欧盟为基础对俄罗斯能源的多边方式表示怀疑，因此，在很大程度上是以双边基础自行推进。正如韦斯特法尔对联邦经济部和外交部态度的总结，"欧盟—俄罗斯对话被广泛视为委员会的'一杯茶'"。❷相比之下，德国当时的做法被称为"通过联系实现和解"（Annäherung durch Verflechtung）。❸

除了历史书注脚中的首字母缩略词外，这些和许多类似倡议如今已所剩无几。关于建设性相互依赖的所有呼吁，欧洲和俄罗斯双方很明显在理解其含义方面仍然相距甚远。正如布罗斯、米特罗娃和韦斯特法尔关于这一时期所注意到的，"德国和其欧盟伙伴已经认为，建立体制是经济合作的基础，由此尽量减少交易成本，创造公平的竞争环境，但俄罗斯越来越抵制支持基于规则和规范的相互依赖的理解方式。此外，考虑到对俄罗斯经济和预算的作用，对自然资源的国家主权在俄罗斯仍至高无上。"❹

在此期间，德国显然是占据主导地位的伙伴。在两德统一后，一直存在着政治关系上的根本性转变，"从德国在内部关系上对俄罗斯的依赖，到后共

---

❶ 参见标题明确的专著，Elena Korosteleva，*The European Union and Its Eastern Neighbours：Toward a More Ambitious Partnership?*（New York：Routledge，2012）。

❷ Kirsten Westphal, "Germany and the EU-Russia Energy Dialogue," in Pami Aalto, ed., *The EU-Russian Energy Dialogue: Europe's Future Energy Security* (Farnham UK: Ashgate, 2008), p. 98.

❸ *Verflechten*意指编织或交织。*Verflechtung*用来描述编织更广泛经济联系的积极过程。

❹ Bros，Mitrova，and Westphal，"German-Russian Gas Relations，" p. 15.

产主义转型期俄罗斯对统一德国的依赖。"[1]德国与俄罗斯之间的经济桥梁基本保持不变，俄罗斯继续出口能源、进口制成品，正如苏联做的那样。但总体交换量萎缩，因为俄罗斯的国内生产总值在苏联解体后下跌了近一半。1998年至1999年降至最低点，俄罗斯在1998年8月无力偿还国家债务，这给德国投资者造成严重损失，后者将资金投入到俄罗斯短期国债之中。[2]（自1998年，鲁尔燃气公司在俄罗斯天然气工业股份公司中占据少数股权，通过提供流入俄罗斯的资本以帮助其国际收支，收购了价值10亿美元的6%股份。）然而，当油价在1999年至2000年开始复苏后，很快就出现了与石油息息相关的天然气价格，两国的经济关系开始呈现前所未有的繁荣。在2008年至2009年的经济衰退前后，石油和天然气价格都达到了创纪录的高位，两国经济关系继续蓬勃发展。[3]俄德关系方面的德国权威学者汉斯·约阿希姆·斯潘格（Hans-Joachim Spanger）看到了这15年出现的乐观主义："俄罗斯发生了转变，"他写道，"从不可靠的边界变成无限可能的市场。"[4]

在赫尔穆特·科尔（Helmut Kohl）担任总理的整个任期内，两国关系一直保持友好，在他的继任者格哈德·施罗德（Gerhard Schröder）任期达到顶点（1998—2005年）。关键是施罗德和俄罗斯新总统普京二者之间亲密的个人友谊。正如斯潘格观察到的，"施罗德成为德国在俄罗斯投资和能源政策对话的主要倡导者，在2004年，西方投资者对俄罗斯的信心已经根本上更新和重新建立。"[5]

施罗德最初并不愿将个人或政治资本投资于德国对俄罗斯的关系。在20世纪90年代，德国遇到了自己的经济困难，施罗德的首要任务是国内政策，

---

[1] Paraphrased by Szabo, *Germany, Russia, and the Rise of Geo-Economics*, from Angela Stent, *Russia and Germany Reborn: Unification, the Soviet Collapse, and the New Europe* (Princeton, NJ: Princeton University Press, 1999), pp. 148-149.

[2] 关于1998年俄罗斯违约的解释原因，参见Thane Gustafson, *Capitalism Russian-Style*（Cambridge：Cambridge University Press，1999），chapters 9 and 10。

[3] 关于2000年至2014年的石油繁荣及其对俄罗斯的影响，参见Thane Gustafson, *Wheel of Fortune：The Battle for Oil and Power in Russia*（Cambridge，MA：Harvard University Press，2012）。

[4] 引自Szabo, *Germany，Russia，and the Rise of Geo-Economics*，p. 62。

[5] Hans-Joachim Spanger, "Die deutsche Russlandpolitik," in Thomas Jäger, Alexander Höse, and Kai Oppermann, eds., *Deutsche Aussenpolitik* (Springer: Wiesaden, 2010), p. 662.

特别是改革僵化的就业和福利制度。此外，施罗德对他的前任科尔与叶利钦总统过于友好的关系持怀疑态度。正如斯登特所写，在施罗德看来，"科尔已经与古怪的俄罗斯总统鲍里斯·叶利钦发展了过密的关系——包括与他共享桑拿浴——施罗德发誓要对俄罗斯采取更批判的立场。"❶

然而，初次见面，施罗德便和普京发展了异常密切、融洽的个人关系，并一直延续到今天。在 2001 年 1 月，两位总统及夫人共同庆祝东正教圣诞节，一起乘坐三套马车参观了建于 16 世纪的莫斯科科洛门斯科耶（Kolomenskoye）庄园。正如斯登特描述的场景：

> 他们一起参观了 14 世纪的圣三一（Sergiev Posad）修道院（该修道院被认为是俄罗斯东正教的精神中心），受到穿着传统民间服装的妇女和高呼庄严俄罗斯礼仪的合唱团的礼遇。在那里，他们会见了俄罗斯东正教领袖阿列克谢二世大牧首。雪橇之旅不仅体现了圣诞节的精神，而且体现了俄罗斯和德国之间新关系的精神。❷

这只是接下来的五年里两人之间许多正式和非正式会议中的第一次。到 2005 年施罗德离任时，他和普京已经成为密友。那一年迎来了二者关系的顶点，当时，施罗德在议会选举中失去总理职位。2005 年 9 月，德国大选前十天（人们普遍预测，施罗德的社会民主党将会败北），普京来到柏林，在两位领导人的见证下，俄罗斯天然气工业股份公司和巴斯夫集团签署了一项波罗的海海底管道建设合同，被称为"北欧天然气管道"，后来被称为"北溪 1 号"管道。❸ 可以预见，东欧国家——此时是欧盟接纳的新成员——对此愤怒不已。波兰总统亚历山大·克瓦希涅夫斯基（Alexander Kwasniewski）谴责这份合同

---

❶ Stent, *Putin's World*, p. 81.

❷ Stent, *Putin's World*, p. 81.

❸ 关于2005年普京—施罗德会议的故事，参见Mikhail Zygar', *All the Kremlin's Men：Inside the Court of Vladimir Putin*（New York：Public Affairs，2016），pp. 119-120.吉格尔（Zygar'）非常熟悉俄罗斯的天然气行业和俄罗斯—德国天然气关系。十年前，作为《生意人报》（Kommersant）通讯员，他与人合著了对俄罗斯天然气工业股份公司在21世纪第一个十年初和维亚希列夫—米勒任期的分析报告，参见Valerii Paniushkin and Mikhail Zygar'，*Gazprom：Novoe russkoe oruzhie*（Moscow：Zakharov，2008）。

是"普京—施罗德条约"。波兰国防部长拉多斯瓦夫·西科尔斯基（Radoslaw Sikorski）更为直接，谴责该管道堪比 1939 年纳粹德国和苏联瓜分波兰和波罗的海共和国的莫洛托夫—里宾特洛浦协定。❶但是西欧的反应基本上是积极的。柏林签约后，普京访问伦敦，在那里，"他谈到能源安全以及俄罗斯愿意为欧洲提供燃料。听众们赞许地倾听他的慷慨陈词。"❷

然而，在辞去总理职务后不久，施罗德就接受了北溪管道股东委员会主席的职位，这让德国公众感到震惊，尽管该管道本身几乎没有遭到反对。毫不奇怪，今天的安全界认为施罗德在强调经济超越政治事务方面走得太远，而且以牺牲安全为代价。正如韦斯特法尔所写的那样，"（施罗德的）基于利益的政策对俄罗斯在政治转变上视而不见。"❸即使在当时，施罗德的政策也是有争议的，因为许多人指责他对人权问题保持沉默以换取俄罗斯天然气。2005 年离任时，人们普遍预计他的"拉关系政策"会让位给更平衡的东西。❹但在接下来的 15 年里，施罗德与俄罗斯企业的私人关系，如果说有什么不同的话，那就是越来越亲密了。

在第 8 章，我们曾总结过俄罗斯天然气工业股份公司是如何在 1989 年至 1990 年进入德国天然气市场，并在中游与德国鲁尔燃气公司（现在是意昂集团）和巴斯夫/温特沙尔两家重要的公司发挥积极作用的。借助几年的成功关系，这两家德国公司开始在俄罗斯本身寻找位置。温特沙尔和意昂集团（鲁尔燃气公司）将投资于西西伯利亚的上游资产。在那里，德国技术和资本将起到推动作用。但作为交换，俄罗斯天然气工业股份公司希望德国公司出售它在德国下游的股份。这种方式在理论上高度互补。俄罗斯人投资下游，德国人投资上游，两者分享运输环节。因此，各方将平衡风险：如果遇到困难，

---

❶ 引自 "Polish Defense Minister's Pipeline Remark Angers Germany，" *Voice of America Online*，May 3, 2006, https://www.voanews.com/a/a-13-polish-defense-minister-pipeline-remark-angers-germany/327455.html。

❷ Zygar', *All the Kremlin's Men*, p. 120.

❸ Westphal, "Germany and the EU-Russia Energy Dialogue," p. 106.

❹ Hannes Adomeit, "Deutsche Rußlandpolitik: Ende des 'Schmusekurses'?," *Russie. Cei.Visions*, No. 6 (b), September 2005.

一方可持有对方资产作为质押。这个模型被称为"杠铃"（barbell）。

　　然而，双方都不愿给予对方它想要的东西。俄罗斯天然气工业股份公司拒绝允许外国公司进入其气田。从签署第一份战略备忘录到温特沙尔实际开始工作，温特沙尔与俄罗斯天然气工业股份公司就南罗斯科耶（Yuzhno-Russkoe）的谈判持续了近十年。从逻辑上讲，阿奇莫夫储层（Achimov formation）应该是俄罗斯天然气工业股份公司临时战略的重要组成部分。南罗斯科耶气田估计具有7000亿立方米的储量，被计划用于通过北溪1号管道向德国供应天然气。虽然它深深位于地面以下复杂的地质构造中，并相应地比传统干气更具挑战，但这个区块是有吸引力的，因为阿奇莫夫储层富含天然气液体，可以被单独销售，使整个项目具有经济性。然而，俄罗斯天然气工业股份公司不愿让德国人销售自己的液体份额，同意仅以"公平价格"从温特沙尔购买。至于天然气，俄罗斯天然气工业股份公司提议将三分之二预留给国内市场，德国人认为这一安排不具吸引力。然而，德国人却被要求提供大部分资金。所以，会谈拖延了下来。❶

　　尽管事实上鲁尔燃气公司已持有俄罗斯天然气工业股份公司股权，并在俄罗斯天然气工业股份公司董事会中占据一席之地，但涉及鲁尔燃气公司的类似会谈仍耗费了几乎一样长的时间。❷甚至普京总统的干预也未能使俄罗斯天然气工业股份公司改变立场。❸显然，俄罗斯天然气工业股份公司短期内将不会开放德国提议开发的西西伯利亚油田较难开采的深层地层。直到21世纪第一个十年后半期，平衡上游和下游地位的战略概念才终于在实际项目中得以实现。

　　这一安排的关键是俄罗斯公司对德国下游天然气市场的兴趣。这是俄

---

❶ Mikhail Krutikhin, "Vershki i koreshki," Rusenergy Praim-Onlain, June 21, 2003. 造成延误的另一个原因可能是俄罗斯天然气工业股份公司正在与潜在的俄罗斯合作伙伴同时进行谈判，最初是伊特拉公司，后来是苏尔布特石油天然气公司（Surgutneftegaz）。

❷ Mikhail Krutikhin, "Gostepriimnyi khoziain: Rossiia obeshchaet pustit' inostrantsev v gazovye proekty," Rusenergy, April 12, 2005.

❸ 此外，在收购鲁尔燃气公司之后，意昂集团对投资俄罗斯电力行业产生了兴趣。从那时起，在意昂集团的俄罗斯上游战略中，电力成为比天然气更强大的动力。

罗斯人长期坚信的结果，他们出口价值的大部分都被中间商吸走了——包括俄罗斯自己的德国客户。不是每个人都同意这个判断，这似乎更多的是因苏联时代的意识形态、而不是市场现实导致的。正如欧洲天然气专业人士所知，大部分出口价值位于上游——事实上，这就是为什么他们想留在那里的原因。俄罗斯天然气工业股份公司董事会成员布尔克哈德·伯格曼不赞成俄罗斯天然气工业股份公司将目标定位在德国中游：

> 他们应该从经济、而不是意识形态的视角看问题。世界已经改变，而您可以通过第三方的分销系统间接地向最终消费者销售。关税被监管……所以今天不存在无法获取最终用户的危险或风险。人们必须问自己，为什么其他大型生产商没有走这条路呢？挪威国家石油公司、埃克森美孚和壳牌没有在分销系统中收购股份，恰恰相反，它们正在出售股份。对俄罗斯天然气工业股份公司来说，投资上游生产比投资销售或收购最终消费者的股权更有意义。作为俄罗斯天然气工业股份公司董事会成员，我认为公司应该首先考虑自己的成本与收益。这是一个先做什么的问题。我认为，对于俄罗斯天然气工业股份公司来说，这意味着生产和管道系统的升级。这就是为什么我坚定地建议俄罗斯天然气工业股份公司将其资本投资在俄罗斯境内的缘故。[1]

但旧有的商业模式难以消亡，俄罗斯天然气工业股份公司坚持对垂直一体化的信念。（阿列克谢·米勒争辩说，垂直一体化是欧洲客户供应安全的保障。）它迫使意昂集团很难用其在鲁尔燃气公司中的股份[2]换取西西伯利亚南罗斯科耶气田24.5%的股份。[3]但是意昂集团首席执行官沃尔夫·伯诺泰特（Wulf Bernotat）拒绝允许俄罗斯天然气工业股份公司进入德国国内市场，其理由是，它将给予俄罗斯天然气工业股份公司在意昂集团一个关键的位置，并使其与其他天然气供应商的关系更加复杂。伯诺泰特向俄罗斯天然气工业

---

[1] Interview with Burckhard Bergmann, n.d.

[2] "Gazprom setzt Eon under Druck," *Süddeutsche Zeitung*, March 27, 2006.

[3] 参见Westphal，"Germany and the EU-Russia Energy Dialogue，" pp. 102-103.

股份公司提供匈牙利天然气部门的股份，这引起了匈牙利政府的抗议。由此引发的对峙导致谈判被拖延两年多，直到 2006 年最终达成交易。❶（俄罗斯天然气工业股份公司最后接受了匈牙利资产。）

关于南罗斯科耶气田谈判有趣的一点是，一个重大的商业谈判发生在德国政府没有明显干预的几年时间。而在俄罗斯方面，普京积极支持该计划（虽然收效甚微），对德国公司而言，南罗斯科耶气田属于私人部门事务。这些问题主要是商业问题，不是地缘政治问题。

地平线上的云层，2005—2012 年

然而，到那个时候，俄德政治关系已经变得更加困难。存在三个基本原因。第一个是 2000 年至 2007 年俄罗斯与西方关系恶化，并在 2007 年普京发表历史性的慕尼黑演讲中达到高潮，该演讲被广泛视为俄罗斯与西方关系的转折点。❷ 其次是 2004 年橙色革命加剧了围绕乌克兰和波罗的海共和国的东西方紧张关系。第三个是欧盟监管改革对德国公用事业的结构和运营产生了越来越大的影响，尤其是在天然气和电力方面。尽管德国的政治和商业精英们努力保持德俄关系处于平稳状态，但到这个十年结束之时，两国关系已经变得充满不确定性和困难重重。❸

普京总统和默克尔总理之间艰难的个人关系象征着日益紧张的国家间关系。所有回述都认为他们第一次见面时的关系就很糟糕。如今，经过 15 年的多次会面和电话交谈，他们的关系已经变成了一种例行公事，可以完成重要的事务，但没有任何温暖和信任。关于默克尔对普京的看法何时出现转折，分析人士意见不一。英国皇家查塔姆研究所（Chatham House）的约翰·洛（John

---

❶ Andrew E. Kramer, "Gazprom and E.ON to Swap Assets," *New York Times*, July 13, 2006, https: //www. nytimes.com/2006/07/13/business/worldbusiness/13iht-eon.2194072.html.

❷ Stent, *The Limits of Partnership*, Chapters 4-6.

❸ Bros, Mitrova, and Westphal, "German-Russian Gas Relations."

Lough）认为是 2008 年的俄罗斯—格鲁吉亚战争，❶ 而斯登特认为是 2011 年，当时普京宣布他将以总统身份重返克里姆林宫——但所有观察家都会同意默克尔的传记作者、《南德意志报》记者斯蒂芬·柯内留斯（Stefan Kornelius）的描述：

> 他们在生活中走过相似的道路，几乎就像镜像一样……每当普京和默克尔会面，两种世界观就会发生碰撞。对默克尔来说，柏林墙倒塌是一次解放；而对普京来说……这是一个非常痛苦的事件。他认为苏联解体是一个历史性失败。❷

这两种截然不同的世界观，以及两位领导人表现出的两种处理方式，为理解当 2014 年乌克兰亚努科维奇政府倒台以及随后俄罗斯支持的分裂分子接管顿巴斯时两人感到的痛苦和个人背叛提供了背景。默克尔的感受尤其深刻，因为这触碰了她对现代世界信念的核心。她在提交给德国议会的报告中所说的话，至今仍被视为西方领导人就俄罗斯在乌克兰政策上的倒退所发表的最雄辩的声明：

> 因为——我再怎么强调也不为过——时钟是不会倒转的。只有当我们不再求助于 19 世纪和 20 世纪的例子时，21 世纪欧洲中部的利益冲突才能被成功解决。只有当我们遵照我们这个时代，也就是 21 世纪的原则和手段行动时，这些问题才能得到解决。❸

然而，默克尔首先是一个实用主义者，她明白德国公众和政治舆论在德

---

❶ John Lough, "Germany's Russia Challenge" (NATO Defense College, Fellowship Monograph no. 11, February 2018), http://www.ndc.nato.int/news/news.php?icode=1139.

❷ Stefan Kornelius, *Angela Merkel: The Chancellor and Her World* (London: Alma Books, 2013), pp. 182-183.

❸ Angela Merkel, "Regierungserklärung von Bundeskanzlerin Merkel," March 13, 2014, https://www.bundesregierung.de/breg-de/themen/buerokratieabbau/regierungserklaerung-von-bundeskanzlerin-merkel-443682.

国对俄罗斯政策问题上存在严重分歧。❶ 在天然气领域尤其如此，正如我们在下文谈到北溪 2 号管道时将会看到的。美国对俄罗斯的制裁给默克尔带来新的压力。她支持制裁，并获得一些来自德国商界的支持：据悉，尽管德国颇具影响的德国东欧经济关系委员会（Ostausschuss）批评德国支持制裁俄罗斯，但更具影响力的德国工业联合会（Bundesverband der Deutschen Industrie）支持总理的政策。默克尔与普京和克里姆林宫保持着定期联系，但不温不火。

这把我们带回到我们本章开始时的矛盾。考虑到德国公众和政治观点的分裂，以及默克尔在坚持制裁的同时保持务实的中间立场，德国将如何处理天然气政治？从总理办公室到商界，主要的答案是天然气和天然气相关事宜尽可能属于私营部门事务。国家通过监管机构参与其中，但应注意的是，负责管道管理的有影响力的国家网络机构——德国监管机构联邦网络局（BNA）是一个独立机构。这个角色得到了高层领导的认可和重视。2018 年 5 月，德国联邦网络局成立 20 周年之际，默克尔对该机构独特的监管角色表示敬意，"它对德国经济正常运转所做出的贡献值得高度赞扬。"❷

与此同时，商业关系也各行其是

如同在地缘政治关系上一样，在天然气关系上，2005 年也是俄德两国良好感情时代的顶点。但仅仅三年后，在 2008 年至 2009 年经济衰退的背景下，经济状况发生巨大变化。欧洲天然气需求暴跌，而欧洲公用事业发现自己处于商业问题的完美风暴中：失去垄断地位，与之相伴的是供给过剩和需求下降。与此同时，直到 2014 年年中，油价开始急剧反弹（由于中国需求增加）和稳

❶ 参见Tuomas Forsberg，"From *Ostpolitik* to 'Frostpolitik'？Merkel，Putin，and German Foreign Policy toward Russia，" *International Affairs* 92，no. 1（2016），pp. 21-42。

❷ Angela Merkel，"Rede von Bundeskanzlerin Merkel beim Festakt zum 20-jährigen Bestehen der Bundesnetzagentur am 29. Mai 2018 in Bonn," May 29, 2018, https: //www.bundeskanzlerin.de/bkin-de/ suche/rede-von-bundeskanzlerin-merkel-beim-festakt-zum-20-jaehrigen-bestehen-der-bundesnetzagentur- am-29-mai-2018-in-bonn-1141088.

步增长。❶ 这让欧洲的天然气企业，尤其是德国的主要企业陷入了困境，因为它们与俄罗斯天然气工业股份公司的供应合同仍与油价挂钩，而它们的客户现在可以选择在新兴交易枢纽低价购买天然气。乔纳森·斯特恩说："2009 年，欧洲枢纽价格大幅下降，达到与油价挂钩合同价格的 50% 水平……未来五年，将平均低于与油价挂钩价格的 25% ~ 33%。"❷ 俄罗斯最大的两个天然气买家意昂集团和德国莱茵集团尤其受到影响。

这里，进入到关于经济与效率还是地缘政治与安全之间争论的核心。这个问题是如何解决的？由谁解决？公司还是国家参与者？

在公开场合，俄罗斯天然气工业股份公司坚定地支持传统的与石油挂钩的长期合同，并坚持不会在以与石油挂钩作为定价基础问题上做出让步。在这个问题上，俄罗斯天然气工业出口公司的谢尔盖·科姆列夫（Sergei Komlev）与牛津能源研究所的欧洲天然气分析师，尤其是该领域的重量级学术专家之间进行了激烈的交锋。科姆列夫认为天然气是特殊的，因此不能像普通商品那样定价。❸ 实际上，长期合同是神圣的。牛津能源研究所反驳称并非如此，并批评科姆列夫的立场与经济逻辑背道而驰。❹ 但是科姆列夫的立场由普京支持，后者宣布 2013 年 7 月俄罗斯天然气工业股份公司将"继续支持基于石油 / 石油产品指数化的天然气定价，以此确保价格公平和天然气资源的稳定发展。"❺

在这场辩论中，就定价政策或合同的所谓专项问题，德国领导人或部委

---

❶ Jonathan Stern, "Russian Responses to Commercial Change in European Gas Markets," in James Henderson and Simon Pirani, eds., *The Russian Gas Matrix: How Markets Are Driving Change* (Oxford: Oxford University Press, 2014), pp. 52 and 58-59.

❷ Jonathan Stern, "Russian Responses to Commercial Change in European Gas Markets," in James Henderson and Simon Pirani, eds., *The Russian Gas Matrix: How Markets Are Driving Change* (Oxford: Oxford University Press, 2014), p. 58.

❸ Sergei Komlev, "Pricing the 'Invisible Commodity," Gazprom Export Discussion Paper, January 11, 2013. (该论文已经无法在线获取，但可从作者处获取。)

❹ Jonathan Stern and Howard Rogers, "The Transition to Hub-Based Pricing in Continental Europe: A Response to Sergei Komlev of Gazprom Export" (Oxford Institute for Energy Studies, February 12, 2013), https://www. oxfordenergy.org/wpcms/wp-content/uploads/2013/02/Hub-based-Pricing-in-Europe-A-Response-to-Sergei-Komlv-of-Gazprom-Export.pdf.

❺ 引自Stern，"Russian Responses to Commercial Change in European Gas Markets，" p. 64。

很少发表公开声明。德国研究所和智库几乎没有类似牛津能源研究所的文献。但在国际会议和私人工作组中，德国人清楚地表明了他们的立场。例如，在2010年北海国际石油天然气展览会（the offshore Northern Seas）上，新上任的意昂集团首席执行官克劳斯·舍费尔（Klaus Schafter）宣称："枢纽价格是客户与我们交谈时的参考点……当前形式的长期合约（即与油价挂钩的合约）不再能反映市场现实。"❶ 德国公用事业公司高管的许多公开声明具有同样效应。换言之，在德国，这个事项作为私营部门事务得以处理。

相比之下，在克里姆林宫的支持下，俄罗斯天然气工业股份公司坚持自己的立场——至少在公共场合如此。但在实际合同谈判中，它的行为则大相径庭，接受和默许以新兴市场为导向的游戏规则，即使并不情愿。在现实中，它别无选择：西北欧最重要的客户正在反叛。从2012年开始，在一系列艰难的价格谈判中，它们向俄罗斯天然气工业股份公司施压，要求后者做出三项关键性让步：降低基准价格；更宽松的照付不议水平（年度合同数量的70%，而不是传统的85%）；最重要的是，枢纽价格以上的任何超额协议将以回扣形式偿还给买方。（特别是后者数额巨大，达到数十亿欧元。）每当俄罗斯天然气工业股份公司抵制，一家接一家的欧洲公司就会转向斯德哥尔摩商会仲裁院寻求支持。面对一连串诉讼以及合作伙伴金融困难的越来越多的证据，俄罗斯天然气工业股份公司别无选择，只能妥协。德国公司是整个运动的一部分。因此，2013年7月，斯德哥尔摩仲裁院命令俄罗斯天然气工业股份公司支付15亿欧元作为对德国莱茵集团的回扣。三年后，即2016年4月，俄罗斯天然气工业股份公司和意昂集团庭外和解了一起类似诉讼，但结果相同，俄罗斯天然气工业股份公司在定价方面做出了进一步让步。在其他情况下，仅仅仲裁威胁往往已经足够。由于天然气价格与合同是密切相关的专有秘密，这些细节并不为公众所知，但总体模式是很清楚的。

---

❶ 引自Jonathan Stern and Howard Rogers，"The Dynamics of a Liberalised European Gas Market：Key Determinants of Hub Prices, and Roles and Risks of Major Players"（Oxford Institute for Energy Studies，NG94，December 2014），https：//www.oxfordenergy.org/wpcms/wp-content/uploads/2014/12/NG-94.pdf。

有三个原因让这个情景令人特别感兴趣。首先，它强调，尽管俄德地缘政治关系不断恶化，但商业关系仍遵循了西北欧洲的整体格局——也就是说，艰难的谈判伴随着价值数十亿美元的法律程序。但这从来没有造成两国之间的危机，也没有任何供应可能中断的暗示。其次，尽管（事实上因为）欧洲天然气部门，特别是德国天然气部门正在经历这个行业历史上最大的动荡，俄罗斯天然气工业股份公司事实上做出了妥协。然而，买卖双方之间的利益共同体强大（尽管公开言论与此相反）到即使国家间关系继续恶化，商业也能够适应和继续经营。实际上，俄罗斯天然气工业股份公司的行为像一个私人公司，而不是克里姆林宫的一个部门。第三，天然气买家获胜，这要归功于枢纽和市场日益占据主导地位的结构。

因此，直到 2013 年乌克兰冲突，德国商界和监管者基本上能成功地将即使是最有争议的天然气问题与俄德关系更大的地缘政治区分开来。但现在，经济和效率问题、地缘政治和安全问题有融合的危险。在本章的其余部分，我们将尝试通过 OPAL 事件和北溪 2 号管道争端两个案例来说明这一点。

北溪 1 号和 OPAL 事件

围绕北溪 1 号线的争议，与围绕其后的北溪 2 号线的争论相似。❶ 东欧各国政府，尤其是波兰政府强烈反对。然而回想起来，北溪 1 号的争议不如北溪 2 号那么激烈。❷ 欧盟委员会指定北溪 1 号（当时被称为"北欧天然气管道"）是具有欧洲利益的项目，其理由是这将加强欧洲能源市场和强化供应安全（回想起来，这具有讽刺意味）。在北溪 1 号达成协议时，俄德关系仍处于它们的最高点。如上所述，在德国方面，北溪 1 号唯一有争议的是任命前总理施罗

❶ 关于背景，参见Simon Blakey, *Diversity and Security in European Energy：The Case of the Nord Stream Pipeline*（IHS Markit Private Report，January 2008）；"Nord Stream，" https：//en.wikipedia.org/wiki/Nord_Stream。又见https：//www.atlanticcouncil.org/images/publications/Nord_Stream_2_interactive.pdf。
❷ 北溪1号被纳入"跨欧洲能源网络"的优先项目指南，并于2006年获得欧洲议会和理事会的批准。

德为股东委员会主席。● 然而，到了 2011 年北溪 1 号启动时，作为一方的莫斯科与作为另一方的柏林和布鲁塞尔之间的关系恶化。当时爆发的争议，并不是关于北溪 1 号项目能否被叫停，而是是否允许其以超出产能一小部分的水平运行。争议集中在一个名为 OPAL 的管道上。

OPAL 争端

围绕新规则的第一次重大对抗涉及 OPAL 是否适用第三方准入（TPA）规则。● 争端集中于经德国境内通过北溪 1 号运输俄罗斯天然气的两条陆上管道——被称为 OPAL 和 NEL（北德天然气管道）管道。OPAL 管道是一个容量为 360 亿立方米的跨国连接管道，从德国波罗的海沿岸的格赖夫斯瓦尔德（Greifswald）向南延伸 470 千米到捷克边境。在捷克共和国，OPAL 管道与 Gazelle 管道相连，之后将天然气输送到德国南部和法国东部。NEL 管道拥有 220 亿立方米的运输能力，从格赖夫斯瓦尔德向西延伸 440 千米到达雷登（Rehden），这里是德国西部的主要存储设施，可以从那里将天然气运到荷兰或比利时。

在 NEL 和 OPAL 得到批准之前，北溪 1 号无法运行。作为运营商的俄罗斯天然气工业股份公司辩称，由于 OPAL 管道越过捷克—德国边境，该管道具有成为国际项目的资质，以此推动区域供应的安全性，因此应免于第三方准入要求。此外，俄罗斯天然气工业股份公司认为，OPAL 管道天然气中的 100% 来自北溪 1 号。因此，除了（希望预定 OPAL 管道容量的）俄罗斯天然

● 从技术上讲，当时北溪管道财团（Nord Stream AG）仍被称为North Transgas Oy，这反映了一个事实，即原始项目是由俄罗斯天然气工业股份公司和芬兰耐思特石油公司（Neste）/ Fortum公司合资组建的。该管道和运营公司于2006年10月更名为北溪管道财团。

● 关于2013年年底之前OPAL管道事件的详细回顾，参见Kash Burchett and Thane Gustafson, *The OPAL Dispute：Resolution in the Pipeline?*（IHS Markit Decision Brief，January 2014）；Thane Gustafson and Kash Burchett, *Russia-EC Gas Relations in the Midst of the Ukrainian Crisis：Is Continued Progress Possible?*（IHS Markit Private Report，March 2014）。关于对管制和法律问题的评述，参见Katja Yafimava，"The OPAL Exemption Decision：Past，Present，and Future"（Oxford Institute for Energy Studies，Paper NG 117，January 2017），https：//www.oxfordenergy.org/wpcms/wp-content/uploads/2017/01/The-OPAL-Exemption-Decision-past-present-and-future-NG-117.pdf.

气工业股份公司和温特沙尔公司（俄罗斯天然气工业股份公司在该项目上的合作伙伴）以外，不会有其他运输商，因此第三方准入要求不适用。欧盟委员会表示反对，2009 年，它发布了一项声明，裁定必须将 OPAL 容量的 50% 提供给第三方。这实际上禁止了俄罗斯天然气工业股份公司使用超过 OPAL 容量 50% 以上并限制了通过北溪的流量。

俄罗斯的反应是激烈而愤慨的，而且直接来自上层。2008 年至 2012 年卸任总统、但仍担任总理职位的普京，严厉谴责第三次能源改革方案及其被用于 OPAL 管道。在 2010 年 11 月对德国商业领袖的演讲中，普京称欧盟委员会的行动是"抢劫"：

> 公司将数亿美元和欧元投到这个项目。一切都按规则完成。但现在反过来做出完全不同的决定，而且［投资者］被拒绝使用自己的财产。那怎么可能？

> 直到今天，没有人能向我们解释新规则应如何运行……天然气通过北溪管道到达 OPAL 管道。它将如何通过以牺牲我们和我们德国合作伙伴为代价的方式，使建成的管道继续运输？这是我们的财产。那么，如果我们不被允许将天然气运输给最终用户，那怎么办？

但是普京并没有就此打住。他继续说：

> 你知道，我们国家有很多问题，有时我们的行为不正确，我已经准备好承认这一点。但是我们不断听取我们在北美和欧洲的合作伙伴的同一个意见……如果您想成为文明家庭的一员，那就以文明的方式行事。这是什么？我们的同事已经忘却了一些初级的基本规则。其中之一是"法律不应具有追溯力。"它的制定可以追溯到法国大革命时期。那怎么可能呢？ ❶

---

❶ 所有三个引述来自普京的同一讲话，参见 Putin on November 28, 2010, available on the prime minister's website at http：//archive.premier.gov.ru/events/news/13118/。一个节选出现在 Maksim Tovkailo, Oksana Gavshina, and Evgeniia Pis' mennaia, "Zashchitnik rossiiskogo," *Vedomosti*, November 29, 2010。

在接下来的几个月中，普京继续发出猛烈的批评。在 2011 年 2 月，随着欧盟第三次能源改革方案正式生效的最后期限临近，普京率领俄罗斯官方代表团前往布鲁塞尔与欧盟委员会主席若泽·曼努埃尔·巴罗佐会面。普京在那里谴责第三次能源改革方案是"没收财产"。❶ 在接下来的几个月里，他继续亲自跟进北溪 1 号的进度。2011 年 9 月，当第一股天然气流过管道时，普京是宣布这个消息的那个人；在那个月下旬，他出席了正式的开通仪式。

俄罗斯人及其德国伙伴的反对意见包括两点：第一，在第三次能源改革方案生效之前，OPAL 和 NEL 管道已经完成。第二个也是最基本的观点是，诸如北溪 1 号（和其延长管道）的跨境管道应被给予特殊的豁免地位，这源于它们为欧洲能源安全做出了贡献。布鲁塞尔对此显示出赞同，它认定北溪 1 号是具有"欧洲利益"的项目。俄罗斯人认为，由于 OPAL 和 NEL 管道仅仅是北溪 1 号的延伸，因此理应被豁免。确实，俄罗斯人补充说，诸如北溪 1 号、OPAL 和 NEL 管道的组合不应受第三次能源改革方案的管辖，因为它们部分超出了欧盟的管辖范围。俄罗斯人坚持认为，在试图将其应用到已建管道之前，欧盟委员会应首先解决其立法中的"灰色地带"。

但是，俄罗斯人的论点遭到欧盟委员会的拒绝。巴罗佐在 2011 年 2 月见面时告诉普京，"俄罗斯和欧洲对竞争的含义有不同的理解"。❷ 两年后，随着第三次能源改革方案被用于成员国立法的最后期限临近，委员会的立场变得更加强硬。就欧盟委员会而言，第三次能源改革方案现在是法律。

OPAL 管道计划于 2012 年 11 月 1 日开始商业运营，但由于没有第三方进入以及没有第三方准入豁免，该管道不能以超过 50% 的容量运行。2012 年 12 月，俄罗斯人将他们的争议带到在布鲁塞尔举办的欧盟 — 俄罗斯峰会上。这是一次艰难的会议，争吵不休的会议。但至少同意开启新一轮谈判。俄罗斯人要求临时豁免，以允许 OPAL 管道在谈判期间满负荷运作，但这个要求也

---

❶ Evgeniia Pis'mennaia and Margarita Liutova, "Iskliuchenie dlia 'Gazproma, '" *Vedomosti*, February 25, 2011, p. 3.

❷ Evgeniia Pis'mennaia and Margarita Liutova, "Iskliuchenie dlia 'Gazproma, '" *Vedomosti*, February 25, 2011, p. 3.

被拒绝 [1]（尽管在 2013 年 3 月，由于欧洲的寒冷天气，委员会批准了为期一个月的缓冲期，后来延长到春季——俄罗斯人并非没有注意到这个讽刺）。[2] 然而在这一阶段，直到 2013 年 4 月，一个四人谈判工作组才被任命，会谈重启。

这个时候，普京已经重返克里姆林宫，德米特里·梅德韦杰夫再次担任总理，接管了与欧盟委员会的对话，组建了由新任能源部长亚历山大·诺瓦克（Alexander Novak）领导的新团队。在谈判中，出现了新的务实语调，而且尽管普京继续在诸如 2013 年 7 月的天然气出口国论坛上反对第三次能源改革方案的公开战役，但在四人工作组内部，俄罗斯人正在悄悄地修改他们的反对立场，而欧盟委员会也显示出更大的灵活性。到 2013 年 6 月上旬，诺瓦克告诉记者，委员会已经提出"五种方案，其中有一个最接近妥协。"[3]

俄罗斯天然气工业股份公司和温特沙尔对欧盟委员会第三方准入要求的主要意见是，由于进入 OPAL 管道的所有天然气都是通过北溪 1 号交付，没有其他潜在的运输商声称在格赖夫斯瓦尔德拥有天然气所有权，因此不会有寻求使用 OPAL 的第三方。作为证明，俄罗斯人指出，在以前为 OPAL 容量举办开放季时，没有任何一方表现出兴趣。

2013 年 11 月下旬，开始出现解决这个问题的方法，基于通过 NEL 管道进行虚拟反向流动的理念，东西向管道被连接到格赖夫斯瓦尔德。根据该提议，对德国西部和荷兰具有天然气所有权的第三方，实际上可以互换经北溪 1 号运至格赖夫斯瓦尔德的天然气。这些数量然后通过 OPAL 管道向南运送到捷克共和国，然后转到德国 NCG 交易所（德国南部的天然气交易枢纽）。实际上，在荷兰产权转让基金（TTF）具有天然气的任何人可以通过 NEL 预定回流容量并获取通过北溪管道输送的天然气所有权，然后将其通过 OPAL 管道运送到德国 NCG 交易所进行交易。[4]

---

[1] Margarita Liutova and Maksim Glikin, "Dogovor dlia 'Gazproma,'" *Vedomosti*, December 24, 2012.

[2] Elena Khodiakova, "Evrokomissiia ne otdast OPAL," *Vedomosti*, April 19, 2013.

[3] Margarita Liutova and Maksim Tovkailo, "Trubnyi vybor," *Vedomosti*, December 17, 2012.

[4] Burchett and Gustafson, *The OPAL Dispute*.

　　这个相当优雅的解决方案使双方都可以挽回颜面：在秉承第三次能源改革方案精神的同时，俄罗斯天然气工业股份公司使用即使不是全部、也是大部分 OPAL 容量，而令欧盟委员会感到欣慰的是，新进入者有望获得该容量，由此带来的竞争压力将影响俄罗斯天然气工业股份公司的定价战略。德国监管机构联邦网络管理局（BNA）在 2016 年 11 月的和解协议中正式认可了该项安排。这份有待实施的妥协方案中唯一缺失的是欧盟委员会的官方认可。

　　但是乌克兰危机打乱了这一安排。2016 年年末至 2017 年年初，波兰国家石油天然气公司向欧洲法院（ECJ）提出一系列投诉，与此同时，审理另一波兰实体在杜塞尔多夫的德国高级地方法院挑战了德国联邦网络管理局的和解协议。波兰人要求中止上一年的 OPAL 安排。但欧洲法院和德国联邦网络管理局都拒绝了他们的要求，并允许拍卖继续进行。然而，在 2019 年 9 月，欧洲法院驳回了 2016 年和解协议。在此过程中，欧洲法院援引一项新的法律原则，即"团结"原则，该原则被解释为成员国在做出具有潜在跨界影响的能源市场决策时必须考虑其他成员国以及整个欧盟利益。在撰写本书时（2020 年夏季），OPAL 的法律地位仍不确定。❶

　　OPAL 事件很重要，其原因有两个。首先，尽管乌克兰冲突和德俄天然气关系降温，但德国政府保持低调，并允许该案例通过法院和独立监管者推进。相反，如我们所见，普京代表俄罗斯天然气工业股份公司成为首席谈判代表，从而在俄罗斯方面将整个事件政治化。然而在幕后，能源部长诺瓦克和俄罗斯天然气工业出口公司的行为是坚决务实的。该案例可能已成为东西方紧张局势的试金石，波兰人显然希望这个成为现实。但在这种情况下，德国人和俄罗斯人就像欧盟委员会一样，遵守法律程序并尝试着使监管事务脱离政治

---

❶ 关于至2017年9月的更新和分析，参见Yafimava，"The OPAL Exemption Decision"。当德国实行分拆法律时，温特沙尔公司和俄罗斯天然气工业股份公司不得不对其资产进行分割，以便各自保持在新法的正确一边。它们达成了一项商业协议，其中温特沙尔公司保留了天然气供应和贸易业务，而俄罗斯天然气工业股份公司则拥有了管道资产的所有权。温特沙尔公司获得了更多的进入西伯利亚上游阿奇莫夫储层的机会，以此作为对其资产损失的补偿。

议程。❶

其次,OPAL事件是北溪2号争端的关键。在北溪1号中输掉这场战斗之后,它的对手决定不会被再次拒绝。我们现在转到存在更为严重争端的北溪2号。

北溪2号争端

像它的前身一样,北溪2号是一条由两条平行管线组成的管道,从圣彼得堡地区的芬兰湾出发,经过波罗的海海底,到达德国北部格赖夫斯瓦尔德登陆。这条长为1200千米的路线几乎与北溪1号相同。北溪1号自2011年和2013年开始使用两条管线,具有每年550亿立方米的设计能力。北溪2号将具有相同的运输能力。因此,北溪管道系统如果建成将具有1100亿立方米的总运输能力,足以运送通往中欧和西欧的绝大多数俄罗斯天然气。

北溪2号在该项目的朋友和敌人之间引发了激烈争议,涉及几乎各个方面——经济、政治、地缘战略和法律。它得到五家欧洲主要能源公司(壳牌,Engie集团,奥地利石油天然气集团、Uniper公司和温特沙尔公司)的支持,这些公司已将北溪2号视为比经过乌克兰从西西伯利亚亚马尔半岛向欧洲输气的现有路线更直接、成本更低的路线。北溪2号将与被称为欧洲连接管道(Europäische Anbindungsleitung或EUGAL)的过境管道相连,把大部分天然气通过德国运往捷克共和国并最终到达奥地利鲍姆加藤(Baumgarten)中心,主要用于欧洲南部和东南部。

反对者谴责北溪2号是纯粹的地缘政治项目。但作为从西伯利亚到欧洲的成本最低路线,存在着很强的经济理由。如果从一个地球仪而不是平坦的墨卡托(Mercator)投影观看,很明显,从亚马尔到格赖夫斯瓦尔德之间的路线具有很长的一个圆弧,实际上使其成为通往北欧的最短路线(如果沿着

---

❶ 在2016年达成妥协后,乔纳森·斯特恩写道,这可能会成为监管机构的战斗口号: "出于政治和安全理由对俄罗斯天然气供应和管道的异议由来已久,应根据它们自己的优点进行辩护。" 然后,他问道, "利用这种异议来扭曲多年形成中的天然气监管框架,是否有效。"(introduction to Yafimava, "The OPAL Exemption Decision.")

OPAL 管道继续这个圆圈）并到达斯洛伐克。

北溪 2 号实际上是一对管道中的一个；另一个是土耳其溪，由两条管线组成，年总运输能力为 315 亿立方米。土耳其溪的第一条已经被铺设，将供应土耳其市场。第二条将穿过保加利亚、塞尔维亚和匈牙利，同样到达鲍姆加滕。奇怪的是，当东欧坚持不懈地反对北溪 2 号时，土耳其溪实际上得到一些途径国的支持。两种情况都涉及来自俄罗斯的天然气；两者都绕过乌克兰；双方的天然气将主要供应西欧和中欧；而且毫无疑问，这两种天然气的一部分将最终在乌克兰作为从西方"反向输气"的一部分。实际上，整个欧洲天然气系统现在已经如此彼此紧密相连和市场化，以至于来自这两条管道的天然气几乎可以在欧洲的任何地方进行交易。

尽管如此，作为大型项目的北溪 2 号已经吸引了多数人的关注。此外，它的象征意义至关重要，甚至大于土耳其溪，它将标志着 20 年前俄罗斯采取绕开乌克兰的天然气出口多元化政策大功告成。在蓝溪管道、亚马尔—欧洲管道和北溪 1 号建成之后，通过乌克兰过境的俄罗斯天然气出口份额从 1994 年和 1996 年的 91% 降至 2018 年的不足 41%。北溪 2 号和土耳其溪更是扛鼎之作。一旦开始运行，它们将把俄罗斯对乌克兰过境的依赖减少到每年 300 亿立方米或更少。❶

但是，北溪 2 号最终是否可以运行？在撰写本书时，情况仍不明朗。北溪 2 号仍存在高度争议。❷ 支持者认为这将抵消欧洲本土生产的下降趋势。反对者认为，这将增加欧洲对俄罗斯天然气的依赖。此外，北溪 2 号与正在进行的俄乌争议有着千丝万缕的联系。一旦两条新管道开始运营，乌克兰从向欧洲运输俄罗斯天然气赚取的收入将会减少，也许最终会被消除。由于这些原因，它遭到美国政府和欧盟东欧成员国的强烈反对。但是他们的反对会成功吗？

我们将不会在这里尝试回顾该项目的复杂历史，关于这一问题已经出版

---

❶ 正如我们将在结论中看到的那样，如果俄罗斯对欧洲的管道出口增长超过目前水平，并且如果政治关系允许的话，那么到 21 世纪 20 年代末乌克兰过境可能会重生。

❷ 除丹麦外，已经从过境国获得了北溪 2 号穿越领海的所有必要许可。如果丹麦拒绝批准，该管道必须改道以避免丹麦水域。这将延迟该项目，但不会使其停止。

大量文献。❶我们将集中分析本章的主题——俄德能源关系。下一节的中心论点是北溪 2 号运营的关键最终掌握在德国手中，但谁来决定以及在什么基础上决定，仍是复杂且不确定的。

德国政府的谨慎支持

这次，与北溪 1 号和 OPAL 事件不同，德国政府已被吸纳为核心参与者。关于北溪的争论几乎已经完全变成地缘政治的议题，从而打破了近 20 年来俄罗斯—欧洲天然气事务日益商业化的趋势。北溪事件悄然开始。

在德国议会制中有一个标准程序——反对派代表可以就当前政策事宜向政府各部委进行书面质询，并期望得到彻底（即使不一定立即的）的答复。这些被称为"小问题"。在 2015 年 11 月，绿党的代表向联邦经济部一连串提交了关于北溪 2 号的 24 个问题。该部委的回答（花了六个月的时间返回）总结了政府的立场：北溪管道是一个完全的私营部门的风险投资，因此与政府部门或政府无关。

关于俄罗斯增加对德国天然气出口的安全影响，该部委似乎同样表现轻松，认为问题的关键在于竞争力："俄罗斯天然气工业股份公司在欧洲内部市场的地位，主要取决于俄罗斯天然气供应与其他供应商之间的竞争力。"然而，就北溪管道是否真正具有经济性，该部委没有给出定论，在它的备忘录中，它认为"这完全是公司的事情。"❷

默克尔总理的立场更加谨慎。总体而言，她支持过北溪 2 号项目，其依据本质上与联邦经济部相同。"这首先是最重要的经济项目。"她在 2015 年 12 月的欧盟峰会闭幕式上说。"它有私人投资者。"但她还从一开始就强调乌克兰的利益必须被保护。正如她在同一次峰会上所言："在任何解决方案中，乌

---

❶ 关于北溪2号中所涉及法律问题的有价值分析，参见Alan Riley，"A Pipeline Too Far? EU Law Obstacles to Nordstream 2，" *International Energy Law Review*，March 2018。

❷ Reply from Rainer Baake, then State Secretary of the Federal Economics Ministry, addressed to Norbert Lammert, president of the German Bundestag, April 4, 2016, https://www.bmwi.de/Redaktion/DE/Parlamentarische-Anfragen/2016/18-7952.pdf?__blob=publicationFile&v=4.

克兰必须继续作为过境国发挥作用。" ❶

乌克兰过境问题是北溪 2 号方程式的一个未知变量。尽管默克尔的话听起来直截了当，但对德国政府准备如何捍卫乌克兰利益，从一开始就不甚清楚。如果将其对北溪 2 号的批准与乌克兰过境相挂钩，一旦乌克兰利益未得到保护的话，它是否会反对该项目？它有这样做的权力吗？莫斯科如何看待这个问题？

2017 年至 2018 年柏林政府更迭，以及华盛顿扩大制裁，导致德国政府对俄罗斯使用更强硬的语言。在新近重建的德国基督教徒民主联盟—基督教社会联盟—德国社会民主党执政联盟中，外交部长西格马·加布里尔（Sigmar Gabriel）被海科·马斯（Heiko Maas）取代，他以前没有外交事务经验，但立即采取了一条更强硬的路线。在与《明镜周刊》(Der Spiegel)的第一次采访中，他断然宣布，"俄罗斯已经将自己界定为越来越多地独立于西方和部分反对西方的角色……不幸的是，俄罗斯越来越敌对。" ❷

默克尔总理同样坚定了自己偏向北溪 2 号的立场。在 2018 年 5 月访问索契会见普京时，她强调说，德国政府对该项目的支持将视以下条件而定，即俄罗斯是否给予可靠保证使得天然气经乌克兰过境继续运输。普京对此不置可否，同意只要经济上可行，俄罗斯会继续乌克兰过境。❸ 尽管如此，德国公众舆论选择将其解释为一种承诺。

欧盟也参与其中

2017 年，欧盟以更加活跃的方式参与其中。欧盟委员会和欧洲议会一直坚决反对北溪 2 号。2017 年年初，欧盟委员会极尽所能进行反对，促进对"第

---

❶ 引自Stephanie Bolzen, Christoph B. Schiltz, and Andre Tauber, "Ostseepipeline reisst neue Gräben in der EU auf," *Die Welt*, December 18, 2015, https：//www.welt.de/wirtschaft/energie/article150129711/Ostseepipeline-reisst-neue-Graeben-in-der-EU-auf.html。

❷ 引自Severin Weiland, "Robust Richtung Russland," *Der Spiegel*, April 17, 2018, http：//www.spiegel.de/politik/deutschland/heiko-maas-robust-richtung-russland-a-1203189.html。

❸ Peter Carstens and Konrad Schuller, "Gas und Rosen," *Frankfurter Allgemeine Sonntagszeitung*, May 20, 2018.

三条天然气指令"（即所谓的第三次能源改革方案）的修改。主要的变化在于，它现在将适用于连接非欧盟成员国和欧盟之间的管道。尽管该措施并未提及北溪，但显然它就是目标所指。但是，由于德国的反对，该措施被搁置了一年。最终，在 2019 年 2 月达成了突破性妥协。据此，新的天然气指令规则被委托给天然气管道所在国的监管机构。此外，还授予该国监管机构发布任何豁免的权力。这似乎将德国人安放在驾驶座上，其结果被广泛解释为北溪 2 号将继续前进。

但事情并非如此简单。自从欧盟天然气指令的妥协性修正案被采纳以来，一旦北溪 2 号进入德国领海海域（海岸延伸约 53 千米），它将需要获得德国政府的许可才能开始运作。 具体来说，必须由具有权威的德国监管机构联邦网络管理局（BNA）、而不是总理办公室决定北溪 2 号是否已经满足欧盟法律的要求。❶

这里的主要相关事实是，联邦网络管理局是独立机构。独立机构在德国政府中是不同寻常的。虽然联邦网络管理局正式从属于经济事务和能源部，但它的决定由准司法裁决院（ruling chamber）做出，政治权威无法撤销。它具有强大的法律依据（《能源行业法》），并且由于其决策制定运行于公共程序中，它的独立性得以加强。联邦网络管理局可以颁发许可证或授予临时豁免权——也可以延迟决策，从而有效阻止北溪 2 号的运行。然而，无论采取何种措施，它的决定都应该取决于北溪 2 号是否符合欧盟法律要求，而不是项目本身的利弊或它对能源安全的更大影响。

根据修订后的《第三条天然气指令》，必须满足以下四个条件：北溪 2 号必须在独立操作者的控制下；必须有一个被管制的关税（这仅适用于德国领海海域约 53 千米）；对该管道的第三方准入。最后，所有权必须取消捆绑（目前，俄罗斯天然气工业股份公司是天然气和管道的唯一所有者）；这也仅适用于德国领海海域。

由谁决定是否满足条件，从而控制授予或拒绝运营许可？ 2019 年 1 月，

---

❶ Tom Weingärtner, "EU-Gremien einigen sich auf Gasrichtlinie," *Energie und Management Daily*, February 14, 2019, p. 6.

在达成欧盟妥协前不久，由默克尔联盟的密友彼得·阿尔特迈尔（Peter Altmaier）领导的联邦经济部指出："德国是一个法治国家，像北溪2号项目这样的私人投资都是按照法律标准进行的。联邦政府将不会干预这一过程，因为它没有这样做的法律依据。"❶ 然而，在达成妥协后不久，阿尔特迈尔告诉英国《金融时报》，"捆绑或第三方准入将是关键。我们将不得不与投资者、与俄罗斯天然气工业股份公司讨论这个问题，但我很乐观，可以找到可持续的解决方案。"该声明表明，阿尔特迈尔相信最终决定是可以谈判的，并且政府本身、而不仅仅联邦网络管理局可能最终做出关键性决定。

尽管联邦网络管理局具有独立地位，但它并非凭空做出决定。如果它没有直接或间接地受到德国政府普遍情绪的影响，那将是令人惊讶的。[可能需要指出的是，自2012年以来，联邦网络管理局局长约亨·霍曼（Jochen Homann）曾是联邦经济部国务秘书。他是经过培训的经济学家，而不是律师。]

这里，引人注目的事实是，尽管德国领导层、媒体和公共舆论曾支持北溪2号，但进入2019年后，对俄罗斯在处理乌克兰天然气和天然气过境方面的顽强反应，所有人都变得更加矛盾。正如《德国世界报》评论员艾伦·波森纳（Alan Posener）所言，"特别是东欧伙伴的利益尤其应该成为我们的'核心项目'。除了俄罗斯的天然气，还有其他选择。但除了欧洲的团结，没有其他选择。"❷ 德国公共舆论降温。至2019年2月下旬，仅56%的受访者支持北溪2号（16%反对），而一个月之前，支持率为73%。❸

在这一点上，强烈反对北溪2号项目的美国政府，开始威胁使用制裁使该

❶ 引自Dana Heide，"Altmaier sucht beim Thema Nord Stream 2 den Dialog mit den USA，" *Handelsblatt*，January 22，2019，https：//www.handelsblatt.com/unternehmen/energie/gaspipeline-altmaier-sucht-beim-thema-nord-stream-2-den-dialog-mit-den-usa/23895502.html。

❷ Alan Posener，"Es gibt Alternativen!，" *Internationale Politik 2*（March-April 2019），https：//zeitschrift-ip.dgap.org/de/ip-die-zeitschrift/archiv/jahrgang-2019/es-gibt-alternativen. 除了为《德国世界报》之作外，波森纳还是德国最有影响力的博客作者之一。

❸ Deutsche Welle Russian-language service, Vadim Shatalin, "Zhiteli Germanii podderzhivaiut stroitel'stvo 'Severnogo potoka—2，'" February 27, 2019, https：//p.dw.com/p/3EDss; and "Mehrheit des Deutschen hält Bau der Ostseepipeline Nord Stream 2 für richtig," *Handelsblatt*, January 21, 2019, https：//www.handelsblatt.com/politik/deutschland/umfrage-mehrheit-der-deutschen-haelt-bau-der-ostseepipeline-nord-stream-2-fuer-richtig/23891892.html?ticket=ST-46851-H0gfr4yCQdc9YImeTVhr-ap1.

项目脱轨。在过去的一年中，国会有效地控制了美国的制裁政策。[1]美国国会对特朗普政府在实施制裁政策方面的拖延感到越来越愤怒，越来越多的人赞成用任何可能的手段惩罚俄罗斯。一旦意识到最近对欧盟天然气指令的妥协性修正案，实际上并未明确地关闭北溪2号大门，国会将决定升级制裁。新的制裁立法目前正通过众议院和参议院处于制定之中，并得到强烈的两党支持。

此前，美国政府及其外交官曾警告欧洲人远离北溪2号，但德国领导人拒绝了这一非正式努力，称其试图干涉德国的事务。2019年2月，美国驻德国、丹麦和欧盟大使写了一封公开信，敦促欧洲人拒绝北溪2号。这引起了德国政治和商业人士的强烈反响。"使用制裁彼此威胁，不是朋友和合作伙伴之间的最佳交往方式。"德国国防部长安妮格雷特·克兰普·卡伦鲍尔（AKK）说，"华盛顿必须听取德国人的答复：我们目前正在多元化，我们还有其他供应来源。"[2]为了安抚华盛顿，德国政府提出支持在德国建设两个液化天然气终端（尽管事实上欧洲的再气化产能已经严重过剩），但这个让步仅仅强调了德国做出自己决定的决心。

因此具有讽刺意味的是，到目前为止，美国的行动与原计划产生了相反的效果。正如我们已经看到的，德国政府的立场从最初对北溪2号不温不火已经转变为完全支持。德国目前担任主席的欧盟委员会和理事会也是如此。

更具讽刺意味的是，制裁是不必要的。正如我们在本书中所看到的，俄罗斯天然气出口实际上并未使克里姆林宫拥有很大的对欧洲影响力。由于严苛的新竞争法和在欧洲天然气市场上设定价格的天然气电子交易平台的出现，权力不再由供给国（俄罗斯）所掌握，而是通过开放市场由买方（德国和欧洲公司）掌握。如果俄罗斯想向欧洲出口天然气，则必须遵守欧盟规定。北溪2号将不会改变这种情况。

本章追溯了从20世纪90年代至今的俄德天然气关系的演变。直到21世

---

[1] Thane Gustafson, *Russia Sanctions Year Five: Deepening Conflict among US Decision-Makers over Implementation* (IHS Markit Strategic Report, March 2019) .

[2] "CDU-Chefin kritisiert USA im Streit über Gaspipeline," *Der Spiegel*, February 14, 2019, https: // www.spiegel.de/forum/politik/nord-stream-2-cdu-chefin-kritisiert-usa-im-streit-ueber-gaspipeline-thread-864746-1.html.

纪第一个十年的后半期，能源关系的政治和商业方面在"东方政策"的标志下推行并相互加强。在对外政策方面，德国将俄罗斯视为战略性伙伴。战略性合作伙伴关系也是天然气商业关系的标志，以俄罗斯天然气工业股份公司在德国天然气中游市场上的积极作用以及德国公司对俄罗斯能源上游的投资作为象征。天然气关系仍按照格罗宁根规则运作，这适合德国天然气工业的传统结构。简而言之，政治和商业都朝着同一方向发展，相互加强。

然而，到21世纪第一个十年的后半期，俄罗斯政治的演变、苏联内部关系和欧盟的扩大，以及新自由主义市场模式在西欧的兴起，在地缘政治和商业前沿方面都给天然气世界带来了剧变。从"东方政策"成长而来，并在欧俄关系上提供安全和可预测性的商业和政治体制，在十年之内，变成不信任和潜在不安全感的一个因素。曾掌握在柏林手里的很多决策制定权转到布鲁塞尔手里。在那里，尽管是主导者，但德国也必须认真考虑其他的欧洲声音。

然而，目前柏林与莫斯科之间政治关系的冷淡，并未导致俄德天然气关系范围或数量的任何重大削减。本章找到对这个谜题的一个解释，即关系的政治和商业方面一直处于单独共同体的手中，并已根据不同规则得到处理。关于定价和合同的天然气纠纷在务实的基础上已经得到解决，因为德国人和俄罗斯人都做出了默认的让步，并适应了第三次能源改革方案的要求。正如OPAL案例所示，同样的务实精神也体现在欧盟委员会层面上。

最大的例外是北溪2号管道，其中，地缘政治和经济争论融合成一场充满情绪的辩论。安全性已在北溪2号事件中脱颖而出。然而，即使围绕管道的地缘政治喧嚣纷至沓来，德国政府最初仍寻求坚持该项目的私营部门性质以及德国在双边基础上做出重要商业决定的特权。随着争端的升级，它变成了一场重大战役，德国政府充分参与了反对美国的可预见的干预。在此过程中，商业事务在很大程度上已经从视野中消失。北溪2号已成为对美国制裁政策的最终考验，在撰写本书时（2020年夏季），结果尚不清楚。

然而，我们不应低估欧洲人掌管他们自己对俄罗斯关系的决心。在下一章中，我们将探讨一个具有启示意义的事件，其中，欧盟委员会将欧盟竞争法的全部权力用到反对俄罗斯天然气工业股份公司的违法行为上，在德国人的大力支持下，欧盟轻而易举地获胜，证明了多年来为支持天然气的"统一欧洲市场"而建立的法律和监管结构的力量。北溪 2 号事件的结果可能是相同的。

第 13 章

战斗取代了战争

2011 年 9 月下旬，在立陶宛起诉俄罗斯天然气工业股份公司的反竞争行为后，欧盟委员会竞争总司对俄罗斯公司的近 20 家子公司和附属公司发动了一系列"黎明突袭"（dawn raids），以获取文件和计算机文档。根据对欧盟委员会竞争总司团队的采访，英国《金融时报》以戏剧性语调报道了这些突袭：

> 首先是监视。通过步行和开车，他们都对建筑、通道和布局进行了测量，策划出封锁走廊、关闭服务器和没收计算机的最快方法。早上，出现了同步突袭。针对俄罗斯天然气工业股份公司从南部的保加利亚延伸到北部的爱沙尼亚分布在 10 个国家的近 20 几家办事处，发动了一系列商业前哨部队，追踪俄罗斯天然气工业股份公司在欧洲东半圈的子公司和客户。❶

即使没有发生在黎明（欧盟委员会竞争总司通常在更文明的时刻发起袭

---

❶ Alex Barker, Christian Oliver, and Jack Farchy, "Keeping the Taps Open," *Financial Times*, March 16, 2015.

击），正如第 7 章所叙述的，突袭的戏剧性足以凸显欧盟委员会竞争总司的广泛权力。然而，更戏剧性的是：欧盟委员会竞争总司根据其查获的材料展开了为期三年半的调查，随后，又与俄罗斯天然气工业股份公司进行了三年谈判。2018 年春，欧盟委员会竞争总司事件终于告一段落，给出友好的解决方案，但这并没有掩盖重要的结果：欧委会竞争总司取得了广泛胜利，而俄罗斯天然气工业股份公司做出了一系列让步。因此，市场化革命终于蔓延到东欧，在顽强抵抗之后，俄罗斯天然气工业股份公司被迫接受。因此，在象征和实际层面上，欧盟委员会竞争总司事件标志着新自由主义浪潮的胜利，这一直是本书的中心主题。

起初，欧盟委员会竞争总司风波可能导致俄欧天然气关系的另一场危机，包括可能的第三次断供。在风波的中间，发生了乌克兰政府瓦解以及围绕占领克里米亚的事件和分离主义分子占领乌克兰东部。然而，调查及其余波的最明显特点是在 2013 年至 2014 年的地缘政治动荡期间及以后，双方保持富有成效的对话并最终达成和解。这是如何发生的呢？这是本章的主题。❶

俄罗斯最初的反应

俄罗斯最初的反应是震惊和愤怒。弗拉基米尔·普京讽刺地说："我希望没有人因与俄罗斯天然气工业股份公司的合同在欧洲被捕或入狱。""还没有。"阿列克谢·米勒回答。❷ 俄罗斯天然气工业股份公司坚称自己是无罪的，坚称其欧洲合同"完全符合"国际法。❸ 普京迅速发布法令，禁止俄罗斯天然气工业股份公司将公司数据提供给调查人员，尽管为时已晚。

---

❶ 参见Jonathan Stern and Katja Yafimava，"The EU Competition Investigation of Gazprom's Sales in Central and Eastern Europe：A Detailed Analysis of the Commitments and the Way Forward"（Oxford Institute for Energy Studies，Paper NG-121，July 2017），https://www.oxfordenergy.org/wpcms/wp-content/uploads/2017/07/The-EU-Competition-investigation-of-Gazproms-sales-in-central-and-eastern-Europe-a-detailed-analysis-of-the-commitments-and-the-way-forward-NG-121.pdf.

❷ 引自Barker，Oliver，and Farchy，"Keeping the Taps Open"。

❸ "EU Raids Gazprom Subsidiaries," *Nefte Compass*, September 29, 2011, p. 4.

俄罗斯人立即声称袭击是出于政治动机。正如俄罗斯驻欧盟大使弗拉基米尔·奇若夫（Vladimir Chizhov）所言，立陶宛政府向欧盟委员会的投诉是报复俄罗斯天然气工业股份公司在斯德哥尔摩商会仲裁院提起的诉讼，俄罗斯天然气工业股份公司声称这是立陶宛人对管道的"强迫国有化"。奇若夫说："这种巧合使人们相信，我们受尊敬的立陶宛同事正在试图利用欧盟委员会影响这些法律程序，其结果可能并不完全对立陶宛有利。"❶ 俄罗斯媒体对欧盟委员会竞争总司调查的评论不仅令人愤慨，更让人难以置信。著名天然气分析师阿列克谢·格里瓦奇（Aleksey Grivach）写道："对几乎是额外供应的唯一来源，你怎么能挑起争吵并试图处以数十亿欧元的罚款？"❷

随后，随着欧盟委员会竞争总司仔细研究了它所查获的材料并提出反对意见，调查悄无声息地进行了近两年。考虑到俄罗斯最初的反应，媒体对冲突的可能性有很多猜测，但是随着欧盟委员会竞争总司调查接近结束，俄罗斯人似乎越来越倾向于妥协。2013 年 11 月，德米特里·梅德韦杰夫总理致信欧盟委员会主席若泽·曼努埃尔·巴罗佐，并派出能源部副部长阿纳托利·亚诺夫斯基（Anatoliy Yanovskiy）参加讨论。12 月初，在欧盟委员会竞争总司总干事华金·阿尔穆尼亚、俄罗斯天然气工业出口公司总经理亚历山大·梅德韦杰夫和亚诺夫斯基举行会议之后，和解似乎变得触手可及。

亚历山大·梅德韦杰夫在接受英国《金融时报》采访时说，"在发布反对意见之前，我们正在努力共同寻找解决方案。"他对此表示乐观，认为可能会在"相对较短的时间内，即三到四个月内"与欧盟委员会竞争总司达成妥协。❸

但在这一阶段，乌克兰危机爆发了。在 2014 年 1 月 28 日的欧盟—俄罗

---

❶ *Interfax Russia and CIS Oil and Gas Weekly*, September 13-19, 2013, pp. 5-6.

❷ Aleksey Grivach, "Rassledovanie s sokhraneniem litsa: Aleksey Grivach o tom, pochemu Evrokomissiia zagovorila s 'Gazpromom' o sniatii antimonopol'nykh pretenzii," *Gazeta.ru*, December 11, 2013, https: // www.gazeta.ru/comments/2013/12/11_a_5797577.shtml (accessed May 23, 2019) . For a longer version of Grivach's argument, see his *Reformirovanie gazovogo rynka Evropy: Chuzhie tufli mogut nateret' mozoli* (Moscow: National Fund for Energy Security, October 2013) .

❸ 引自 Alex Barker, "Brussels on Course to Issue Gazprom Antitrust Charges," *Financial Times*, December 4, 2013. 又见 *Interfax Russia and CIS Oil and Gas Weekly*, December 5-11, 2013, pp. 31-32.

斯峰会上已经可以感受到这场危机带来的寒意。与常规为期两天的会议并附加正式晚餐不同的是，这次峰会被缩减到最低限度——四个小时会谈和工作午餐，不包括晚餐。即使如此，重要的是，峰会如期举行——这是自1998年以来每年举办两次的第23届会议——与会人员保持了商业文明的基调。在最后的新闻发布会上，三个主要参与者——普京、巴罗佐和欧洲理事会常任主席赫尔曼·范龙佩（Herman Van Rompuy）——尽最大努力强调积极态度，同时也不掩饰分歧。然而，到2014年2月下旬，由于欧盟、俄罗斯和乌克兰代表在基辅斡旋达成的政治协议破裂，随后维克多·亚努科维奇（Viktor Yanukovych）总统逃往俄罗斯，地缘政治事件使所有其他商业活动都蒙上了阴影。有关监管和商业问题的所有进一步讨论都被暂停。欧盟委员会竞争总司坚持不受乌克兰危机影响，按计划继续调查。但很明显，各方都将重点转移到了乌克兰，而欧盟委员会竞争总司的调查实际上被搁置。

反对的声明

一年半后，俄罗斯与欧洲之间的地缘政治关系仍不顺畅，但是乌克兰危机的一些直接影响已经过去，而欧盟委员会感到有能力继续推进。在2015年4月，它发表了期待已久的反对俄罗斯天然气工业股份公司在东欧商业做法的声明。从最初的突袭至此，已经过去了三年半的时间。

这个时候，一个新的团队开始主管欧盟委员会，让·克洛德·容克（Jean-Claude Juncker）被任命为主席并选择一个新的专员小组，其中包括高度活跃的玛格丽特·维斯塔格作为竞争专员。同时，新的欧盟领导层包含数量众多的来自东欧和中欧的关键参与者，从波兰前总理唐纳德·图斯克（Donald Tusk）开始，还包括以下人物，例如新任委员会能源副总干事斯洛伐克人马罗什·谢夫乔维奇（Maroš Šefčovič）。新的团队毫不犹豫地传达了重振委员会作为欧盟能源政策之推动力（尤其是在天然气和电力）的决心。但现在，新委员会针对的是东欧国家和俄罗斯天然气工业股份公司，而不是像布鲁塞尔以前小组领导下的情况那样把西欧能源公司作为目标。

俄罗斯天然气工业股份公司事件中的关键人物是维斯塔格，直到2019年一直担任竞争专员，现在是该公司的执行副总干事。维斯塔格是两位路德教会牧师的女儿，21岁就进入政坛，后来成为丹麦副总理，这是她赴布鲁塞尔之前的最后工作。在她的第一个任期中，她以坚毅的决心迅速赢得了声誉，正如有些人所言是"出众的妮莉·克洛斯（Neelie Kroes）"，因为她制伏了世界上最强大的企业巨头，包括谷歌、苹果以及俄罗斯天然气工业股份公司。维斯塔格对待竞争法的方式，像克洛斯一样，是由强烈的道德观念所塑造的。她曾经宣称："面临的危险与亚当和夏娃一样古老。对于所有的经济理论和商业模式来说，这全都归结于贪婪。"❶ 鉴于这种前景，人们可能希望维斯塔格对俄罗斯天然气工业股份公司案件具有同样的检察官热情，就像她对谷歌和苹果提起的诉讼一样，那导致了巨额罚款和惩罚。因此，更有趣的是，经过长时间的谈判，最终结果是双方达成了和解，而没有进行任何惩罚。

欧盟委员会竞争总司的指控

欧盟委员会竞争总司对俄罗斯天然气工业股份公司的指控包含在600页的文件中。该协议于2015年4月秘密交付给俄罗斯天然气工业股份公司。❷ 但是，这份文件可以被归结为一个词："分而治之"（partition）。正如欧盟委员会竞争总司在其初步事实情况单中阐明的那样，"欧盟委员会的初步看法是，俄罗斯天然气工业股份公司推行瓜分中欧和东欧天然气市场的总体战略，目的是在其中几个成员国维持不公平的定价政策，这违反了欧盟的反垄断规定。"❸

根据欧盟委员会竞争总司的判断，俄罗斯天然气工业股份公司以三种不同方式实施它的战略：第一，通过所谓的"目的地条款"阻止跨境天然气销售；第二，收取不公平价格；第三，通过以获得批发商不相关的承诺（主要是关

---

❶ 引自Rochelle Toplensky, "Margrethe Vestager, EU Competition Commissioner," *Financial Times*, December 10, 2016。

❷ 由于三年后发生的一次泄漏，它的内容已被部分公开。

❸ European Commission, "Antitrust: Commission sends Statement of Objections to Gazprom—Factsheet," April 22, 2015, http://europa.eu/rapid/press-release_MEMO-15-4829_en.htm.

于支持天然气运输基础设施）作为天然气供应的条件。

尽管指控范围很广，但从一开始，这些指控的几个特征就传达出这样一种印象，即欧盟委员会在有意识地努力集中指控的重点，并限制地缘政治对抗的风险。欧盟委员会竞争总司的情况说明书竭力表明，目标不是针对俄罗斯或俄罗斯本身的天然气。该文件罗列出最近针对其他能源公司，尤其是2004年对法国燃气 GDF（现为 Engie）和 2009 年对法国电力公司（EDF）和德国意昂集团采取的一系列反垄断措施。同样重要的是，欧盟委员会竞争总司的反对声明发生在针对谷歌宣布诉讼后的仅仅一周；大概这不是巧合。换句话说，给俄罗斯天然气工业股份公司（和克里姆林宫）的讯息是它并非被特意挑选出来的，欧盟委员会竞争总司正以同样的节奏追踪所有涉嫌违规者。

因此，从一开始，欧盟委员会竞争总司关于其指控的公开声明的语气和内容，与上届委员会官员有时使用的更加生动的语言相去甚远，例如在2014年，当时能源专员冈瑟·奥丁格（Günther Öttinger）向波兰听众谈论"莫斯科提出的'分治游戏'不能、也不会被欧盟成员国所接受。"[1] 新委员会的做法似乎是要轻声细语，即使挥舞着更大的棍子，也是更专注于严格的反垄断法律事务，而不是更广泛的地缘政治事务。

为什么是东欧？

然而，欧盟委员会竞争总司指控的主要特征是它们非常有针对性。两个国家（波兰和保加利亚）被点名为无关联承诺案例；五个（三个波罗的海共和国、波兰和保加利亚）是不公平定价案例；八个（三个波罗的海共和国、波兰、保加利亚、捷克共和国、斯洛伐克和匈牙利）在跨境销售方面遇到障碍。换句话说，在两个国家中，所有三项指控均适用；在三个国家中，只有两项；在另外三个国家中，只有一项。这进一步增强了以下总体印象，即欧盟委员会竞争总

---

[1] 引自 Thane Gustafson and Simon Blakey，"The Settlement of Gazprom's Anti-Competition Case，" *IHSMarkit PGCR Regional Insight*，September 2018。

司案件不是笼统的一揽子起诉书,而是被严格限制为其所掌握证据提供最好支撑的案件。

这八个国家的共同点是,尽管从 2004 年开始加入欧盟,但以前曾属于苏联和 / 或其东欧势力范围,它们通过基本上相同的双边关系网络(通常被称为"轮辐"原则)保持与俄罗斯和俄罗斯天然气的联系,这一原则以前是苏联与其称为经济互助委员会的东欧卫星国之间关系的特点,当然也适用于苏联内部的波罗的海共和国。

苏联解体后将近 25 年,曾经是苏联卫星国的国家(除东德即前德意志民主共和国外)仍是天然气孤岛,不仅与欧洲天然气系统的其他部分相互隔绝,而且彼此之间相互隔绝。其结果是,它们仍严重依赖俄罗斯天然气工业股份公司的供给,因此也依赖其价格和条款。直到最近,一些东欧国家(例如立陶宛于 2014 年开设液化天然气进口设施)才开始采取措施降低对天然气的依赖(以及对俄罗斯压力的脆弱性)。❶

换句话说,欧盟委员会现在指控俄罗斯天然气工业股份公司的侵权行为不是一件新鲜事;它们很大程度上是现有结构和实践的延续。实际上,这是作为新内容的欧洲反托拉斯法的向东延伸。东欧成员入盟十年后,欧盟的法律法规(acquis)终于成为欧洲大陆的法律。

可能的结果——禁令还是解决?

在欧盟委员会竞争总司宣布反对意见后,2015 年 4 月,此案经过了多次审理。俄罗斯天然气工业股份公司可以在 12 周的期限内提出建议的补救措施——也就是说,那些将纠正被指控违背反垄断法行为的政策变化。这开启了谈判期,在此期间,双方都试图解决彼此之间的分歧。如果成功,那么,俄罗斯天然气工业股份公司提出的补救措施在所谓的"承诺决定"中将被接受。

---

❶ Dena Sholk and Matthew J. Sagers, *Lithuania's Gas Market: The Difficulties of Supply Diversification* (IHS Markit Decision Brief, February 2016).

否则，俄罗斯天然气工业股份公司将遭受"禁止"，这将包括施加惩罚和罚款，理论上可以达到俄罗斯天然气工业股份公司年营业额的 10%。但这还不是最后的结论：俄罗斯天然气工业股份公司可以向欧洲法庭（European Court）对欧盟的行动提出质疑，之后（如果有必要的话）还可以向欧洲法院（European Court of Justice）提出质疑。❶

从此路线图中，可以得出结论，即欧盟委员会竞争总司指控的最终解决将花费很长时间，也许几年，直到所有法律上诉都被用尽。但实际上，欧盟委员会竞争总司拥有强大的附加武器可供使用。在实施禁令时，整个 600 页文件（包括完整的反对声明和所有支持证据）将变为公开的。由于欧盟委员会竞争总司是决定是否实施禁令的唯一机构，因此实际上，它有权撤销对俄罗斯天然气工业股份公司的狂轰滥炸。完整反对声明的发表将产生立即且深远的影响，从而引发一连串的仲裁案件和损害赔偿要求。

简而言之，欧盟委员会在这件事上的主要影响力来源，并不是在某个遥远的时间点开出巨额罚单的威胁，而是它在近期内有能力对俄罗斯天然气工业股份公司的财务和声誉造成重大损害。在这种情况下，俄罗斯天然气工业股份公司显然有强烈的动机做出必要的让步以避免禁令。

可以想象，在俄罗斯天然气工业股份公司和克里姆林宫之间必然发生了尖锐的交锋。从克里姆林宫对"黎明突袭"的首次强烈反应中可以判断，克里姆林宫似乎倾向于对抗欧盟委员会及其所有指控。相比之下，俄罗斯天然气工业股份公司的反应则更加务实，尤其是从表面上看，它似乎有可能在反对声明的核心内容——三项具体指控上做出妥协。确实，就前两项指控的可能行动是相当直接和简单的，因为已经存在先例：

- 限制跨境销售：根据欧盟法律，此类限制的非法性已经得到了充分的确认。在 2004 年和 2009 年，欧盟委员会分别根据与埃尼集团和 EDF

---

❶ 关于所涉及法律程序的详细分析，参见 Alan Riley，"Commission vs. Gazprom：The Antitrust Clash of the Decade?"（Centre for European Policy Studies，Policy Brief No. 285，October 31，2012），https：//www.ceps.eu/system/files/PB%20No%20285%20AR%20Commission%20v%20Gazprom_0.pdf。

公司合同中的目的地条款对这两家公司处以罚款。也存在涉及俄罗斯天然气工业股份公司限制再出口的强有力的先例。2003 年，俄罗斯天然气工业股份公司和欧盟委员会就公司将目的地条款纳入与西欧买家合同之内达成非正式和解，结果，俄罗斯天然气工业股份公司停止了这种做法。因此，原则上没有理由使涉及俄罗斯天然气工业股份公司的东欧买家难以达成类似安排。

· 对批发商施加的不相关承诺：面对欧盟委员会的坚决反对，2015 年早些时候，俄罗斯天然气工业股份公司放弃了南溪项目。在此之后，这场战斗貌似已经向欧盟委员会条款的决议方向发展。2013 年 12 月，俄罗斯总理德米特里·梅德韦杰夫与欧盟委员会官员在欧洲议会进行了激烈的公开交锋，冲突已经到了危急关头。梅德韦杰夫断言"没有什么能阻止南溪的建设"，欧盟委员会官员对此回应说，"欧盟委员会很难接受的是，你将一条建成的管道推给我们……然后交给我们一个婴儿。"❶ 自那时起，欧盟委员会就一再重申其阻止南溪运营的决心，并最终获胜。

在欧盟委员会竞争总司反对声明引发的媒体评论中，一些专家认为，有关"不公平定价"的第三项指控在法庭上将最难得到证明。❷ 如上所述，欧盟委员会竞争总司实际上不必证明什么，因为它是决定是否实施禁令的唯一裁判，考虑到法律集束炸弹（cluster bomb）可能造成的所有损害。因此，作为实际问题，"公平价格"的定义是欧盟委员会竞争总司选择接受哪种定义。在这种情况下，任何实用的基准都符合。❸ 例如，一个粗糙和现成的解决方案，将只是采取整个欧洲（或选定的欧洲市场，例如德国）天然气出口平均价格，如各国海关统计发布和定义为"公平"的任何价格，对这些平均值的偏离超

---

❶ 引自 Thane Gustafson and Kash Burchett, *Russia-EC Gas Relations in the Midst of the Ukrainian Crisis: Is Continued Progress Possible?*（IHS Markit Private Report，March 2014），p. 9。

❷ 欧盟委员会竞争总司在立陶宛仲裁中未能证明定价不公平。需要注意的是，欧盟委员会竞争总司在俄罗斯天然气工业股份公司一案中更改了措辞，改为"竞争性定价"。

❸ 在谈判时，这变得容易得多，因为俄罗斯天然气工业股份公司已经在与西欧买家的大多数合同中接受了枢纽定价。

过一定百分比。所有需要的将是在一些现有合同内调整定价公式。

另一种替代可能是，欧盟委员会竞争总司和俄罗斯天然气工业股份公司同意使用市场定价作为最合适的标准，因为以液体和透明枢纽为基础的现货市场已成为西欧天然气定价的主要机制。市场定价正在逐渐向东和向南蔓延，甚至已经到达乌克兰，至少作为西部反向出口进入乌克兰的定价基础。随着时间的推移，市场定价正在成为一种规范。俄罗斯天然气工业股份公司越来越接受这一事实，最近与东欧买家、如斯洛伐克签订的几份合同即为证明。

简而言之，随着欧盟委员会竞争总司和俄罗斯天然气工业股份公司在2015年夏天达成协议，就可能的最终和解条款进行谈判，欧盟委员会竞争总司案的核心问题是三个具体投诉，双方似乎还有妥协的余地。事实证明确实如此，但又花了一年半的时间，直到2017年春天，才制定出细节。

2017 年春：公布初步解决

2017 年 3 月宣布了初步承诺决定，这已经表明，协议的实质性内容已经达成：俄罗斯天然气工业股份公司将在所有问题上做出关键让步，以换取不被处罚的解决方式。两项事宜特别需要注意：❶

- 通过"互换"到达无法涉入的地区：如上所述，东欧天然气管道继承的"辐条和轮轴"模式，使某些国家（如保加利亚和波罗的海共和国）只能从俄罗斯进口天然气，与欧洲其余国家隔绝。为了解决这个问题，俄罗斯天然气工业股份公司和欧盟委员会竞争总司同意欧洲供应商通过"互换"天然气进入这些国家。换句话说，俄罗斯天然气工业股份公司将在运输实际天然气的同时，应将欧洲供应商的天然气运往欧洲其他地方进行交换。这一让步的重要性在于，它迫使俄罗斯天然气工业股份公司不仅仅是消除障碍，而是积极推动更好的准入。

---

❶ 关于对初步特许权协议的分析，参见Laurent Ruseckas，*The European Commission and Gazprom Reach a Deal：What Does It Mean in Practice?*（IHS Markit Insight，March 2017）。

- 欧洲枢纽价格作为一个关键基准：初步承诺的决定在确立以欧洲主要
交易所的现货价而不是使用与石油挂钩的合约价作为判断价格"公平
性"的关键标准方面，起到了很大作用。这是俄罗斯天然气工业股份
公司的重大让步，因为它将已在西欧接受的定价基准延伸到中东欧。
虽然石油指数化价格未被明确禁止，但很明显，俄罗斯天然气工业股
份公司最终放弃其始终坚持的立场。

初步协议公布后，欧盟委员会竞争总司进行了广泛的市场测试，在此期间，所有相关方可以给出它们的反应并提交建议的修改。例如，有人抱怨说，俄罗斯天然气工业股份公司收取的"互换"费用不受限制。另一个反应是对枢纽价格的承诺不够明确，需要加强。随后展开了进一步谈判，在此期间，俄罗斯天然气工业股份公司似乎做出了额外的让步。

2018 年春：最终解决

欧盟委员会竞争总司案件宣布最终解决是一个重大事件。从象征和实际意义上讲，它代表了自 20 世纪 80 年代由雅克·德洛尔发起的、在欧洲实现真正能源内部市场的驱动力达到高潮。维斯塔格在宣布此项决定时的用词，微妙地暗示了在过去三年的谈判中双方战术的灵活性，她曾把这一决定称为"给俄罗斯天然气工业股份公司的未来行为量身定做的规则手册"。维斯塔格在整个过程中竭力强调，此项决定尽管针对俄罗斯天然气工业股份公司，但并非针对俄罗斯，或是出于反俄情绪的动机。"一如既往，"她强调说，"这个案件与公司挂着哪国国旗无关。"然而，这个令人安慰的讯息同时附上了对俄罗斯天然气工业股份公司的警告："这个案子并没有因为今天的判决而停止。相反，从今天开始，是需要俄罗斯天然气工业股份公司执行义务的时候了。" ❶

---

❶ Rochelle Toplensky, "Russia's Gazprom Dodges Fine in EU Antitrust Settlement," *Financial Times*, May 24, 2018, https://www.ft.com/content/02a15d08-5f3f-11e8-9334-2218e7146b04.

简言之，欧盟委员会竞争总司调查的解决，显示出欧盟委员会竞争总司的力量和持久性，以及俄罗斯方面在适应管制和商业框架的能力（过去30年间由三个天然气和电力法令所创建）。这是在冷战结束以来东西方关系发生最严重危机之一的期间取得的。然而，案件还没有结束。俄罗斯天然气工业股份公司实际上在接下来的八年仍处于缓刑期——仍处在清偿义务存续期间内。在此期间，欧盟委员会竞争总司坚定地扮演执行者和监督者的角色。关于双方是否会各司其职，仍有待观察。但欧盟委员会竞争总司案仍然是冷战结束以来最重要的历史先例，可能会改善俄罗斯与欧洲天然气对话的整体基调。天然气桥又一次被保住了。

天然气桥的未来

本书是由故事组成。第一个故事叙述了一个新行业的崛起——最初在荷兰，然后是在北海——以及庞大管道网络的创建，它将欧洲编织成统一的一体化天然气体系之中。在规模、覆盖范围、器物互联互通和复杂性方面，只有电力和汽车运输能超越欧洲天然气工业。天然气被视为方便的燃料，在政治上比石油更可靠，比煤炭更清洁，比核电更安全，几乎在自然景观上不造成任何视觉影响。这些品质对于其成长壮大并至今保持重要性是至关重要的（表 C.1）。

表 C.1　按部门计算的欧洲天然气需求（1990—2018 年）

单位：标准 10 亿立方米，总热量值

年　份	1990	1995	2000	2005	2010	2015	2018
居民	92.5	114.2	131.6	145.5	149.9	127.4	136.3
电力	50.5	64.1	103.9	139.6	163.3	107.0	135.1
工业	136.1	128.4	140.2	138.6	121.4	117.6	121.1
商业	40.0	48.5	49.1	56.8	61.8	57.4	60.4
运输	0.4	0.5	1.0	3.2	3.6	4.7	6.8
生成氢气	0.0	0.0	1.8	4.4	4.7	4.7	4.7

续表

年　份	1990	1995	2000	2005	2010	2015	2018
农业	6.0	5.3	5.2	5.3	4.9	4.0	4.4
其他	31.8	43.1	51.5	60.5	66.1	57.3	58.6
合计	357.0	404.1	484.4	553.8	575.8	480.1	527.4

数据来源：Rick Vidal, 2019 *Updates to the Rivalry Macro and Energy Data Sets* (IHS Markit Global Scenarios Data, June 2019); historical data from the International Energy Agency and the US Energy Information Administration。

注：由于四舍五入，数字加总可能不等于总和。欧洲包括土耳其、塞浦路斯、爱沙尼亚、拉脱维亚、立陶宛和马耳他。"工业"类别包括原料。"其他"类别包括能源部门使用、分配损失和统计差异。

　　第一个故事还将我们向东带到苏联和俄罗斯天然气工业的发源地，它发端于乌克兰和西西伯利亚，在苏联崩溃的混乱中存活下来。故事的这部分特别侧重于俄罗斯天然气工业股份公司的起源，并试图解释在一个封闭的中央计划经济中，商业动机、政治限制和企业文化的混合体如何支配着天然气工业与苏联国家之间的关系。主要的参照系是挪威，它代表着完全不同的"公司—国家"关系模式，在挪威政府仁慈而警惕的注视下，向外部世界开放，与国际离岸公司发展合作关系。本书继而描述了20世纪60年代东西方天然气桥的起源以及随后几十年中的演变。

　　本书的第二个故事完全不同，它由思想而非事件组成。它讲述了新自由主义思想的浪潮，这一浪潮在20世纪70年代出现在英国和美国，刺激了市场导向、供给方的政治和经济思想，这一思想曾在英国推动了玛格丽特·撒切尔革命。在20世纪80年代，新自由主义思潮涌入布鲁塞尔，成为雅克·德洛尔统一欧洲市场倡议的基础。这些促成了由欧盟委员会起草的一系列天然气和电力法令，并对欧洲经常表现出不情愿的国家政府施压。口号是开放式准入、透明度和竞争，这与当时统治欧洲天然气工业的商业模式截然不同。

　　布鲁塞尔的新监管理论，当被应用到天然气和电力部门时，遭到了多数欧洲成员国和天然气及电力公司的强烈抵制。尤其是在德国，布鲁塞尔的统一市场理论与德国天然气和电力重叠和毗邻垄断的传统模式之间的战斗持续了十多年，直到最后，在21世纪第一个十年后半期，德国天然气垄断的抵抗力才突然崩溃。其结果是，德国天然气工业的结构发生了转变，曾经强大的参与者消失或被吸收，天然气价值链中的传统租金分配被打乱了。

所有这一切令莫斯科感到意外。随着俄罗斯人开始眼看着他们的欧洲客户在20世纪90年代摆脱苏联计划的限制和苏联—欧洲天然气贸易规范，他们很难预料，作为一场自己在其中没有发挥任何作用的运动，游戏规则即将发生怎样的剧变。从21世纪第一个十年中期开始，他们陷入其四周展开的革命之中，特别是在欧洲的北半部。

如果不是因为天然气工业技术的同步发展趋势，市场导向模式的胜利就不会如此彻底。液化天然气的快速扩张，使天然气如同石油或任何其他商品一样可以在全球市场上交易，历史上的地区性产业由此变成全球性产业。液化天然气增加了西欧的资源多样性，而且对液化天然气的准入也正向东欧蔓延。但这还不是全部。在20世纪90年代，信息技术改变了天然气的交易方式，使得一个以前完全通过长期合同经营的行业能够建立起繁荣的现货市场。因此，天然气卖家和买家现在越来越多地在计算机化枢纽中心交易产品，与从未谋面的人群做生意，他们可能拥有也可能不拥有气田、管道或其他实物资产，天然气合同可以按天或小时计算。虽然交易工具允许对一些金融风险进行复杂式管理，但供应商认为整体风险被转嫁到他们的身上。

欧洲天然气市场自由化和市场化趋势可被视为地图上一条移动的线条，开始于西北方向——最初是英国，然后是布鲁塞尔——然后向东和向南移动，首先进入荷兰、德国、法国和意大利；然后到中欧和南欧；直到最终到达巴尔干半岛、波罗的海共和国和乌克兰，在那里，天然气市场自由化运动已成为基辅广泛政治和经济改革运动的一个主要部分。它甚至抵达了俄罗斯，但仍属于初期阶段，可能重组的道路仍存在高度不确定性。

从21世纪第一个十年中期开始，随着俄罗斯转向弗拉基米尔·普京统治下以国家为中心和强烈的民族主义制度，第三个故事开始了。作为这种制度的一部分，俄罗斯政府重新控制了俄罗斯天然气工业股份公司。在严格隶属于克里姆林宫的新管理层下，在俄罗斯东部和遥远的北方，俄罗斯天然气工业股份公司在天然气上游进行了一些雄心勃勃的投资计划，与之相伴的是其出口管道系统的继续扩大和多样化，其中很多旨在绕过乌克兰。因此，俄罗斯的天然气工业已经确保了下一代的供应。随着进入 21 世纪中叶，它将享受天然气的舒适型盈余和运输能力，这已使它成为欧洲市场上成本最低的出口商。然而，随着具有雄厚关系的独立天然气生产商的崛起，俄罗斯天然气工业股份公司正日益受到来自国内竞争的压力，这些独立生产商确立了自己在国内市场的地位，正在挑战俄罗斯天然气工业股份公司的传统出口垄断。

第三个故事的中心主题是，俄罗斯人对欧洲天然气市场新商业环境的缓慢和不情愿的适应。除莫斯科少数改革者之外，天然气的新自由主义浪潮最初只对俄罗斯产生了微弱的影响。当开始在欧洲销售天然气时，俄罗斯人是根据 20 世纪 60 年代首先在荷兰发展出来的商业惯例。在德国天然气工业和欧盟的长期冲突中，俄罗斯人大多是被动的观察者，全神贯注于国内的经济和政治问题。在 2004 年，欧洲天然气行业发生变化，随后出现了对俄罗斯人而言不受欢迎的惊奇之事。爆发了一系列冲突，俄罗斯天然气工业股份公司迫于监管机构和客户压力不得不适应新的欧洲模式。我们研究了过去十年中因这些压力而爆发的三场史诗般的战争：欧洲客户迫使俄罗斯天然气工业股份公司做出价格让步，欧盟委员会竞争总司对俄罗斯天然气工业股份公司的调查，以及北溪管道和 OPAL 管道。

迄今为止，东西方天然气桥经受住了所有挑战。随着 21 世纪的第二个十年俄罗斯以创纪录的数量出口天然气，冷若冰霜的地缘政治关系与商业交易之间相互妥协地共存。在欧洲天然气行业新的公司和监管结构下，俄罗斯出口专家已经学会在欧洲新的天然气枢纽以现货基础进行天然气贸易。长期天然气关系的个人基础和合约联系曾经是行业的决定性特征，然而，它们已经削弱或在某些情况下完全被切断。冷战时期，天然气桥根据相互经济利益和长期相识发挥了稳定和建立信任的作用，与此不同的是，尽管目前天然气贸易繁荣，但今天的天然气关系易受东西方日益紧张关系的影响。至今为止，天然气桥仍在持续。

然而，它会继续如此吗？在这个结论中，我们将探讨两种可能的未来。第一种是人们称之为进化的情景，当前趋势将被推断到 21 世纪中叶。尽管并非没有冲突，经济和技术与政治共存。这是一个乐观的情景，但天然气专业人士对此坚信不疑。第二种则截然不同，其中，环境主义——气候变化政治——成为主要驱动力。我们以德国为例讨论可能的后果，在那里，环保运动已经深深渗透其中，对政策产生深远的影响。

一个进化的情景：天然气的黄金时代

业界和多数咨询公司都认为，未来天然气将实现强劲增长。有时，这被称为"天然气的黄金时代"。现在是全球经济中天然气的黄金时代。在接下来的 30 年里，天然气将是世界的过渡性燃料，唯一在全球实现增长的化石燃料。到 21 世纪中叶，天然气在全球能源需求中所占份额将从现在的大约五分之一升至四分之一以上。届时，随着石油需求达到稳定水平然后缓慢下降，天然气将与石油竞争，成为全球最大的一次能源供给者。天然气供应的强劲增长将由一系列来源所推动——尤其是美国页岩气——由丰富的储量作为支撑。作为曾经的地区性燃料的天然气，将越来越多地作为液化天然气在全球进行贸易，其份额将超过管道出口。供给充足、液化天然气的扩张以及供给商与运输商之间的激烈竞争，将使世界天然气在适中价格上供给充足。

但在欧洲，这幅图景看起来大不相同。可再生能源，主要是太阳能和风能，正在推动电力部门的一场革命，电动汽车的出现将进一步加速其进程。到 21 世纪中叶，太阳能和风能可能占欧洲电力总量的一半，这意味着在现实中，尽管可再生能源因依靠日光和风吹具有供应间歇性，但它们仍将提供四分之一到三分之一的欧洲电力。如果没有电力存储的技术突破，仍将存在对天然气的需要增加来抵消这种变异性。❶ 然而，对天然气的需求将受制于家用热泵的扩散，这是欧洲天然气的主要市场。这些反对力量将在很大程度上彼此抵消。因此，总的来说，欧洲对天然气的需求将大致稳定在今天的水平上，而石油、

---

❶ 诚然，这是一个有争议的观点。现代煤炭发电厂可以像天然气厂一样上下波动并遵循间歇性负荷。随着物联网日益成熟的电网管理和需求侧管理，人们吹捧在未来实现风能和太阳能的平衡。尽管如此，煤炭的未来仍存在疑问，需求侧管理仍只是一个即将问世的问号。总的来说，我继续下注天然气。

煤炭和核电都将下降。

欧洲自己的天然气供应（所谓的本土天然气——主要来自荷兰）将继续下降。这意味着，欧洲天然气供应中不断增长的份额将不得不依靠进口。21世纪中叶的天然气市场将分为管道天然气（主要来自俄罗斯和挪威）和液化天然气（具有广泛的供应商，包括美国、卡塔尔和俄罗斯）。俄罗斯开发新一代的西西伯利亚气田和发展多元化的新出口管道，将在液化天然气和管道气之间的竞争中赋予其强大的王牌，在未来几十年，这将成为塑造欧洲天然气市场的主要力量之一。

德洛尔对统一欧洲市场（本书核心主题）的宏大愿景将在天然气行业中得以实现。欧洲天然气市场将如此紧密的相互关联，以至于天然气可以很容易地跨区域交易，而且使用何种交付路线并不重要。其结果是，定价枢纽之间的区域价格差异将大幅降低。价格变动将主要由世界供求关系以及管道进口气和液化天然气之间的竞争所驱动。

尽管本土天然气下降、进口需求增加，但由于俄罗斯和西方公司对管道建设进行了两代人的大规模投资，将存在把天然气运到欧洲的充足运输能力。这将使运输关税保持较低水平，并抵消每当全球价格高企令液化天然气远离欧洲时的风险。

总之，作为有效天然气市场、多个来源的充足天然气供给以及富裕的多元化运输能力的一个综合结果，天然气买家将具有更多的选择。据埃信华迈的一项研究："与市场力量形成制衡、为消费者带来成本效益高的天然气供应这一事实相比，谁供应天然气的问题将远不那么重要。"[1] 这会产生两个后果。第一，在传统公式中，卖方承担价格风险，而买方承担数量风险。与之相反，根据该公式，价格和数量风险都将转移到卖方身上。第二，卖方曾经具有的控制管道系统的地缘政治影响力将消失，尽管不是短期的市

---

[1] Simon Blakey，Alun Davies，Laurent Ruseckas，Shankari Srinivasan，and Michael Stoppard，*European Natural Gas—the New Configuration*：*Introducing the IHS Markit Pan-European Gas Flows and Price Differentials Model*（IHS Markit Strategic Report，April 2018）.

场力量。❶

这幅图景总结了那些已经强有力和可以合理被推断未来的趋势。它假定存在一个经济和技术力量占主导地位的世界，其中，商业实用主义会战胜地缘政治。换句话说，它假定天然气桥将存活下去，至少在下一代人的时间如此。

但是，像所有情景一样，这个情景易受多种不确定性的影响。四个不确定性特别突出，它们是地缘政治冲突、俄罗斯出口战略、乌克兰过境以及新冠肺炎疫情可能的长期影响。

地缘政治冲突

天然气桥在它存在的日子里支撑了"东方政策"，并有助于稳定欧洲的冷战。它后来成为在苏联解体后应运而起的俄欧商业关系的象征。当在 20 世纪 60—70 年代首次启动时，它是冷战期间独一无二的案例，西方的政治家和商人联盟，以及东方国家的官员和技术官僚，跨越铁幕鸿沟用天然气交换管道、技术和融资。❷ 近半个世纪以来，天然气持续流动，在冷战紧张局势和苏联解体中存活下来。

然而，20 世纪 90 年代和 21 世纪早期出现的希望，已经让位给 21 世纪第一个十年末和 21 世纪第二个十年末的苦涩与敌意。俄罗斯吞并克里米亚，支持乌克兰东部的分离主义势力，对波罗的海共和国施加军事压力，以及在西方政治中的网络干预，在很多方面制造了一场新冷战。俄罗斯寻求通过新的和旧的手段在苏联和东欧恢复其势力范围，而美国和欧盟通过制裁进行反击。在本书写作时，几乎很少会出现缓解紧张局势的前景。❸

---

❶ 有效的天然气市场可以增强卖方的市场力量——在长期合同中没有买方提名权的情况下——卖方将在枢纽中心每日做出买入选择。这里的关键点是，关心保持其长期市场份额的卖方不会滥用其日常市场力量。

❷ 多方"自愿联盟"概念是佩尔·赫格塞柳斯关于天然气桥起源突出的历史研究的核心，参见*Red Gas：Russia and the Origins of European Energy Dependence*（New York：Palgrave Macmillan，2013）。

❸ 参见Angela Stent，*Putin's World：Russia against the West and with the Rest*（New York：Twelve Books，2019）。

这些政治进展对天然气桥的未来意味着什么？随着俄罗斯天然气在欧洲天然气供应中的份额达到创纪录水平以及俄罗斯建成新一代的出口管道，俄罗斯是否具有对欧洲前所未有的影响力？

欧洲天然气市场的革命性变化表明，答案是否定的。尽管欧洲本土来源下降，但由于上述所有原因——欧洲运输系统的相互关联日益增强、液化天然气使得进口来源多样化以及存储的可用性，使得欧洲天然气系统如今具有很强的弹性，并将在未来变得更加可靠。其背后是一个简单的事实：由于欧洲和世界各地天然气技术和市场结构的变化，管道运输国的影响力与过去相比变得更小。这种情况不仅出现在西欧，而且越来越多地出现在东欧和苏联地区。最终的例证是乌克兰，它现在使用从西方的"反向进口"替代俄罗斯进口，尽管实际的天然气仍可能是俄罗斯的。

本书描述的过去十年中的这些事件，显示出上述命题的力量。正如我们所看到的，即使大加谴责，俄罗斯天然气工业股份公司和克里姆林宫已经适应了欧洲天然气市场的多重变化。实用主义在实践中占据上风。展望未来，我们将看到石油需求达到顶峰、俄罗斯石油收入可能下降的一个世界，俄罗斯将更加重视其天然气出口和商业声誉。总而言之，俄罗斯的利益将不仅是保留天然气桥，而且还要保持其稳定。

俄罗斯的出口战略

苏联的天然气出口战略由两部分组成。第一个是对东欧的出口，低价供应这些国家以换取政治忠诚。第二个是向西欧出口，为换取硬通货，在严格的商业基础上进行。苏联解体20年后，俄罗斯试图继续大致相同的政策。然而，在21世纪第一个十年，市场化和欧盟监管的向东推进，以及俄罗斯天然气工业股份公司对资本的需求，导致俄罗斯改变其传统做法。伟大的转折点是欧盟委员会竞争总司事件，其中，俄罗斯天然气工业股份公司被苏联卫星国起诉，并被迫放弃苏联时代的一些政策。过去十年的故事一直是，无论多么不情愿，俄罗斯仍适应了正常的欧洲商业惯例，尤其是俄罗斯出口中以现货市场定价的份额越来越大。俄罗斯越来越多地遵守欧洲天然气空间（无论在东方以及在西方）中的统一欧洲规则。

未来几十年，俄罗斯将在欧洲享有强大的竞争地位，原因是其在亚马尔半岛新开发的天然气储量和扩大的管道系统带来的沉没成本。因此，它将能够成为成本最低的卖方，并且能够成功地与进口液化天然气竞争。但俄罗斯面临多重选择。一个是为争夺市场份额而大幅降价；二是保持更高的价格，即使这意味着较低的市场份额。到目前为止，俄罗斯似乎在选择前者。

俄罗斯天然气工业股份公司的出口战略不是一个简单的经济学问题。它的经理层和克里姆林宫都很清楚，通过大力降价挤出竞争对手、为争夺欧洲市场的额外份额发动的任何攻势，将可能带来欧盟委员会和一些欧盟成员国的强烈政治反应。需要注意的是，对风险的感知是双向的：欧洲担心俄罗斯占据过度市场份额的风险，而俄罗斯则担心欧洲拒绝俄罗斯天然气的风险。俄罗斯天然气工业股份公司很清楚这一点；最大的问题是，克里姆林宫是否也如此。

在未来几十年，俄罗斯将越来越多地将其天然气投资转向扩大对东方的出口，特别是液化天然气。在克里姆林宫看来，液化天然气是天然气生产和出口方面最进步的方式，在其敦促下，俄罗斯将向潜在的中国巨大市场扩大液化天然气出口。气候变化将使通过北冰洋的北极航线更具竞争力。一个大力投资基础设施的国家计划，将帮助俄罗斯液化天然气克服与国际竞争对手相比更高的成本。随着通向欧洲的管道多元化时代的逝去，多数俄罗斯在天然气方面的新投资将进入东部市场的液化天然气，以及通向中国的西伯利亚力量管道的扩张。

然而，在未来几十年内，欧洲仍将是俄罗斯天然气的主要出口地。这对乌克兰过境以及最终的俄罗斯天然气独立将意味着什么？

乌克兰过境

在第 11 章，我们认为，在过去 20 年中，乌克兰作为俄罗斯出口过境国的战略角色一直在呈现递减趋势并将很快消失，但这条道路的结束可能并不平坦。幸运的是，在十年供应和过境合同到期时，俄罗斯和乌克兰避免了冲突。然而，2020年的开端是高度不确定的。

但这并不是故事的结尾。到21世纪20年代后期，随着本土产量持续下降，欧洲将需要进口更多的天然气。就像我们说的，大部分天然气将通过管道输送，以绕道管道的方式，虽然不仅仅来自俄罗斯，然而，所有新管道的总容量可能不足以满足欧洲的所有需求。在这种情景下，乌克兰过境可能会恢复。

然而，到那个时候，乌克兰将很可能已经实施欧盟天然气指令。这将产生深远影响。其中之一将是创建具有设置过境关税权威的传输系统操控者。这些将不再由双方谈判确定，而是根据公认的方法，其中包括作为资本成本的计算。实际结果可能是更低的过境关税，这可能有助于使乌克兰路线更具竞争力，但会大幅降低乌克兰的收入。乌克兰路线可能会恢复，但它将不再是传统上乌克兰政府和其他利益集团的"现金奶牛"（cash cow）。这本身就是一个重大的变化。

新冠肺炎疫情的长期影响

新冠肺炎疫情的流行增加了一层新的不确定性。其直接影响是导致欧洲天然气需求大幅缩水。进口天然气价格也暴跌。问题是这种后果会持续多久。由于大部分进口天然气用于发电，电力需求与国内生产总值密切相关，这意味着新冠肺炎疫情对电力的长期影响将是决定性因素。新冠肺炎疫情已经吞噬了十年的国内生产总值增长，但国内生产总值大概会随着新冠肺炎疫情的消退而恢复。但它会回到欧洲以前的水平吗？目前来看，这是不可知的。

总之，在以上讨论的四个不确定因素中，没有一个可能会打乱开启本章的"演进"情景。但是，我们以下将会看到，存在着其他不确定因素——特别是环保主义的兴起和气候变化政治。

一个环境场景：对天然气的期望令人困惑

在 21 世纪的第一个十年，人们可能预期天然气将成为脱碳趋势的最大受益者。天然气有许多优点：它比煤炭更清洁方便，随时具有越来越多的来源，并通过广泛且日益互联的运输和分销系统交付。它提供了提高能源效率的一个简单路线，并在世界某些地方、特别是在美国和英国，已经证明，天然气作为减少温室气体排放手段是一个快速胜利。

然而，整整十年，正如天然气专家詹姆斯·亨德森所言，"在欧洲，这些期望被打乱了"。

天然气是最清洁的化石燃料，至少应该在能源组合中取代煤炭，特别是在电力部门。这一观点已对决策者几乎没有吸引力……事实上，在过去十年中，面对可再生能源的增长，天然气在欧洲能源组合中所占的份额急剧下降，而煤炭需求仍然保持强劲。❶

为什么会发生这种情况？原因有很多：低价煤炭的竞争（部分由于在北美天然气取代煤炭后煤炭出口欧洲，以及来自俄罗斯的煤炭出口），低碳价格（在欧盟碳排放交易体系疲软的情况下，至少在它最近改革之前——其后果尚不得知），以及对天然气（如水力压裂技术和甲烷泄漏等问题造成的温室气体排放）日益引起环境问题的担忧。最重要的是，由于太阳能和风能的成本大幅下降，再加上可再生能源必须首先提供电力的要求，❷ 天然气在电力市场的地位受到了抑制。公众和政策制定者对天然气越来越怀疑；实际上，它已经失去了作为良性燃料的光环。从逻辑上讲，天然气本应该是过去化石燃料和

---

❶ James Henderson, foreword, in Jonathan Stern, "The Future of Gas in Decarbonising European Energy Markets：The Need for a New Approach"（Oxford Institute for Energy Studies Paper NG 116, January 2017）, https：//www.oxfordenergy.org/wpcms/wp-content/uploads/2017/01/The-Future-of-Gas-in-Decarbonising-European-Energy-Markets-the-need-for-a-new-approach-NG-116.pdf. 牛津研究所率先探索了气候变化政治对欧洲天然气工业的影响。尤其参见Jonathan Stern, "Narratives for Natural Gas in Decarbonising European Energy Markets"（Oxford Institute for Energy Studies Paper NG 141, February 2019）, https：//www.oxfordenergy.org/wpcms/wp-content/uploads/2019/02/Narratives-for-Natural-Gas-in-a-Decarbonisinf-European-Energy-Market-NG141.pdf。

❷ 可再生能源成本的迅速下降提供了一个希望，即风能、太阳能以及生物质能在没有新补贴或监管特权的情况下可以在未来实现竞争。

417

未来可再生能源之间的桥梁，但它可能无法发挥这一作用。

这些问题最突出的地方是德国。德国人今天的能源变革是不平衡的。[1] 其主要强调电力部门中可再生能源的角色，而且不愿迅速削减煤炭的使用。天然气已经成为德国能源变革中失宠的孩子。2016 年 11 月在马拉喀什提出的长期气候计划，呼吁将退出天然气作为其脱碳战略的核心内容，目标是到 2050 年从电力、热能和运输部门中去除天然气。[2]2016 年 8 月发布的"能源效率绿皮书"代表了德国能源政策的重点向节能的重大转变，这份文件几乎没有提及天然气。[3] 没有任何迹象表明这种政策方法将很快改变。一个负责制定煤炭政策的高层政府委员会，在几乎整个 2018 年都在辩论，因为它试图努力在减排紧迫性和保护开采褐煤地区经济之间保持平衡。最终，它提出到 2038 年退出煤炭的妥协时间表，这将需要广泛的投资。[4] 但重要的是，这并不意味着一旦煤炭从能源结构中退出，其他将会取而代之，特别是德国在 2022 年将关闭最后一座核电站。

随着德国越来越依赖电力的可再生来源（主要是太阳能和风能），它将面临越来越紧迫的间歇性问题——当太阳和风不可用时如何保持电网平衡，德国人将这种情况称为"在黑暗中搁浅"。现在唯一可用的解决方案是从核、煤或天然气传统来源获得额外电力。但是，如果德国没有核电，而且按照欧盟委员会通过的时间表退出煤炭，那么还有什么替代天然气的办法呢？

毫无疑问，技术将以改进的电池的形式提供部分答案，这将使可再生能源产生的一部分电力能够被储存起来。一个更雄心勃勃的愿景是甚至将电动汽车视为移动存储，当开动时从电网中获取电力，而当停车时则充电。长期来看，能源的各种新形式将变得可用。利用剩余的可再生能源合成氢气是另

---

[1] Josephine Moore and Thane Gustafson, "Where to Now? Germany Rethinks Its Energy Transition," *German Politics and Society* 36, no. 3 (Autumn 2018), pp. 1-22.

[2] Daniel Wetzel, "Bundesregierung will den Deutschen das Gas abdrehen," *Welt*, October 31, 2016, https://www.welt.de/wirtschaft/article159149712/Bundesregierung-will-den-Deutschen-das-Gas-abdrehen.html.

[3] *Grünbuch Energieeffizienz: Discussionspapier des Bundesministeriums für Wirtschaft und Energie*, https://www.bmbf.de/pub_hts/gruenbuch_energieeffizienz.pdf (accessed April 12, 2017).

[4] Tessa Coggio and Thane Gustafson, "When the Exit? The Difficult Politics of German Coal," *German Politics and Society* (forthcoming).

一种长期途径，可能最终提供天然气的替代品。因此，到目前为止一直支持天然气桥发展的技术创新，可能开始对它产生不利影响，氢气开始从天然气那里夺取市场份额，无论其来源是什么。

但这些长期趋势不太可能在 21 世纪中叶之前大规模地实现。在此期间，它们为天然气留下空间，甚至到 2050 年将继续对它保持需求，特别是居民和工业部门。如果存在天然气需求，俄罗斯将提供天然气。简言之，即使在一个环境优先的情景下，俄欧天然气桥也可以再存在几十年。

然而，随着欧洲脱碳化的政治势头不断增强，新立法将对二氧化碳排放施加更严格的限制，这些反过来将逐渐限制天然气的使用。这将激化供应商之间的竞争，特别是液化天然气和管道气之间的竞争。通向欧洲的新的跨大陆管道将不会修建。边际运输能力将被闲置。作为成本最高的过境路线，乌克兰过境将最终消失。总之，在一个环境的情景中，天然气桥会幸存下来，但将停滞不前。

在接下来的十年里，"黄金时代"的场景似乎是两者中更有可能出现的。然而，到 21 世纪 30 年代，环境情景将获得合理性，直到 21 世纪中叶，它很可能成为主导性情景。

本书的核心问题是：尽管形势不断变化、地缘政治冲突加剧，俄欧天然气贸易是如何持续下来的？答案是，多年来的天然气桥服务了一个共同的经济利益，并经受住了时间的考验。它已经成功适应了不断变化的技术、监管和商业制度以及意识形态。在很多时间里，天然气桥也服务了有益的政治目的，包括作为欧洲"东方政策"的基础，以及最近作为被确立的一个新的商业模型，以及在地缘政治冲突加剧时起到缓冲的作用。然而，潜在的驱动因素是简单性本身：由于俄罗斯有天然气、欧洲需要天然气，天然气贸易对双方都有利可图。这是天然气桥在冷战期间的基础，而在今天分裂的欧洲也仍然是真实的。

在本书中，使用桥的这个比喻具有多重含义。首先，它是指器物层面的天然气桥，通过来自俄罗斯、北非、里海和挪威的管道将欧洲边缘与其核心连接起来，以及使天然气桥变得坚固的许多地区性互联互通。器物层面的桥还包括使桥成为可能的技术创新——大口径管材和压缩机、优质钢材、计算机控制系统、联合循环气体涡轮机、深水建设等。尽管看似简单，天然气实则是一种高科技燃料、先进工程学产品，而本书的目的之一是展示技术对东西方天然气桥起源和增长的重要性。几十年来，科技的稳步发展比以往任何时候都使得器物层面的桥更加坚固。

天然气行业的最新转型是液化天然气的快速增长。乍一看，这可能似乎对管道的既定交易构成挑战，但反思后可以发现，它实际上增加了天然气桥的灵活性和坚固度。首先，液化天然气具有许多与管道天然气相同的分销基础设施；它只是代表将供应引入天然气系统的一种额外方式。液化天然气增加了通向欧洲的供给路线多元化。现在，俄罗斯天然气生产商以及更遥远的供应商正在使用这种能源。（事实上，从俄罗斯的角度看，液化天然气可以被简单地视为另一种绕过乌克兰的方式。）因此，液化天然气说明了持续的技术进步至少在一段时间如何加固现有的天然气桥。

本书中桥的比喻的第二个含义——我们开始本节时对核心问题的第二个答案——是新自由主义思想和市场化形成的思想桥梁，最初从美国和英国传到布鲁塞尔，并随后以新法规和商业结构的形式给欧洲天然气工业带来动荡。新思维的桥梁花了20多年才在欧洲大陆建立起来，但在面临许多反对后，它正不可抗拒地向东、向南扩展，并正在成为整个欧盟及欧盟以外天然气工业的既定经营方式。

现货市场——新监管和商业订单的实体形式——已成为欧洲销售天然气的主要手段。欧洲天然气枢纽的交易量和价格已达到总销售额的大约三分之二，并且仍在快速增长。❶ 荷兰产权转让基金和英国国家平衡点，仍占欧洲现货销售总额的大部分，但其他东欧和南欧的枢纽中心，特别是两个德国天然气枢纽——GASPOOL和"网络连接德国"（Net Connect Germany）正在迅速发展。这些枢纽中心相互连接，确保一定程度的透明度和足够的营业额以支持

---

❶ 参见the IHS Markit European Gas Hub Tracker，《埃信华迈全球天然气》定期更新出版物，包括Excel格式的表格和图表，记录欧洲天然气枢纽中心的动态。又见Blakey et al., *European Natural Gas*。

为参与者提供信息的流动性市场。现在，随着商业模式和监管的共同平台在整个欧洲被创立，这些枢纽中心正在向东欧扩展，其结果是天然气桥被加强。统一欧洲市场正在成为欧洲天然气的一个现实，包括俄罗斯天然气的进口和过境。

如今，自由化天然气市场可能的未来威胁不是来自新的意识形态，而是来自市场化的成功。包括俄罗斯人在内的整个行业的一个主要问题是，该行业的传统虚拟桥梁（长期合同和关系）如何以及是否可以重新提供更大的稳定性以及买卖双方之间更均匀地分担风险。

桥比喻的第三层含义是人们之间的非正式联系。天然气从一开始就是热情和战略视野的产物。纵观整个行业的历史，一个惊人的事实是，在这个行业工作的人一直是天然气的真正信仰者。这反过来有助于说明，领导人在其整个历史和他们在建设东西方利益共同体中发挥的作用，在俄罗斯方面是从阿列克谢·科尔图诺夫和尼古拉·巴伊巴科夫到亚历山大·梅德韦杰夫和列昂尼德·米赫尔松（俄罗斯液化天然气生产商诺瓦泰克公司的创始人），在德国方面是从鲁尔燃气的伯克哈德·伯格曼到温特沙尔公司的赫伯特·德特丁（Herbert Deterding）以及他们在法国、意大利和奥地利的同行。本书试图显示他们在过去半个世纪所做出的关键贡献。

但是现在欧洲工业界对其领导地位和未来仍然持有一种令人痛苦的怀疑态度。天然气人士中仍存在些许信仰，即天然气是通向更清洁环境的桥梁燃料，但事实证明，这是一个难以传达的讯息。天然气工业的自由化和传统公用事业的解体，已经导致以前一个紧密编织的共同体变得虚化，它不再以一个声音发声。为了应对未来几十年的竞争，天然气行业将需要新一代的领导人，可以说服决策者和公众认为天然气（无论其来源如何）在即将到来的能源变革中扮演关键角色。这是整个天然气行业（东方和西方）面临的困境。

桥的第四层、也是最后一层含义是地缘政治。从历史角度看，围绕天然气桥的地缘政治冲突是苏联时代的长期遗产和关于欧洲天然气市场自由化的长期斗争：在乌克兰和波罗的海共和国的冲突和合谋的混合，将东欧分割成天然气岛，俄罗斯人绕过乌克兰的努力，对统一欧洲能源市场的长期抵制，向中东欧的市场化缓慢蔓延——所有这些都是在苏联体制和传统欧洲工业之下天然气系统的遥远回声。但苏联的过去正在逐渐衰落，新的欧洲天然气市场正日益成为一个既定事实，天然气世界正在向前发展。但天然气桥将在多长时间经受住未来新的挑战？如果在政治分歧面前，共同的经济利益占上风，那么天然气桥可能会继续为俄罗斯和欧洲之间的另一代人，甚至更长远的未来提供稳定力量。但地缘政治会允许这样吗？气候变化的政治因素会导致天然气地位下降吗？距离科技使天然气变得过时还有多久？对于欧洲和俄罗斯来说，这些都是未来的重大问题。

致　谢
Acknowledge

如果没有西蒙·布雷基，这本书是无法完成的。他教会了我对欧洲天然气所了解的一切。经过多次访问和大西洋两岸的对话，他把我引入这本书的核心欧洲主题，并多次阅读了每份草稿。我的知识仍远不及他，但是我希望已经学到足够的知识来撰写一个连贯的故事，不须说，任何错误都是我的，而不是他的。

对本书具有第二个主要影响、同时是虚拟合著者的是菲利普·沃罗比约夫，他不止一次地阅读了本书的所有章节，并提出了宝贵的见解和批评。对于俄罗斯、乌克兰和俄乌关系，他的贡献尤为重要。他在这两国的工作经历使他深入了解天然气和政治是如何实际运作的，他将这份知识与我分享。我非常感谢他给予的友好的解答和支持。

我的好友和同事——埃信华迈的丹尼尔·耶金和乔治城大学的安琪拉·斯登特，一直是《天然气桥：重塑欧洲能源新格局》一书的支持和灵感的坚定来源，正如他们对我以前所有的书一样。他们都阅读了初稿章节，并提供了宝贵的见解和批评。衷心感谢他们二位。

约翰·韦伯（John Webb）像往常一样，以他一贯的关爱和无尽的耐心为本书提供了必要的基础，正如他为上本书《财富轮转：俄罗斯石油、经济和国家的重塑》所做的那样。约翰一如既往是完美的队友。他不仅一次，而是反复多次逐行校对了文本和脚注、地图和表格。（据我估计，我们从副本编辑那里共同检查了20000多处修正！）同样，任何其他的错误是我的，而不是他的。

同时特别感谢曾阅读和批评较早章节以及帮助本书不断完善的那些人。

鲍勃·奥托（Bob Otto）阅读了整本书，并提出了富有针对性的批评意见，这些批评由有益的俄罗斯消息来源作为支持。蒂姆·波尔斯马（Tim Boersma），霍华德·蔡斯 (Howard Chase)，埃德·周 (Ed Chow)，乔纳森·福尔（Jonathan Faull）爵士，菲利普·洛威 (Philip Lowe) 爵士，塔基扬娜·米特罗娃 (Tatiana Mitrova)，西蒙·皮拉尼（Simon Pirani），彼得·雷达维（Peter Reddaway），乔纳森·斯特恩(Jonathan Stern)，谢尔盖·瓦库连科(Sergey Vakulenko)和朱利安·韦斯特（Julian West）等都阅读了单个章节，并经常在愉快的午餐时间提供有益的批评和见解。我还要感谢多米尼克·阿雷尔（Dominique Arel），克雷格·肯尼迪（Craig Kennedy），谢尔盖·科姆列夫（Sergei Komlev），约翰·劳（John Lough），丹尼尔·庞曼（Daniel Poneman），彼得·拉特兰（Peter Rutland）和杰西·斯科特（Jesse Scott）的见解，尤其是大卫·雷尼（David Rennie），他使我意识到科克菲尔德(Cockfield)勋爵的特殊作用。特别要感谢玛格丽塔·巴尔马塞达（Margarita Balmaceda），她在德国组织并领导了一次关于俄欧天然气的精彩会议，并帮助我在头脑里将整个项目具体化。

我感谢有幸在欧洲研究期间遇到过的诸多朋友、商界人士、政府官员和学界专家，并有机会与他们讨论本书的主题。在挪威，我想感谢拉斯·埃里克·阿莫特（Lars Erik Aamot），帕尔·艾特海姆（Pl Eitrheim），奥勒 - 安德斯·林德赛思（Ole-Anders Lindseth），彼得·梅尔比（Peter Mellbye），威利·奥尔森(Willy Olsen)，贝利特·鲁德·雷泽(Berit Ruud Retzer)，亨利克·赛普(Henrik Seip)，艾思鹏·斯文森（Espen Svensen），达格（Dag）和乔尔·韦洛奇（Kjore Villoch)以及盖尔·维斯特加德(Geir Westgaard)。特别感谢埃里克·比兰德(Eric Bjelland)、阿里德·摩（Arild Moe）和佩特·诺尔（Petter Nore），他们阅读并评论了挪威一章的初稿。佩尔·赫格塞柳斯（Per Högselius）和他的代表作《红色天然气》是重要的灵感来源。在德国，我要感谢赫伯特·德萨丁（Herbert Detharding），乌韦·菲普（Uwe Fip），沃尔夫冈·科内尔（Wolfgang Knell），迪特尔·普法夫（Dieter Pfaff），克劳斯·舍费尔（Klaus Schafter）和雷尼尔·兹维瑟洛特(Reinier Zwitserloot)。特别感谢格特·麦切尔(Gert Maichel)和莱纳·泽勒（Rainer Seele），他们友善地阅读并批评了有关德国的章节。我还从海科·洛曼（Heiko Lohmann）的两本关于德国天然气工业转型的重要著作中受益匪浅，也还记得与西蒙·布雷基一道与作者见面的愉快场景。

感谢埃信华迈的同事和队友，尤其是在迈特·萨格斯（Matt Sagers）的有力领导下的俄罗斯和里海能源团队。特别感谢安娜·加尔佐娃（Anna Galtsova），她近年来成长为国际公认的俄罗斯天然气专家。我还要感谢埃信华迈的全球天然气团队，该团队由能力强大的尚卡丽·斯里尼瓦桑（Shankari Srinivasan）领导，感谢她的同事阿伦·戴维斯（Alun Davies），德博拉·曼（Deborah Mann），凯瑟琳·罗宾逊（Catherine Robinson），迈克尔·斯托帕德（Michael Stoppard），尤其是劳伦·鲁塞斯克斯（Laurent Ruseckas），他阅读并评论了乌克兰一章。我还要感谢菲利普·弗兰古利斯（Philip Frangulies）的友好支持，他担任电力、天然气、煤炭和可再生能源项目组的负责人，以及阿图尔·阿里亚（Atul Arya），他主持能源透视和领导能源研究委员会——一个非常有用的论坛。埃信华迈的莫斯科代表处提供了宝贵的备份。我非常感谢伊莲娜·扎马丽娜（Irina Zamarina），当然还有无与伦比的伊格尔（Igor）。

35 年来，乔治城大学政府系一直是我的家园，我一如既往地感谢这里富有成效和学院式的氛围。我要特别感谢才华横溢的系主任查尔斯·金（Charles King）。我在乔治城大学的研究助理泰莎·科吉奥（Tessa Coggio），奥拉夫·亨克（Olav Henke），约瑟芬·摩尔（Josephine Moore）和艾米丽·桑迪斯（Emily Sandys），他们在探索德国和挪威的天然气工业以及俄罗斯联系方面提供了重要的支持。最后，我的学生们提供了生命血脉让我们所有人都永葆年轻。感谢他们！

哈佛大学出版社的编辑迈克·阿隆森（Mike Aronson），杰夫·迪恩（Jeff Dean）和珍妮丝·奥德特（Janice Audet）是最早支持本书项目的人，他们阅读并对每一份初稿都发表了令人鼓舞的评论。埃默洛尔德·詹森 - 罗伯茨（Emeralde Jensen-Roberts) 和梅根·波斯科（Megan Posco）在推广此书方面一直是宝贵的盟友。就像为《财富轮转：俄罗斯石油、经济和国家的重塑》一书所做的那样，韦斯特切斯特出版服务局的约翰·多诺休（John Donohue）和珍妮·菲利斯（Jeanne Ferris）以惊人的速度完成了副本编辑。感谢他们的奉献，同时致敬他们高超的专业技能。

最后，我要感谢我美好的家庭，尼尔（Nil），佩里（Peri），法拉（Farah）和坎南（Kenan）。他们是我所做的一切的理由和回报。